ESV

GRUNDLAGEN DER GERMANISTIK

Herausgegeben von Werner Besch und Hartmut Steinecke

38

Sprachdidaktik Deutsch

Eine Einführung

von

Wolfgang Steinig und Hans-Werner Huneke

ERICH SCHMIDT VERLAG

Die Deutsche Bibliothek – CIP-Einheitsaufnahme

Steinig, Wolfgang:
Sprachdidaktik Deutsch : eine Einführung / Wolfgang Steinig/Hans-Werner Huneke. –
Berlin : Erich Schmidt, 2002
(Grundlagen der Germanistik ; 38)
ISBN 3-503-06114-2

ISBN 3 503 06114 2

www.erich schmidt-verlag.de

Dieses Papier erfüllt die Frankfurter Forderungen der Deutschen Bibliothek
und der Gesellschaft für das Buch bezüglich der Alterungsbeständigkeit
und entspricht sowohl den strengen Bestimmungen der US Norm Ansi/Niso
Z 39.48-1992 als auch der ISO-Norm 9706

Druck: Danuvia Druckhaus Neuburg, Neuburg/Donau

Inhaltsübersicht

Vorwort

„Jetzt lerne ich endlich, wie man Deutsch unterrichtet." – Nicht wenige Lehramtsstudierende gehen mit dieser Erwartung in ihre erste Lehrveranstaltung zur Sprachdidaktik. Sie werden in der Regel ein enttäuschendes Semester vor sich haben. Die Fachdidaktik ist die *Theorie* des Unterrichts in einem Fach, sie weigert sich beharrlich, schnelle Unterrichtsrezepte für die nächste Deutschstunde zu liefern. Ihr Angebot setzt grundsätzlicher an. Sie stellt Fragen nach den Gegenständen des Lernens, nach ihrer Auswahl und Strukturierung, nach den Lernchancen, die sie eröffnen, nach ihrer Notwendigkeit und Sinnhaftigkeit für Schülerinnen und Schüler. Und gerade die neuere Sprachdidaktik fragt nach den eigenen Lernwegen, die Kinder und Jugendliche beim Erwerb der gesprochenen und geschriebenen Sprache und beim handelnden und reflektierenden Umgang mit ihr gehen. Erst wer auf diese Fragen begründbare Positionen gefunden hat, kann Zugänge erarbeiten und Selbständigkeit im unterrichtlichen Handeln erwerben.

Die Sprachdidaktik Deutsch ist zwar Theorie, sie ist aber keine graue Theorie. Sie bezieht sich auf eine höchst lebendige Praxis der Aneignung, auf den Austausch von Menschen im sprachlichen Medium und auf ihr Denken, das in komplexer Weise mit Sprache verknüpft ist – zugleich als prominenter Gegenstand und als Mittel des Denkens. Wir hoffen, dass ein wenig von der Lebendigkeit dieser Lernprozesse in der vorliegenden Einführung erhalten geblieben ist.

Eine Einführung will kein Handbuch sein. Sie soll Orientierung bieten, indem sie deutlich macht, wo zentrale Fragestellungen liegen. Darauf zielen die einzelnen Abschnitte dieser Einführung. Sie soll auch Anregung und Unterstützung für eine eigenständige Vertiefung liefern. Dazu geben die Lesehinweise zu jedem Kapitel Empfehlungen. Abschließend findet sich ein Serviceteil mit einer Auswahl von Arbeitsmitteln, die die selbstständige Planung und Gestaltung von Unterricht unterstützen können.

Regina Wieland danken wir für fachlichen Rat, konstruktive Kritik und Ermutigung, Esther Scheurlen für die genaue Durchsicht des Manuskripts.

Heidelberg, im Juli 2001

Wolfgang Steinig
Hans-Werner Huneke

1. Sprachdidaktische Grundlagen

Ein grundlegendes didaktisches Prinzip besagt, dass man jemanden, der etwas lernen möchte, dort abholen soll, wo er sich gerade befindet. Man sollte also an seinen Erfahrungen anknüpfen. Bei der Didaktik des Sprachunterrichts dürfte das eigentlich nicht besonders schwierig sein, denn im Gegensatz zu Fächern wie Astronomie, Jura oder Medizin können wir davon ausgehen, dass jeder Leser dieses Buches circa 13 Jahre lang Deutschunterricht erlebt hat – sich also auf dem Gebiet bereits gut auskennen müsste. Aber in der Vertrautheit mit dem Gegenstand liegt die Gefahr, ihn nicht mehr genau und kritisch genug betrachten zu können – oder zu wollen.

Allzu Bekanntes erscheint oft banal und man übersieht seine Eigentümlichkeiten. Bertolt Brecht hat versucht, Alltägliches und Vertrautes zu verfremden, um so das Eigentümliche und Veränderbare dem Zuschauer seines Theaters bewusst zu machen. Ein zukünftiger Lehrer sollte lernen – ganz ähnlich wie ein Zuschauer im Theater Brechts – die ihm vertraute Unterrichtssituation mit einem neuen, offenen und kritischen Blick zu betrachten, zu hinterfragen und nach Alternativen zu suchen.

Wer Sprachdidaktik betreibt, benötigt diese Fähigkeit in besonderer Weise, denn Sprache ist das Medium, in dem Menschen sich nun einmal ständig bewegen und das ihnen so vertraut sein muss wie dem sprichwörtlichen Fisch das Wasser. Aber genau dies macht es schwierig, sich auf Sprache bewusst einzulassen und das Medium, das unsere Spezies von allen anderen Lebewesen wohl am deutlichsten unterscheidet, mit kritischem Abstand zu untersuchen.

Wenn man eine andere Perspektive einnimmt, erscheint manches fremd: Ein Lehrer erlebt und versteht Unterricht anders als ein Schüler. Und er spricht, schreibt und handelt auch deutlich anders. Ein angehender Deutschlehrer muss lernen, diesen Perspektivenwechsel zu vollziehen, ohne aber die Perspektive eines Schülers auszublenden. Mehr noch: Das versuchsweise Einnehmen unterschiedlicher Schülerperspektiven ist eine wichtige Möglichkeit, Einäugigkeit, Borniertheit und Erstarrung in diesem Beruf zu vermeiden.

Mit diesem veränderten Blick auf den Umgang mit Sprache im Unterricht kann sich nun der Leser im ersten Kapitel mit Begriffen, Positionen und Entwicklungen der Sprachdidaktik vertraut machen.

1.1 Der Gegenstand der Sprachdidaktik

Die Schule ist weltweit das Tor zur Schriftsprache. Hier lernen Kinder Schreiben und Lesen und üben den Umgang mit Schriftlichkeit, um später als kompetente

Mitglieder der Gesellschaft leben und arbeiten zu können. Eigensprachlicher Unterricht ist für viele Länder der Erde ein zentraler, wenn nicht gar der wichtigste Bereich schulischer Bildung. Wer hier nicht lernt, mit Schriftlichkeit umzugehen, wird an seiner durch die Schrift geprägten Kultur nur bedingt teilhaben können.[1] Kompetenter Umgang mit Schriftlichkeit bedeutet dabei weit mehr, als die „Kulturtechniken" des Lesens und Schreibens zu beherrschen: Er setzt vor allem eine für Schriftlichkeit spezifische Art konzeptionellen Denkens voraus, das auf Planung, Vertextung, Verdauerung und Intersubjektivität abzielt. Dies wird vor allem deutlich, wenn man sich bewusst macht, welche Anstrengungen nötig sind, einen schriftlichen Text mit einer bestimmten Absicht zu planen, zu schreiben und immer wieder den Schreibprozess zu unterbrechen, neu zu überlegen, seine Formulierungen zu überprüfen, zu revidieren und am Planungsziel zu messen.

In die Welt der Schriftlichkeit einzuführen ist offenbar keine leichte Aufgabe. Viele Jahre systematischer Unterweisung und ungezählte mühevolle Versuche und Übungen sind notwendig, um aus Anfängern kompetente Schreiber und Leser werden zu lassen. Damit diese anspruchsvolle Aufgabe einigermaßen zufriedenstellend gelingen kann, ist eine wissenschaftliche Beschäftigung mit der didaktischen Modellierung dieses für alle Schriftkulturen zentralen kulturellen Entwicklungsprozesses erforderlich.

Die Aufgaben der Sprachdidaktik beruhen auf der theoretischen und empirischen Erforschung sprachlicher Gegenstände und Prozesse im Kontext von Lehren und Lernen sowie auf der Entwicklung didaktischer Modelle für den Umgang mit Sprache im Unterricht. Sprachdidaktik hat die Aufgabe, Lehramtsstudierenden wissenschaftlich fundiert und berufsbezogen auf dem komplexen Feld des Lehrens und Lernens der deutschen Sprache Kompetenzen zu vermitteln, die auf Wissen, theoretischen Einsichten und Praxiserfahrungen beruhen. Dabei gehen viele immer noch unausgesprochen davon aus, dass die deutsche Sprache als zentraler Gegenstand die Erst- oder Muttersprache der Schüler sei und es sich mithin um eine „eigensprachliche" Didaktik handeln müsse. Mittlerweile lernen in Deutschland jedoch circa 13 Prozent aller Schüler in ihren Familien eine andere Sprache – weitaus die meisten davon Türkisch. Deutsch ist für sie Zweitsprache.

Wenn man von einer multilingual zusammengesetzten Schülerschaft an unseren Schulen ausgeht, dann kann man Sprachdidaktik heute nicht mehr als eine eigen- oder muttersprachliche Didaktik verstehen. Sprachdidaktik sollte man genauer definieren als Theorie und Praxis einer gesteuerten Kompetenzerweiterung

---

[1] In einigen Ländern lernen Kinder jedoch nicht in ihrer Familiensprache das Lesen und Schreiben, sondern in einer Fremdsprache. Kurdische Kinder müssen im ersten Schuljahr die türkische, nigerianische Kinder die englische und tibetanische Kinder die chinesische Schrift erlernen. Und auch in Deutschland gibt es zahlreiche Minderheiten, die in der Schule nicht die Möglichkeit bekommen, in ihrer Familiensprache alphabetisiert zu werden.

im Umgang mit sprachlicher Vielfalt im Rahmen der sprachlichen Kultur in der Mehrheitsgesellschaft – vor allem um den Umgang mit schriftsprachlichen Texten. Diese Verortung stellt klar, dass es in einer deutschsprachigen Kultur zentral um die deutsche Sprache gehen muss, dass aber zur sprachlichen Kultur in dieser Gesellschaft auch andere Sprachen gehören, die von der Sprachdidaktik nicht ignoriert werden können.

Wer nicht in einem deutschsprachigen Land lebt und dort Deutsch lernt, für den ist Deutsch eine Fremdsprache. Aufgrund unterschiedlicher Lernsituationen unterscheidet man zwischen Deutsch als Fremdsprache (DaF) und Deutsch als Zweitsprache (DaZ). DaF bezieht sich auf den gesteuerten Erwerb der Fremdsprache Deutsch an Institutionen (zumeist Schulen) in nicht-deutschsprachigen Länder (vgl. Huneke/Steinig 2000). DaZ dagegen betrifft Lerner, die in einem deutschsprachigen Land Deutsch als zweite (oder dritte) Sprache nach ihrer Erstsprache bzw. Muttersprache erlernen müssen, weil sie am alltäglichen Leben mit deutschen Muttersprachlern teilnehmen möchten. Soll dieser ungesteuerte Zweitsprachenerwerb gesteuert, d.h. didaktisch modelliert werden, bezeichnet man dies als „Didaktik des Deutschen als Zweitsprache“.

Sprachdidaktik weist einige Überschneidungen mit der Didaktik des Deutschen als Zweitsprache auf, aber auch – in geringerem Ausmaß – mit Deutsch als Fremdsprache.

Nach dieser generellen Bestimmung der Sprachdidaktik richten wir den Blick auf die Arbeitsfelder, die im Schulfach Deutsch an unseren Schulen im Zentrum stehen. In den Lehrplänen aus den verschiedenen Bundesländern zum Fach Deutsch findet man in der Regel folgende Arbeitsbereiche:

- Mündliche Kommunikation (miteinander sprechen)
- Umgang mit Texten (lesen und verstehen)
- Reflexion über Sprache (Sprache untersuchen)
- Texte schreiben (Aufsatzunterricht)
- Rechtschreiben

Im ersten und zweiten Schuljahr kommt noch der ‘Anfangsunterricht im Lesen und Schreiben’ hinzu.

Wenn man diese Bereiche des schulischen Deutschunterrichts den wissenschaftlichen Disziplinen Sprach- und Literaturdidaktik zuordnen möchte, dann ergibt sich nur für den Rechtschreib- und Anfangsunterricht eine relativ eindeutige Zuordnung zur Sprachdidaktik.

Der Bereich ‘Umgang mit Texten’ steht traditionell der Literaturdidaktik näher, da es sich bei den Texten, die Schüler lesen und verstehen sollen, zumeist um literarische Texte handelt. Neben fiktionalen Texten – Gedichten, Fabeln, Kurzgeschichten oder Romanen – können aber auch Gebrauchstexte gelesen und analysiert werden: politische Reden, Flugblätter, Werbeanzeigen oder Gebrauchsanleitungen. Dies wäre dann wiederum das Geschäft der Sprachdidaktik.

Reflexion über Sprache, mündliche Kommunikation und Textproduktion stehen der Sprachdidaktik näher als der Literaturdidaktik. Wie man in unterschiedlichen Situationen miteinander spricht, wie man eine Rede hält oder eine Podiumsdiskussion leitet, fällt ebenfalls in den Bereich der Sprachdidaktik. Hier werden die Grundlagen für die Gesprächs- wie die Rede-Rhetorik gelegt. Wenn man jedoch ein Gespräch über Literatur, also ein 'literarisches Gespräch', führt, dann ergeben sich zusätzliche Bedingungen, für die sich wiederum eher die Literaturdidaktik zuständig fühlt. Beim Vortragen eines Gedichtes oder bei der Inszenierung eines Theaterstücks steht die Literaturdidaktik im Zentrum, aber es geht hier auch um rhetorische Fähigkeiten, mithin um Sprachdidaktik.

Mit dem Schreiben von Aufsätzen, oder – allgemeiner und offener – von Texten, befasst sich im Wesentlichen die Sprachdidaktik. Wie das Schreiben schulischer Textsorten – Erzählung, Bericht, Bildbeschreibung und Erörterung – oder aber außerschulischer Textsorten – Kommentar, Glosse, Essay oder Leserbrief – gelingen kann, untersucht die Sprachdidaktik. Der in der Oberstufe des Gymnasiums übliche Interpretationsaufsatz oder aber eine Theaterkritik wären jedoch Textsorten, mit denen sich eher die Literaturdidaktik beschäftigen sollte. Das 'kreative Schreiben' ist ein Bereich, der sowohl in die Sprach- wie die Literaturdidaktik fällt, da hier einerseits allgemeine Erzähltechniken aktiviert werden müssen, andererseits aber häufig von literarischen Texten ausgegangen wird, die in produktiver Weise verändert, um- oder weitergeschrieben werden.

Bei dem Versuch, Arbeitsbereiche des Deutschunterrichts der Sprach- oder der Literaturdidaktik zuzuordnen[2], ergaben sich mancherlei Unschärfen und Überschneidungen. Die Aufgliederung in Linguistik und Literaturwissenschaft, wie sie in der Germanistik als Hochschuldisziplin üblich ist und die daraus entstandenen didaktischen 'Ableitungen' Sprachdidaktik und Literaturdidaktik, werden dem Fach Deutsch als Unterrichtsfach nicht gerecht. Die Zuordnungen einzelner Arbeitsfelder des Deutschunterrichts zur Sprachdidaktik oder zur Literaturdidaktik erscheinen oft willkürlich. Deutschunterricht kann nur integrativ verstanden werden – trotz oder gerade wegen seiner Vielfalt. Die Einheit des Faches Deutsch sollte nicht in Frage gestellt werden. Dennoch beschränken wir uns in dieser Einführung auf die Sprachdidaktik, da sich ihre wissenschaftlichen Methoden deutlich von der Literaturdidaktik unterscheiden.

Eine wissenschaftliche Spezialisierung muss jedoch nicht im Widerspruch zu integrativen Unterrichtskonzeptionen stehen. Dies wird besonders beim fächerübergreifenden Unterricht deutlich: Aus schulischen Projekten, in denen etwa Fächer wie Biologie, Geographie und Ethik miteinander kooperieren, würde man nicht folgern, dass sich die entsprechenden Didaktiken integrieren. Allerdings machen fächerübergreifende Projekte auch deutlich, dass in unserer zunehmend komplexer werdenden Welt die Fähigkeit zum vernetzten Denken entwickelt werden muss und man über seine fachlichen Grenzen hinweg Bezüge zu anderen Disziplinen herstellen sollte.

---

2 Neben der weithin üblichen Zweiteilung der Deutschdidaktik in Sprach- und Literaturdidaktik steht noch die Mediendidaktik, die – je nach der Fokussierung – sich entweder stärker an der Sprach- oder der Literaturdidaktik orientiert oder aber Eigenständigkeit beansprucht (vgl. Wermke 1997).

1.2 Erwartungen an sprachliche Fähigkeiten in einer literaten Kultur

Menschen unterscheiden sich von allen anderen Lebewesen dadurch, dass sie in ihrer Kindheit sprachfähig werden. Diese Fähigkeit kann sich entwickeln, da wir von unserer physiologischen und neuronalen Anlage her genetisch auf Sprache hin programmiert sind. Die Anlage kann sich bei psychisch gesunden, hörfähigen Kindern normalerweise immer entfalten: Benötigt werden lediglich sprachfähige Bezugspersonen, die mit dem Heranwachsenden sprechen (vgl. Butzkamm/Butzkamm 1999). Menschenkinder sind seit mindestens 50.000 Jahren so problemlos in ihre jeweilige Sprachgemeinschaft hineingewachsen, ohne formale Belehrung oder Unterricht.

Seit circa 5200 Jahren gibt es jedoch eine Kommunikationsform, die Kinder nicht einfach aufgrund ihrer angeborenen Sprachfähigkeit ohne gezielte Hilfe von Erwachsenen erwerben können: die Schrift, die beinahe gleichzeitig, aber unabhängig voneinander in Mesopotamien und in Ägypten entwickelt wurde (Nissen u.a. 1991; Assmann 1992). Gesellschaften, in denen Menschen lesen und schreiben können, müssen also besondere Anstrengungen unternehmen, damit die nachwachsenden Generationen zum Umgang mit Schrift befähigt werden. Mit der Erfindung der Schrift wurde deshalb auch ein gezieltes Vorgehen notwendig, damit Kinder mit den komplexen Verfahren des Lesens und Schreibens vertraut werden konnten. Bereits unter recht frühen schriftlichen Textfragmenten, der babylonischen Keilschrift, fanden sich Tontäfelchen, auf denen Kinder ihre schriftlichen Zeichen unter der Anleitung von Erwachsenen übten. Mit dem Entstehen von Schriftkulturen wurde also auch eine Schreib- und Lesedidaktik erforderlich.

Der Umgang literater Gesellschaften mit Schriftlichkeit hat sich im Laufe der Jahrhunderte verändert und mithin auch die Sprachdidaktik. Zu Beginn der Entwicklung vermittelten hochgeachtete Schriftgelehrte wenigen ausgewählten 'Lehrlingen' die Kunst des Lesen und Schreibens. Lange standen dann – ungefähr bis zum Beginn des 16. Jahrhunderts – technische und ästhetische Aspekte, das handwerkliche Können und die graphische Gestaltung im Vordergrund: das Meißeln auf Steinplatten, das Ritzen in Holz, das Schreiben auf Tierhäuten (Pergament), Papyrus und Papier und schließlich die Drucktechnik. Doch mit der Verbreitung dieser Technik und der massenhaften Herstellung von Drucken verlagerte sich der Schwerpunkt vom Schreiben zum Lesen. Die zahlreichen Bücher, Schriften und Zeitungen mussten und wollten gelesen werden. Texte wurden zu Waren, die verkauft werden mussten. Und je mehr Menschen lesen konnten, desto größer wurde die Nachfrage. Das Bemühen literater Gesellschaften ging dahin, nicht nur wenige privilegierte, sondern möglichst alle Mitglieder zu alphabetisieren.

Spätestens jetzt musste Sprachunterricht im muttersprachlichen Unterricht an 'Volksschulen' als ein gangbarer und zuverlässiger Weg zur Schriftsprache für Kinder aus allen Schichten der Bevölkerung entwickelt werden, wobei die gesellschaftlichen Ansprüche an den Umgang mit Sprache in der Neuzeit ständig größer wurden. Seit der industriellen Revolution konnte man sich nicht mehr damit begnügen, dass Schüler einfache schriftliche Äußerungen zu Papier bringen oder lesen konnten. Es ging nun zunehmend darum, die vielfältigen Anforderungen, die Schriftlichkeit in einer modernen literaten Kultur mit sich bringt, zu erfüllen.

Die Erwartungen der Gesellschaft an den Deutschunterricht gehen manchmal auch in Richtung einer sprachpflegerischen Aufgabe: Einem vermeintlich oder tatsächlich schludrigen Umgang mit der deutschen Sprache soll Einhalt geboten und ein drohender Verfall des Deutschen, beispielsweise aufgrund des angloamerikanischen Einflusses, soll verhindert werden. Wenn Politiker, Eltern oder Verbände die Pflege der sprachlichen Kultur anmahnen, denken sie manchmal an Bereiche wie Werbung, Fernsehen, Internet oder den Szenejargon von Jugendlichen. Hier gibt es sicherlich manches, was man sprachlich kritisieren muss (vgl. Dieckmann 1992). Es ist jedoch unrealistisch anzunehmen, Sprachunterricht könne gegenüber den Tendenzen sprachlichen Wandels einen annähernd starken Gegendruck ausüben. Einen reflektierten Umgang mit sprachlichen Veränderungen kann man als Lernziel jedoch sehr gut begründen.

Auch wenn Sprachunterricht den sprachlichen Wandel insgesamt in einer Gesellschaft wohl kaum zu beeinflussen vermag, dann bleibt doch die sprachliche Situation im Mikrokosmos der Schule: Hier lässt sich durchaus eine Sprachkultur entwickeln, die intern prägend wirkt und sogar Signalcharakter über den Unterricht hinaus entwickeln kann.

- Wie geht man in der Schule sprachlich miteinander um?
- Wie reden Schüler und Lehrer innerhalb und außerhalb des Unterrichts miteinander?
- Welche Rolle spielt die Sprache im Fachunterricht wie Biologie oder Geschichte?
- In welcher Weise werden Muttersprachen nicht-deutscher Schüler berücksichtigt?
- Welches sprachliche Niveau haben die Schülerzeitung und die Home-Page der Schule?
- Gibt es Theaterarbeit an der Schule?

Viele weitere Fragen ließen sich hier anschließen. Wir sind der Auffassung, dass die Sprachdidaktik weitaus stärker als bislang ihre Aufmerksamkeit auf das gesamte sprachliche Geschehen an der Schule richten muss und dafür auch Konzepte entwickeln sollte. Sie muss das kommunikative Geschehen im Koordinatenfeld von Lernen, Lehren, Individuum und Gesellschaft als potenzielle didaktische Aufgabe betrachten.

Sprachunterricht unterstützt und fördert die sprachliche Entwicklung junger Menschen und versucht sie in eine Richtung zu lenken, die im Einklang mit der sprachlichen Kultur der Gesellschaft steht. Er erfüllt somit eine spracherzieherische Aufgabe, die sich an sprachlichen Normen und gesellschaftlichen Erwartungen, aber auch an den Lernweisen, Bedürfnissen und Intentionen junger Menschen orientiert. Sprachdidaktiker tragen so auch zur Entwicklung der Sprachkultur eines Landes bei.

Sprachunterricht verfolgt das Ziel

- Kindern und Jugendlichen dabei zu helfen, sich situationsangemessen äußern zu können, also in jeder Lebenssituation die richtigen Worte zu finden – im Gespräch wie in einer Rede;
- einfühlsames Zuhören zu vermitteln, die Intentionen von Texten zu erfassen und mediale Produkte wie Fernsehsendungen oder Kinderkassetten kritisch beurteilen zu können;
- Umgang mit Schriftlichkeit in einer Weise zu entwickeln und zu fördern, dass unterschiedliche Textsorten norm- und adressatengerecht, aber auch kreativ konzipiert und gestaltet werden können;
- ein explizites sprachliches Wissen zu vermitteln, das nicht auf den Bereich grammatischer Phänomene beschränkt bleibt;
- junge Menschen zu befähigen, kritische Mitglieder einer mehrsprachigen Gesellschaft zu werden und sich zwischen sprachlichen Normen und Abweichungen orientieren zu können.

1.3 Sprachdidaktisches Wissen

Warum benötigt ein Deutschlehrer für seine Arbeit eine wissenschaftliche theoretische Grundlage, sowohl fachwissenschaftlich als auch fachdidaktisch? Warum kann es nicht genügen, Unterrichtsstunden im Fach Deutsch anhand von Lehrplänen, Schulbüchern und erprobten Musterstunden durchzuführen, ähnlich wie man einen Kuchen anhand eines Rezeptes backen kann, auch ohne genau zu verstehen, wie Backpulver im Teig seine Wirkung entfaltet?

Ein einfaches Beispiel macht deutlich, wozu wissenschaftliche Erkenntnisse in der Arbeit als Deutschlehrer nützlich sein können. Angenommen, ein Erstklässler schreibt nach einem halben Jahr Schule plötzlich *Omer* anstatt *Oma*, ein Wort, das er bereits nach drei Wochen richtig schreiben konnte. Eine Lehrkraft ohne theoretisches Wissen über Strukturmerkmale der Orthographie und den Erwerb des Schreibens würde dieses Kind wohl schlicht auf einen vermeintlichen Flüchtigkeitsfehler aufmerksam machen. Wer sich jedoch mit dem Schreiberwerb befasst hat, weiß, dass es zu solchen Fehlern kommen kann, wenn das Kind orthographische Regularitäten erkannt hat und sie nun generell anwenden möchte. Die Schreibregel, die hinter der Fehlschreibung *Omer* steckt, bezieht sich auf den vokalisierten r-Laut [ɐ] in Wörtern wie *Mutter, aber, höher* usw. In allen diesen Fällen stehen die beiden Grapheme „*e*" und „*r*" für einen einzigen Laut. Sobald das Kind diese, für das Deutsche wichtige Schreibregel erkannt hat, ist es leicht möglich, dass es das auslautende Phonem /a/ in *Oma* als [ɐ] deutet und dementsprechend mit der Endung „*-er*" schreibt. Nach dieser Phase, in der Übergeneralisierungen zu beobachten sind, wird das Kind bald auch die Ausnahmen von Regeln erkennen und dementsprechend *Oma* wieder richtig schreiben. Eine kindgemäße Hilfestellung der Lehrkraft kann diesen Erkenntnisprozess beschleunigen, sie setzt aber ein entsprechendes Fachwissen voraus. Und dieses Wissen kann und darf nicht statisch bleiben, da in der Schreiberwerbsforschung und allen Wissenschaften, die sich auf Lernprozesse und Sprache beziehen, ständig neue Erkenntnisse gewonnen werden. Hinzu kommt, dass wir es im Deutschunterricht mit einer recht komplexen Situation zu tun haben, die durch zahlreiche Bedingungsfaktoren beeinflusst wird. Diese wiederum sind einem ständigen Wandel unterworfen.

Worin ist diese Komplexität begründet?

Da ist zunächst einmal der Unterrichtsgegenstand: die Sprache. Aber welche Sprache? Um welche Sprache(n) und welche sprachliche(n) Varietät(en) soll es im Unterricht gehen? Das Deutsche in gesprochener oder geschriebener Form, als Standardsprache, als regionale Umgangssprache oder als Dialekt? Oder sollte man sich nicht vielmehr am Sprachverhalten der Schüler orientieren: an ihrem kindlichen Sprechen in der Grundschule oder an jugendsprachlichen Varianten in der Sekundarstufe? Wie stark sollte die Sprache der Medien berücksichtigt werden – Zeitung, Radio, Fernsehen, Internet?

Hinzu kommt, dass sich Sprache ständig verändert. Zum Beispiel wird dies an dem zunehmenden Einfluss des Englischen deutlich. Aber auch im Satzbau sind Veränderungen zu beobachten. Die Äußerung: „*Ich komme morgen später, weil ich muss dann erst noch einkaufen*“, ist in der gesprochenen Sprache bereits häufig, wird aber im Schriftlichen (noch) nicht akzeptiert.

Deutschlehrer stehen angesichts dieser sprachlichen Vielfalt vor der Aufgabe, ständig Entscheidungen über angemessenen oder unangemessenen, richtigen oder falschen Sprachgebrauch zu treffen: Welches Wort, welche Äußerung, welcher Satz ist in welchen Kontexten und Textsorten akzeptabel? Was muss ich wie bewerten? Und wie kann ich meine Entscheidung fachlich begründen? Ein Deutschlehrer muss fähig sein, nachvollziehbare Begründungen für die Bewertung mündlicher und schriftlicher Äußerungen seiner Schüler geben zu können. Bei dieser Aufgabe ist die Linguistik als Fachwissenschaft nicht immer hilfreich, denn Linguisten sehen ihre Aufgabe vor allem darin, Sprache als System und im Gebrauch zu beschreiben und nicht zu bewerten. Die Linguistik versteht sich als eine deskriptive und nicht als eine normative Wissenschaft. Deshalb liegt hier eine wichtige Forschungsaufgabe für die Sprachdidaktik: wissenschaftlich begründete Kriterien zur Beurteilung von schriftlichen wie mündlichen Äußerungen zu entwickeln.

Die Erwartungen der Öffentlichkeit an den Deutschunterricht, beispielsweise seitens der Wirtschaft, aber auch der Eltern, gehen in Richtung einer rigiden Normerfüllung: Im Deutschunterricht sollen die Kinder korrektes Deutsch, vor allem fehlerfreies Schreiben, lernen. Der Deutschlehrer muss als Experte mit seinem sprachwissenschaftlichen Fachwissen gegenüber dieser normativen Erwartungshaltung deutlich machen können, dass es im Sprachunterricht um mehr gehen muss, als um Korrektheit und Anpassung an eine sprachliche Norm. Sprachunterricht bedeutet auch, sprachliche Kreativität und einen kompetenten Umgang mit sprachlicher Vielfalt zu entwickeln, Normen selbst zum Gegenstand der Reflexion zu machen und sprachliche Veränderungsprozesse beobachten und einschätzen zu lernen.

Es geht aber nicht nur um das Deutsche. Es geht auch um das Verhältnis des Deutschen zu anderen Sprachen: den schulischen Fremdsprachen wie Englisch, Französisch und Lateinisch und zu den Sprachen, die Kinder aus anderen Kulturen in unsere Schulen mitbringen. Im Gegensatz zu den schulischen Fremdsprachen sind dies meist Sprachen mit deutlich geringerem Prestige, wobei es auch hier noch Abstufungen gibt: Neugriechisch und Italienisch werden in der Regel höher bewertet als Albanisch oder Serbisch.

Der Deutschlehrer als Experte für Sprachen weiß, dass keine dieser Sprachen einer anderen über- oder unterlegen ist – weder formal grammatisch noch funktional. Ihr unterschiedliches Prestige ist jedoch eine gesellschaftliche Realität, die auch das Ansehen und die Beziehungen der Schüler betrifft. Hier geht es also wiederum um Wertfragen, die in einem gesellschaftlichen Zusammenhang stehen.

Ein Deutschlehrer muss also Interferenzen, Normabweichungen und Fehler erklären oder zumindest begründbare Hypothesen zu ihrer Genese aufstellen können. Dazu benötigt er theoretisches Wissen aus der Linguistik, der Erst- und Zweitspracherwerbsforschung sowie der Schriftspracherwerbsforschung. Er kann seine Schüler nur dann sprachlich fördern, wenn er Abweichungen auf dieser Grundlage sinnvoll einzuschätzen vermag und Hilfen anbieten kann, beispielsweise in Form eines Übungsangebots oder einer schüleradäquaten Erklärung.

Theoretisches Wissen aus der Fachdidaktik benötigt man auch, wenn man Lehrplanvorgaben kritisch auf ihr bildendes Potential und ihre gesellschaftliche Relevanz hin überprüfen möchte. Auch bei der Entscheidung über den Einsatz von Sprachbüchern oder Unterrichtsmaterialien muss ein Lehrer beurteilen können, inwieweit sie dem aktuellen fachlichen und fachdidaktischen Kenntnisstand entsprechen. Um als Lehrer nicht schematisch nach immer gleichen methodischen Routinen zu unterrichten, benötigt man einen theoriegeleiteten kritischen Blick auf die Unterrichtswirklichkeit, um sie immer neu in Frage stellen zu können und nach Alternativen zu suchen.

Das Wissen von Deutschlehrern wird jedoch nur in einem relativ geringen Ausmaß von Anregungen, Vorschlägen, Untersuchungen und Kritik aus der Deutschdidaktik beeinflusst. Die didaktischen Kenntnisse, die man im Studium gewonnen hat, scheinen rasch von Erfahrungen in der schulischen Praxis überlagert zu werden. Die schulischen Traditionen des Deutschunterrichts haben ein zäheres Leben, als Sprachdidaktiker glauben möchten. Sie dringen mit ihren Erkenntnissen offensichtlich schlecht bis zur Unterrichtspraxis vor. Warum – so muss man sich fragen – wird Sprachdidaktik nicht umfassend von Lehrern rezipiert? Möglicherweise hängt dieser mangelnde Transfer mit der Art des wissenschaftlichen Diskurses in unserem Fach zusammen. Oder liegen die Ursachen tiefer? Gibt es in dieser Wissenschaft ausreichend empirisch überprüfte didaktische Modelle, Verfahren und Modellierungen, über die ein weithin akzeptierter Konsens besteht?

Die Sprachdidaktik hat es offenbar noch nicht geschafft, gegenüber der Praxis eine ausreichende Akzeptanz, Dignität und Glaubwürdigkeit zu erlangen (vgl. Herrlitz (1998). Dazu ein Vergleich mit einer Wissenschaft, die ebenfalls an der Praxis handelnden Umgangs mit Menschen orientiert ist: der Medizin. Wenn ein Chirurg auf einem medizinischen Kongress ein neues Operationsverfahren vorschlägt, dann ist es für jeden Zuhörer selbstverständlich, dass er dieses Verfahren selbst erfolgreich durchgeführt hat. Ein Didaktiker begibt sich dagegen höchst selten in die Niederungen der Praxis. Für einen Chirurgen bedeutet Praxis kein theoriefernes Flachland, sondern sie ist Basis seiner Arbeit, die wiederum wichtige Impulse für die wissenschaftliche Forschung geben kann. Auch Didaktiker sollten sich in Zukunft weit mehr als bislang auf die Praxis einlassen, selbst Unterrichtserfahrungen sammeln und die subjektiven Theorien und Handlungsmuster von Deutschlehrern ernst nehmen, damit es zu „aktiven Kopplungen" (vgl. Fleck 1935) zwischen Theorie und Praxis sowie zu akzeptierten Denkstilen und Modellen unter Sprachdidaktikern und Deutschlehrern kommen kann.

1.4 Bezugswissenschaften der Sprachdidaktik

1.4.1 Allgemeine Didaktik und Fachdidaktik

In den 50er und 60er Jahren gab es einen regen Dialog zwischen der allgemeinen Didaktik und den Fachdidaktiken, vor allem auch der Deutschdidaktik. Die allgemeine Didaktik galt in dieser Zeit als eine Art Leitwissenschaft für alle Fachdidaktiken. Dort wurden weitreichende Konzeptionen entwickelt, vor allem die bildungstheoretische und die lerntheoretische Didaktik, an denen sich zahlreiche Fachdidaktiker orientierten, so beispielsweise Herrmann Helmers mit seiner einflussreichen 'Didaktik der deutschen Sprache' (1966), die explizit keine 'Methodik des Deutschunterrichts' (vgl. Essen 1956) mehr sein wollte.

Die allgemeindidaktischen Modelle verloren jedoch in den 70er Jahren an Einfluss, während die Linguistik mit der Grammatiktheorie Noam Chomskys (1965), die Soziolinguistik Basil Bernsteins (1972) und William Labovs (1971) und die Pragmalinguistik von Austin (1979) und Searle (1974) hohes Prestige erlangten. Der Dialog mit der allgemeinen Didaktik riss schließlich ganz ab und ist bis heute nicht wieder aufgenommen worden.

Heute hat aber auch die Linguistik bei weitem nicht mehr die gesellschaftliche Relevanz, die ihr noch in den 70er Jahren von vielen zugeschrieben wurde. Die Anzahl der Grammatiktheorien und -ansätze ist kaum noch zu überschauen, die Soziolinguistik ist von ihren gesellschaftspolitischen und emanzipatorischen Zielen abgerückt und die Pragmalinguistik hat sich ebenfalls in zahlreiche einzelne Richtungen ausdifferenziert, so dass sie für die Sprachdidaktik kaum als eine Leitdisziplin taugt. Die abnehmende Relevanz der Linguistik in der Gesellschaft und den Geisteswissenschaften hat aber nicht dazu geführt, dass die Sprachdidaktik wie ein enttäuschter Liebhaber zu der allgemeinen Didaktik zurückgekehrt ist. Gegenwärtig vollzieht sich vielmehr der spannende Prozess einer

Selbstfindung der Sprachdidaktik, der hoffentlich zu einem neuen Selbstbewusstsein jenseits aller möglichen 'Leitwissenschaften' führen wird. Die Sprachdidaktik muss dahin kommen, sich als eine eigenständige Disziplin mit eigenen Fragestellungen, Methoden und Zielen zu verstehen.

Um zu diesem Ziel zu gelangen, erscheinen uns Konzeptionen, die in der allgemeinen Didaktik entwickelt wurden, hilfreich zu sein. Sie zwingen die Sprachdidaktik – und die Deutschdidaktik insgesamt – eigenständige Antworten auf zentrale Fragen zu finden. Sprachdidaktiker sollten die Konzeptionen und Modelle der allgemeinen Didaktik als „Anregungspotential für die fachdidaktische Theoriebildung und die Analyse, Planung und Gestaltung von Fachunterricht" (Plöger 1999, S. 267) nutzen.

Die bildungstheoretische Didaktik, die von Wolfgang Klafki (1985) entwikkelt wurde, und die lerntheoretische Didaktik, die auf Paul Heimann, Gunter Otto und Wolfgang Schulz (1965) zurückgeht, waren für die Lehrerausbildung am einflussreichsten. Die bis heute üblichen Stundenentwürfe beruhen zum größeren Teil auf der lerntheoretischen und zum kleineren Teil auf der bildungstheoretischen Didaktik.

Im Zentrum der bildungstheoretischen Didaktik steht die Frage nach einer begründeten Auswahl der Bildungsinhalte. Oder konkreter: Welche Themen und Inhalte sollten aus welchen Gründen in einem Lehrplan stehen? Welche Fächer gehören da hinein und welche Teilbereiche und Fragestellungen innerhalb eines Faches? Die lerntheoretische Didaktik stellt dagegen deutlicher die Frage nach den Möglichkeiten und Methoden der Vermittlung von Inhalten.

Vor allem die bildungstheoretische Didaktik zwingt die Sprachdidaktik, Farbe zu bekennen und grundsätzliche Antworten zu ihren Inhalten, zu ihrer anthropologischen und gesellschaftlichen Begründung sowie ihrer Legitimation im Fächerkanon zu geben. Sie stellt die Kernfrage: Warum ist Sprachdidaktik sinnvoll und notwendig in der schulischen Bildung?

Weitere Fragen, die aus der Sicht der bildungstheoretischen Didaktik an den Sprachunterricht zu stellen wären, sind beispielsweise:

- Was macht Sprachunterricht zu einem wichtigen Bildungsinhalt?
- Welche Stellung hat der Sprachunterricht im Fächerkanon?
- Was spräche für oder gegen ein Schulfach 'Sprachkunde', das sich nicht nur auf eine bestimmte Sprache – das Deutsche – bezieht, sondern auch auf andere Sprachen, und daneben ein Fach 'Literatur', in dem unabhängig von einzelnen Sprachen eine Beschäftigung mit Literatur stattfindet?
- Wie kann man die Stoffauswahl begründen?
- Welchen Bezug haben sprachbezogene Themen zur gegenwärtigen und zukünftigen Situation von Schülern?
- Welche Bedeutung hat ein sprachdidaktischer Inhalt für die Gegenwart und für die Zukunft eines Menschen?
- In welcher Richtung hat sich die Gesellschaft verändert und wird sich in Zukunft weiter ändern und was folgt aus diesen Veränderungsprozessen für die Entwicklung der Sprachdidaktik?

1.4.2 Linguistik

Wenn es um die Auswahl sprachlicher Lerninhalte geht, ist linguistisches Wissen unverzichtbar. Sprachdidaktiker müssen grundlegende Erkenntnisse, Konzepte und Theorien aus der Linguistik kennen, um auf diesem fachlichen Hintergrund didaktische Entscheidungen treffen zu können.

- Welche linguistischen Erkenntnisse können und sollten für den Deutschunterricht ausgewählt werden?
- Worin kann der Bildungswert einer linguistischen Konzeption bestehen?
- Mit welchen Inhalten lassen sich Bezüge zur Vergangenheit, zur Gegenwart und/oder Zukunft eines Schülers herstellen?
- Wie können spezifische linguistische Probleme, beispielsweise die Bestimmung von Wortarten oder Satzteilen, didaktisch modelliert werden?

All dies sind didaktische Fragen, die man nur dann beantworten kann, wenn man eine umfassende linguistische Kenntnis besitzt.

Nun könnte ein Deutschlehrer darauf antworten, er müsse diese zentralen Fragen nicht selbst beantworten, das sei Sache der Lehrpläne. Die Antworten auf diese Fragen könne man schließlich in den Lehrplänen finden. Dort werde festgeschrieben (und staatlich vorgeschrieben), welche Inhalte im Sprachunterricht bearbeitet werden sollen.

Wenn man die Lehrpläne allerdings analysiert, dann wird man bald feststellen, dass die didaktischen Entscheidungen, die zur Aufnahme bestimmter linguistischer Inhalte geführt haben, keineswegs nach rationalen Kriterien auf der Grundlage einer umfassenden Kenntnis der Linguistik getroffen wurden. Man gewinnt vielmehr den Eindruck, dass Lehrplaninhalte von schulischen Traditionen und von der Geltung und dem Prestige der jeweils herrschenden linguistischen Theorie abhängen. Dies führt dazu, dass nur wenige Teilgebiete der Linguistik in den Lehrplänen berücksichtigt werden: zunächst und vor allem die Morphosyntax, dann noch – deutlich geringer – wenige Bereiche aus der Semantik, z.B. die „Lehre vom sprachlichen Feld“ (vgl. Hoberg 1970). Phonetik, Pragmatik, Textlinguistik, Gesprächsanalyse, Soziolinguistik, Psycholinguistik oder Sprachgeschichte findet man dagegen in den Lehrplänen nur in Ausnahmefällen.

Es gab immer wieder Versuche, diese starke Dominanz des traditionellen Grammatikunterrichts zu durchbrechen und aktuellere linguistische Konzeptionen und Theorien einfließen zu lassen: In den 50er/60er Jahren die inhaltsbezogene Grammatik und Wortfeldtheorie von Weisgerber (1962) und Jost Trier (1931), in den 70er Jahren die Generative Grammatik von Noam Chomsky, die Dependenzgrammatik von Tesnière (1965), sowie Soziolinguistik und Pragmalinguistik. Nach diesem Theorie-Boom in den 70er Jahren trat jedoch eine gewisse Ernüchterung ein und Sprachdidaktiker fordern heute wieder dazu auf, „kleinere Brötchen zu backen“ (Bremerich-Vos, 1993), wobei wiederum an die traditionelle Schulgrammatik angeknüpft werden soll. Die Vielfalt linguistischer Forschung wird von den Lehrplänen nach wie vor weitgehend ignoriert.

Der Lehrer muss die zentralen linguistischen Konzepte und Begriffe kennen und adäquat anwenden können, beispielsweise im Rahmen seiner Unterrichtsvorbereitung bei der Analyse von Texten. Aber ob seine linguistische Fachsprache oder nur ein gewisser Teil davon auch Gegenstand des Sprachunterrichts werden sollte, ist eine didaktische Frage, die nicht einfach zu entscheiden ist. Sicherlich spielen hier das Alter der Schüler und die Schulart eine wichtige Rolle. Grundsätzlich muss man aber wohl heute feststellen, dass die zu erlernenden linguistischen Begriffe, die nahezu ausschließlich aus dem Bereich der traditionellen Schulgrammatik stammen, das Interesse von Schülern an Sprache in der Vergangenheit nicht gefördert haben. Sprachunterricht wird – wenn man Schüler fragt – nahezu ausschließlich mit Grammatikunterricht gleichgesetzt und mit Begriffen wie „Adverb" oder „Attribut", deren Bedeutung sich vielen bis zum Ende ihrer Schulzeit nicht erschlossen hat.

1.4.3 Psychologie der Sprachverarbeitung

Während die Linguistik als Fachwissenschaft einen Rahmen für die Auswahl und Begrenzung sprachlicher Inhalte liefert, also für das, was im Sprachunterricht gelernt werden soll, ist die Psychologie der Sprachverarbeitung oder auch Psycholinguistik eine Wissenschaft, die vor allem Grundlagen für die Diagnose und Interpretation sprachlicher Prozesse beim Lerner liefert. Bei der Fehlerkorrektur im Mündlichen oder Schriftlichen, bei der Beschreibung des Sprachstands in der Schreibentwicklung eines Schülers oder bei der Ausspracheberatung eines ausländischen Schülers ist es wichtig, dass der Lehrer die beobachteten linguistischen Phänomene fachlich adäquat beschreiben und interpretieren kann. Wissenschaftliche Grundlagen für diesen 'diagnostischen Blick' auf die sprachlichen Fähigkeiten eines Schülers liefert die kognitive Psychologie.

Mit der kognitiven Wende in der Psychologie in den 70er Jahren (vgl. Neisser 1976) gelang es zunehmend besser, die Prozesse zu verstehen, die sich in den Köpfen der Schüler abspielen. Vor dieser Zeit orientierte sich die Psychologie am Behaviorismus, für den nur das relevant war, was man beobachten und messen konnte, der aber kein Interesse an den neuronalen Prozessen hatte, die für ein bestimmtes Verhalten oder eine Handlung verantwortlich sind. Mit der Entwicklung eines kognitiven Paradigmas änderte sich auch das Menschenbild: Der Mensch wurde nicht mehr als ein durch Inputs und Stimuli zu beeinflussendes reaktives Wesen angesehen, sondern als ein aktives, epistemologisches (erkenntnisfähiges) Subjekt, das Wissen selbstständig und produktiv verarbeitet, Annahmen und Hypothesen über die Wirklichkeit entwickelt und sie überprüft (vgl. Groeben u.a. 1988).

Das kognitive Paradigma versteht die Sprachverarbeitung als einen kognitiven Prozess, der erlernt wird, aber auf einer angeborenen neuronalen Struktur beruht, die sich im Verlauf der Entwicklung ausdifferenziert. Dies geschieht in der Ontogenese in spezifischen Stadien, die nach einem relativ festen Ablaufschema aufeinander folgen und universale Muster zeigen, aber dennoch von Individuum zu Individuum variieren und auch zu unterschiedlichen Endstadien führen.

Mit der kognitiven Wende begann man, die sprachlichen Prozesse im neuronalen Apparat mit Theorien und Modellen darzustellen. Die psychologische Theorie der Sprachproduktion von Herrmann/Grabowski (1994) ist ein Beispiel für eine neuere, für die Sprachdidaktik besonders ergiebige Theorie für die Produktion gesprochener Sprache. Aber der Sprachdidaktik muss es auch um Rezeptionsprozesse und um Schriftlichkeit gehen. Sprachrezeption und -produktion werden im Modus der Mündlichkeit und der Schriftlichkeit jeweils unterschiedlich neuronal prozessiert, so dass sich grundsätzlich vier Modi der Sprachverarbeitung ergeben:

	Rezeption	**Produktion**
gesprochene Sprache	Hören	Sprechen
geschriebene Sprache	Lesen	Schreiben

Zu jedem dieser Bereiche sind zahlreiche Theorien und Modelle entwickelt worden (Schwarz 1992; Rickheit/Strohner 1993). Sprachdidaktiker haben die schwierige Aufgabe, aus dieser Vielfalt theoretischer Entwürfe diejenigen Ansätze herauszufiltern, die es ermöglichen, sprachliche Lehr- und Lernsituationen so zu erklären und zu modellieren, dass ein konsistentes, handlungsleitendes Gesamtkonzept daraus entstehen kann.

Für die Sprachdidaktik sind fünf 'Kinder' der kognitiven Psychologie besonders relevant, auf die in den folgenden Kapiteln Bezug genommen wird:

- Spracherwerbsforschung
- Zweitspracherwerbsforschung
- Schreibforschung
- Schreiberwerbsforschung
- Sprachverarbeitungs- und Rezeptionsforschung

1.4.4 Pädagogik

Sprachunterricht findet in pädagogischen Institutionen und Situationen statt. Lehrerinnen und Lehrer handeln, auch dann, wenn sie sprachdidaktische Ziele verfolgen, immer – mehr oder weniger bewusst – pädagogisch. Und umgekehrt: Wenn pädagogische Ziele im Vordergrund stehen, beispielsweise im Umgang mit Aggressionen, Streit, Ausländerfeindlichkeit oder bei der Entwicklung von Schlüsselqualifikationen wie Teamfähigkeit oder Einfühlungsvermögen, spielt immer auch die Sprache eine zentrale Rolle.

In der gesellschaftlichen und pädagogischen Diskussion um Schule und in der schulischen Praxis selbst erleben wir seit Mitte der 80er Jahre eine stetig zunehmende Pädagogisierung und ein geringer werdendes fachdidaktisches Problembewusstsein. Exemplarisch für diese Entwicklung ist der Anfangsunterricht im Lesen und Schreiben: Während in den 70er Jahren noch heftig um den sprachdidaktisch richtigen Weg gestritten wurde – analytische oder synthetische Methode war damals die Frage – ist es seit den 80er Jahren möglich, dass ein Lehrer – Jürgen Reichen (1988) – mit seiner Methode „Lesen durch Schreiben" Schüler mit Hilfe einer Anlauttabelle ohne größere Vorbereitung selbstständig Wörter und Sätze schreiben lässt und dabei auf eine große Akzeptanz in der Schule trifft. Die pädagogische und entwicklungspsychologische Botschaft lautet: Kinder finden ihren eigenen Weg zur Schrift. Der Lehrer kann diesen Prozess nur behutsam begleiten und bei möglichen Stillständen oder Fehlentwicklungen helfend eingreifen. Aber genau dieses 'Eingreifen' ist nur dann eine wirkliche Hilfe, wenn man die sprachlichen Entwicklungen eines Kindes richtig beurteilen kann. Ein ungesteuertes Wachsen-Lassen wird sonst die Kinder, die vom Elternhaus her die besseren sprachlichen Voraussetzungen mitbringen, zusätzlich begünstigen. Ein zweites Motiv für diese Pädagogisierungstendenz hängt damit zusammen, dass der Schule immer mehr die Aufgabe zugeschoben wird, erzieherisch das zu kompensieren, was Eltern und Gesellschaft immer schlechter selbst leisten können oder wollen.

1.5 Sprachdidaktische Konzeptionen und Theorien

Ein kurzer Blick in die Geschichte der Sprachdidaktik seit 1945 macht deutlich, wie zeitabhängig sprachdidaktische Konzepte und Theorien sind. Bis Mitte der 60er Jahre beherrschte Leo Weisgerber mit seiner Konzeption einer „muttersprachlichen Bildung" die Diskussion. Auf der Grundlage einer von Wilhelm von Humboldt abgeleiteten sprachdeterministischen Auffassung, wonach die jeweilige Muttersprache eines Menschen sein Denken und Handeln prägt, wollte Weisgerber Schülern eine „innere Sprachbildung" vermitteln, damit sie zu würdigen und wertvollen Mitgliedern der deutschen Sprachgemeinschaft heranwachsen können. Sprachunterricht habe die Aufgabe, das „natürliche Hineinwachsen des Kindes in seine Muttersprache [zu] fördern". Dies wiederum wäre „im Kerne ein Nachbilden des muttersprachlichen Weltbildes im Bewusstsein des Einzelnen" (Weisgerber 1968, S. 30).

Die Konzeption einer „inneren Sprachbildung" wurde ursprünglich 1927 von Walter Seidemann entwickelt: eine Stilbildung mit dem Ziel, zu einer harmonischen Entsprechung von Inhalt (Sinngehalt) und Form (Sinngestalt) zu kommen, die wiederum im Einklang mit dem sprachlich geprägten Weltbild der deutschen Sprachgemeinschaft stehen sollte. Um dieses vage und hohe Ziel erreichen zu können, sollten sich die Schüler an hervorragenden literarischen Beispielen orientieren: an dichterischen Texten, in denen die Harmonie von Inhalt, Form und 'deutschem Denken' in besonderer Weise gelungen war. Texte in „hochdeutscher Schriftsprache [...], in welcher die Besten und Größten unserer Nation ihre Gedanken gleichsam verkörpert und die edelsten Gefühle ihres Herzens zum Besten der Mit- und Nachwelt schriftlich niedergelegt haben" (Kehr 1897, S. 18) sollten die Schüler zu den Wurzeln 'deutschen Denkens, Fühlens und Wollens' vordringen lassen. An diesen Vorbildern hatte sich ihre innere sprachliche und geistige Bildung zu orientieren.

Sprachliche Bildung war so – unausgesprochen – an der gymnasialen Elite orientiert: an Schülern, die in der Lage waren, sich stilistisch im 'sprachgestaltenden Aufsatz' literarischen Vorbildern anzunähern. Für den mündlichen Sprachgebrauch sollte der Lehrer als sprachliches Vorbild dienen und die Schüler zur Norm der Hochsprache führen.

Alles, was von diesen normativen Vorgaben abwich, wurde unterdrückt und bekämpft: Comics etwa oder sog. 'Schmöker', also Texte, die Schüler heimlich und mit Vergnügen lasen. Diese 'Schundliteratur' konnte nicht geduldet werden, da sie der deutschen Sprache und dem kindlichen Gemüt schaden würde. Der Deutschlehrer verstand sich als Sprachpfleger, der die Ausdruckskraft und Schönheit der deutschen Sprache bewahren und stärken wollte.

In den späten 60er Jahren, als zunehmend Autoritäten in Frage gestellt wurden, verloren die bis dahin hoch geachteten kanonischen Werke klassischer deutscher Dichter mehr und mehr an Bedeutung. In der Sprachdidaktik wird dieser Bruch mit bildungsbürgerlichen Werten, ihren exemplarischen Texten und ihrer 'erbaulichen' Sprache als 'kommunikative Wende' bezeichnet. Anstatt klassischer und 'wertvoller' Literatur wurden nun alle möglichen anderen Texte aus der alltäglichen Lebenswelt zum Gegenstand des Deutschunterrichts: Zeitungsartikel, Wahlreden, Gebrauchsanleitungen, Comics, Trivialliteratur, Witze, Kochrezepte, Werbeanzeigen, Flugblätter. Texte wurden nicht mehr als sprachliche Vorbilder präsentiert, sondern als Ausdruck sprachlicher Vielfalt, mit der umzugehen Schüler lernen müssen, damit sie in zukünftigen Lebenssituationen qualifiziert handeln können. Sprachliche Erziehung sollte sich an den kommunikativen Erfordernissen des Alltags orientieren. Das „kulturelle Gedächtnis" (Assmann 1999) der Gesellschaft rückte in den Hintergrund und Kommunikation wurde zum zentralen Inhalt sprachdidaktischen Handelns.

Eine wichtige Triebkraft für diese Veränderungen in der Sprachdidaktik lag in der Bildungspolitik der sozialdemokratisch geprägten Bundesregierung[3]. Ihr Ziel war, Begabungsreserven auszuschöpfen und weitaus mehr Kindern als bislang den Besuch weiterführender Schulen zu ermöglichen. Vor allem das Gymnasium sollte deshalb seine elitäre Haltung aufgeben. Für Kinder ohne bildungsbürgerlichen Hintergrund stellte eine sprachpflegerische Erziehung, die an dichterischen Vorbildern ausgerichtet war, eine Hürde dar, die nicht mehr akzeptiert werden konnte.

In den 1968 von der Bildungskommission des Deutschen Bildungsrates vorgelegten Empfehlungen für die Entwicklung und Reform des Bildungswesens (Roth 1968) erschien der wegweisende Aufsatz „Schichtenspezifische Formen des Sprachverhaltens und ihr Einfluss auf die kognitiven Prozesse" von Ulrich

3 Der Beginn dieser neuen Bildungspolitik begann bereits 1967 mit der Großen Koalition unter Kurt Georg Kiesinger und gewann an Dynamik mit der sozialliberalen Koalition unter Willy Brandt seit 1969.

Oevermann, in dem er – in Anlehnung an Basil Bernstein – deutlich machte, dass Kinder aus Arbeiterschichten mit anderen sprachlichen und kognitiven Voraussetzungen zur Schule kommen und man darauf angemessen reagieren müsse. Die sprachliche Norm der (gehobenen) Mittelschicht als schulische Norm vorzugeben stelle eine Sprachbarriere dar, an der Arbeiterkinder normalerweise scheitern.

In der Sprachdidaktik entwickelte sich im Zuge der empirischen Untersuchungen zum schichtenspezifischen Sprachgebrauch von Bernstein (1972) und Oevermann (1972) eine 'kritische Didaktik', die sich an der Kritischen Theorie der Frankfurter Schule (vgl. Apel 1980; Habermas 1968) orientierte und radikale Veränderungen im Deutschunterricht forderte. Kommunikation, Demokratisierung, Emanzipation und Sprachkritik als Teil der Gesellschaftskritik waren ihre Leitbegriffe.

Mit dem Abschied von den normativen sprachlichen Bildungsvorstellungen Weisgerbers und der Hinwendung zum tatsächlichen kommunikativen Handeln der Menschen aus allen Schichten der Bevölkerung wurde ein neues Leitziel für den Deutschunterricht formuliert: Schülern die Fähigkeit zu vermitteln, in den verschiedensten Lebenssituationen effektiv zu kommunizieren. Da Unterricht aber selbst eine soziale Situation ist, in der auf eine spezifisch asymmetrische Art und Weise kommuniziert wird (vgl. Kapitel 3), wurde gefordert, die Situation Unterricht in Richtung eines tendenziell gleichberechtigten, 'symmetrischen' Umgangs zwischen Lehrer und Schülern zu verändern (Boettcher u.a. 1976).

Nicht nur in Bezug auf die Kommunikation im Unterricht, sondern generell sah man in der Sprachdidaktik die Notwendigkeit, sich auf empirische Untersuchungen in der Linguistik zu stützen. Vor allem die amerikanische Soziolinguistik mit William Labov (1966) als prominentestem Vertreter zeigte methodische Wege, die Ende der 60er Jahre auch von der deutschen Linguistik rezipiert wurden. Sie vollzog ebenfalls eine 'kommunikative Wende', die 1969 mit der Gründung der 'Gesellschaft für Angewandte Linguistik (GAL)' markiert wurde.

Die Rezeption empirischer Untersuchungen zur gesprochenen Sprache führte zu einer stärkeren Wissenschaftsorientierung der Sprachdidaktik, die sich so innerhalb und neben der Germanistik zu etablieren suchte. Die in dieser Zeit ebenfalls einsetzenden Bemühungen um eine adäquate didaktische Modellierung der 'Generativen Transformationsgrammatik' Noam Chomskys (vgl. Eichler 1974) lassen sich in ähnlicher Weise als Versuch interpretieren, neueste wissenschaftliche Erkenntnisse im Deutschunterricht zu berücksichtigen und sich an der Linguistik als prestigeträchtiger Leitwissenschaft zu orientieren.

Aus heutiger Sicht erscheinen manche didaktischen Vorschläge als politisch einseitig und linguistisch überzogen. Gesellschaftspolitisch weitreichende Vorstellungen, die im Deutschunterricht verwirklicht werden sollten, erwiesen sich häufig als Strohfeuer. Man reibt sich heute zwar gelegentlich verwundert die Augen, wenn man die Vorschläge für einen projektorientierten, emanzipatorischen und gesellschaftskritischen Deutschunterricht nachliest – etwa Projekte zum kritischen Umgang mit Werbung, zu Befehls- und Überredungsformen in Betrieben oder zur Lehrerdominanz im Unterricht (vgl. das 12-bändige Werk „projekt deutschunterricht" hrsg. von Heinz Ide, 1970ff.), aber man kann sich auch heute noch vom Mut, vom Elan und von der Phantasie der kritisch-kommunikativen Didaktik der 70er Jahre anstecken lassen.

Ihre Vorstellungen und Vorschläge hatten allerdings nur teilweise Einfluss auf den Deutschunterricht. Dort herrschte, trotz geradezu revolutionärer Veränderungen in der Didaktik, eine nach wie vor konservative Grundströmung, die vor allem von Herrmann Helmers bestimmt wurde. Er konnte den Bedarf nach einer in sich schlüssigen sprachdidaktischen Konzeption für die Unterrichtspraxis befriedigen.

Seine „Didaktik der deutschen Sprache – Einführung in die Theorie der muttersprachlichen und literarischen Bildung", 1966 erstmals und 1984 in der 11. Auflage erschienen, war der erste systematische Versuch, eine eigenständige Begründung für die Deutschdidaktik zu liefern. Der Entwurf entsprach der bildungstheoretischen Didaktik Wolfgang Klafkis, wonach zwischen einer Didaktik im engeren Sinne als Theorie der Bildungsinhalte und einer Methodik als Theorie der Unterrichtsverfahren unterschieden wird. Es gilt dabei das „Primat der Didaktik", d.h. es muss zunächst immer um eine Auswahl und Begründung von Inhalten gehen, denen die methodischen Überlegungen gerecht werden müssen. Mit Klafki und Helmers verschob sich das Interesse von der Methodik (wie etwa bei Erika Essen, 1956) zur Didaktik. Der Forderung Klafkis nach kategorialer Bildung konnte Helmers mit der Entwicklung eines kategorialen Strukturschemas für den muttersprachlichen Unterricht gerecht werden.

Sprechen, Schreiben, Lesen und Verstehen bildeten für Helmers die Grundkategorien des Deutschunterrichts, die nach der antiken Scheidung in recte (richtig) und bene (gut, wohlgefällig) aufgeteilt wurden und sich trotz späterer Modifikationen bis heute erhalten haben.

	Sprechen	**Schreiben**	**Lesen**	**Verstehen**
„recte"	Sprachübung	Rechtschreib-unterricht	Erstlese-lehrgang und weiter-führender	Sprach-betrachtung
„bene"	Sprech-erziehung	Aufsatz-unterricht	Lese-unterricht	Literatur-unterricht

(Helmers 1966, S. 32)

1983 mit dem Ende der sozialliberalen Koalition und dem Beginn der Regierungszeit von Helmut Kohl verloren die Diskussionen um Chancengleichheit, Emanzipation und eine gerechtere Gesellschaft ihre Brisanz. Stattdessen konnte man einen Rückzug auf das Private, Individuelle und Subjektive beobachten. Möglicherweise ist es kein Zufall, dass diese politische Wende mit einer Neuorientierung der Sprachdidaktik einherging. Auch hier nahm man Abschied von Vorstellungen, die auf ein anderes kommunikatives Handeln im Unterricht und in der Gesellschaft abzielten. Die Revolution – so wurde auch den 'progressivsten'

Didaktikern klar – konnte nicht im Deutschunterricht stattfinden. Das Interesse verschob sich von den gesellschaftlichen Bedingungen sprachlichen Handelns zum individuellen sprachlichen Lernen eines Kindes. Man begann, die Schüler als Subjekte ernst zu nehmen und interessierte sich für die Lernprozesse, die in unterschiedlichen Phasen ihrer Entwicklung zu beobachten oder aus bestimmten Verhaltensweisen zu erschließen waren. Diese Neuorientierung bezeichnet man als 'kognitive Wende'.

Mit der kognitiven Wende vollzog man nun verspätet, aber endgültig den Abschied von einem behavioristischen Gedankengut, das vor allem im Umgang mit Fehlern deutlich wird: Ein behavioristisch orientierter Lehrer wird versuchen, Fehlschreibungen seiner Schüler möglichst rasch durch korrekte Versionen zu ersetzen, da sie sich – so die Befürchtung – in den Köpfen der Schüler festsetzen könnten. Das kognitive Paradigma dagegen geht von Aneignungsprozessen aus, in denen Fehler Stadien markieren, die dem Lehrer wichtige Aufschlüsse über die Kognitionen eines Schülers liefern können. Lehrer haben im Rahmen der Entwicklung von mündlicher und schriftlicher Gestaltungskompetenz die Aufgabe, diesen Prozess verstehend und beratend zu begleiten. Schüler sollen mit Hilfe des Lehrers ihren individuellen Lernweg finden. Der individuelle Lernprozess wird bedeutender als das für alle gemeinsam zu erreichende Produkt, Ergebnis oder Lernziel.

Anstatt eines undifferenzierten und gleichmachenden Vorgehens, wie es für den lehrerzentrierten Unterricht kennzeichnend ist, soll sich die kognitive Eigenaktivität eines jeden einzelnen Schülers entfalten können. Dazu sind innere Differenzierung und Individualisierung des Unterrichts notwendig. Wochenplanarbeit, Freiarbeit und Projektunterricht bieten methodisch günstige Voraussetzungen, den subjektiven Bedürfnissen der Lerner zu entsprechen.

Die Orientierung am Kind und seiner kognitiven sowie emotionalen Entwicklung führt zu einer Didaktik, in der die Persönlichkeit und Identität eines Schülers umfassender gefördert werden kann, als dies in einem instruierenden, lehrerzentrierten Kontext möglich wäre. Auch imaginative Verfahren wie z.B. Phantasiereisen, ein handelnder und produktiver Umgang mit Literatur sowie kreatives, personales oder freies Schreiben sind Methoden, die diesem Ziel dienen (vgl. Kapitel 5).

Die theoretische Grundlage für dieses Vorgehen bietet vor allem der 'radikale Konstruktivismus', den man als eine biologische Erkenntnistheorie bezeichnen kann. Dabei stehen autopoetische, d.h. sich selbst organisierende Strukturen im Vordergrund, die als Netzwerke durch Interaktion ihre eigenen Komponenten erzeugen.

Die Biologen Humberto Maturana (1984) und Francisco Varela (1990) haben diese Selbstorganisationsprozesse zunächst anhand von neurophysiologischen Experimenten beobachten können und daraus weitreichende Schlüsse für menschliches Erkennen gezogen. Für sie ist Erkennen weder ein Abbilden noch ein Handeln mit Repräsentationen einer objektiven Realität. Die Welt wird vielmehr von einem jeweiligen Gehirn, das als ein geschlossenes, autopoetisches System verstanden wird, aufgrund von internen Selbstdifferenzierungsprozessen 'aus sich selbst heraus' konstruiert. Die äußere Welt, beispielsweise der Deutschunterricht, tangiert dieses sich selbst konstruierende System gewissermaßen nur als eine 'Störung'. Erkennen und Verstehen sind nur dann möglich, wenn es zwischen der äußeren Welt und den internen kognitiven Strukturen zu Strukturkopplungen kommt; wenn das, was im Unterricht geschieht, dieser internen Struktur im Kopf eines Schülers einigermaßen entspricht. Salopp formuliert: Innere und äußere Welt sollten die gleiche Wellenlänge haben.

Da diese innere Welt der Kognition im radikalen Konstruktivismus ein derartiges Gewicht erhält, bemühen sich nicht nur Kognitionswissenschaftler, sondern – nach der kognitiven Wende – nun auch Sprachdidaktiker, dieses interne System zu verstehen, den Schülern gewissermaßen in den Kopf zu schauen. Denn ein erfolgreicher Unterricht erscheint nur möglich, wenn es dem Lehrer gelingt, möglichst weitreichende Strukturkopplungen zwischen den kognitiven Strukturen der Schüler und den Lerngegenständen zu erzeugen. Phantasievoll gestaltete Lernwelten sind dabei offenbar erfolgversprechender als das herkömmliche unterrichtliche Arrangement mit einem Lehrer, der die Unterrichtskommunikation einseitig steuert und Schülern, die ihm weitgehend passiv zuhören. Dass ein Lehrer über die Köpfe der Schüler hinweg unterrichten kann entspricht einer schulischen Alltagserfahrung, die mit dem radikalen Konstruktivismus nicht nur theoretisch erklärt werden kann, sondern als geradezu prototypisch für einen instruierenden, lehrerzentrierten Unterricht erscheint.

Der radikale Konstruktivismus kann aber längst nicht alle theoretischen Defizite der Sprachdidaktik beheben. Wenn man sich eingehender mit dieser Theorie befasst, stellen sich zahlreiche weitere Fragen, die schwer zu beantworten sind, da zwischen einem biologisch erklärbaren Verhalten und sprachlichem Handeln grundsätzliche Unterschiede bestehen. Es erscheint daher dringend geboten, sich wieder stärker mit theoretischen Fragen zu beschäftigen. Wir möchten im Folgenden einige Felder nennen, die als Teilstücke einer sprachdidaktischen Theorie aufgearbeitet werden müssten.

In einer sprachdidaktischen Theorie müssen die Verhältnisse zwischen Mündlichkeit und Schriftlichkeit geklärt werden. Analytisch lassen sich zwei Ebenen voneinander unterscheiden: zum einen die Ebene des Mediums, auf der man eindeutig erkennen kann, ob Sprache phonisch oder graphisch repräsentiert ist, zum anderen die Ebene der Konzeption. Hier geht es um die Frage, ob ein Text konzeptionell eher mündlich oder eher schriftlich gestaltet ist – und zwar unabhängig vom Medium.

Am Beispiel des Telefonierens kann man diese Unterscheidung deutlich machen: Wenn man mit jemandem telefoniert, bewegt man sich medial wie konzeptionell im Bereich des Mündlichen. Wer aber auf einen telefonischen Anrufbeantworter sprechen muss, bleibt zwar medial im Bereich des Mündlichen, muss aber den Text – als Monolog – anders planen und aufbauen. Man versucht eher wohlgeformte Sätze zu formulieren und einen in sich schlüssigen Text zu formulieren. Wenn man einer Sekretärin einen Brief diktiert, ist die Tendenz zur konzeptionellen Schriftlichkeit noch stärker. Man formuliert zwar im Medium der Mündlichkeit, aber den Brief gestaltet man konzeptionell schriftlich.

Der umgekehrte Fall – mediale Schriftlichkeit verbunden mit konzeptioneller Mündlichkeit – ist ebenfalls möglich, beispielsweise dann, wenn ein spontanes Gespräch mit einem Tonbandgerät aufgenommen und anschließend verschriftet wird oder die Internet-Kommunikation in einem Chat-Raum.

Konzeptionelle Mündlichkeit ist durch Spontaneität, Flüchtigkeit und durch Einbindung in einen situativen Kontext gekennzeichnet. Auf sprachlicher Ebene findet man Deixis (Zeigewörter), Ellipsen (unvollständige Sätze), Versprecher, Pausenfüller, Sprecherwechsel, Gesprächswörter (*gell*), Gliederungssignale (*also*) u.ä. Konzeptionelle Schriftlichkeit hingegen tendiert zu mehr oder weniger sorgfältig geplanten und gestalteten Texten mit wohlgeformten Sätzen, die unabhängig von einer spezifischen Situation und einem bestimmten Zeitpunkt zu verstehen und somit 'dauerhaft' gemacht sind.

Koch und Oesterreicher (1985), auf die diese Unterscheidung zwischen medialer und konzeptioneller Mündlichkeit und Schriftlichkeit zurückgeht, postulieren, dass sie anthropologisch begründbaren, universalen Kommunikationshaltungen entspricht, und zwar einer bestimmten 'Nähe' bzw. 'Distanz' von Kommunikationspartnern in sozialen Situationen. Konzeptionelle Mündlichkeit entspricht dabei der Nähe und konzeptionelle Schriftlichkeit entspricht der Distanz. Für die Sprachdidaktik haben diese Zuschreibungen erhebliche Konsequenzen. Man denke etwa an Erstklässler, die eine durch familiäre Nähe geprägte konzeptionelle Mündlichkeit gewohnt sind und nun, in der Schule, sich langsam an Distanz und konzeptionelle Schriftlichkeit gewöhnen müssen, auch in ihren mündlichen Äußerungen.

Problematisch sind die Nahtstellen zwischen Mündlichkeit und Schriftlichkeit. Schüler beispielsweise nach einer Erzählrunde unvermittelt aufzufordern, doch nun einfach (sic!) aufzuschreiben, was sie gerade erzählt haben, hilft ihnen nicht, sich der Unterschiede zwischen Mündlichkeit und Schriftlichkeit bewusst zu werden. Der Bezug ist auf der kognitiven wie auf der textuellen Ebene höchst komplex und bedarf einer umfassenden sprachdidaktischen Aufarbeitung. Dabei wäre zu berücksichtigen, dass die sprachlichen Bereiche, in denen mediale Mündlichkeit zur konzeptionellen Schriftlichkeit oder Schriftlichkeit zur konzeptionellen Mündlichkeit hin tendieren, durch den Einfluss elektronischer Medien stark zugenommen haben.

Für eine zukünftige Theorie der Sprachdidaktik wäre grundsätzlich zu erörtern, welche spezifischen kognitiven Fähigkeiten entwickelt werden müssen, um von einer tendenziell spontanen, an Familie und Peergroup orientierten Mündlichkeit zu einer eher geplanten, an normativen Erwartungen der Öffentlichkeit und an universalistischen Konzepten orientierten Schriftlichkeit zu gelangen. Dabei müssten auch die unterschiedlichen Funktionen von Sprache in Bezug auf ihre Leistungen, ihre sprachlichen Formen und ihre Lehr- und Lernbarkeit berücksichtigt werden. Sprachdidaktisch relevant ist nämlich die eigentümliche Tatsache, dass bestimmte Funktionen sprachlich leichter und besser bewältigt werden können als andere.

Die weithin akzeptierte Vorstellung von linguistischen Laien, Sprache diene in erster Linie der Übermittlung von Informationen, steht der Erkenntnis der anthropologischen Linguistik entgegen, dass Sprache häufiger und wohl auch besser die Funktionen erfüllen kann, Interaktion um des sozialen Kontaktes willen aufrecht zu erhalten und Gesprächspartner zu beeinflussen. Der sprecherbezogene *Ausdruck* und der hörerbezogene *Appell*[4] gelingen deshalb auch meist mühelos:

- Sprache ist ein ausgezeichnetes 'soziales Schmiermittel': Wo immer Menschen zusammen kommen, haben sie das Bedürfnis, miteinander zu sprechen.
- Mit Sprache gelingt es meist mühelos, soziale Bindungen anzubahnen, aufrecht zu erhalten und zu intensivieren.
- Soziale Rollen und Beziehungen lassen sich sprachlich gut markieren (Sie/du-Unterschiede, Höflichkeits- und Anredekonventionen usw.).
- Menschen lassen sich im Gespräch meist ohne größere Anstrengung beeinflussen.
- Gefühle sprachlich explizit zu machen gelingt manchen leicht, ist aber für viele auch schwierig.

Referentielle, poetisch-stilistische und metasprachliche Funktionen sind dagegen meist schwieriger sprachlich zu realisieren.

- Sachlich angemessene Informationen auszutauschen erfordert ein hohes Maß an sprachlicher Präzision (z.B. jemandem erklären, wie man eine Schleife bindet oder ein Fahrrad flickt, aber auch Gefühle differenziert darstellen)
- Ein Gedicht zu schreiben oder eine 'glänzende' Rede zu halten gelingt nur wenigen.
- Sich auf sprachliche Formulierungen zu beziehen und sie zu kritisieren erfordert ein hohes Maß an sprachlicher Sensibilität und Bewusstheit.

Die unterschiedlich hohen sprachlichen Anforderungen, die mit der Realisierung einzelner Funktionen verbunden sind, haben phylogenetische Ursachen, die wiederum in einem grundsätzlichen Zusammenhang mit der Funktion menschlicher Sprache bei der Bewältigung von Lebenssituationen zusammenhängen (vgl. Aitchison 1996, S. 16-25). Diese phylogenetisch bedingte Unausgewogenheit sprachlicher Möglichkeiten hat kulturelle, gesellschaftliche und individuelle Auswirkungen. Eine literate Gesellschaft wie die deutsche erwartet von der Sprachdidaktik, diese Schieflagen und Defizite zu erkennen und zu kompensieren. Sie hat – wenn sie diese Aufgabe ernst nimmt – einen erheblichen Anteil an dem Prozess der Zivilisation, der auf die Ausdifferenzierung sprachlicher Möglichkeiten von Kulturen zielt.

Mit der Aufarbeitung und Analyse der phylogenetisch und anthropologisch bedingten sprachlichen Stärken und Schwächen ließen sich Lernziele und Mo-

---

4 Vgl. dazu Bühler (1934), der in seinem semiotischen Dreieck zwischen *Ausdruck*, *Appell* und *Darstellung* unterscheidet.

dellierungen für die Sprachdidaktik ableiten. Die sprachdidaktische Theorie könnte so wahrscheinlich umfassendere Begründungen für einzelne Arbeitsbereiche entwickeln.

In einem weiteren Teilstück einer möglichen Theorie müssten einzelne Ebenen bei der Auswahl und Begrenzung von Lernbereichen im Sprachunterricht deutlich voneinander unterschieden werden:

- Die Ebene der anthropologischen und kulturellen Funktionen und Werte von Sprache in einem historisch gewachsenen Kontext.
- Die Ebene der aktuellen sprachlichen Entwicklung eines Kindes im Rahmen seines soziokulturellen Kontextes.
- Die Ebene zukünftiger gesellschaftlicher Entwicklungen und die entsprechenden Erwartungen an sprachliche Qualifikationen.

1.6 Deutschunterricht in Europa

Nicht nur die Grenzen zwischen den Staaten werden durchlässiger, auch Sprachenvielfalt und Mehrsprachigkeit nehmen zu. Die Staaten Europas können sich nicht mehr, wie noch vor dreißig Jahren, über ihre einzige Staatssprache definieren. Die Schweiz und Belgien galten früher als Ausnahmen, aber mehr und mehr werden sie zu Prototypen eines künftigen Europa. Deutscher Sprachunterricht kann heute in einer mehrsprachigen Lebenswelt kein prinzipiell eigensprachlicher Unterricht mehr sein. Die Migrationsbewegungen haben zu gesellschaftlichen und sprachlichen Veränderungen geführt, die die monolingualen Grundlagen des Deutschunterrichts bislang noch wenig berührt haben.

1871 bei der Reichsgründung war das Ziel der Einsprachigkeit Konsens: Ein Reich sollte es sein und eine Sprache. Deutschland brauchte damals wohl den sozialen und gesellschaftlichen Kitt der 'Hochsprache', um sein Trauma, die Jahrhunderte währende Zersplitterung, zu überwinden. „Von der Maas bis an die Memel von dem Etsch bis an den Belt" (Hoffmann von Fallersleben) sollte ein einheitliches Deutsch herrschen.

Deutsche Menschen mit einer eindeutigen nationalen Identität sollten erzogen werden. Der ideale Ort für diese Menschenbildung war der Deutschunterricht. Er wurde so zum ideologischen Fach schlechthin. All das, was die Identität eines Deutschen in einer deutschsprachigen Gemeinschaft prägt oder aber prägen soll, musste im muttersprachlichen Unterricht thematisiert werden. Hier war der Ort, an dem deutsche Menschen geformt werden sollten. Die deutsche Sprache als Ausdruck deutschen Wesens sollte junge Menschen in ihren höchsten und besten Formen durchdringen und ergreifen (Steinig 1998).

Die monolinguale Einseitigkeit und Ideologisierung von Sprache erreichte im 'Dritten Reich' ihren traurigen Höhepunkt. Aber auch nach dem zweiten Weltkrieg wurde nicht vom monolingualen Prinzip abgerückt. In den Lesebüchern tauchten in den 50-er Jahren allerdings erstmals übersetzte Texte aus neueren Sprachen auf: In Westdeutschland vorwiegend aus dem Englischen und

Französischen, in Ostdeutschland aus dem Russischen (Mörchen 1985). Die Literatur der Siegermächte bekam Zugang zum Deutschunterricht, ohne dass allerdings die Übersetzung thematisiert wurde. Auch daran hat sich bis heute nichts geändert: Über den Vorgang und die Art der Übersetzung erfährt man im Deutschunterricht meist nichts, auch wenn heute in zunehmendem Umfang übersetzte Texte behandelt werden – man denke etwa an das Jugendbuch „Die Welle" von Morton Rue (vgl. König/Otto 1983).

Deutsche Dialekte waren ursprünglich nicht mehr als mündliche, örtlich begrenzte Varietäten mit geringem Prestige, die der globalen, übermächtigen europäischen Bildungssprache, dem Latein, gegenüber standen. Im Unterricht diente das Deutsche zunächst nur als Hilfssprache und zur Übersetzung des Lateinischen. Mit der Entstehung der europäischen Territorialstaaten begann der Prozess der Lösung vom Latein. Auf ihren dialektal diversifizierten Staatsgebieten entwickelten sich überregionale, normierte und prestigehaltige Hochsprachen. Ihre Etablierung, Sicherung und Verbreitung oblag den Schulen, genauer: dem muttersprachlichen Unterricht. Im 19. Jahrhundert setzte sich schließlich das Deutsche, auch gegenüber dem Französischen, das während des Absolutismus die Nachfolge des Lateinischen angetreten hätte, als Volkssprache durch.

Deutschunterricht entstand also aus einem bilingualen, auf Grammatik und Übersetzung ausgerichteten Lateinunterricht und entwickelte sich zu einem monolingualen Sprach- und Literaturunterricht, in dem zwar immer noch die Grammatik einen bedeutenden Anteil hat, jedoch nicht mehr die Übersetzung. Das muss aber nicht so bleiben.

Heute hat das Englische als Lingua Franca nicht nur in Europa, sondern weltweit Latein abgelöst. Übersetzungen und Übernahmen aus dem Englischen sind Teil unseres Alltags geworden, vor allem in der Wirtschaft, in den neuen Medien sowie in der Pop- und Jugendkultur. In manchen Bereichen wird ständig zwischen Deutsch und Englisch gewechselt, englische Wörter werden in einer mehr oder weniger originalen Aussprache in deutsche Äußerungen 'eingebaut'.

Bislang wurde diese Entwicklung im Deutschunterricht allenfalls am Rande thematisiert. Der gesamte Bereich 'Übersetzung' blieb dem Fremdsprachenunterricht vorbehalten, am stärksten ausgerechnet dem Lateinunterricht, also in Bezug auf eine Sprache, aus der in unserem Alltag nicht mehr übersetzt wird. Übersetzt wird nicht nur aus dem Englischen, sondern auch aus anderen Sprachen; man denke etwa an Gebrauchsanweisungen japanischer Gerätehersteller oder Tourismusbroschüren aus Urlaubsländern. All dies wird vom Deutschunterricht ignoriert.

Arbeit an Übersetzungen und Umgang mit Mehrsprachigkeit im Deutschunterricht könnte dazu beitragen, dass junge Menschen leichter eine sprachliche Identität in unserer mehrsprachigen Lebenswelt finden können. Auch Ängste vor Kontrollverlust, wenn man eine Sprache nicht verstehen kann, Aggressivität und Fremdenfeindlichkeit, die durch das Gefühl der Ausgeschlossenheit und des Nicht-Verstehens entstehen können, ließen sich abbauen. Der Deutschunterricht darf kein Ort kultureller und sprachlicher Einseitigkeit sein, sondern muss Ausdruck von Toleranz, Empathie und Öffnung für andere Sprachen und Kulturen werden.[5]

Deutschunterricht in einer mehrsprachigen Lebenswelt müsste auch Spracheinstellungen thematisieren, da Einstellungen gegenüber sprachlichen Varietäten immer mit kulturellen Zuschreibungen und Vorurteilen verbunden sind. Zu denken ist hier an die Einstellung zu Fremdsprachen mit hohem oder niedrigem Prestige, zu unterschiedlichen ausländischen Akzenten im Deutschen sowie zu einzelnen deutschen Dialekten. Wer akzentfrei Standarddeutsch bzw. eine regionale Umgangssprache spricht, bei dem wird die Beherrschung weiterer Sprachen als 'sprachlicher Mehrwert' anerkannt. Wer dagegen durch einen ausländischen Akzent seine Zwei- oder Mehrsprachigkeit signalisiert, wird stigmatisiert, sofern dieser Akzent nicht auf einer Prestigesprache wie Englisch oder Französisch beruht.

1.7 Neue Medien und prozedurales Lernen in der Wissensgesellschaft

Medien haben nicht nur Einfluss auf unser Denken und Handeln, sondern auch auf die Art, wie wir mit Sprache umgehen. Jeder mediale Umbruch löst tiefgreifende Veränderungen aus.

Die erste mediale Revolution ist durch die Erfindung der Schrift gekennzeichnet (circa 3000 v.Chr.), die zweite durch die Erfindung des Buchdrucks (1436 durch Johannes Gutenberg) und in der dritten scheinen wir uns gerade zu befinden: die virtuelle Kommunikation im Internet.

Während nach der ersten und zweiten Revolution die Domänen des Mündlichen und des Schriftlichen immer weiter auseinander rückten, erleben wir nun, dass mündliches und schriftliches Kommunizieren wieder enger zusammenkommen. Dies wird deutlich beim Schreiben einer E-Mail, stärker noch beim Chatten, bei Telefonen mit Zugang zum Internet oder bei der automatischen Spracherkennung. Dadurch wird sich unser Verhältnis zum Lesen und Schreiben, aber auch zur Mündlichkeit in einer Weise verändern, die wir noch schwer abschätzen können.

Der Deutschunterricht muss diese Veränderungen erkennen, aufgreifen, kritisch begleiten und ihr Potenzial sinnvoll nutzen. Anachronistisch und wenig nutzbringend wäre es, eine Art Verteidigungslinie gegenüber diesen wechselseitigen Übergängen – von der mündlichen zur schriftlichen Seite und umgekehrt – errichten zu wollen. Die Sprachdidaktik muss vielmehr Wege erkunden, wie die neuen Medien in unseren Deutschunterricht integriert werden können. Über und mit dieser Integration wird er sich selbst insgesamt verändern. Wie und in welcher Richtung dies geschehen kann, darüber wird bislang noch wenig nachgedacht.

Was wird sich voraussichtlich verändern?

---

5 Vgl. dazu auch die These Ingrid Gogolins (1994) vom „monolingualen Habitus" der deutschen Schule.

Der lehrerzentrierte, fragend-entwickelnde und wissensvermittelnde Unterricht, der in den letzten Jahren zunehmend kritisiert wurde, wird seine beherrschende Stellung aufgeben müssen. An Grundschulen ist diese Veränderung bereits weitgehend eingetreten. Freiarbeit, Wochenplanarbeit und Projektarbeit sind hier vielerorts bereits an der Tagesordnung. Auch Computer haben hier innerhalb des Klassenzimmers neben einer Schuldruckwerkstatt und einer Bibliothek vielerorts bereits ihren Platz gefunden.

Der integrierte Einsatz von Computern im Unterricht erfordert ein situiertes Lernen im Rahmen einer sprachlichen Werkstatt, in der sich Schüler alleine oder im Team Fertigkeiten und Wissen selbst oder mit Hilfe des Lehrers aneignen können. Im Umgang mit den neuen Technologien entwickelt sich zwangsläufig eine mehrdimensionale kommunikative Dynamik, die die Eindimensionalität des lehrerzentrierten Unterrichts mit seinen ritualisierten Kommunikationsabläufen (vgl. Steinig 1995) mehr und mehr anachronistisch werden lässt.

Der Deutschunterricht spielt bei dem bevorstehenden Wandel der Schule von einer Faktenvermittlungsanstalt zu einer Lern- und Wissenswerkstatt eine wichtige Rolle, da hier, anders als in den meisten anderen Schulfächern, die Vermittlung von Faktenwissen weniger wichtig ist, als der Erwerb von Fertigkeiten. Besonders deutlich wird dies etwa beim Aufsatzunterricht. Gestaltungsregeln über bestimmte Textsorten oder Aufsatzarten, beispielsweise dass ein Bericht im Präteritum stehen sollte, helfen Schülern kaum beim Schreibprozess selbst. Texte verfassen zu können ist eine Fähigkeit, die sich in einem komplexen, selbstgesteuerten Konstruktionsprozess langsam und wahrscheinlich in Stadien oder Schüben bei jedem Individuum kognitiv anders aufbaut und vor allem situiert in sinnvollem Handlungsvollzug gelernt werden muss.

Dieser eigenaktive Konstruktionsprozess kann allerdings auch frontal für alle durch informatorisches Wissen unterstützt werden. Ein deklarativ vermitteltes Wissen muss jedoch von den Schülern in einen unmittelbaren Bezug zum eigenaktiven Prozess gesetzt werden können. Die beste Unterstützung bei diesen Konstruktionsprozessen kann ein Lehrer oder Tutor geben, wenn er den Prozess möglichst nahe begleiten kann, beispielsweise beim teilweise eigenen, teilweise gemeinsamen Formulieren. Die Tätigkeit des Formulierens wiederum ist ein hochgradig sensibler Bereich, da er sich am besten in einer angstfreien, privaten Atmosphäre entfalten kann, in der man lustvoll und uneingeschränkt Formulierungen ausprobieren darf. Die Großgruppe der Schulklasse ist dafür kaum geeignet. Zu zweit oder zu dritt können Schüler dagegen am Bildschirm eines Computers effektiv an ihren Formulierungen arbeiten.

Wenn sich Lehrer auf die Anforderungen der Wissensgesellschaft und der neuen Medien einlassen, sind sie – wie nie zuvor in der Geschichte dieses Berufsstandes – selbst Lernende, die ähnliche Unsicherheiten und Misserfolge erleben wie ihre Schüler. Sie werden damit umgehen müssen, dass es mehr und mehr Schüler geben wird, die ihnen im Umgang mit den neuen Technologien – zumindest in Teilbereichen – überlegen sind. Diese Verunsicherungen haben Auswirkungen auf ihr Rollenverständnis und ihre Identität. Als Lehrende und Lernende ergibt sich für sie die Möglichkeit, in einem kooperativen Aneignungsprozess zusammen mit den Schüler(inne)n prozedurales Wissen zu erwerben.

Der Umgang mit neuen Medien kann dazu führen, dass die Einübung von Routinen und die technische Handhabung von Geräten sprachdidaktische Bereiche in den Hintergrund rücken. Deshalb sei hier kritisch angemerkt, dass kommunikationstechnologische Innovationen wie früher die Schreibmaschine oder heute der Computer nicht dazu führen dürfen, dass die Technik sprachliche oder literarische Probleme überlagert (vgl auch die Kritik zum Computereinsatz an Schulen von Stoll 2001).

1.8 Sprachunterricht im 21. Jahrhundert

Die zukünftige Bedeutung sprachlicher Bildung kann man in einer sich immer rascher verändernden Welt schwer voraussagen. Was werden Menschen in zwanzig oder fünfzig Jahren an sprachlicher Bildung benötigen? Welche Rolle wird das Deutsche im europäischen und internationalen Kontext spielen? Welche Rolle werden die Fremdsprachen spielen? Wie wird sich die gesellschaftliche Mehrsprachigkeit entwickeln? Welche mündlichen und welche schriftsprachlichen Fähigkeiten werden benötigt? Welche Rolle werden dabei die neuen Medien spielen?

Solche Fragen nach der Rolle sprachlicher Bildung können nicht losgelöst von allgemeinen pädagogischen Entwicklungen und Anforderungen gesehen werden. Was soll und kann man von institutionalisiertem Lernen und von Bildung ganz allgemein im 21. Jahrhundert erwarten? Die UNESCO hat 1997 einen Bericht zur Bildung für das 21. Jahrhundert vorgelegt, an dem Pädagogen, Wissenschaftler, Künstler und Politiker aus aller Welt unter der Leitung von Jacques Delors mitgearbeitet haben. Die Ergebnisse dieser Arbeit kumulieren in pointierten Formulierungen zu gesellschaftlichen Spannungen, die für die Pädagogik von zentraler Bedeutung sein werden (Deutsche UNESCO-Kommission 1997, S. 14f.). Wir haben uns bei jedem dieser Problembereiche gefragt, was sie für die Sprachdidaktik und den Sprachunterricht in einem deutschsprachigen Land bedeuten können.

a) Die Spannungen zwischen dem ‘Globalen’ und dem ‘Lokalen’

Auch sprachlich gesehen stehen Menschen immer stärker zwischen den Erfordernissen globaler Kommunikation und dem Bemühen, sprachlich an einem Ort Wurzeln zu schlagen. Menschen, deren Muttersprache mit der Sprache in der Familie und der Peer Group mehr oder weniger gleich ist, fühlen sich ganz anders sprachlich verwurzelt als Menschen, die – aus welchen Gründen auch immer – ihre Heimat verlassen müssen und sich an einem fremden Ort ein verändertes Leben neu aufbauen müssen. Da beruflich bedingte Ortswechsel und großräumige Migrationsbewegungen aufgrund wirtschaftlicher Notlagen und politischer

Pressionen in den letzten Jahrzehnten sehr stark zugenommen haben, tritt auch immer häufiger das Problem 'sprachlicher Fremdheit' auf, etwa dadurch, dass man die ansässige Bevölkerung schlecht versteht und rasch als Fremder erkannt wird.

Menschen in Europa müssen in Zukunft in der Lage sein, neben der Muttersprache zwei Fremdsprachen zu beherrschen: Englisch als Sprache der internationalen Kommunikation und eine weitere europäische Sprache. Dies muss – für Deutsche – keineswegs Französisch sein. Für ein zusammenwachsendes Europa wäre es wichtig, wenn auch 'kleinere' Sprachen wie Dänisch oder Weltsprachen wie Spanisch verstärkt als zweite Fremdsprache erlernt würden. Der Deutschunterricht könnte hier Grundlagen vermitteln, wie man mit Mehrsprachigkeit umgehen kann. Er könnte grenz- und sprachübergreifende Projekte initiieren, in denen sich Schüler mit unterschiedlichen Sprachen begegnen (real oder im Internet) und ihnen dabei Strategien vermitteln, wie man sich in einer mehrsprachigen Situation verständlich machen kann. Zweisprachige Schüler könnte er dabei unterstützen, ihre Herkunftssprache (z.B. Türkisch) zu erhalten und – vor allem im Schriftlichen – weiter zu entwickeln (vgl. Kapitel 9).

Neben dieser europäischen und globalen sprachlichen Perspektive gilt es, regionale Umgangssprachen und örtliche Dialekte nicht zu vernachlässigen. Dabei ist auch zu bedenken, dass die Erstsprache vieler bilingualer Schüler nicht der Standardsprache ihres Herkunftslandes entspricht, sondern einem lokalen Dialekt mit geringerem sozialen Prestige. Beim Umgang mit Dialekten müssen die Funktionen betont werden, die auf zwischenmenschliche und emotionale Qualitäten zielen und so den Schülern auch zeigen, wo ihre 'sprachlichen Heimaten' liegen. Die lokalen sprachlichen Varietäten bilden ein Gegengewicht zu den Prestigesprachen mit globalem Anspruch. Der Deutschunterricht muss diese sprachliche Bandbreite vermitteln können.

Junge Menschen müssen zu Europäern und Weltbürgern erzogen werden, aber dennoch ihre sprachlichen und kulturellen Wurzeln entfalten können.

b) Die Spannungen zwischen dem 'Allgemeinen' und dem 'Individuellen': Globalisierung vs. „Einzigartigkeit jedes menschlichen Individuums"

Aus sprachlicher Sicht muss man hier an die Spannung zwischen der öffentlichen Sprache in Medien, Politik, Werbung und der privaten und intimen Sprache in der Familie, unter Freunden und Verliebten denken. Seit der flächendeckenden Verbreitung des Fernsehens und bald des Internet besteht die Befürchtung, dass Menschen sprachlich immer stärker von öffentlichen Sprachformen beeinflusst werden. In Fernsehserien, Talk-Shows und Werbung werden Menschen zu passiven Rezipienten von einseitigem, durch bestimmte Interessen geprägtem Sprachverhalten, das ihr Denken, Handeln und Sprechen beeinflusst. Leerformeln, Klischees, Worthülsen und „Plastikwörter" (Pörksen 1992) dringen über die Medien stärker als früher in unseren Alltag ein. Wie können wir als Individuen gegenüber dieser allgegenwärtigen sprachlichen Übermacht unsere Fähigkeit entwickeln, eigene Gedanken und Gefühle differenziert auszudrücken, sprachlich kreativ zu sein und einen individuellen sprachlichen Stil auszubilden?

Deutschunterricht ist der Ort, an dem Schüler für sprachliche Beeinflussungsstrategien sensibilisiert werden können, die Oberflächlichkeit und Aufgeblasenheit öffentlichen Sprachverhaltens durchschauen lernen und zu einem eigenen Stil finden. Die Einzigartigkeit eines Menschen kommt möglicherweise am stärksten in seiner Art zu sprechen und zu schreiben zum Ausdruck, worauf bereits Graf Buffon 1753 mit seinem bekannten Diktum „Le style, c'est l'homme même" hinwies (Gauger 1995, S. 203-207). Einen Weg zum eigenen sprachlichen Ausdruck zu finden war spätestens seit der Reformpädagogik ein zentrales Ziel des Deutschunterrichts – heute, im Zeichen eines permanenten Einflusses medialer Sprache, ist dieses Ziel ungleich wichtiger geworden.

c) Die Spannungen zwischen Tradition und Moderne

In unserer Gesellschaft herrscht weithin das Primat der Jugendlichkeit: In Film, Fernsehen, Sport, Mode und Musik stehen die Jugend und ihre Sprache im Vordergrund. Zu denken ist hier vor allem an Jugend- und Szenesprache mit Slangausdrücken, Anglizismen und Abkürzungswörtern. Bei dieser einseitigen, oft auch modischen Ausrichtung auf Jugend fällt es zunehmend schwerer, ältere Sprachformen und Texte zu vermitteln. Texte der älteren Literatur bis hin zum Mittelhochdeutschen, religiöse Sprache und kaum noch bekannte Sprichwörter sowie Gespräche mit älteren Menschen oder die Sprache der Höflichkeit sind Bereiche, die vom Sprachunterricht immer stärker vernachlässigt wurden.

Die Spannungen zwischen Tradition und Moderne sind bei anderssprachigen Schülern aus nicht-deutschen Herkunftsländern, etwa bei Russlanddeutschen, Türken oder Albanern, oft besonders groß. Kinder aus der zweiten oder dritten Generation haben oft bereits verlernt, sich mit ihren Großeltern in ihrer Herkunftssprache zu unterhalten. Die Familiensprache wird für die Kinder immer mehr zur Sprache der Tradition und Vergangenheit und steht im scharfen Kontrast zur Sprache der gleichaltrigen Deutschen. Hinzu kommt, dass das Sprachverhalten in der Familie gegenüber dem Sprachverhalten im Herkunftsland zunehmend anachronistisch wird, da die Sprachwandelprozesse dort, besonders im Wortschatz, in einer deutschsprachigen Umwelt nicht wahrgenommen werden können.

Im Deutschunterricht könnten die Gründe und Mechanismen sprachlichen Wandels vermittelt und anhand der eigenen sprachlichen Erfahrungen aufgearbeitet werden. So entstünde ein Verständnis für die Geschichtlichkeit von Sprachkultur, an der auch jede Schülergeneration ihren Anteil hat. Dies würde beispielsweise bedeuten, dass vernachlässigte Bereiche wie die Etymologie von Wörtern oder figurativer Rede im Unterricht bearbeitet werden.

d) Die Spannungen zwischen lang- und kurzfristigen Überlegungen

Menschliches Denken und Handeln kann spontan aus einer Situation erfolgen oder Teil eines langfristig angelegten Plans sein. Während situative Spontaneität für Mündlichkeit kennzeichnend ist, erfordert langfristige 'nachhaltige' Planung in literaten Gesellschaften ein schriftliches Handeln.

In unserer Zeit ist das Flüchtige und Unmittelbare auf dem Vormarsch, eine Tendenz, die im Interesse der Wirtschaft an ständiger Veränderung und am Konsum liegt. Vieles, was auf Permanenz zielt, vermag kurzfristig keinen Umsatz zu steigern. „Wir leben in einer Welt, die überflutet wird von kurzlebigen Nachrichten und Emotionen, die ununterbrochen die aktuellen Probleme beleuchten." (Deutsche UNESCO-Kommission 1997, S. 14)

Schule ist eine der wenigen Institutionen, die diesem Trend der Schnelllebigkeit widerstehen kann und muss. Dies hängt vor allem damit zusammen, dass die Menschen hier literalisiert werden, d.h. zu Schriftkultur geführt werden – zunächst über den Erwerb der grundlegenden Fähigkeiten des Lesens und Schreibens und dann über den Umgang mit Schriftlichkeit in den verschiedensten Formen, nicht zuletzt mit Literatur. Schule ist gewissermaßen die Institution des Gutenberg-Zeitalters: der Zeit, in der das gedruckte Wort im Mittelpunkt der Erziehung steht. Mit der Zunahme medialer Mündlichkeit über Telefon, Handy, Film, Fernsehen und Video erscheinen vielen Schreiben und Lesen als zu langsam und mühevoll. Warum sollte man ein Buch lesen, wenn man sich im Fernsehen einen Film anschauen kann? Warum sollte man einen Brief schreiben, wenn man doch viel leichter telefonieren kann?

In dieser Situation ist es für den Deutschunterricht wichtig, Schülern die Ästhetik sprachlicher Langsamkeit zu vermitteln. Sie müssen im Deutschunterricht die Erfahrung machen können, dass es sich lohnt, schriftliche Texte mit größerem Zeitaufwand zu verfassen sowie bestimmte Texte aufzubewahren, um sie immer wieder neu lesen zu können. Dabei spielen auch Ästhetik und Ästhetisierung von Schrift eine Rolle, beispielsweise beim Ausprobieren von Schrifttypen und Layout. Die ästhetische Gestaltung von Schriftlichkeit – etwa beim Entwurf eines Plakats, einer selbst geschriebenen Fibel oder eines Tagebuchs – muss nicht auf herkömmliche Techniken beschränkt bleiben: Auch mit dem Computer lassen sich Ästhetisierung und Langsamkeit erfahren, wenn Wert auf Qualität gelegt wird.

Ästhetisierung und Langsamkeit können auch im Rahmen von Mündlichkeit erfahren werden, etwa bei der Arbeit an einem Theaterstück bis hin zur Aufführung oder bei der Rezitation von Gedichten, die mit Tonträgern konserviert werden können. Diese 'orale Langsamkeit' erinnert an die Zeit vor unserer schriftgeprägten Kultur, in der rituelle, religiöse und literarische Texte auswendig gesprochen wurden. Wichtig ist dabei die Erfahrung der Schüler, dass sich die Langsamkeit und die Mühen der eigenen sprachlichen Arbeit lohnen. In einer Zeit, da Schrift immer mehr zur Wegwerfware wird und Schreibmaterial kein kostbares Gut mehr ist, bedarf es vielschichtiger, auch sinnlicher Zugänge zu Schrift und Schriftlichkeit, damit diese literate Langsamkeit als existentielle Erfahrung des Einhaltens und Bewusstwerdens im Strom der Zeit gemacht werden kann. Eine Schuldruckwerkstatt, in der eigene Texte in aufwändiger Handarbeit gedruckt und gestaltet werden können, wäre ein Weg zu diesem Ziel.

e) Die Spannungen zwischen der Notwendigkeit zum Wettbewerb und der Sorge um Chancengleichheit

Kinder kommen mit unterschiedlichen sprachlichen Voraussetzungen zur Schule. Die Sprache, die in ihrer Familie gesprochen wird, ist Grundlage ihrer sprachlichen Kompetenz. Je weiter diese Sprache von den Normen der Standardsprache entfernt ist, desto geringer sind ihre Chancen, im Bildungssystem erfolgreich zu sein. Für Kinder, die in ihrer Umgebung nicht deutsch sprechen, ist die Gefahr des Misserfolgs noch größer. Ein weiteres Merkmal, das die Chancengleichheit beeinträchtigt, besteht in der unterschiedlichen Haltung von Familien zur Kultur der Schriftlichkeit: Kinder aus Familien, in denen keine Bücher vorhanden sind oder nicht gelesen wird, finden sich schlechter in einer Institution zurecht, die den Zugang in unsere Schriftkultur ermöglichen soll.

Diese berechtigte Sorge um Chancengleichheit darf aber nicht dazu führen, dass Wettbewerb in der Schule unterbunden wird, da Schüler mit schlechteren Voraussetzungen nahezu zwangsläufig Nachteile hätten. Wenn man allerdings Wettbewerb in der Schule einzig anhand von Zensuren und Zeugnisnoten messen möchte, dann wird der Konflikt zwischen Wettbewerb und Chancengleichheit eskalieren. Die Sprachdidaktik muss deshalb an Wege denken, die auch Schülern mit schlechteren sprachlichen Voraussetzungen die Möglichkeit bieten, im Wettbewerb nicht systematisch benachteiligt zu werden.

Zu denken ist hier an sprachliche Aktivitäten, die sich weniger an der Standardnorm orientieren, wie etwa das Schreiben von Diktaten, sondern an der sprachlichen Phantasie, an Kreativität und Gestaltungsfreude, etwa beim kreativen Schreiben, beim handelnden und produktiven Umgang mit Literatur (Haas 1997), beim szenischen Spiel oder in der Theaterarbeit. Auch hier ist Wettbewerb möglich, der sich allerdings nicht in einer Ziffernbewertung niederschlägt und Kindern mit ungünstigen familiären Voraussetzungen andere Zugänge ermöglicht, als über den üblichen kognitiv-analytischen Weg (vgl. Hiller 1994).

f) Die Spannungen zwischen der extremen Ausweitung von Wissen und der Kapazität des Menschen, sich dieses Wissen anzueignen

In der Flut heutigen Wissens ist es für junge Menschen entscheidend, nicht die Orientierung zu verlieren. Dazu ist es notwendig, selbst entscheiden zu können, was wichtig ist und was nicht. Um diese Relevanzentscheidungen treffen zu können, benötigt man einen Standpunkt und Kriterien, an denen man sich orientieren kann. Die alte Aufsatzform 'Erörterung' intendiert genau dies: Argumente abzuwägen, Entscheidungskriterien zu entwickeln und dann zu einem vernünftigen

Urteil zu gelangen. Der Deutschunterricht zielt hier auf die Urteilskraft und nicht auf die Anhäufung von Detailwissen.

Die zunehmend raschere Ausweitung von Wissen wird heute vor allem im World Wide Web sichtbar. Nahezu alles, was man zu einem bestimmten Bereich wissen möchte, kann man hier finden. Problematisch sind jedoch die Wege, wie man im Netz genau das finden kann, was man sucht. Der Umgang mit Suchmaschinen, Verzeichnissen und Schlagwörtern muss geübt werden. Da das Navigieren im Netz im Wesentlichen auf semantischen und textuellen Prinzipien beruht, ist der Deutschunterricht gefordert. Hier kann der Umgang mit den Labyrinthen menschlichen Wissens erprobt und erfahren werden.

Neben den Möglichkeiten des Suchens und Findens von Wissensbeständen stellt sich jedes Mal neu die Frage, wie man eine Information bewerten und für sich in einer bestimmten Form aufbereiten soll. Auch hier kann der Deutschunterricht helfen, beispielsweise indem er die Technik sinnvollen Exzerpierens vermittelt. Hinzu käme die Fähigkeit, sein erarbeitetes Wissen in sprachlich angemessener Form präsentieren zu können. Dabei wäre ein fächerverbindender Unterricht sinnvoll, da ein spezifischer fachlicher Hintergrund, etwa Fragen zum Aufbau einer Zelle, nur von dem entsprechenden Fach gegeben werden kann.

g) Die Spannungen zwischen dem Geistigen und dem Materiellen

Im Zuge der immer stärkeren Konsumorientierung in unserer Gesellschaft wächst die Gefahr, dass geistige Werte und Ideale sich schlecht behaupten können. Aber dennoch haben Menschen, vor allem junge Menschen „oft, ohne es zu wissen, und oft, ohne dies in Worte zu fassen, eine Sehnsucht nach einem Ideal und nach Werten, die wir als 'moralisch' bezeichnen wollen" (Deutsche UNESCO-Kommission 1997, S. 15). Durch Lesen von Literatur und der Auseinandersetzung mit fiktionalen Gegenwelten kann gegenüber den Verlockungen unserer materiellen Kultur ein geistiges Gegengewicht geschaffen werden. Dabei müsste den Schülern deutlich werden, dass literarische Texte gegenüber nicht-fiktionalen Texten immer Leerstellen enthalten, die ihnen als Leser die geistige Freiheit lassen, sie mit eigenen Inhalten zu füllen. Ein werbender Text hingegen, so kreativ er auch immer sein mag, versucht mögliche Leerstellen eindimensional in Richtung eines bestimmten Verkaufsinteresses zu steuern. Für geistige Freiheit und Phantasie bleibt dem Rezipienten kaum ein eigener Raum. Und da die geistigen Freiräume in einer Konsumgesellschaft immer enger werden, bedarf es einer Literatur, die den Kindern hilft, eigene phantasievolle Welten zu schaffen.

Die Sprache selbst ist ein Modell dafür, wie die Spannung von Materiellem und Geistigem integriert werden kann: Der materielle Anteil besteht aus Schallwellen, die mechanisch mit unseren Stimmwerkzeugen produziert werden, und der geistige Anteil besteht aus Vorstellungen, Ideen und Bildern, die mit diesem materiellen Substrat verbunden werden. In jedem sprachlichen Zeichen kommen Ausdruck (Signifiant) und Inhalt (Signifié) zusammen und bilden eine Einheit (vgl. de Saussure 1967).

Lektürehinweise

Der erste Band der dreibändigen *Didaktik und Methodik des Deutschunterrichts* von Fritzsche (1994) führt in die Grundlagen der Disziplin ein. Das *Taschenbuch des Deutschunterrichts* (^{6}1998), herausgegeben von Lange, Neumann und Ziesenis, enthält im ersten Band sprachwissenschaftliche und sprachdidaktische Überblicksartikel. Das nützliche Buch von Abraham, Beisbart, Koß und Marenbach (1998) enthält einen einführenden systematischen und einen alphabetischen Teil mit Stichwörtern zu zentralen Tätigkeiten und Handlungsweisen des Deutschunterrichts. Die dreibändige *Didaktik der deutschen Sprache* von Ulrich (2001) ist als Arbeits- und Studienbuch mit Langzitaten und Arbeitsaufgaben angelegt. Auf den ersten 60 Seiten des ersten Bandes wird in die Grundlagen des Faches eingeführt. Eine Sprachdidaktik für die Grundschule hat Bartnitzky (2000) in einer wesentlich erweiterten Neuauflage vorgelegt. Ebenfalls auf die Grundschule bezogen ist Ossner u.a. (1994). In sprachwissenschaftliche Grundlagen führen Volmert (1995) und Linke, Nussbaumer und Portmann (^{2}1994) ein. In Crystall (1998) findet man 65 anschaulich geschriebene und illustrierte Artikel zur Sprache.

2. Zur Geschichte der Sprachdidaktik

Eine klare Abgrenzung der Sprachdidaktik gegenüber der korrespondierenden Fachwissenschaft, also der Sprachwissenschaft bzw. der Germanistik, ist nicht möglich, was besonders anhand der Geschichte der Sprachdidaktik deutlich wird.

Schon die ersten Werke, die sich in die Vorgeschichte der Germanistik im Humanismus einordnen lassen, entstanden bezeichnenderweise aus didaktischen Notwendigkeiten. Das gilt z.B. für Valentin Ickelsamers *Teutsche Grammatica* (um 1534), die erste deutsche Grammatik überhaupt, und für ihre Nachfolgewerke, die meist ausdrücklich für Unterrichtszwecke konzipiert waren. Auch im 17. Jahrhundert und in der Aufklärung widmete sich die entstehende 'Germanistik' mit der Stabilisierung und Durchsetzung einer einheitlichen deutschen Schriftsprache einer im Grunde didaktischen Aufgabe. Daran arbeiteten auch die Sprachgesellschaften, also z.B. die Fruchtbringende Gesellschaft (seit 1617) und die Deutsche Gesellschaft (seit 1717 bzw. 1726), die die Sprachpflege zu einem Kern ihrer Tätigkeit machten. Und als die Germanistik im Anschluss an die Romantik bei der Etablierung als universitäre Disziplin entscheidende Fortschritte machte, schloss sie ein didaktisches Programm ein, wenn es z.B. den Brüdern Grimm darum ging, dem 'Volk' einen sprachlich-literarischen Zugang zur eigenen Vergangenheit zu schaffen. Dass der Zusammenhang zwischen der Germanistik und der Deutschdidaktik auch in der Gegenwart eng ist, drückt sich schon darin aus, dass das Lehrdeputat der Hochschulgermanistik zu einem sehr großen Teil der Deutschlehrerausbildung gewidmet ist oder auch darin, dass Hochschulgermanisten und Deutschlehrerinnen und Deutschlehrer heute noch in einem gemeinsamen Deutschen Germanistenverband (seit 1912) zusammengeschlossen sind.

Was kann ein Blick auf historische Positionen und Argumente der Sprachdidaktik leisten? Er kann zeigen, dass fachdidaktische Positionen meist nur Positionen unter anderen sind, dass sie geworden und veränderbar sind, also der Begründung und kritischen Erforschung bedürfen, und er kann andeuten, welche historische Ladung manche Positionen mit sich tragen, welche gesellschaftlichen und geistesgeschichtlichen Implikationen mit ihnen verbunden sind. Im Folgenden werden dazu einige Stationen der Geschichte sprachdidaktischen Denkens dargestellt. Ausgangspunkt sind jeweils die Fragen nach der Bestimmung der Aufgabe des Sprachunterrichts ('Wozu?'), nach den Zielen und Inhalten ('Was?') und nach Grundsätzen der Vermittlung ('Wie?'). Anschließend ist nach einigen übergreifenden Tendenzen und sprachdidaktischen Argumentationssträngen zu fragen.

2.1 Stationen in der Geschichte der Sprachdidaktik

2.1.1 Sprachunterricht im Mittelalter: Rekurs auf antike Traditionen

Der Bedarf an schulischer Bildung war im Mittelalter vergleichsweise gering. Er beschränkte sich im Wesentlichen auf den kirchlichen Bereich, und ihm zu entsprechen war vor allem Aufgabe der Geistlichkeit. Auch wo er darüber hinausging, war das, was unter formaler, die unmittelbaren lebenspraktischen Erfordernisse übersteigender Bildung verstanden wurde, geprägt von den Traditionen der griechischen und der römischen Antike. Hier fanden sich die Grundlagen für eine Strukturierung geplanten Lehrens und Lernens, etwa in der griechischen Paideia, der Kinderzucht, die den Lehrstoff in die Bereiche der körperlichen Bildung (Gymnastik) einerseits und der sprachlichen, musischen und naturkundlichen Bildung (Musik) andererseits aufgliederte und auch eine Stufung nach dem Lebensalter vorsah, also z.B. den Unterricht im Lesen und Schreiben im Kindesalter, auf den dann die Grammatik, die Rhetorik und die Dialektik im Jugendalter aufbauten (vgl. Dolch 1965, S. 13–59). Das lateinische Mittelalter nahm dieses didaktische Denken nach seiner Ausdifferenzierung in Rom im Bildungskanon der *septem artes liberales* auf. Dieser Lehrplan gliederte das Wissen, das einen Menschen der Zeit zu einem geistig freien Menschen machen sollte, in die Bereiche der Grammatik, der Rhetorik, der Dialektik, der Arithmetik, der Geometrie, der Musik und der Astronomie. Grammatik meint hier übrigens nicht das, was im modernen Wortsinn darunter verstanden wird. Der Begriff ist umfassender und schließt die Lernfelder Sprechen, Lesen und Schreiben, Sprachlehre und Stil ein.

Die Ordnung der *septem artes liberales* enthielt zugleich eine innere Stufung. Die ersten drei Wissensfelder, das *trivium*, waren Grundlage für die anderen vier, das *quadrivium*, und wurden zeitlich vor diesen unterrichtet. Das *trivium* überschneidet sich deutlich erkennbar mit dem, was man aus heutiger Sicht sprachliche Bildung nennen würde. Sprachliche Bildung wurde also eher als Basis, als Voraussetzung für weiterführende Bildung verstanden, als Mittel zum Zweck und nicht als eigenständiges Ziel. Dieses sprachdidaktische Denken herrschte noch über Jahrhunderte vor und ist in gewandelter Form auch in manchen aktuelleren sprachdidaktischen Konzeptionen anzutreffen.

Sprachlich bezog sich der mittelalterliche Bildungskanon nicht auf die einzelnen Muttersprachen in ihren vielfältigen regionalen und lokalen Varietäten, sondern in erster Linie auf die abendländische Universalsprache Latein. Dies war unumgänglich, denn nur so waren der Anschluss an die wichtigste Quelle von Wissen und Erkenntnis, das lateinisch verfasste und überlieferte Schrifttum seit der Antike, sowie eine überregionale Verständigung der Gebildeten untereinander möglich. Das zentrale, ungemein einflussreiche Lehr- und Lernmedium, an dem die grundlegenden Lateinkenntnisse tausend Jahre lang erworben wurden, war 'der Donat', die zweiteilige kompakte *ars grammatica* des Aelius Donatus aus dem 4. Jahrhundert. Der erste Teil, die *ars minor*, entwickelt in Fragen und Antworten die Abgrenzung von acht Wortarten (partes orationis: Substantiv, Adjektiv, Pronomen, Verb, Adverb, Präposition, Konjunktion, Interjektion), die eine bis heute lebendige sprachdidaktische Tradition begründet. Der zweite Teil, die *ars maior*, ergänzt die phonologia (sprachliche Elemente wie Laute, Buchstaben und Silben), die morphologia (Theorie wortübergreifender sprachlicher Zusammenhänge) und die stilistica (Überlegungen zur sprachlichen Schönheit und zu Fehlern).

Das Deutsche, die Muttersprache, spielte in diesem sprachlichen Bildungskanon nur eine Rolle als Hilfssprache, als Mittel, das den Zugang zum Lateinischen und das Verständnis der Texte erleichterte. Daraus ergaben sich allerdings Konsequenzen für das Deutsche, die bis heute auch sprachdidaktisch relevant sind. Einmal waren nämlich Übersetzungen in beide Richtungen ein zentrales Verfahren im Sprachunterricht. Wortglossen und Interlinearversionen wurden bei diesen Übersetzungen als häufiges Hilfsmittel verwendet. Und daraus ergaben sich Rückwirkungen auf das Deutsche, eine zunächst noch kaum kodifizierte Sprache, für die es ja z.B. noch kein Wörterbuch gab: Der Bedeutungshorizont der deutschen Wörter, die als Entsprechung zum Lateinischen gesucht wurden, wurde durch die Zuordnung zum lateinischen Wort fester umrissen und von der Tendenz her normiert. Auch das lateinische Stilideal wurde auf das Deutsche übertragen und beeinflusste z.B. den Satzbau. Deutsch, insbesondere geschriebenes Deutsch, nahm in mancher Hinsicht Züge eines 'übersetzten Latein' an. Eine andere Konsequenz aus der Vorrangstellung des Lateinischen ist das schulgrammatische Begriffsinventarium, das zur Beschreibung und Vermittlung der sprachlichen Strukturen entwickelt wurde. Es bezog sich zuerst auf das Lateinische, wurde später aber oft einfach direkt auf das Deutsche übertragen und nicht an dessen besondere Merkmale, z.B. an das Tempussystem oder an die anderen Regularitäten für die Abfolge der Satzglieder, angepasst, wie es eigentlich notwendig gewesen wäre. Manche der Schwierigkeiten, die sich bis heute im Zusammenhang mit dem traditionellen schulgrammatischen Begriffsinventar ergeben, rühren daher.

Der deutsche Sprachunterricht hat seine Wurzeln also im fremdsprachigen Unterricht, dem Lateinunterricht. Dass der eigensprachliche Unterricht sich von diesen Wurzeln dann allmählich wegbewegte, hat neben allen Vorteilen auch Verluste zur Folge gehabt, den Verlust der Universalität des Latein und der kontrastiven Perspektive auf Sprache.

2.1.2 Etablierung des eigensprachlichen Unterrichts

Am Anfang des Deutschunterrichts stand der gewachsene Bedarf städtischer Bürger an deutschsprachiger Schriftlichkeit, den das sich ausdifferenzierende wirtschaftliche Leben mit sich brachte. Die Notwendigkeit von Korrespondenz und Buchhaltung bei den Kaufleuten, aber auch viele Zunftordnungen der Handwerker (vgl. die Belege bei Dolch 1965, S. 243) führten etwa ab der Wende vom 14. zum 15. Jahrhundert zu einer umfangreichen Nachfrage nach Kenntnissen im Lesen und Schreiben. In den Städten entstanden private Schreibschulen, in denen ein neuer Berufsstand, die Schulmeister, sein Auskommen suchte. Ihr Lehrplan umfasste neben dem Lesen und Schreiben auch Orthographie, die Grundlagen der Sprachlehre, das Abfassen von Briefen und einfaches Rechnen. Die Schreibschulen wandten sich an Kinder wie an Erwachsene. Nicht selten kam es zur Konkurrenz mit den weiterbestehenden Lateinschulen, die auf ein Studium vorbereiteten. Den Schreibschulen wurde deshalb oftmals ausdrücklich untersagt, über die umrissenen Lerninhalte hinauszugehen und etwa elementares Latein zu unterrichten (vgl. Dolch 1965, S. 245 und Frank 1973, S. 24).[1]

Der Humanismus und die Reformation trugen zunächst nicht dazu bei, die muttersprachlichen Schulen zu fördern. Ihnen war eher am Ausbau der Lateinschulen gelegen. So forderte Luther 1524 in seinem Sendschreiben *An die Ratsherren aller Städte deutschen Landes* zwar die Einrichtung von Schulen, die Ort christlicher Unterweisung sein sollten, aber ihm war vor allem der Unterricht im Lateinischen, Griechischen und Hebräischen wichtig, weil ihm nur so ein authentischer Zugang zum biblischen Text möglich schien. Doch schließlich wurde aus praktischen Gründen der Katechismusunterricht den bestehenden Schreibschulen als zusätzliche Aufgabe zugewiesen, und die Schulmeister erhielten dafür auch eine entsprechende Entlohnung. Die Schule wurde konfessionalisiert und geriet unter kirchliche Aufsicht; schließlich entstand im 17. und 18. Jahrhundert ein öffentliches städtisches Schulwesen neben den Lateinschulen, das dann sogar noch durch die allgemeine Schulpflicht abgesichert wurde. Es hatte Aufgaben zu erfüllen, die weit über die der alten Schreibschulen hinausgingen. So schreibt der Schulreformer Wolfgang Ratke[2] in seinem *Memorial, welches zu Frankfurt auf dem Wahltag Ao. 1612 den 7. Mai dem deutschen Reich übergeben*:

> Wolfg. Ratichius weiß mit göttlicher Hilfe zu Dienst und Wohlfahrt der ganzen Christenheit Anleitung zu geben:
>
> 1. Wie die hebräische, griechische, lateinische und andere Sprachen mehr, in gar kurzer Zeit, sowohl bei Alten als Jungen leichtlich zu lernen und fortzupflanzen seien.
> 2. Wie nicht allein in hochdeutscher, sondern auch in allen andern Sprachen ein Schule anzurichten, darinnen alle Künste und Fakultäten ausführlich können gelernet und propagiert werden.
> 3. Wie im ganzen Reich, ein einträchtige Sprach, ein einträchtige Regierung, und endlich auch ein einträchtige Religion bequemlich einzuführen und friedlich zu erhalten sei.
>
> (Ratke 1612, S. 49)

Die Aufgaben eines Schulwesens, wie Ratke es hier vorschlägt und in der Folge näher erläutert, beziehen sich nicht nur auf die Bildung und Ausbildung seiner

---

[1] Es wurden auch Bücher zum Aufgabenfeld der Schreibschulen veröffentlicht, also Fibeln, Formularbücher und Briefsteller, Grammatiken und Methodiken des Unterrichts. Besonders bekannt wurde Valentin Ickelsamers *Rechte weis auffs kürtzist lesen zu lernen* (vor 1533).

[2] Zu Ratke vgl. Kordes (1999).

Schülerschaft. Vielmehr soll es die Wiederherstellung konfessioneller Einheit („ein einträchtige Religion") ermöglichen und die politische Einheit im Reich fördern. Als Weg, auf dem dies angestrebt werden kann, sieht Ratke die Schaffung und Verbreitung einer einheitlichen deutschen Hochsprache auf der Basis des meißnischen Deutsch durch ein einheitliches Schulwesen. Deutsch soll darüber hinaus auch die Sprache der Philosophie, der Medizin, des Rechtswesens und der Theologie werden, und es soll Ausgangspunkt für den Unterricht in den klassischen biblischen Sprachen sein, an denen bezeichnenderweise strikt festgehalten wird.

Zu den drei bisher genannten Aufgaben des eigensprachlichen Unterrichts, nämlich der Befriedigung praktischer Notwendigkeiten, der religiösen Erziehung und der Abwehr politischer und konfessioneller Zersplitterung, treten in der Folge zwei weitere Funktionen: die der Stilbildung im sprachlichen Bereich und die der moralischen Erziehung. Stilbildung war z.B. für den Pietisten August Hermann Francke eine wichtige Aufgabe muttersprachlicher Bildung, damit sich die Gläubigen in angemessener Weise an ihren Schöpfer wenden konnten. Dazu schreibt Frank:

> Die hohe Einschätzung der Muttersprache in der pietistischen Pädagogik gründete sich in der Bedeutung, die der persönlichen Glaubensäußerung beigemessen wurde. Schon die Kinder sollten dazu erzogen werden, ihre Not mit eigenen Worten dem lieben Gott vorzutragen. Zum freien Gebet kam im reiferen Alter das selbst formulierte Bekenntnis des eigenen Glaubensweges und Bekehrungserlebnisses.
>
> (Frank 1973, S. 78)

Stilbildung war auch für Christian Thomasius zentral, der als einer der ersten seit 1681 an der Universität Leipzig Vorlesungen in deutscher Sprache hielt und 1694 zu den Begründern der Universität Halle gehörte. Sprachliche Eleganz war Teil seines Ideals des *galant homme*, des vielseitig und umfassend gebildeten Menschen mit sicheren Umgangsformen und Geschmacksurteilen, wie es in den Ritterakademien (Vorläufer späterer Universitäten) um die Wende zum 18. Jahrhundert vermittelt wurde, in denen junge Adlige ausgebildet wurden. Zur Stilbildung kam in der Zeit der Aufklärung als weitere Aufgabe des eigensprachlichen Unterrichts die Erziehung zum vernünftigen und nach der Auffassung der Zeit damit zugleich zum moralischen Menschen, und zwar in einem Lesebuch wie Rochows *Kinderfreund* (1776) sogar anhand von profanen, nicht biblischen Texten.

In das 17. und 18. Jahrhundert mit dem Ausbau des eigensprachlichen Unterrichts fällt schließlich eine Entwicklung, die den Gegenstand dieses Unterrichts selbst, die deutsche Sprache, betrifft. Die Herausbildung einer normierten, einheitlichen, überregional verwendbaren Varietät der Sprache, der neuhochdeutschen Schriftsprache, kam nämlich entscheidend voran. Gleiches galt für die wissenschaftliche Beschäftigung mit dieser Sprache. Die zentralen Werke dazu spannen sich von Justus Georg Schottels *Teutsche Sprachkunst* (1641) und seinem Buch *Ausführliche Arbeit von der teutschen Haubtsprache* (1663), zwei einflussreichen Grammatiken, zur *Grundlegung einer deutschen Sprachkunst. Nach den Mustern der besten Schriftsteller des vorigen und jetzigen Jahrhunderts abgefasset* (1748), einer stilkundlichen Beschreibung der Sprache von Johann Christoph Gottsched, und schließlich zu der deskriptiven Grammatik *Deutsche Sprachlehre* (1781) von Johann Christoph Adelung, die etwa auch sprachlichen Wandel und verschiedene Mundarten kennt. Bahnbrechend war das erste zuverlässige und umfangreiche Wörterbuch des Deutschen, Adelungs *Versuch eines vollständigen grammatisch-kritischen Wörterbuches der Hochdeutschen Mundart mit beständiger Vergleichung der übrigen Mundarten, besonders aber der oberdeutschen* (1774–1786). Damit waren die wesentlichen Meilensteine für die Kodifizierung einer einheitlichen deutschen Schriftsprache und für die Normierung ihrer Schreibung gesetzt.

2.1.3 Ein eigenständiger Beitrag des Sprachunterrichts zur allgemeinen Bildung?

Bis ins 19. Jahrhundert hinein sah man in der sprachlichen Bildung selbst kaum einen eigenen Wert, sie wurde vielmehr als – sicherlich notwendige, ja unverzichtbare – Voraussetzung für übergreifende Aufgaben gesehen. Das sprachphilosophische Denken jedoch wies ihr eine weitergehende Aufgabe zu. Johann Gottfried Herder betonte den engen Zusammenhang zwischen der Sprache und der Fähigkeit zu abstrahierendem Denken. Er argumentiert:

> Eben weil die menschliche Vernunft nicht ohne Abstraktion sein kann und jede Abstraktion nicht ohne Sprache sein wird, so muß die Sprache auch in jedem Volk Abstraktionen enthalten, d.i., ein Abdruck der Vernunft sein, von der sie ein Werkzeug gewesen.
>
> (Herder 1772, S. 153f.)

Dieser Zusammenhang hat didaktische Konsequenzen, er legt eine gründliche Auseinandersetzung mit der Grammatik nahe:

> Eine Grammatik muß der Mensch lernen, denn Grammatik ist Philosophie der Sprache und Sprache ist ja der Umfang aller Menschlichen Begriffe; an je einer vollkommenern, ausgebildetern Sprache man also Grammatik d.i. eine Logik und Philosophie der Menschlichen Vernunft lerne; desto beßer lernt man sie und behält an ihr ein Modell für Ordnung, Genauigkeit und Klarheit der Begriffe im Kopf für alle andern Wißenschaften, Sprachen und Künste.
>
> (Herder 1780, S. 56)

Eine vertiefte und für lange Zeit gültige Bestimmung des Verhältnisses zwischen der gedanklichen Dimension menschlicher Vernunft, ihrer Konkretisierung in der Sprachverwendung und den Bauprinzipien der verschiedenen Einzelsprachen nahm Wilhelm von Humboldt vor. Er hielt bereits 1795/96 in einer Notiz *Über Denken und Sprechen* fest:

1. Das Wesen des Denkens besteht im Reflectiren, d.h. im Unterscheiden des Denkenden von dem Gedachten.
2. Um zu reflectiren, muss der Geist in seiner fortschreitenden Thätigkeit einen Augenblick still stehn, das eben Vorgestellte in eine Einheit fassen, und auf diese Weise, als Gegenstand, sich selbst entgegenstellen.
3. Die Einheiten, deren er auf diesem Wege mehrere bilden kann, vergleicht er wiederum unter einander, und trennt und verbindet sie nach seinem Bedürfniss.
4. Das Wesen des Denkens besteht also darin Abschnitte in seinem eigenen Gange zu machen; dadurch aus gewissen Portionen seiner Thätigkeit Ganze zu bilden; und diese Bildungen einzeln sich selbst unter einander, alle zusammen aber, als Objecte, dem denkenden Subjecte entgegenzusetzen.
5. Kein Denken, auch das reinste nicht, kann anders, als mit Hülfe der allgemeinen Formen unsrer Sinnlichkeit geschehen; nur in ihnen können wir es auffassen und gleichsam festhalten.
6. Die sinnliche Bezeichnung der Einheiten nun, zu welchen gewisse Portionen des Denkens vereinigt werden, um als Theile andern Theilen eines grösseren Ganzen, als Objecte dem Subjecte gegenübergestellt zu werden, heisst im weitesten Verstande des Worts: Sprache.
7. Die Sprache beginnt daher unmittelbar und sogleich mit dem ersten Act der Reflexion, und so wie der Mensch aus der Dumpfheit der Begierde, in welcher das Subject das Object verschlingt, zum Selbstbewusstseyn erwacht, so ist auch das Wort da – gleichsam der erste Anstoss, den sich der Mensch selbst giebt, plötzlich still zu stehen, sich umzusehen und zu orientieren.

(Humboldt 1795/96, S. 581f.)

Sprechen und Denken sind nach dieser Auffassung also untrennbar miteinander verknüpft, eins ist ohne das andere nicht vorstellbar. Dass es unterschiedlich gebaute Einzelsprachen gibt, führt Humboldt darauf zurück, dass die Völker ihre Welt in jeweils unterschiedlicher Weise wahrnehmen und auffassen. Dies formt ihre Sprachen in charakteristischer Weise:

> Die Sprache wird durch Sprechen gebildet und das Sprechen ist Ausdruck des Gedanken oder der Empfindung. Die Denk- und Sinnesart eines Volkes, durch welche, wie ich eben sagte, seine Sprache Farbe und Charakter erhält, wirkt schon von den ersten Anfängen auf dieselbe ein.
>
> (Humboldt 1830–1835, S. 284)

Die entscheidenden Unterschiede zwischen den Sprachen liegen für Humboldt dabei weniger im Wortschatz als vielmehr in grammatischen Strukturen. Die einzelnen Sprachen entwickeln sich durch den Gebrauch, den die Sprecher von ihnen machen, fortwährend weiter, sie sind etwas Dynamisches, nichts Statisches. Sie differenzieren ihre Grammatiken aus und ermöglichen damit eine immer klarere Abtrennung der inhaltlichen Dimension von der abstrahierenden, abgrenzenden und ordnenden gedanklich-sprachlichen Auseinandersetzung mit ihr. Da die Einzelsprachen in dieser Entwicklung unterschiedlich weit fortgeschritten sind,

sind sie in diesem Sinne nicht gleichwertig. Allerdings liegt in ihnen allen gleichermaßen die universelle Chance, sich auf ein gemeinsames Ziel zuzubewegen.

Der Einzelne erfährt Welt also einerseits nur über die jeweils besondere Weltsicht der Einzelsprache, in die er hineinwächst, andererseits können sich die Sprachen nur in der Sprachverwendung durch die Individuen erhalten und fortentwickeln. Dabei kommt der geschriebenen Sprache und ihrer grammatischen Analyse eine besondere Funktion zu:

> [...] immer aber muß, wenn die Sprache zugleich volksthümlich und gebildet bleiben soll, die Regelmässigkeit ihrer Strömung von dem Volke zu den Schriftstellern und Grammatikern und von diesen zurück zu dem Volke ununterbrochen fortrollen.
>
> So lange der Geist eines Volks in lebendiger Eigenthümlichkeit in sich und auf seine Sprache fortwirkt, erhält diese Verfeinerungen und Bereicherungen, die wiederum einen anregenden Einfluß auf den Geist ausüben.
>
> (Humboldt 1830–1835, S. 286)

Sprachliche Bildung ist deshalb für Humboldt das zentrale Movens einer allgemeinen Bildung, die auf einen gelingenden Ausgleich zwischen der Individuation des autonomen Einzelnen und seiner kulturellen und sozialen Einbindung abzielt. Diese sprachliche Bildung kann sich eigentlich auf jede Einzelsprache beziehen, auch auf die Muttersprache, denn allen ist ja dieselbe Entwicklung zu einem immer ausdifferenzierteren Sprachbau gemeinsam und in der Muttersprache können die Sprecher unmittelbar an den „Verfeinerungen und Bereicherungen" teilhaben. Dennoch liegt es für Humboldt nahe, eine der auf diesem Weg am weitesten fortgeschrittenen Sprachen zu wählen. Er hält vor allem das Altgriechische für geeignet, als Bildungssprache zu dienen, weil sich der Prozess der Ausdifferenzierung hier am deutlichsten nachvollziehen lässt.

Der Schultypus des humanistischen Gymnasiums, der im 19. Jahrhundert entstand, gründete sein Selbstverständnis in wesentlichen Teilen auf diese Argumentation. Auch eine Übertragung auf die Volksschulen wurde versucht, wenn dies auch erhebliche Vereinfachungen und Auslassungen mit sich brachte. Der zentrale Gedanke, der etliche Reformer des Sprachunterrichts in der Zeit des Vormärz verband, war die Hoffnung, durch die Vermittlung von sprachkundlichem Wissen und grammatischem Denken auch den Volksschülern einen zentralen Aspekt allgemeiner Bildung vermitteln zu können, der über das hinausging, was die Politik von einem Untertanen und die Gesellschaft von einem nützlichen Angehörigen der unteren Stände erwartete.

Ein einflussreiches Werk, das auf den Grammatikunterricht in diesem Sinne über längere Zeit wirkte, war die zweibändige *Deutsche Sprachlehre* (1827/1829) von Karl Ferdinand Becker, eine didaktisch orientierte Grammatik, die um methodische Anregungen ergänzt wurde. Die unterrichtspraktische Umsetzung in ein Schulbuch und einen Lehrerkommentar stellte die *Praktische Sprachdenklehre für die Volksschulen und die Elementarklassen der Gymnasial- und Realanstalten. Nach Dr. K. F. Beckers Ansichten über die Behandlung des Unterrichts in der Muttersprache bearbeitet* (1836) des Schweizer Lehrers Raimund Jakob

Wurst dar. Der Titel *Sprachdenklehre* umreißt das Programm: Die Grammatik erschien als von logischen Gesetzen bestimmt und die Beschäftigung mit ihr förderte deshalb nicht nur die Sprachrichtigkeit, sondern auch das Denkvermögen. Nicht anders argumentierten auch Adolf Diesterweg in seinem Buch *Praktischer Lehrgang für den Unterricht in der deutschen Sprache. Ein Leitfaden für Lehrer, welche die Muttersprache naturgemäß lehren wollen* (1830) und für das Gymnasium Robert Heinrich Hiecke mit der Forderung nach komparatistischem Grammatikunterricht (Latein–Deutsch) in *Der deutsche Unterricht auf deutschen Gymnasien* (1842).[3] Die Reaktionen gegen ein solches Konzept der Sprachdenklehre für Schüler aller Schularten blieben nicht aus. Aus politischer wie aus didaktischer Sicht wurde heftig dagegen argumentiert.

Dem Staat erschien das Streben nach formaler, allgemeiner Bildung für Volksschüler und damit auch für die Lehrerbildung überflüssig, ja schädlich. Dieses Misstrauen legte nicht zuletzt die Verwicklung vieler Lehrer in die Ereignisse des Vormärz und des Revolutionsjahres 1848 nahe. Die drei preußischen Regulative über das evangelische Elementarschulwesen und die Seminarausbildung der Lehrer vom Oktober 1854 untersagten dann auch einen systematischen Unterricht in der Sprachlehre, beschränkten den Deutschunterricht auf das Schreiben- und Lesenlernen, verbannten den Literaturunterricht und reduzierten die Gegenstände der Lehrerausbildung in den Seminaren entsprechend; so entfiel die Lektüre literarischer Texte auch für die angehenden Lehrer. Der Unterricht wurde reduziert auf die religiöse Erziehung und auf in einem engen Sinne praktisch verwertbare Lerninhalte. Die Regulative blieben bis 1872 in Kraft.[4]

Die didaktische Kritik richtete sich gegen den formalistischen Drill, der sich bei der Umsetzung der gut gemeinten Sprachdenklehre oft eingestellt haben muss. Ein prominentes Beispiel für diese Einwände ist die Argumentation von Rudolf Hildebrand, der als Leipziger Germanist zum Umfeld der Brüder Grimm gehörte und nach deren Tod maßgeblich an der Weiterführung des Deutschen Wörterbuches beteiligt war. Als ehemaliger Lehrer an der Thomasschule war er in Fragen des Deutschunterrichts engagiert, und im Jahr 1867 erschien Vom deutschen Sprachunterricht in der Schule und von deutscher Erziehung und Bildung überhaupt. Das Buch wurde äußerst lebhaft rezipiert, unter anderem von der Reformpädagogik[5], und wirkte bis in die jüngere Vergangenheit. Hildebrand geht

---

3 Vgl. Erlinger/Knobloch/Meyer (1989).

4 Zum Aspekt der sozialen Differenzierung im Deutschunterricht des 19. Jahrhunderts vgl. Wille 1988.

5 Aus der frühen Reformpädagogik heraus wurde ein antirationaler Deutschunterricht vorgeschlagen, der Abstraktion und fachliche Spezialisierung als nicht kindgemäß ablehnte. Schriftlichkeit wurde gegenüber der gesprochenen Umgangssprache der Kinder als Unterrichtsgegenstand zurückgestellt; die erzieherische Ausrichtung war national. Vgl. den kritischen Vergleich der Positionen von Rudolf Hildebrand, Julius Langbehn und Berthold Otto in Hobusch (1989). Zu den reformpädagogischen Vorstellungen von sprachlicher Bildung vgl. auch Eckermann (1995) und Mieth (1994).

von einem kritischen Blick auf den zeitgenössischen Deutschunterricht aus, etwa wenn er folgende Situation entwirft: Nach einer lebhaft verbrachten Pause kommen die Kinder in den Schulraum ...

> Jetzt kommt der Lehrer und hält deutsche Stunde. Da sollen sie nun Deutsch lernen, das sie doch für sich schon so gut können, sollen es lernen an einem Stoffe, der sie jedenfalls viel weniger interessirt als was sie eben unter einander verhandelt haben.
>
> (Hildebrand 1879, S. 4)

Hier, beim tatsächlichen Sprachgebrauch der Kinder, soll der muttersprachliche Unterricht nach Hildebrands Auffassung aber gerade ansetzen. Er formuliert dafür vier Grundsätze:

> 1) Der Sprachunterricht sollte mit der Sprache zugleich den *Inhalt* der Sprache voll und frisch und warm erfassen.
> 2) Der Lehrer des Deutschen sollte *nichts lehren*, was die Schüler selbst aus sich *finden* können, sondern alles das sie unter seiner Leitung finden lassen.
> 3) Das Hauptgewicht sollte auf die *gesprochene* und gehörte Sprache gelegt werden, nicht auf die geschriebene und gesehene.
> 4) Das Hochdeutsch, als Ziel des Unterrichts, sollte nicht als etwas für sich gelehrt werden, wie ein anderes Latein, sondern im engsten Anschluß an die in der Klasse vorfindliche Volkssprache.
>
> (Hildebrand 1879, S. 5f.; Hervorhebungen im Original)

Gegenstand des Sprachunterrichts ist vor allem das Wortmaterial, auch Redewendungen, die in ihrer Wortbildung und Etymologie im Unterrichtsgespräch aufgedeckt und erläutert werden. So kann den Schülern die geschichtliche Dimension der Sprache erschlossen werden und sie erfahren die eigene Eingebundenheit in den sprachlich-kulturellen Horizont des Deutschen, ein Horizont, der 'Heimat' herstellt. In diesen Zusammenhang passt auch, dass im Anhang *Von Behandlung* [sic!] *der Fremdwörter in der Schule*, den Hildebrand ab der zweiten Auflage (1879) hinzufügte, dafür argumentiert wird, die Verwendung von Fremdwörtern („Fremdlinge", S. 113) zugunsten einheimischen Wortmaterials zurückzudrängen, ohne allerdings einem übersteigerten Sprachpurismus das Wort zu reden.

Seine ungewöhnlich breite Wirkung verdankt dieses Buch neben dem frischen Ton und der Übersichtlichkeit der Argumentation sicher dem spürbaren Engagement im Sinne dessen, was man heute *vom Kind ausgehen* nennen würde: Ein als verknöchert und formelhaft empfundener Deutschunterricht sollte reformiert werden und an der tatsächlichen Sprachverwendung und den vermuteten Fragen und Denkwegen der Schülerinnen und Schüler ansetzen. Neben diesem Ausgangspunkt des fachdidaktischen Denkens von Hildebrand sind aber auch seine Grundlage und sein Ziel zu sehen. Den Schülern sollte nicht mehr in aufklärerischer Tradition ein Zugang zu abstrahierender Denkfähigkeit vermittelt werden, sondern es ging darum, ihre Seele, ihr „Gemüth“ anzusprechen und für eine mythische Orientierung an der Vergangenheit zu öffnen:

> Ein [...] Verarbeiten mit dem Thätigen, dem schöpferischen Gemüth ist es, wenn man ein [...] Sprachbild aus dem innern oder äußern Leben der Vorfahren in sich wieder lebendig macht, womöglich bis zum Augenblick des Entstehens zurück (als wäre man dabei gewesen), wo man dann das wunderbar erfrischende und stärkende Gefühl hat und sich darin weidet, das erreichbar Letzte wirklich erreicht, eigentlich ergriffen zu haben. Die Schüler aber haben jenen Drang des Gemüths noch in aller Naturfrische, und wenn sie einmal so etwas mit finden helfen, leben sie gleichsam jenen ersten schöpferischen Augenblick wieder durch, wo der Geist eine verwirrende Erfahrung mit fester Hand zu erfassen, in eine Gestalt zu zwingen und so noch Gewinn für sich daraus zu schlagen vermochte – und das kräftigt den empfänglichen jungen Geist zu weiterer wirklicher Arbeit, wie sie das Leben uns fortwährend aufgibt, wenn auch kein unmittelbarer sogenannter praktischer Gewinn daraus kommt.
>
> (Hildebrand 1879, S. 92f.)

Mit diesen zentralen Gedanken öffnete Hildebrand einer antirationalen und auch nationalistischen Rezeption Tür und Tor, einer Rezeption, die durchaus mit der jungen Fachwissenschaft der Germanistik an den Universitäten korrespondierte.

2.1.4 Sprachunterricht und nationale Politik

Der Begriff des Nationalen veränderte sich bekanntlich im Verlauf des 19. Jahrhunderts. War er zu Beginn Element der bürgerlichen Bildungsideologie und sogar ein Bestandteil des subversiven Gedankengutes der Demokraten, so wurde er später, insbesondere nach der Reichsgründung und um die Jahrhundertwende, zunehmend ideologisiert, radikalisiert und politisch funktionalisiert.[6] Auch der schulische Sprachunterricht richtete sich national aus und führte Ansätze wie den von Hildebrand in diese Richtung weiter. Ein charakteristisches Buch ist die Sprachdidaktik *Die Pflege nationaler Bildung durch den Unterricht in der Muttersprache. Zugleich eine Darstellung der Grundsätze und der Einrichtung dieses Unterrichts* (1872) von Hugo Weber, ein Text, mit dem der Autor 1871 den ersten Preis bei einem Wettbewerb der Diesterweg-Stiftung zur Rolle des muttersprachlichen Unterrichts bei der nationalen Erziehung gewann. Weber forderte eine eindeutig nationale Ausrichtung der Volksschule, und der Sprachunterricht sollte neben dem praktischen Ziel, der Vermittlung nützlicher Kenntnisse und Fertigkeiten, vor allem diesem 'idealen' Ziel dienen:

6 Parallele Entwicklungen lassen sich auch in anderen europäischen Nationalstaaten beobachten. So gab es nachhaltige Bestrebungen, das Italienische und das Französische zu normieren, um die sprachliche Variationsbreite zugunsten einer einheitlichen Nationalsprache zurückzudrängen.

> Das ideale Ziel wird erreicht, wenn der Unterricht in der Muttersprache durch die Sprache und deren Litteratur die Gesinnungs- und Denkweise der deutschen Jugend national ausprägt, das Bewußtsein der sprachlichen Fortbildungsbedürftigkeit weckt, die Fähigkeit zur selbständigen sprachlichen Weiterbildung verleiht und das Verlangen nach näherer Bekanntschaft mit der Nationallitteratur tief anregt.
>
> (Weber 1872, S. 51)

Der Weg, auf dem solche Ziele erreicht werden sollten, war in Anlehnung an Hildebrand die Abkehr von formaler Sprachlehre und die Hinwendung zu einer historisch-etymologisch orientierten Sprachkunde, die der inhaltlichen Bedeutung der Wörter nachging und einen reinen, konkreten, natürlichen und ursprünglichen Kern finden wollte, befreit von späterer intellektualistischer Überformung. In diesen Zusammenhang gehört auch die sprachreinigende Tendenz zur Aussonderung von Fremd- und Lehnwörtern. Schnelle Verbreitung fand solches Gedankengut unter den Pädagogen der Zeit nicht zuletzt durch die *Zeitschrift für den deutschen Unterricht*, ein Fachorgan, das Otto Lyon, ein Hildebrand-Schüler, seit 1887 herausgab.

Die nationalen und nationalistischen Tendenzen blieben nicht auf die Volksschule beschränkt. Charakteristisch ist, dass um die Jahrhundertwende eine intensive Diskussion um die Reform des Gymnasiums einsetzte. Die Realgymnasien wurden neben den klassischen humanistischen Gymnasien zu einem alternativen Zugangsweg zum Hochschulstudium aufgewertet, und das neue Konzept eines Deutschen Gymnasiums nahm Gestalt an, eine Schulform, in der Deutsch zum zentralen Fach wurde und die klassischen Sprachen zurückdrängte. Als wichtigste Aufgabe des Deutschunterrichts in den Realgymnasien bestimmt Otto Lyon im Schlusssatz seines Aufsatzes *Der deutsche Unterricht auf dem Realgymnasium*:

> [...] Darum soll der deutsche Unterricht die vaterländische Seite nachdrücklich betonen, daß wir uns durch unsere Sprache und Sitte immer eins fühlen selbst mit dem Niedrigsten aus unserem Volke, daß wir uns der Wurzeln unserer Kraft und der Quellen unserer Eigenart allezeit bewußt bleiben, und daß wir, wenn es darauf ankommt, alle dem Rufe folgen: Hier deutscher Geist und deutsches Schwert! Hier Kaiser und Reich! Gott mit uns allewege!
>
> (Lyon 1893, S. 734)

Der politische Umbruch der Weimarer Republik störte in dieser Hinsicht nicht die pädagogische Kontinuität. Die Weimarer Reichsverfassung legte in den Artikeln 146 und 147 Wert auf eine Milderung der sozialen Differenzierung im Schulwesen, sie schaffte vor allem die privaten Vorbereitungsschulen für die Gymnasien ab und führte erstmals eine für alle Kinder gemeinsame, verbindliche Primarschulzeit als Grundlage des weiterführenden Schulwesens ein. Früher Fremdsprachenunterricht wurde abgelehnt, weil er, so nahm man an, sozial differenzierend gewirkt hätte. Eine nationale Orientierung dagegen wurde als verbindender Kitt angesehen, der gesellschaftliche Abgrenzungen zu überwinden half. Dazu trug auch die Heimatkunde als neues Fach bei.

Dass der Weg von hier geradewegs in die nationalsozialistische Ideologie führen konnte, zeigen z.B. eindrucksvoll die Schüleraufsätze, die Hohmann/Langer (1995) in dem Band *„Stolz, ein Deutscher zu sein ...“ Nationales Selbstverständnis in Schulaufsätzen 1914–1945* gesammelt haben.

Auch nach 1945 wurde an manche der aufgezeigten Traditionslinien eher angeknüpft, als dass es eine radikale Neubesinnung in der Sprachdidaktik gegeben hätte. Dies gilt etwa für eine verbreitete reservierte Haltung gegenüber „formaler“ Sprachlehre, für die Verbreitung von Lehrplaninhalten wie der etymologisch orientierten „Bedeutungslehre“ oder für die Aussonderung von „Fremdwörtern“ in besondere Unterrichtsreihen.

2.1.5 Sprachdidaktische Konzepte nach 1945

Die wichtigsten Konzepte der Sprachdidaktik, die nach 1945 vorgelegt wurden, werden hier nur stichwortartig zusammengestellt; im Einzelnen können sie z.B. bei Müller-Michaels (1989) für die Zeit bis 1968 und Müller-Michaels (1994) für die Zeit danach nachgelesen werden.

Um unbelastete – oder: vermeintlich unbelastete – Anknüpfungspunkte für die Erneuerung sprachdidaktischer Konzepte zu gewinnen, griff man in der Zeit nach 1945 auf Ansätze zurück, die in der Zeit der Weimarer Republik vorgelegt worden waren. So erlebte Walter Seidemanns Buch *Der Sprachunterricht als innere Sprachbildung*, das 1927 erschienen war, seine zweite und dann etliche weitere Auflagen erst nach 1945. Sein Konzept einer muttersprachlichen Bildung, der „inneren Sprachbildung“, knüpfte an Humboldts Begriff der „inneren Sprachform“ an. Ziel war die stilistisch sichere, sprachlich gebildete Persönlichkeit. Sprachpflege und sprachgestaltendes Arbeiten waren zentrale Anliegen und Verfahren des Deutschunterrichts, auch im Aufsatzunterricht. Dass die stilistischen Orientierungspunkte in der literarischen Hochsprache gesucht wurden, führte zu einer engen Verbindung von Sprach- und Literaturunterricht und zur nicht immer reflektierten Tradierung von Bildungsgut.

Offener in der inhaltlichen Füllung war die *Methodik des Deutschunterrichts*, die Robert Ulshöfer 1952–1964 in drei Bänden vorlegte, sowie die *Methodik des Deutschunterrichts* von Erika Essen (1955). Diese Bücher, die vor allem auf den gymnasialen Unterricht zielten, lieferten vielfältiges methodisches Handwerkszeug, die Perspektive verblieb aber sehr deutlich dem Wie der Vermittlung verhaftet, eine Bestimmung und Begründung der Inhalte sprachlicher Bildung, die Frage nach dem Was, blieb weitgehend ausgeklammert.

Hier setzte die Neubestimmung des Begriffs von Didaktik als Theorie der Bildungsinhalte an, die Entscheidungen bezüglich der Inhalte und Ziele des Unterrichts vor die Entscheidungen zu den methodischen Verfahrensweisen setzte.[7] Das Standardwerk *Didaktik der deutschen Sprache* (1966) von Hermann Helmers konkretisierte diesen Gedanken für den Deutschunterricht. Orientierungspunkt

7 Vgl. Klafki (1963).

war das Leitbild des mündigen, umfassend informierten Bürgers; die Inhalte der sprachlichen Bildung wurden den Fachwissenschaften (Sprach- und Literaturwissenschaft) entnommen. In der Strukturierung von Teilbereichen des Deutschunterrichts wirkte Helmers' Konstruktion von sieben Lernbereichen[8] stark auf Lehrpläne, Unterrichtsplanungen und Schulbücher ein:

sprachliche Grundfertigkeiten	*höhere Sprach- und Literaturbildung*
Sprachtraining Sprecherziehung Schreibenlernen/Rechtschreibunterricht Lesenlernen/weiterführende Leselehre	Sprachbetrachtung mündliche Gestaltungslehre schriftliche Gestaltungslehre Literaturunterricht

(Helmers 1997, S. 56)

Für die Inhalte des Lernbereichs Sprachbetrachtung stand seit 1952 eine fachwissenschaftlich und didaktisch sinnvolle Modellbildung zur Verfügung: *Die innere Form des Deutschen* von Hans Glinz, eine auf de Saussure gegründete, synchron vorgehende moderne Grammatik des Deutschen, die endlich eine Alternative zu der auf Karl Ferdinand Becker basierenden schulgrammatischen Tradition darstellte. Glinz' Vorschläge, z.B. die Nutzung der „Verschiebeprobe", der „Ersatzprobe" und der „Weglassprobe", fanden eine weite und nachhaltige Verbreitung.

In den 60er und 70er Jahren wurden von etlichen Fachdidaktikern Konzepte der Kritischen Theorie rezipiert. Ein sich daran orientierender Deutschunterricht ging von der Einsicht aus, dass Sprachverwendung an soziale Faktoren gebunden ist, zu sozialer Ungleichheit beitragen und ein Mittel zur Ausübung von Herrschaft sein kann. Auch der Sprachunterricht sollte nun einen Beitrag zur Demokratisierung der Gesellschaft leisten, entweder indem er zur Herstellung von Chancengleichheit im Bildungsbereich beitrug (kompensatorische Spracherziehung für Benachteiligte) oder indem er ideologiekritisch aufdeckte, wie Sprache zur Manipulation und zur Ausübung von Herrschaft, z.B. in der Sprache der Werbung oder der Politik, benutzt wurde.[9]

Die sogenannte pragmatische Wende führte in den 70er und 80er Jahren dazu, dass kommunikatives Handeln zum zentralen Bezugsfeld der Sprachdidaktik wurde. Nicht Bildungswissen, sondern sprachliche und auf Interaktion bezogene Qualifikationen, die in ihrer Gesamtheit die kommunikative Kompetenz in Situationen ausmachen, wurden zum wichtigsten Ziel des Sprachunterrichts. In der Konsequenz ergänzte, ja ersetzte die Problemorientierung im Unterricht die Orientierung an fachspezifischer Systematik. Oft wurde der mündliche Sprachgebrauch favorisiert. Die Situationen, in denen sich die kommunikative Kompetenz entwickeln und bewähren sollte, konnten dabei gegenwärtig (z.B. Unterrichts-

8 Mündliche und schriftliche Gestaltungslehre stellt Helmers zusammen.

9 Vgl. beispielsweise Bürger (1970) und Bremer Kollektiv (1974) sowie zusammenfassend Strassner (1977).

kommunikation) oder zukünftig (z.B. Berufsfelder) sein, sie konnten authentisch (z.B. Projekte) oder simuliert (z.B. Rollenspiele) sein.[10]

Die Sprachdidaktik der ehemaligen DDR stellte nach der Phase der *Antifaschistischen demokratischen Erziehung* (1945–1949) und der *Sozialistischen Umgestaltung des Schulwesens* (1949–1962) in der *Periode des umfassenden Aufbaus des Sozialismus* (ab 1963; neue Lehrpläne ab 1965/72) folgendes Ziel in den Mittelpunkt des muttersprachlichen Unterrichts:

> Der Mutterspracheunterricht der sozialistischen Schule erzieht und befähigt die Schüler im Rahmen seiner Möglichkeiten zu einem sozialistischen sprachlich-kommunikativen Verhalten im Kollektiv sowie zur Beachtung des Gegenstandes der sprachlichen Darstellung, des Mitteilungszweckes wie der gesamten sprachlich-kommunikativen Situation.
>
> (Methodik Deutschunterricht Muttersprache 1977, S. 57)

Dies implizierte zwar die Einnahme eines parteilichen Standpunktes im Sprachunterricht, verband ihn aber mit Zielen wie der Befähigung zu sprachlicher Präzision, zu stilistischer Sicherheit, zu klarer gedanklich-sprachlicher Strukturierung von Unterrichtsgegenständen, zu an der hochsprachlichen Norm orientiertem Sprechen und normgemäßem Schreiben. Dazu kam eine entwickelte Lese- und Hörverstehensfähigkeit. Die Orientierung an der politischen Linie, die Betonung des sprachlichen Könnens gegenüber der Sprachbetrachtung und eine den Lehrerinnen und Lehrern sehr weitgehend vorgegebene Unterrichtsplanung und -gestaltung waren zentrale Merkmale dieses Unterrichts. Die Lehrplanrevision von 1982/86 brachte demgegenüber, folgt man dem Urteil von Müller-Michaels (1990), nur graduelle Änderungen, so eine gewisse stoffliche Entlastung, inhaltliche Neuakzentuierungen und eine Vergrößerung des Entscheidungsspielraums der Lehrer, die nun zusätzlich zu den vom Lehrplan vorgesehenen Stunden über ca. 15–18% der Unterrichtszeit verfügen konnten.

2.2 Aufgaben des eigensprachlichen Unterrichts

Quer zu den skizzierten Stationen in der Geschichte der Sprachdidaktik lassen sich zusammenfassend einige wiederkehrende charakteristische Argumentationsstränge zur Bestimmung der Aufgaben des muttersprachlichen Unterrichts beobachten, die in vergleichbarer Form immer wieder verwendet wurden. Sie erlauben es, die verschiedenen sprachdidaktischen Positionen unter einer dreifachen Perspektive zu gruppieren:

- Bewältigung von Lebenssituationen versus formale Bildung: Eine erste Perspektive ist die Gegenüberstellung eines auf die Nützlichkeit und praktische

10 Einen einführenden Überblick über den Argumentationszusammenhang der kommunikativ orientierten Sprachdidaktik enthält Schuster (1999).

Verwertbarkeit des zu erwerbenden sprachlichen Wissens und Könnens zielenden Unterrichts auf der einen Seite sowie eines Sprachunterrichts, der auf allgemeine, formale Bildung abzielt, auf der anderen Seite. Argumentationen, die den Aspekt der Nützlichkeit sprachlicher Bildung betonen, fanden sich etwa in den spätmittelalterlichen Schreibschulen, im Volksschulwesen des 17. und 18. Jahrhunderts sowie in dem der preußischen Regulative von 1854, aber auch im kommunikativen Paradigma und im Sprachunterricht der ehemaligen DDR. Hier standen lediglich Ziele wie die Sprachrichtigkeit, die Angemessenheit und Differenziertheit der Sprachverwendung, die Orientierung an der überregionalen Hochsprache, der kommunikative Erfolg und die Stilbildung im Mittelpunkt sprachlicher Bildung. Ihr kommt dabei nur eine dienende Funktion für übergeordnete Zwecke zu. Dem stehen diejenigen Auffassungen gegenüber, die sich auf Herder und vor allem auf Humboldt stützen. Nach ihnen hat sprachliche Bildung einen eigenen Wert, sie leistet einen unmittelbaren Beitrag zur Bildung des autonomen Individuums, seiner Individualität, seinen Fähigkeiten und Möglichkeiten, seiner Humanität. Dabei wird immer wieder eine soziale Differenzierung deutlich, die sich von der Dualität Schreibschule/Lateinschule bis zum dreigliedrigen Schulsystem der Gegenwart nachzeichnen lässt: Mit der Nützlichkeit sprachlicher Bildung wurde vor allem im Volksschulwesen argumentiert, während die allgemeine Bildung dem höheren Schulwesen vorbehalten blieb.

- Einheitlichkeit versus Vielfalt: Eine zweite Perspektive, unter der sich sprachdidaktische Konzeptionen gegenüberstellen lassen, ist die Opposition Einheitlichkeit und Vielfalt. Einerseits wurde es als Aufgabe des Sprachunterrichts angesehen, sprachliche Einheitlichkeit zu fördern, indem die Entwicklung zu einer überregionalen Varietät des Deutschen als Orientierungspunkt diente. Weiter sollte er nach Ratkes Auffassung sogar religiöse Einheitlichkeit fördern, indem er konfessionelle Zersplitterung milderte, und er sollte politische, nationale und soziale Einheitlichkeit bewirken. Andererseits verweisen die polyglotten Wurzeln des muttersprachlichen Unterrichts[11] auf die Nachbarschaft zur Unterweisung in den klassischen Bildungssprachen im Mittelalter, auf die Vorschläge zu kontrastiver Spracharbeit und auch auf die Ansätze zu einem interkulturellen Sprachunterricht in der Gegenwart, also auf die Vielperspektivität sprachlicher Bildung.
- Gesellschaftliches Leitbild versus Entfaltung des Individuums: Eine dritte Perspektive zur Charakterisierung sprachdidaktischer Positionen ergibt sich aus ihren erzieherischen Vorstellungen. Hier stehen sich die Erziehung zu einem bestimmten, von außen gesetzten Leitbild und die Entfaltung und Emanzipation des autonom vorgestellten Individuums gegenüber. Klare Leitbilder wie das des religiösen Menschen im Pietismus, das des vernünftigen und tugendhaften Menschen in der Aufklärung, das des *galant homme* im Barock, das des national und völkisch Empfindenden, das der sozialistischen Persönlichkeit und vielleicht selbst das des mündigen Bürgers stehen im Kontrast zu einem Denken, das die Autonomie und Entfaltung des Einzelnen betont.

---

[11] Vgl. zu diesem Aspekt Wieland/Huneke (1998).

Die genannten Perspektiven, also die Pole Nützlichkeit versus allgemeine Bildung, Einheitlichkeit versus Vielfalt und erzieherisches Leitbild versus Entfaltung der Person stellen ein Spektrum von Gesichtspunkten dar, unter denen auch aktuelle sprachdidaktische Konzepte betrachtet und beurteilt werden können.

Lektürehinweise

Die Standardlektüre zur Geschichte des Deutschunterrichts bis 1945 ist nach wie vor Frank (1973). Er zeichnet vor allem sprach- und literaturdidaktische Positionen nach. Einen breiteren Rahmen über den Deutschunterricht hinaus, der zur orientierenden Einordnung hilfreich sein kann, entwirft Dolch (1965). Wichtige Theorien des Deutschunterrichts von Niemeyer und Schleiermacher bis Helmers sind in der Textauswahl von Eckhardt/Helmers (1980) dokumentiert. Deutschdidaktische Positionen aus der Zeit zwischen 1945 und 1968 stellt Müller-Michaels (1980) in übersichtlicher Strukturierung zusammen; die Fortsetzung für die Jahre nach 1968 findet sich in Müller-Michaels (1994). Eine Vielzahl von Einzelbeiträgen ist in den Bänden der Reihe *Beiträge zur Geschichte des Deutschunterrichts* zugänglich, die von Joachim S. Hohmann im Peter Lang-Verlag herausgegeben wird und seit 1988 erscheint. Die Reihe ermöglicht einen zuverlässigen Einblick in den aktuellen Forschungsstand zur Geschichte des Deutschunterrichts, auch z.B. zur Geschichte des Deutschunterrichts in der ehemaligen DDR. Die Geschichte der germanistischen Sprachwissenschaft zeichnen Bahner/Neumann (1985) nach.

3. Miteinander sprechen

„Indem wir nichts weiter tun, als mit dem Mund Geräusche zu produzieren, können wir im Gehirn anderer Personen neue und präzise Gedankenkombinationen erzeugen." So beschreibt Pinker (1996, S. 17) lapidar und anschaulich die in der Natur einmalige Fähigkeit menschlicher Sprache. Und weiter:

> „Sprache ist eine komplexe, hochentwickelte Fähigkeit, die sich ohne bewusste Anstrengung oder formale Unterweisung beim Kind ganz spontan entwickelt und sich entfaltet, ohne dass das Kind sich der ihr zugrundeliegenden Logik bewusst wird; sie ist qualitativ bei allen Menschen gleich und von allgemeineren Fähigkeiten wie dem Verarbeiten von Informationen oder intelligentem Verhalten zu trennen." (Pinker 1996, S. 21)

Diese Fähigkeit ist kein kulturelles Artefakt wie Tanzen, Schachspielen, Lesen oder Schreiben, das gezielt erlernt werden muss, sondern hat sich als eine spezifisch menschliche, genetisch verankerte Fähigkeit entwickelt (vgl. Aitchison 1996, S. 4). Warum sollte man dann, wenn dies so ist, Sorge haben, dass diese Fähigkeit schwinden könnte und man sie in Schulen in besonderer Weise unterstützen und voran bringen müsste? Die häufig geäußerten Warnungen vor der immer schlechter werdenden Fähigkeit 'der Jugend', sich klar und deutlich zu artikulieren, wären dann schlicht Unkenrufe von Ignoranten, die die biologischen und linguistischen Fakten nicht kennen.

Dunbar (1996) konnte in seiner soziobiologischen Untersuchung „Grooming, Gossip and the Evolution of Language" plausibel machen, dass sich die phylogenetische Entwicklung zur Sprache auf die kommunikative Interaktion von zwei bis circa fünf Individuen bezieht. Bei jedem Tischgespräch oder auf jeder Party kann uns dieses evolutionäre Erbe bis heute bewusst werden: Sobald mehr als fünf bis sechs Gesprächsteilnehmer zusammen sind, teilt sich die Gruppe in zwei oder mehr Gesprächskreise auf. Möchte man in einer größeren Gruppe sprechen, ist eine spezifische sprachliche Anstrengung erforderlich: Rhetorische Fähigkeiten sind dann von Nöten, die nicht mehr zur erwartbaren, biologisch bereitgestellten Kompetenz einer Person gehören. In Stammesgesellschaften sind in Ritualen und Zeremonien, die den ganzen Stamm betreffen, rhetorische Fähigkeiten erforderlich, die nur wenige Stammesmitglieder beherrschen. Rhetorik-Schulen entstanden in Griechenland in einer Zeit, in der Gerichtsverfahren als ein öffentliches, komplexes Interaktionsgeschehen institutionalisiert wurden, in dem jeder Bürger frei seine Interessen vor einer größeren Öffentlichkeit vertreten konnte. Im Prozess der Zivilisation (vgl. Elias 1969) werden die Ansprüche der Gesellschaft an die kulturspezifischen Fähigkeiten ihrer Mitglieder zunehmend ausdifferenzierter; ein Prozess, der auch die mündlichen Fähigkeiten umfasst. Die Fähigkeit zum privaten 'Schwätzchen' unter vier bis zehn Augen reicht nicht mehr aus, um diesen Ansprüchen zu genügen.

Demokratische Gesellschaften haben den Anspruch, dass alle Bürger fähig zur öffentlichen Rede sind. Je demokratischer das Selbstverständnis eines Gemeinwesens ist, desto stärker wird versucht, diesen Anspruch in der Schule im muttersprachlichen Unterricht einzulösen. Als Willy Brandt zu Beginn seiner Regierung im September 1969 die Bevölkerung aufforderte, „mehr Demokratie zu wagen", schlug sich dieses engagiertere Demokratieverständnis bald in den Lehrplänen nieder: Das Lernziel, die Kommunikationsfähigkeit der Schüler so zu fördern, dass sie angemessen und wirksam ihre Intentionen formulieren können, bekam institutionell erstmals einen hohen Stellenwert eingeräumt. Der Beginn der 70er Jahre ist in der Geschichte der Deutschdidaktik vor allem deshalb als 'kommunikative Wende' eingegangen.

Bis dahin waren Sprech- und Gesprächserziehung vorwiegend normativ gesehen worden: Die Schüler sollten versuchen, sich in ihrer Aussprache der Norm der Standardsprache anzupassen ('lautreines' Sprechen), 'sprachgestaltend' zu formulieren und sich an wenigen formalen Redemustern wie Rundgespräch, Podiumsdebatte, Referat oder Werberede (vgl. Ulshöfer 1974, S. 67ff.) zu orientieren. Die Einhaltung der korrekten Form stand über den persönlichen Intentionen und Interessen der Schüler. Die 50er und 60er Jahre waren geprägt von dem Bemühen, Konsens herzustellen, Konflikte zu vermeiden und eine 'heile Welt' als „Gesprächsgemeinschaft" (Essen 1972, S. 280ff.) in der Schule zu schaffen – durchaus verständlich nach den psychischen und kommunikativen Verletzungen der Nazizeit. „Sprachtraining" sollte nach Hermann Helmers zum grammatisch richtigen und „Sprecherziehung" zum „lautreinen" Sprechen führen (Helmers 1966, S. 73-92).

Dieses einseitige Bemühen um Lautreinheit, Korrektheit und sprachliche Zucht in der Nachkriegszeit hätte vermieden werden können, wenn man an den sprechpädagogischen Vorschlägen eines Rudolf Hildebrand (1867) oder Erich Drach (1922) angeknüpft hätte. Hildebrand forderte, von den sprachlichen Fähigkeiten der Kinder auszugehen, die sie von ihrem familialen Hintergrund her erworben hatten, also einem Dialekt oder einer dialektal geprägten Umgangssprache. Drach war mit seinen Forderungen der Zeit weit voraus: Er wollte den Zwang zur Antwort von Schülern in vollständigen Sätzen und das habituelle Aufstehen beim Antworten abschaffen, Tische in Hufeisenform anstatt in parallelen Reihen anordnen, vom natürlichen Gesprächsverhalten der Schüler ausgehen und alles unterlassen, was Sprechhemmungen auslösen könnte. Er versuchte, Schülern aus allen Bevölkerungskreisen demokratische Diskursfähigkeit zu vermitteln und setzte dabei auf das Prinzip der Selbsttätigkeit, „bei der der/die Leiter/in sich selbst überflüssig macht und die Gruppe sich nach den Spielregeln einer parlamentarischen Geschäftsordnung selbst organisiert" (Papst-Weinschenk 1994, S. 500).

Daran hätte man anknüpfen können. Doch der Impuls, sich aus den normativen Zwängen elitärer sprachlicher Muster zu befreien, kam schließlich aus der Soziolinguistik. Der englische Soziologe und Pädagoge Basil Bernstein hatte seit

1958 in mehreren Aufsätzen eine Theorie zur Rolle der Sprache bei der Wahrnehmung und Orientierung in der Wirklichkeit vorgelegt, die 1972 in deutscher Übersetzung erschienen: Die Sozialisation von Kindern in unterschiedlichen Familienwelten manifestiere sich in einem spezifischen sprachlichen 'Code', der wiederum Handlungsmuster präge. Kinder aus einer mittleren bis gehobenen sozialen Schicht sprächen und handelten deshalb anders – und vor allem schulisch adäquater – als Kinder aus der Arbeiterschicht. Sprachliche Erziehung in der Schule, ja die Schule insgesamt, wurde von Bernstein als eine Praxis gesehen, die sich einseitig am 'elaborierten Code' der Mittelschicht orientiere. Für Unterschichtkinder bestünde aufgrund ihres 'restringierten Codes' keine Chancengleichheit. Ihr schulischer Misserfolg sei deshalb, unabhängig von ihrer Intelligenz, wahrscheinlich.

Diese 'Code-Theorie' löste in den 70er Jahren engagierte bildungspolitische Debatten aus (vgl. Oevermann 1971). Die Sprachdidaktik sah sich in besonderer Weise gefordert, Strategien zu entwickeln, wie der sprachlichen Ungleichheit – den 'Sprachbarrieren' – begegnet werden könnte. Zwei Vorgehensweisen standen sich diametral gegenüber: Entweder müsse man das Sprachverhalten von Arbeiterkindern an die in der Schule erwartete elaborierte Sprachverwendung der Mittelschicht anpassen, d.h. einen 'kompensatorischen Sprachunterricht' betreiben, um die Defizite unterprivilegierter Schüler zu beheben, oder aber man müsse die sprachlichen Erwartungen und Normen der Schule in Frage stellen und sich ein stückweit sprachlich auf unterprivilegierte Schüler zu bewegen (vgl. Hess-Lüttich/Steinig 1973, Du Bois-Reymond 1971). Die zweite Alternative wurde vor allem deshalb tendenziell attraktiver, weil der amerikanische Linguist William Labov nachgewiesen hatte, dass das Sprachverhalten in sozialen Unterschichten keineswegs defizitär sei, sondern sich durch eine eigene 'Logik', durch eigene, keineswegs minderwertige linguistische Eigenschaften auszeichne (vgl. Labov 1976).

Auch wenn die holzschnittartige Dichotomie von einem 'restringierten vs. elaborierten Code' oder von sprachlichen 'Defiziten' gegenüber funktional gleichwertigen 'Differenzen' genaueren linguistischen Analysen nur bedingt standhielten (vgl. Steinig 1986): In der Deutschdidaktik war durch diese Diskussion eine Entwicklung eingetreten, die ihr Verständnis von sprachlicher Erziehung fundamental veränderte (vgl. Kapitel 4). Sprachdidaktiker wandten sich der gesprochenen Sprache in all ihren Facetten zu: Dialekte, Soziolekte, Sprache in Familien, unter Jugendlichen, Sprache in Comics, in der Werbung wurden zu Gegenständen des Unterrichts. Insbesondere Dialekte erfuhren eine deutliche Aufwertung, sowohl in der Didaktik (vgl. Besch/Löffler/Reich 1976ff.) als auch in den Lehrplänen (vgl. Hessische Rahmenrichtlinien 1972). Die von Bernstein und anderen (vgl. Lawton 1970, Oevermann 1971) festgestellten sprachlichen Ungleichheiten wurden dadurch zwar nicht aufgehoben, aber der Deutschunterricht verlor den Anspruch, Schüler zu einer 'gestalteten Bildungssprache' zu führen, und er wurde für zahlreiche Schüler aus bildungsfernen Schichten zu einem Ort, an dem man sich weniger normorientiert und unbeschwerter als zuvor ausdrücken konnte.

In den 70er Jahren wurden sehr viele junge Lehrer eingestellt, die mit einem durchaus idealistischen Impetus versuchen wollten, eine schülerorientierte, kommunikativ anregende und facettenreiche Gesprächskultur in der Schule, besonders im Deutschunterricht, zu verwirklichen. Dass diese Hoffnungen meist nur unzureichend verwirklicht werden konnten, dafür kann man drei Gründe nennen:

- an einer mangelnden Kenntnis der Bedingungen und Mechanismen unterrichtlicher Kommunikation,
- an einem wenig fruchtbaren Austausch zwischen Gesprächsforschung und Gesprächsdidaktik,
- an einer unzureichenden didaktischen Modellierung mündlicher Kommunikation.

3.1 Kommunikation im Unterricht

Die Art und Weise wie im Unterricht generell – nicht nur im Deutschunterricht – miteinander kommuniziert wird, beeinflusst das Gesprächsverhalten von Schülern tiefgreifender als die relativ wenigen Unterrichtsstunden, die im Rahmen des Deutschunterrichts speziell für die Entwicklung kommunikativer Fähigkeiten zur Verfügung stehen (vgl. Papst-Weinschenk 1994, S. 500).

Wenn man das Ziel hat, Schüler für die Kommunikation in öffentlichen Situationen zu qualifizieren, dann sollten die 'kommunikativen Verhältnisse' in einer Schulklasse, die selbst auch einer öffentlichen Situation mit rituellen Elementen entspricht (vgl. Steinig 1995), so beschaffen sein, dass sich diese Fähigkeit hier entfalten kann. Die Qualität privater Gespräche durch Schulunterricht zu fördern, erscheint dagegen illusionär, da privates Verhalten kaum in öffentlichen Situationen geübt werden kann (vgl. Vogt 1995). Deshalb sind auch psychologische Kommunikationsmodelle, die auf private und therapeutische Situationen hin entwickelt wurden, wie etwa die themenzentrierte Interaktion von Ruth Cohn (1975), die Transaktionsanalyse von Eric Berne (1961) und der „vierohrige Empfänger“ von Schulz von Thun (1981) nur bedingt auf schulische Lernsituationen übertragbar. Auch das seit 1969 bis heute immer wieder neu aufgelegte Buch von Watzlawick u.a. *Menschliche Kommunikation* und die darin entwickelten sog. „Axiome“ haben vor allem einen heuristischen Wert. Das fünfte Axiom beispielsweise: „Zwischenmenschliche Kommunikationsabläufe sind entweder symmetrisch oder komplementär, je nachdem, ob die Beziehung zwischen den Partnern auf Gleichheit oder Unterschiedlichkeit beruht“ (Watzlawick u.a. 1969, S. 70) ist für familientherapeutische Sitzungen und die Analyse privater Gespräche hilfreich, in öffentlichen Situationen sind dagegen die Gesprächsteilnehmer meist durch ihre sozialen Rollen einander komplementär zugeordnet (z.B. Arzt-Patient). Wer meint, die Lehrer-Schüler-Kommunikation könne symmetrisch ablaufen, verkennt die Abhängigkeitsverhältnisse und institutionalisierten Gesprächsregeln im Unterricht (vgl. Vogt 1995, S. 48 ff.).

Das Unbehagen an Schule ist in den letzten Jahren zunehmend größer geworden. Mancherlei Ursachen werden dafür angeführt, aber selten wird dieses Unbehagen an der Lehrer-Schüler-Kommunikation im Unterricht festgemacht. Doch genau hier liegt eine, möglicherweise zentrale Ursache für unsere heutige Misere: an der weithin herrschenden, spezifischen Art des kommunikativen Umgangs zwischen Lehrenden und Lernenden, dem sog. 'gelenkten' bzw. 'fragendentwickelnden Unterricht', der strukturell gravierende Mängel hat. In dieser Form des Unterrichts steuert der Lehrer, der circa zwei Drittel der Redezeit für sich beansprucht, das Gespräch im Wesentlichen über Fragen und den damit verbundenen Erwartungen an die 'richtigen' Antworten von Schülern, die sich auf die Fragen melden bzw. aufgerufen werden (vgl. Meyer 1987b, S. 181-235).

Diese Form des Unterrichtsgesprächs beruht auf der Vorstellung, dass die Denk- und Lernprozesse von allen Schülern gleichermaßen über kleinschrittige Fragenstafetten steuerbar sind. Die Auswahl und zeitliche Abfolge der Fragen und der dazu erwarteten Schülerantworten werden im Rahmen eines vorab geplanten 'Stundenentwurfs' von der Lehrperson formuliert, wobei sie die erwartete Antwort in Hinblick auf den gewünschten Ablauf der Unterrichtsstunde antizipiert.

Wie in einer vorab geplanten Theateraufführung erwartet der Lehrer die Schüler-Antworten, die in sein 'Skript' passen. Die richtigen Antworten bringen sein 'Stück', die Unterrichtsstunde, in der von ihm gewünschten Richtung voran, nicht erwartete, vom Skript abweichende Antworten werden als dysfunktional für den Fortgang der Stunde angesehen und deshalb ignoriert, negativ kommentiert oder schlicht als falsch zurückgewiesen. Der Lehrer möchte nicht auf vermeidlich dysfunktionale Antworten eingehen, da er zu stark von seinem Skript abzuweichen könnte und so Abfolge und zeitlicher Rahmen gefährdet würden. Droht dennoch die Stunde aus dem Ruder zu laufen, setzt der Lehrer stärkere Steuerungsmittel ein: Seine Fragen werden enger auf einzelne erwünschte Begriffe oder Formulierungen hin gestellt. Geben die Schüler trotz all seiner Bemühungen nicht die erwarteten Antworten, fühlt er sich schließlich gezwungen, die zum Gelingen 'seiner' Stunde notwendigen Informationen selbst vorzutragen.

Zu Beginn derartiger, uns allen wohlbekannter Stunden, wird eine Illusion von Offenheit geschaffen: Die ersten Fragen oder Impulse des Lehrers sind offen formuliert, so dass die Schüler relativ frei ihre Vermutungen äußern können. Sie sollen so zur aktiven Mitarbeit, d.h. zum Antworten motiviert werden. Die Choreographie einer Stunde, gemeinsam zum 'guten', d.h. vom Lehrer erwarteten Schluss zu kommen, verlangt dann ein zunehmend rigideres Steuern. Die Kommunikations- und Denkentwicklung aller Beteiligten hat die Form eines Trichters: eine Verengung hin zu einem erwünschten Stundenziel. Fragendentwickelnder Unterricht ist also auch eng verknüpft mit einer lernzielorientierten Didaktik, die zu einer strukturell bedingten Überforderung des Lehrers führt: Einerseits muss er auf die Erfüllung seiner Antworterwartung drängen, da sonst seine Lernziele aus dem Blick geraten könnten, andererseits wird er zunehmend stärker darauf hingewiesen, schülerorientiert zu unterrichten, d.h. auf die für das Stundenziel oft dysfunktionalen, vage formulierten und schwer einschätzbaren

Beiträge der Schüler einzugehen und als interessierter Gesprächsteilnehmer nachzufragen, welche Gedanken den Schülern durch den Kopf gehen. Beiden Ansprüchen gerecht zu werden kann nur selten befriedigend gelingen.

Die Schüler erwarten nach jeder Antwort, dass ihnen der Lehrer eine Rückmeldung gibt, ob die Antwort seinen Erwartungen entspricht. Die Denkprozesse der Schüler werden deshalb von der Auseinandersetzung mit einem Problem abgelenkt und auf das, was der Lehrer hören möchte, verschoben. Die Kommunikation gerät so zu einem Ratespiel nach dem Muster des altbekannten Teekesselchen-Ratens: „Wie weit oder wie nah bin ich von der erwarteten Lösung entfernt?" (Ehlich/Rehbein 1986) „Die Frage 'Was fällt euch auf?' bedeutet 'Was glaubt ihr, was euch auffallen soll?'" (Loska 1995, S. 127).

Die Schüler werden zwar hin und wieder dazu aufgefordert, selbst Fragen zu stellen, aber inhaltlich gravierendere Verständnisfragen werden nur äußerst selten gestellt, da sie implizit wissen, dass dadurch die Choreographie des unterrichtlichen Ablaufs empfindlich gestört würde. Der Lehrer erfährt so wenig über das, was in den Köpfen der Schüler vorgeht. Dass alle Beteiligten eine Sache oder ein Problem verstehend durchdringen und so gemeinsam zu ihrer Sache machen, steht nicht im Mittelpunkt des fragend-entwickelnden Gesprächs, sondern der zielorientierte Ablauf, das 'Machen' einer Stunde. Dadurch werden nicht nur Spontaneität und Kreativität der Schüler unterdrückt, sondern auch ihre kommunikativen Fähigkeiten, da aufgrund der Fixierung auf den Lehrer kaum untereinander kommuniziert wird.

Schüler lassen sich jedoch immer schwerer in den stillschweigenden Konsens einbinden, eine Schulstunde in dieser ritualisierten Form gelingen zu lassen. Viele reden ständig halblaut mit ihren Sitznachbarn. Lehrer nehmen dieses 'Schwätzen' meist als unangenehme Störung des gelenkten Ablaufs wahr. Gesprächsanalytisch betrachtet sind es jedoch oft geschickt initiierte und sprachlich kreative 'Nebenkommunikationen' (vgl. Baurmann/Cherubim/Rehbock 1981): ironisierendes Zitieren und Paraphrasieren, Anknüpfen an außerschulische Erlebnisinhalte, oft verbunden mit stimmlicher Mimikry, aber auch problematisierende und weiterführende Kommentare oder kritische Einwände, die derartig gravierend sind, dass Schüler es für inopportun halten, sie dem Lehrer gegenüber zu äußern. In diesem sprachlichen Spiel auf zwei Ebenen und dem gekonnten Wechsel zwischen offizieller und inoffizieller Kommunikation erfahren die Schüler viel über ihre kommunikative Wirkung auf Lehrer wie Mitschüler. Schüler, die in raschem Wechsel beide Seiten beeindrucken können, erwerben wesentliche Qualifikation für Diskussionsrunden und Debatten.

Man muss sich fragen, warum das gelenkte Unterrichtsgespräch trotz aller Kritik und Veränderungsbemühungen nach wie vor eine derartig starke Position in unserem Schulalltag hat. Ein Grund liegt sicherlich in dem wirkmächtigen Instrument der Frage: Fragen können sich Gesprächspartner, in welcher Situation auch immer, nur schwer entziehen (vgl. Bodenheimer 1985). Sie stellen somit ein geradezu ideales Steuerungsmittel dar. Gleichzeitig aktivieren Fragen Schüler und veranlassen sie, sich am Unterrichtsgespräch zu beteiligen. Sich gänzlich dem Unterrichtsgeschehen zu verweigern ist daher nicht einfach. Lehrerfragen haben auch eine Affinität zu Prüfungsfragen. Sie erinnern die Schüler latent daran, dass ihr Wissen getestet und bewertet wird und Schule so auch ihrer selektiven Funktion nachkommt.

Ein wichtiger Grund liegt schließlich in der Genese: Die spezifische Technik des Fragens wurde bereits im 16. Jahrhundert, besonders aber während der Aufklärung aus den sokratischen Dialogen des Platon entwickelt und bekam so die Legitimation einer philosophischen Autorität. Die Annahme Platons, in jedem Menschen sei ausreichend Wissen verborgen; es komme deshalb darauf an, über Fragen dieses unbewusste und unverstandene Wissen ins Bewusstsein zu heben, exemplifizierte er mit der 'Hebammenkunst' des Sokrates. Fragend-entwickelnder Unterricht wurde deshalb auch als sokratische Methode bezeichnet (vgl. Spinner 1992). Doch die Übertragbarkeit dieser philosophischen Zwiegespräche auf den Unterricht ist höchst problematisch (vgl. Steinig 1998), da die Gesprächspartner des Sokrates kaum Möglichkeiten bekommen, den Gesprächsverlauf mitzubestimmen. Die inhaltliche und formale Steuerung des Gesprächs lässt sich Sokrates nicht aus der Hand nehmen. Um das sokratische Gespräch für den Unterricht gewissermaßen zu retten, schlägt Loska (1994) in Anlehnung an die Vorschläge von Leonard Nelson (1922) vor, dass der Lehrer sich in einem 'neosokratischen Gespräch' jeglicher inhaltlicher Interventionen enthalten und die Schüleräußerungen lediglich behutsam steuern sollte, um dem Gespräch eine Struktur und Richtung zu geben. Dies kann aber nur in Unterrichtsphasen möglich sein, in denen der Lehrer keine grundsätzlich neuen Inhalte vermitteln muss.

Wenn man Gesprächserziehung nicht nur als einen Lernbereich des Faches Deutsch unter mehreren anderen verstehen will, sondern auch als ein durchgängiges unterrichtliches Prinzip, dann müssen auch Unterrichtsgespräche bis hin zu einzelnen aufgezeichneten und verschrifteten Gesprächssequenzen für Analyse und Kritik offen sein. Und dann müssten auch Alternativen zum 'gelenkten' bzw. 'fragend-entwickelnden' Unterrichtsgespräch, wie beispielsweise das sog. 'neosokratische Gespräch', erprobt werden können.

Sinnvoll ist auch, wenn Schüler selbst den Unterricht in einzelnen Phasen leiten, um aktiv Lehrerfahrungen machen zu können (vgl. Martin 1985 und 1994). Man könnte dagegen einwenden, dass mit der Übertragung der Lehrfunktion auf Schüler, ohne die Kommunikation im gelenkten Unterrichtsgespräch in Frage zu stellen, die herkömmliche Gesprächsführung mit all ihren Mängeln zementiert würde. Aber dadurch, dass Schüler den Unterricht leiten, gewinnen sie an Souveränität und diskutieren nicht nur kritisch ihr Verhalten, sondern den unterrichtlichen Prozess als Ganzes, wobei dann auch Alternativen von den Schülern selbst vorgeschlagen und ausprobiert werden können. Schüler können dazu qualifiziert werden, an der Steuerung didaktischer Kommunikation kompetent und kritisch mitzuwirken.

3.2 Gesprächsforschung und Gesprächsdidaktik

Als in den 70er Jahren Kommunikation zum Leitbegriff der Sprachdidaktik wurde, bestand ein großes Interesse an Kommunikationsmodellen. Schon bald wurde klar, dass einfache informationstheoretische Modelle, die von einem Sender bzw. Sprecher, einem Empfänger bzw. Hörer und einem Übertragungskanal (Schallwellen) ausgehen, das Spezifische menschlicher Kommunikation nicht erfassen können. Dieses Modell wurde deshalb mit allen möglichen zusätzlichen Bedingungsfaktoren 'angereichert' wie beispielsweise das Modell in Beisbart/Marenbach (1997, S. 85). Aber auch derartig elaborierte Modelle können ihren grundsätzlichen strukturellen Mangel, nämlich die falsche Vorstellung von einer direkten Informationsübertragung zwischen mindestens zwei Kommunikationspartnern nicht verbergen. Jeder, der einmal unterrichtet hat, weiß, dass Kommunikation so nicht funktionieren kann, denn das, was man als Lehrer sagt, versteht jeder einzelne Schüler auf eine andere Art und Weise. Das, was ein Hörer höchst selektiv hört, tangiert nur mehr oder weniger intensiv die immer vorhandenen eigenen Gedankengänge. Die ständigen eigenen kognitiven Konstruktionen (z.B. von Schülern) beim Verstehen können durch die von einem anderen empfangenen sprachlichen Äußerungen (z.B. von einem Lehrer) nur dann von den eigenen kognitiven Konstruktionen amalgamiert werden, wenn Verknüpfungsmöglichkeiten gegeben sind, die aber wiederum in die verschiedensten Richtungen gehen können. Trotzdem ist uns die Illusion, dass das, was man sagt, tatsächlich genau so seinen Weg in das kognitive Zentrum eines Zuhörers findet, wie es vom Sprecher gemeint wurde, und dort genau so auch verstanden wird, höchst angenehm. Informationstheoretische Kommunikationsmodelle projizieren deshalb nicht mehr, aber auch nicht weniger als eine schöne Illusion, die für das menschliche Zusammenleben nützlich ist. Die kommunikative Wirklichkeit modellieren sie nicht.

Seit der Aufbruchstimmung der 70er Jahre stagnierte die didaktische Forschung zur Sprechpädagogik und Gesprächsförderung. Symptomatisch dafür ist die Einführung von Schuster (1992), in der einige Theorie-Bausteine und Modelle relativ willkürlich aneinandergereiht werden, ohne dass ein innerer Zusammenhang zur Didaktik und Methodik mündlicher Kommunikation erkennbar wird (vgl. Vogt 1997, S. 140-142). Um die Lücke zwischen kommunikationswissenschaftlicher Theorie und sprechpädagogischer Praxis zu schließen, müsste überlegt werden, welche gesprächsanalytischen Forschungen oder Modelle eine sinnvolle Grundlage für sprachdidaktisches Handeln bilden könnten.

Wertvolle Anregungen kann die Sprachdidaktik von der Spracheinstellungsforschung bekommen (vgl. Steinig 1980, Giles 1987). Welche Einstellungen, so lautet hier die zentrale Frage, lösen Sprecheräußerungen bei Hörern aus? Und auf welche sprachlichen, parasprachlichen oder außersprachlichen Merkmale sind diese Reaktionen, Einstellungen und Wirkungen zurückzuführen? Die geäußerten Inhalte spielen dabei meist eine weitaus geringere Rolle, als aufgeklärten, an der Ratio orientierten Menschen lieb sein mag. Sprecher mit bestimmten dialektalen Färbungen erzielen bei Zuhörern andere Wirkungen als Sprecher die (weitgehend) standardsprachlich artikulieren. Nicht zuletzt kann ein soziolektal oder dialektal geprägtes Sprachverhalten von Schülern bei Lehrern zu bestimmten Einstellungen hinsichtlich ihrer schulischen Leistungsfähigkeit führen. Steinig (1986) konnte nachweisen, dass bereits nach circa zweiminütigen Hörproben von Viertklässlern Lehramtsstudierende voraussagen konnten, ob diese Kinder das Gymnasium, die Realschule oder die Hauptschule besuchen werden. Lehrer müssen sich der Gefahr bewusst werden, dass sie unbewusst durch den sprachlichen Akzent von Schülern (aber auch durch andere sprachliche Merkmale) zu Einstellungen gelangen können, die das Leistungsverhalten nachhaltig beeinflussen. Ein Schüler, der in einem stigmatisierten Soziolekt spricht, wird leicht als weniger intelligent eingestuft, was zu einer sich selbst erfüllenden Prophezeiung werden kann: Dieser Schüler wird tatsächlich schulisch schwächer. Besonders betroffen von diesem fatalen Prozess sind Schüler, deren Deutsch als zweite Sprache einen muttersprachlichen Akzent hat.

Schüler sollten in der Lage sein, sich ihrer stimmlichen Wirkung bewusst zu werden, wobei neben dialektalen und anderssprachlichen Färbungen auch ideolektale hinzukommen. Die seit der kommunikativen Wende vernachlässigte Arbeit an Intonation und Artikulation (früher: 'Stimm- bzw. Sprechbildung') könnte so neu verankert werden und zwar nicht, wie in der überkommenen Sprecherziehung, anhand normativer Vorgaben, sondern an der Reflexion über sprachliche Wirkungen bei den Schülern selbst. Dabei kann sich dann auch ergeben, dass mit Varietäten, die nicht der Standardaussprache entsprechen, in spezifischen Situationen mit bestimmten Gesprächsteilnehmern gezielt Wirkungen zu erreichen sind, beispielsweise mit dem Dialekt bei Witzen oder in der Peer Group.

Wirkungen sprachlicher Äußerungen beziehen sich auch auf die formale Gestaltung eines Textes. Dies wird besonders bei Erzählungen deutlich: Jemand, der gut fabulieren kann, erzielt damit positive Wirkungen bei seinen Zuhörern, was wiederum stimulierend und motivierend für die Weiterentwicklung der Erzählfähigkeit ist. Empirische Untersuchungen zum Erzählen bei Kindern sind deshalb für die Didaktik eine wertvolle Basis. Nach Boueke u.a. (1995), die 5-, 7- und 9-jährige Kinder anhand einer Bildergeschichte erzählen ließen, entwickeln sich narrative Schemata in Erwerbsstufen von 'isolierten bzw. linearen' (bei 5-jährigen) zu 'narrativ strukturierten Ereignisdarstellungen' (bei 9-jährigen), in denen die Kinder deutlich zwischen einem alltäglich erwartbaren Geschehen und außergewöhnlichen Ereignissen unterscheiden. Die kritische Phase einer kognitiven Umstrukturierung lässt sich bei 7-jährigen beobachten, also etwa im zweiten Schuljahr, in einer Zeit, in der Kinder eine gleichförmig-lineare Anordnung der Ereignisse ohne eine textuelle Markierung des Außergewöhnlichen aufgrund ihrer kognitiven Weiterentwicklung als unzureichend und unangemessen empfinden und deshalb zur nächsten Stufe ihres 'Geschichtenschemas' kommen.

Während Boueke u.a. (1995) Erzählentwicklung als einen von der Umwelt wenig beeinflussbaren kognitiven Prozess verstehen, sehen Hausendorf/Quasthoff (1996) Erzählen als eine interaktiv fundierte Fähigkeit. Erwachsene mit ihren Nachfragen, Paraphrasierungen und Vermutungen bringen Kinder dazu, ihre Erzählungen immer wieder an die Erwartungen von älteren bzw. erwachsenen Zuhörern anzupassen. Erzählen wird als eine gemeinsame interaktive Handlung von Erzähler und Zuhörer aufgefasst, wobei die Interventionen und 'Hilfsangebote' der Erwachsenen und dementsprechend die Erwartungen an die Erzählfähigkeit mit dem Alter der Kinder steigen. Erwachsene betreiben offenbar unbewusst eine Erzähldidaktik. Sie liefern dem Kind einen Erzählrahmen, den es auszufüllen gilt, damit eine Erzählung gelingt. Beispielsweise gehört zu einer Erzählung, dass man sie in eine laufende Kommunikation einbettet, dass man deutlich macht, warum ein Ereignis überhaupt erzählwürdig ist, dass man Voraussetzungen und Zusammenhänge klärt, dass man die Ereignisfolgen darstellt sowie den Abschluss der Erzählung markiert und das Erzählte evaluiert (vgl. Meng 1991). Damit Kinder es schaffen, nach und nach alle Elemente zu realisieren, die zu einer gelungenen Erzählung gehören, intervenieren sensibel zuhörende Erwachsene geschickt mit Fragen und Aufforderungen, die das Kind in Zugzwang setzen, relevante Elemente zur Vervollständigung einer Erzählung 'nachzuliefern'. Falls das Kind diesen Anforderungen noch nicht genügen kann, baut der Erwachsene Brücken und füllt die Lücken selbst aus – möglichst so, dass das Kind sich nicht reglementiert fühlt, und seine Lust, etwas erzählen zu wollen, nicht verliert.

Von dieser impliziten Didaktik des Erzählerwerbs, die in alltäglichen Situationen beobachtet werden kann, lassen sich wichtige Schlüsse für die Didaktik ziehen, beispielsweise die Notwendigkeit, viel stärker als bislang üblich, das Erzählen 'unter vier Augen' oder in kleinen Gruppen zu üben, damit die Zuhörer die Möglichkeit bekommen, durch Fragen und Kommentare in den Erzählverlauf einzugreifen und so dem Erzähler deutlich zu machen, dass er wichtige Elemente, die für das Verständnis der Erzählung notwendig sind, vergessen hat. In altersheterogenen Lernsituationen mit älteren Schülern, die teilweise die Funktion von erwachsenen Zuhörern übernehmen können, lässt sich eine natürliche Erzählerwerbssituation auch im institutionellen Rahmen des Unterrichts verwirklichen (vgl. Quasthoff 2000, S. 40; Steinig u.a. 2000).

Boueke u.a. (1995) wie Hausendorf/Quasthoff (1996) kommen mit ihren empirischen Untersuchungen gemeinsam zu der Annahme einer gestuften Erzählentwicklung, die weit in die Schulzeit hineinreicht. Wenn man die Entwicklung paralleler Erzählstränge, von Rahmenhandlungen, Ironie und mehrperspektivischen Kommentierungen hinzunimmt, geht sie bis über die Pubertät hinaus. Problematisch ist jedoch bei beiden Untersuchungen, dass der Erzählerwerb als ein allgemein gültiger, entwicklungsbedingter Prozess gesehen wird, der weitgehend unabhängig von individuellen und sozialen Einflüssen stattfindet. Aber bereits die Alltagserfahrung zeigt, dass die Fähigkeit Erwachsener, Kinder beim Erzählen geschickt zu unterstützen und zu fördern, stark differiert. Wenn Kinder zur Schule kommen, ist bei ihnen die Erzählfähigkeit in höchst unterschiedlicher Weise entwickelt. Die familiale Sozialisation sowie milieu- und kulturspezifische Einflüsse modifizieren die Fähigkeit zum Erzählen ganz erheblich.

Steinig (1986) konnte beobachten, dass mündliche Erzählungen von Viertklässlern sich hinsichtlich ihrer Nähe zur Schriftsprache voneinander unterscheiden: Kinder, deren Eltern eine höhere Schulbildung haben, strukturieren und formulieren ihre Erzählungen stärker nach schriftsprachlichen Erzählmustern. In der familialen Sozialisation scheinen 'gebildete' Eltern als Zuhörer ihren Kindern die institutionellen Erwartungen der Schule an eine 'gute' Erzählung implizit zu vermitteln. Und diese Erwartung geht in Richtung eines schriftsprachlichen Erzählschemas und Stils.

Man vergleiche die Erzählung eines Schülers aus einem Bergarbeitermilieu (a) mit der eines Schülers aus einer bildungsbürgerlichen Famlilie (b):

(a) Da war ... da ist ein Mädchen, die fährt ihre Puppe im Kinderwagen spazieren. Und hinten, im Hintergrund, geht ein Mann rechts ab und – äh – links ab. Und dann – äh – kommt sie an einer Bank, setzt ihr Püppchen darauf. Und dann sieht man zwei, drei Jungen im Bild und sagen: „Heut is auch nichts los." Da sehen sie das Mädchen mit der Puppe und sagen: „Los hinterher!" Da setzt sie das Püppchen auf der Bank und die Jungen nehmen ihr's ab. Und dann ... nehmen's ab und werfen es sich immer zu, dass das Mädchen es nich bekommen kann. Und dann – äh – die – das... Und dann kommt eine Frau mit einem Dakkel und die sagt: „Ihr Buben, lasst das Mädchen in Ruh und gibt ihr die Puppe zurück!" Und dann ... dann is... hat sie de... das Püppchen im – äh – Kinder ... – äh – Kinderwagen gesetzt und dann is=se weitergefahrn.

(b) Ich habe vorhin einen Film gesehen, der handelte sich um ein Mädchen, das mit ihrem Kinderwagen spazierenging. Und es waren noch drei Jungen, die hatten zu sich gesagt: „Heute is ja nix los." Und da sahen=se auf einmal das Mädchen und haben zu sich gesagt: „Los, komm, ihr nach!" Und sie gingen ihr nach. Das Mädchen setzte si..sich auf eine Bank mit ... und stellte ihren Kinderwagen vor sich hin. Und nahm ihre Puppe aus dem Kinderwagen und setzte sie neben sich auf die Bank. Die Jungs schlichen sich hinter einen Busch. Und dann hin..gingen sie wieder 'n Schritt voran hinter den nächsten Busch. Und auf einmal, als gerade der richtige Augenblick kam, da rasten sie los und nahmen die Puppe und das ... und dies Mädchen merkte das und rennte hinter ihnen her. Sie warfen die Puppe immer... sie warfen die Puppe immer zu. Und auf einmal kam eine Frau daher, die schüttelte den Kopf und meinte: „Sowas, da muss ich ja mal nachhelfen!", und ging zu den vier Kindern hin. Und dann nahm ... hatte sie ein Knüppel gefunden. Den nahm sie vom Boden auf und sagte: „Hört doch endlich auf! Lasst das Mädchen doch in Ruhe!", und nahm die Puppe den Jungen ab und gab sie dem Mädchen. Das bedankte sich und sagte: „Auf wiedersehen." Das Mädchen nahm die Puppe und brachte sie in den Kinderwagen und ging wieder den Weg zurück.

(Steinig ^{2}1986, 46f.)

Linguistischen Laien, denen beide Texte als Hörprobe vorgespielt wurden, waren sich darin einig, dass das zweite Kind für den Wechsel zum Gymnasium geeignet sei, das erste Kind hingegen auf eine Hauptschule gehöre, eine Vermutung, die mit der Schulübertrittsempfehlung übereinstimmte. Die arbeitslose Frau eines Stahlgießers äußerte sich zum zweiten Text (b) höchst aufschlussreich:

> Dies war mehr so, als wenn einer 'n Satz so abliest. So einstudiert hörte sich das mehr so an, als wenn da so einer so hinterstand und den Satz vorsagte und der den genauso nachsprach, irgendwie.
>
> Das hört sich ja eher nach 'ner höheren Schule an. Ich hab' ma' einen kennengelernt, und der sprach auch so, genau wie so'n Buch. Er war auf=e höher'n Schule. Ich weiß nich', ob die das so an sich ham, so ausführlich zu sprechen. Ich sag, weil ich schonma' jemand erlebt hatte, der auch ... der legte auf die kleinsten Nebensächlichkeiten ... die betonte er so direkt, so haargenau, als wenn einer 'n Buch so auswendig gelernt hat und jetzt die Sätze genauso daraus sagt.

Diese Frau aus der Arbeiterschicht erkannte spontan den schriftsprachlichen Duktus der zweiten Erzählung (b) und assoziierte ihn mit einer gehobenen sozialen Schicht und einem entsprechendem Schulerfolg des Sprechers. Sie betonte aber auch, dass ihr diese Art zu erzählen missfällt. Das erste Kind (a) erzählt ihrer Meinung nach „freier" (Steinig ^{2}1986, 48f.).

Der Erzählstil eines Kindes entwickelt sich offenbar nicht nur in einer kognitiven Eigendynamik, sondern wird in der familialen Sozialisation mitgeprägt. Kinder, die in einem Elternhaus aufwachsen, in dem Lesen und Schreiben eine wichtige Rolle spielen, in dem beispielsweise die Eltern ihren Kindern Geschichten aus Büchern vorlesen, nach der Berufstätigkeit auch zu Hause am Schreibtisch bzw. am Computer arbeiten, Bibliotheken, Theater und Museen besuchen, entwickeln leichter einen 'literaten' Stil in ihren mündlichen Erzählungen, vor allem in Situationen, in denen der Gesprächspartner ein unbekannter Erwachsener mit einem hohen Status ist. Die Möglichkeit, im Mündlichen das Register von einem informellen, 'nachlässigen' Stil zu einem bewusst geplanten Stil zu wechseln und so schriftnah strukturierte Texte zu erzeugen, ist eine wichtige Voraussetzung, in der Schule mit ihren Erwartungen an formale, öffentlichkeitsadäquate Texte erfolgreich zu sein.

Konkret wird diese Fähigkeit in den dyadischen Gesprächssituationen zwischen Mutter und Kind erworben, wobei an Schriftlichkeit und Schulerfolg orientierte Eltern als aktive Zuhörer ihre Kinder durch gezielte Nachfragen dazu bringen, expliziter zu formulieren und schulisch-angemessene Erzählschemata zu entwickeln. Eine Mutter aus einer bildungsfernen Arbeiterschicht wird sich dieser Zuhörerhaltung eher verweigern, wenn sie eine schriftorientierte Mündlichkeit als 'unnatürlich' empfindet. Von der Sprachdidaktik müsste man deshalb verlangen, insbesondere für Schüler, die aus schriftfernen Milieus kommen, methodische Wege zu zeigen, damit sie eine Erzählhaltung entwickeln können, die den Erwartungen einer kritischen bürgerlichen Öffentlichkeit entsprechen. Die Fähigkeit unter öffentlichen und institutionellen Rahmenbedingungen zu erzählen, kann durch Unterricht gefördert werden, wenn Schüler von ihren Mitschülern und Lehrern auf erzählerische Eigenheiten hingewiesen werden und die Möglichkeit bekommen, ihre Erzählungen immer wieder selbstkritisch zu überdenken und sie dadurch bewusster zu formulieren und zu strukturieren. Schrittweise sollte zunächst in partnerschaftlichen Dyaden, dann in Kleingruppen und schließlich in der gesamten Klasse Erzählen geübt werden, um sich so an den größeren Öffentlichkeitsgrad zu gewöhnen und dementsprechend den Text zu modifizieren. Ton- und Videomitschnitte von diesen Erzählsituationen, aber auch der Vergleich mit Erzählungen im Radio, auf Kassetten, in Film und Fernsehen sind hierzu hilfreich.

Nach der milieuspezifischen Einäugigkeit der 70er Jahre, die ausschließlich mit Umweltfaktoren Sprachverhalten erklären wollte und dem kognitivistischen Paradigma der 90er Jahre, das einseitig auf interne Entwicklungsprozesse setzte, gilt es nun, diese extremen Positionen sinnvoll aufeinander zu beziehen. Interaktionistische Ansätze (vgl. Bruner 1987) könnten dabei hilfreich sein, sofern hier deutlicher gesehen würde, welche Interaktionen akzidentiell und welche konstitutiv für einen Entwicklungsprozess sind und was sie beim Kind bewirken. Integrative Theoriebildungen mit gesprächsanalytischen, kognitiven, interaktionistischen aber auch soziologischen und sozialpsychologischen Anteilen wären notwendig, um für das komplexe didaktische Feld eine Grundlage zu schaffen.

Mit der von Herrman und Grabowski (1994, S. 261-430) vorgelegten Theorie der Sprachproduktion, die der kognitiven Psychologie verpflichtet ist, wären Anknüpfungsmöglichkeiten gegeben, die alte, immer noch virulente, aber leider nicht weitergeführte Code-Diskussion Bernsteins (s.o.) neu zu verorten. Bernstein ging es ganz zentral um das Konstrukt der 'Vorhersagewahrscheinlichkeit sprachlicher Einheiten' (vgl. Steinig 1986, S. 234-244): Wie hoch ist die Wahrscheinlichkeit, dass ein Sprecher ein bestimmtes Wort, eine Äußerung, einen Satz oder einen Textteil äußert? Erfüllen sich die Erwartungen eines Hörers in Hinblick auf das, was ein Sprecher im nächsten Moment sagen wird, oder werden seine Erwartungen enttäuscht? Spricht jemand hochgradig voraussagbar, beispielsweise in festen, floskelhaften Wendungen, dann würde dies Bernstein als 'restringiert' bezeichnen. Äußert er jedoch eher außergewöhnliche Wörter und Sätze, die nicht in Versatzstücken bereit liegen, sondern 'ad hoc' neu geplant werden müssen, dann entspräche dies eher dem 'elaborierten Code'. Und genau hier liegt die Koinzidenz mit der kognitivistischen Theorie von Herrmann/Grabowski (1994, S. 280f.): Eine 'Ad hoc-Steuerung des Sprechens' entspricht also ganz der anspruchsvollen Aufgabe eines Sprechers, ständig „im Einklang mit der Änderung von Komponenten der Kommunikationssituation, Entscheidungen über den Fortgang der eigenen Sprachproduktion" zu treffen:

> Wie beginne ich? Wie gehe ich weiter vor? Was sage ich als nächstes? Wie reagiere ich auf diesen Einwand? Sollte ich das Gespräch jetzt nicht lieber beenden?

Dem 'restringierten Code' entspräche zum einen die 'Schema-Steuerung', zum anderen die 'Reiz-Steuerung' des Sprechens. Bei der 'Schema-Steuerung' greift ein Sprecher „auf sein Wissen über dasjenige zurück, wovon die Rede sein soll, *und* er aktiviert ein *Schema*, welches sein Wissen über das *Wie* des Sprechens über bestimmte Klassen von Situationen enthält" (Herrmann/Grabowski 1994, S. 279). Zu einem 'Märchen-Schema' würden also beispielsweise Wendungen wie „es war einmal", „und so geschah es", „und wenn sie nicht gestorben sind, ..." gehören. Die sog. 'Reiz-Steuerung' dagegen führt zu Sprachäußerungen, die

„betont *respondent* erfolgen (...) Das bedeutet, dass der dezidierte Ausgangspunkt für eigene Äußerungen (im Kontext eines Gesprächs) die empfangene Äußerung eines Partners ist." (Herrmann/Grabowski 1994, S. 280). Hierher gehören 'Äußerungs-Returns' wie „Ach, ganz gut." als Erwiderung auf den Gruß „Na, wie geht's?", aber auch ritualisierte Return-Muster in der Unterrichtskommunikation wie beispielsweise das sog. 'Lehrerecho'.

Für die Didaktik bietet diese Theorie der Sprachproduktion die Möglichkeit, Textmuster und Redekonstellationen als erwartbare Schemata kognitiv zu verorten und die Möglichkeiten bewusster Einflussnahme und Steuerung sprachlicher Äußerungen als Unterrichtsziel zu erkennen. Sie ermöglichte aber auch, die Erwartbarkeit von rhetorischen und stilistischen Merkmalen auf der Folie kognitiver Entwicklung und familialer Herkunft einzuschätzen. Dazu müssten allerdings noch entwicklungs- und sozialpsychologische Parameter in dieses Modell einbezogen werden, eine Aufgabe, die im Rahmen dieser Einführung nicht zu leisten ist.

3.3 Didaktik und Methodik

Das didaktische Feld rhetorischer Kommunikation gliedert sich grob in die Bereiche *Gespräch* und *Rede*. Sowohl in der Gesprächs- wie in der Rededidaktik stehen *Analyse* und *Training* in einem fruchtbaren dialektischen Verhältnis zueinander: In der Analyse von Gespräch und Rede – anhand schriftlicher Transkripte und/oder Audio- bzw. Videoaufzeichnungen – werden Problembewusstsein und Kritikfähigkeit entwickelt, während im Gesprächs- und Redetraining mit gezielten Übungen mündliche Kompetenzen und Alternativen für kommunikatives Handeln aufgebaut werden.

3.3.1 Gespräch und Rede

Wir sehen aus mehreren Gründen den Schwerpunkt unterrichtlicher Arbeit in der 'Gesprächsrhetorik' und nicht in der 'Rederhetorik' (vgl. Geißner 1995). Die Fähigkeit, in wechselnden Zusammenhängen kompetent und effektiv Gespräche zu führen, wird in der modernen Informationsgesellschaft immer wichtiger. In Besprechungen, Verhandlungen und in der Beratung geht es darum, verständlich, sachlich, stringent und integer seine Argumente zu entwickeln. Dabei wird die Face-to-face-Kommunikation den größten Raum einnehmen, aber technische Medien spielen zunehmend eine wichtigere Rolle: nicht nur Telefonate, sondern bald auch Gespräche über Bildtelefone sowie Videokonferenzen oder auch Chat-Konferenzen im Internet, wobei hier das Medium zwar die Schrift ist, aber der Modus eindeutig mündlich wäre (vgl. Kapitel 8). Die technischen Medien stellen spezifische Anforderungen an die Art der Gesprächsführung. Die Vielfalt mündlicher Register sowie Rollenwechsel und Code-Switching nehmen zu.

Flexibilität und Empathiefähigkeit sind besonders in interkulturellen Gesprächen notwendig. Wenn Menschen verschiedener Sprachen und Kulturen an einem Gespräch teilnehmen, gilt es, sich ohne Peinlichkeiten und Gesichtsverlust auf eine allen gemeinsame Sprache zu einigen. Ein spezifisches Wissen über andere Gesprächskonventionen und Höflichkeitsregeln – besonders im nonverbalen Verhalten – sind hier von eminenter Bedeutung. Auch die Fähigkeit, einen fremdsprachlichen Gesprächsbeitrag entweder zu übersetzen oder kurz den Inhalt auf deutsch zusammenzufassen, stellt eine spezifische Kompetenz dar, für die sich der Deutschunterricht in seiner monolingualen Einäugigkeit bislang nicht zuständig fühlt (vgl. Kapitel 2).

Schließlich gibt es in unserer Gesellschaft zunehmend Konfliktfelder, in denen die Kommunikation problematisch verläuft oder gänzlich abgebrochen wurde. Man denke etwa an die Kommunikation zwischen Männern und Frauen (vgl. Tannen 1991 und Samel [2]2002), zwischen alten und jungen Menschen oder zwischen Laien und Experten (vgl. Steinig 1995). Auch die argumentative Auseinandersetzung mit Rechtsradikalen muss geführt werden, oft sogar im Klassenzimmer selbst. Mobbing in Betrieben und unter Schülern wäre ein weiterer Bereich, in dem kommunikative Strategien von entscheidender Bedeutung sind. Die Aufarbeitung all dieser Felder zielt ab auf die Entwicklung einer anderen, demokratischeren Gesprächskultur.

Gespräche gehören – im Gegensatz zu Reden – zu unserem normalen Alltag. Bei besonderen Gelegenheiten, offiziellen und festlichen Anlässen werden dagegen Ansprachen und Reden erwartet. Meist sind jedoch nur wenige bereit, dieser Erwartung zu entsprechen. Manche Menschen halten nie eine Rede, sei es aus mangelndem Mut oder fehlender rhetorischer Kompetenz. Für andere wenige dagegen, Politiker oder Manager, gehören Reden oder Ansprachen zum beruflichen Alltag. Hier gilt es, die Gefahr zu vermeiden, dass Rederhetorik zu einer 'Herrschaftsrhetorik' (vgl. Geißner 1995, S. 263) für Eliten wird. Das kann nur gelingen, wenn alle Schüler, besonders auch schüchterne und gehemmte, ganz selbstverständlich über anregende Übungen ihre Scheu überwinden und immer wieder kürzere oder längere Redebeiträge eigenständig formulieren.

Wenn Kaspar Spinner (1997, S. 16) mit 'Reden lernen' die Fähigkeit meint, „einen Redebeitrag einbringen zu können“, dann bleibt offen, wie lang dieser Beitrag sein muss, damit er zu einer 'Rede' wird. In jedem formalen Gespräch, in jeder öffentlichen Diskussion, in der es einen Gesprächsleiter gibt, wird jeder Gesprächsbeitrag zu einer 'Mini-Rede'. Da die Kommunikation im Klassenzimmer spätestens seit der 'kommunikativen Wende' jedoch zunehmend informeller wurde, nehmen die Schüler nicht mehr die formalen Anforderungen wahr, die an Gesprächsbeiträge im öffentlichen Diskurs gestellt werden. Sie werden beispielsweise nicht mehr aufgefordert, in ganzen Sätzen zu sprechen und dabei aufzustehen, was sicherlich zu einer entspannteren Unterrichtsatmosphäre geführt hat. Andererseits bekommen Schüler heute aber viel zu wenig Gelegenheit, eine öffentliche Redekompetenz zu entwickeln. „Vor der Klasse zu stehen sollte für alle Schülerinnen und Schüler eine oft wiederkehrende, selbstverständliche Kommunikationssituation sein“ (Spinner 1997, S. 18), nicht nur in Form von Referaten, sondern auch in der Leitung von Unterrichtsgesprächen, in Vorlese- und Vortragssituationen oder im szenischen Spiel.

Die „Arbeit an der sauberen Artikulation, am freien Vortrag, an der Interpretation von Prosa oder Lyrik durch Rezitation oder beim Theaterspielen“ (vgl. NRW-Richtlinien Deutsch Gymnasium 1993, zit. nach Ertmer 1996, S. 13) spielt neuerdings wieder eine größere Rolle. Das gestaltende Sprechen mit ästhetischem Anspruch bekommt seit der ‘kommunikativen Wende’ erstmals wieder einen größeren Einfluss. Man könnte dies kritisch als ein Zugeständnis an einen Zeitgeist abtun, für den die Verpackung bedeutsamer ist als der Inhalt. Aber die Aufwertung ästhetischer Rede kann sicherlich auch als Chance gesehen werden, einen lebendigen Zugang zur Literatur zu eröffnen und Sprache als ein akustisch-ästhetisches Erlebnis zu genießen.

3.3.2 Analyse und Training

Analyse und Training kommunikativer Situationen müssen didaktisch in einem fruchtbaren Wechselverhältnis zueinander stehen: Analysen ohne praktische Übungen bleiben steril und Übungen ohne Feed-back und Analysen geraten leicht zu einem rezeptologischen Aktionismus.

Bei Analysen von Gesprächen und Reden im Unterricht kommt es darauf an, dass die Situationen, in denen die Mündlichkeit entstand, von allen Beteiligten nachvollziehbar sind, am besten dadurch, dass sie selbst erlebt wurden, sei es im Unterricht selbst, sei es im privaten Kontext oder in öffentlichen Veranstaltungen, an denen die Schüler aktiv oder passiv beteiligt waren und von denen sie selbst Ton- oder Videoaufzeichnungen angefertigt haben.

Bereits in der Aufnahmesituation selbst ist der Grad der Sprachaufmerksamkeit erhöht, da die nachträgliche Analyse beim Sprechen und Hören ‘mitgedacht’ wird und – je nach Aufnahmetechnik und Situation (z.B. im Interview) – der artikulatorische sowie der satz- und textplanerische Aufwand größer wird. Beim nachträglichen mehrmaligen Hören der Aufnahmen wird man erste kritische Beobachtungen machen können. Wenn Schüler dann anschließend einzelne Passagen selbst verschriften, kann die kritische Aufmerksamkeit auf wichtige Momente des Gesprächsverlaufs fokussiert werden. Die Verschriftung selbst ist, wie Ehlich und Rehbein (1976) anhand ihres ‘halb-interpretativen’ Transkriptionsverfahrens deutlich machten, selbst ein interpretativer Akt, der zu Einsichten führt, die aufgrund der Flüchtigkeit gesprochener Sprache durch bloßes Hören nicht erreicht werden kann. Becker-Mrotzeck und Brünner (1997) haben gezeigt, wie man in der Sekundarstufe II Methoden der Transkription und Analyse von Gesprächen didaktisch umsetzen kann. In einfacherer Form ist der reflektierte Umgang mit verschrifteter Mündlichkeit bereits in der Grundschule möglich. Schüler sollten so möglichst früh mit den wichtigsten Unterschieden zwischen Mündlichkeit und Schriftlichkeit vertraut werden, um daraus Einsichten für Rhetorik und Stil ihrer eigenen Texte zu gewinnen. Wenn Grundschüler ihre eigenen Gespräche oder Erzählungen anhand eines Videos oder einer Kassette kritisch gehört haben, sind bei einem zweiten Durchgang der gleichen kommunikativen Situation bereits bei zahlreichen Schülern deutliche Verbesserungen zu beobachten.

Neben der Analyse von Mündlichkeit, an der Schüler selbst beteiligt sind, müssen sie auch Mündlichkeit in den Medien wie Rundfunk und Fernsehen kritisch beurteilen lernen. Bei der Analyse von Fernsehdiskussionen oder Spielshows können Schüler beispielsweise Gesprächsstrategien und Formulierfähigkeiten von Männern und Frauen, von Jüngeren und Älteren oder von Medienerfahrenen gegenüber -unerfahrenen erkennen und daraus Schlüsse für das Funktionieren medialer Kommunikation ziehen. Aber auch hier ist es sinnvoll, dass Schüler selbst die Programme mitschneiden und im Unterricht zur Verfügung stellen, die ihnen wichtig sind.

Seit der kommunikativen Wende besteht weitgehend Konsens unter Didaktikern, dass Gesprächs- und Redefähigkeit gezielt geübt, ja regelrecht trainiert werden sollten. Die Frage ist nur: Wie soll das konkret aussehen? In den 70er Jahren galten Rollenspiele als besonders geeignet, um eine kritische, selbstbewusste und emanzipierte Gesprächsfähigkeit zu entwickeln. In der unterrichtlichen Praxis mussten Lehrer wie Schüler jedoch die Erfahrung machen, dass Rollenspiele oft in einem unstrukturierten 'Gerede' endeten, da sie methodisch nicht sorgfältig genug geplant und eingeübt wurden. Die methodischen Fähigkeiten von Lehrern reichten meist nicht aus, um den rhetorischen und emanzipatorischen Ansprüchen der Didaktik gerecht zu werden.

Da der Deutschunterricht offensichtlich kaum in der Lage war, rhetorische Fähigkeiten gezielt zu entwickeln, entstand außerhalb der Schule ein 'freier Rhetorikmarkt' an Volkshochschulen, in der Managementfortbildung und als Ratgeber-Literatur. Hier wurden zahlreiche rhetorische Übungen zur Förderung des freien Sprechens und der Gesprächsführung entwickelt, die bereitwillig von der fortbildungswilligen Klientel aufgegriffen wurden. Diese Übungen scheinen nun langsam auch, über eine entsprechende Literatur, in der Schule bekannt zu werden. Doch hier ist Vorsicht geboten. Bei einer kritischen Durchsicht von z. Zt. gängigen Rhetorik-Lehrbüchern und 'praktischen Ratgebern' musste Hofer (1995, S. 167) feststellen, dass in einem theoriefreien Raum kaum begründete Übungen angeboten werden, die dem Leser den Eindruck vermitteln, Reden zu können sei eine leicht erlernbare Technik.

In der Schule kommt es entscheidend darauf an, dass die Entwicklung rhetorischer Fähigkeiten mit der Identitätsentwicklung junger Menschen einhergehen kann und nicht als ein akzidentielles Fertigkeitstraining aufgepfropft wird. Deshalb sind Übungen wichtig, die zunächst das genaue Zuhören und das 'Feedback-geben' schulen, damit Schüler lernen, sich als Persönlichkeiten mit eigenständigen Meinungen wahrzunehmen und zu achten. Dabei dürfen körpersprachliche Elemente, der gestisch-mimische sowie der intonatorische und artikulatorische Ausdruck nicht vergessen werden. Es kommt nicht nur darauf an, was man sagt, sondern auch wie das Gesagte vom Hörer empfunden wird.

Die intensivste rhetorische wie auch identitätsbildende Erfahrung vermittelt sicherlich Theaterarbeit (vgl. Mettenberger 1993). Hier ist der Ort, wo Schüler ihre Persönlichkeit von der intimsten Spiegelung über einen komplexen gruppendynamischen Prozess bis hin zur öffentlichen Aufführung aus unterschiedlichsten Perspektiven kennen lernen und weiterentwickeln können. Es wäre zu wünschen, dass möglichst viele zukünftige Deutschlehrer im Studium Theaterarbeit selbst erleben könnten, denn nur auf dem Hintergrund dieser Erfahrung können sie sich auf diese schwierige, intensive und befriedigende Arbeit mit Schülern einlassen.

Um die Didaktik mündlicher Kommunikation aus einem Stadium reinen Erfahrungswissens – so wichtig dies sicherlich ist – auf eine Ebene zu bringen, die wissenschaftlichen Ansprüchen genügt, sind empirische Untersuchungen notwendig, in denen eine didaktische Modellierung bis hin zu einem konkreten Training bereits angelegt ist. Wie eine derartige Forschung aussehen könnte, haben Groeben u.a. (1997) anhand der „Entwicklung eines Trainings zum Umgang mit unintegrem Argumentieren" gezeigt. Zunächst hat die Gruppe um Groeben das Konstrukt der 'Argumentationsintegrität' empirisch-experimentell validiert und anschließend in Form von Trainingsmodulen für die Praxis aufbereitet. Erwachsene können so lernen, nicht integeres Argumentieren zu erkennen und kommunikative Gegenstrategien zu entwickeln.

Didaktische Entscheidungen über die Modellierung gesprächs- und redefördernder Situationen müssen in einem empirisch abgesicherten Theorierahmen getroffen werden, wobei Daten zur kommunikativen Entwicklung von Kindern in einem sozialen und regionalen Kontext (Soziolekt und Dialekt), aber auch zur aktuellen gruppendynamischen Situation in der Klasse und den spezifischen Kommunikationsproblemen Einzelner Eckpfeiler wären.

Um die kommunikative Handlungskompetenz von Schülern zu verbessern, muss genau beschrieben werden, was dazu gehört (zuhören, verständlich formulieren, sich in ein Gespräch geschickt einschalten, integer argumentieren, einen Streit schlichten usw.), um dann für diese 'Kompetenzfelder' Gesprächsverfahren und Übungen zu entwickeln, die den Bedürfnissen der Zielgruppe entsprechen.

Die so modellierten Sprechsituationen sind mehr oder weniger authentisch bzw. fiktional. Sie unterscheiden sich hinsichtlich des Gesprächstyps, der beteiligten Personen, des Themas, der Sprachebene, des Anlasses, der Intentionen, des Ortes und der Zeit. Jeder dieser Faktoren muss bei der methodischen Planung berücksichtigt werden. Die schulisch-institutionellen Bedingungen von Kommunikation führen zu einem Sprechhabitus, der die Authentizität außerunterrichtlicher Sprechsituationen in spezifischer Weise verändert. In der Sekundarstufe sollten diese 'Brechungen' metakommunikativ aufgearbeitet werden.

Neben der Situation und der Redekonstellation steht der Gesprächsverlauf. Hier gilt es, alle Teilnehmer für die Prozessstruktur zu sensibilisieren. Lepschy (1997, S. 170f.) hat dazu Analysefragen formuliert, mit denen wir dieses Kapitel abschließen möchten.

Analysefragen zur Gesprächsorganisation:

- Wie regeln die Gesprächsteilnehmer den Sprecherwechsel?

- Wie wird das Gespräch strukturiert?
- Lassen sich Phasen erkennen?
- Wer ist verantwortlich für die Gesprächsorganisation bzw. wer fühlt sich verantwortlich dafür?
- Wodurch wird die Gesprächsorganisation gestört bzw. verhindert?
- Wie korrigieren die Gesprächsteilnehmer die Organisation?
- Werden Spielregeln für den Verlauf erarbeitet?

Analysefragen zur Themabearbeitung:
- Wodurch wird die Themabearbeitung gestört bzw. verhindert?
- Welche Ziele verfolgen die Gesprächsteilnehmer?
- Wie entspricht die Zielbearbeitung dem durch die Situationsanalyse ermittelten Gesprächsziel?
- Wie werden Ziele umgesetzt in Sprechintentionen, also Argumentation, Information, Beratung, Bewertung ?
- Wie vermitteln Gesprächsteilnehmer ihre kommunikativen Absichten?
- Gibt es eine gemeinsame Informationsbasis?
- Wie werden Informationen dargestellt?
- Wie wird die gemeinsame Informationsbasis geschaffen?
- Wie gehen die Gesprächsteilnehmer thematisch aufeinander ein?
- Wie werden Interessen ausgehandelt?
- Welche Vereinbarungen treffen die Gesprächsteilnehmer?
- Wie wird das Gespräch thematisch strukturiert?

Analysefragen zur Beziehungsgestaltung:
- Wodurch wird die Beziehung im Gespräch beeinträchtigt und gestört?
- Wie stellen die Gesprächsteilnehmer die Beziehung her?
- Wie stabilisieren die Gesprächsteilnehmer die Beziehung im Verlauf des Gesprächs?
- Wie 'reparieren' Gesprächsteilnehmer die Beziehung bei auftretenden Störungen?

Lektürehinweise

Als linguistische Grundlage empfehlen wir die Einführungen in *Gesprochenes Deutsch* von Johannes Schwitalla (1997) und in die *Linguistische Gesprächsanalyse* von Brinker/Sager ([3]2001). Eine leicht lesbare Einführung zu den *Grundlagen der mündlichen Kommunikation* bietet Wagner ([7]1996). Eine Einführung zum mündlichen Sprachgebrauch im Deutschunterricht mit einer (zu) starken Gewichtung der Humanistischen Psychologie hat Schuster (1998) vorgelegt. Der grundlegende Entwurf zur *Psychologie der Sprachproduktion* von Herrmann/Grabowski (1994) könnte der Gesprächsdidaktik eine theoretische Verankerung geben, die über ältere Theoriebildungen wie z.B. Watzlawick u.a. ([10]2000) hinausgehen. Ein Kommunikationstraining für die Schule mit zahlreichen anregenden und effektiven Übungen des freien Sprechens und Erzählens, der Gesprächsführung und Argumentationstechnik, aber auch für Reflexion und

Metakommunikation bietet Klippert (1996). Eine Didaktik des Erzählens für die Sekundarstufe von Frommer (1992) berücksichtigt neuere Untersuchungen aus der Erzählforschung. Ein anregendes Übungsbuch für Studierende wie Lehrende mit nützlichen Übungen für Schüler zum Erzählen-Lernen ist Oehlmann (1995). Praktische Anregungen für einen „erfolgreichen Gruppenunterricht" bietet die 'Nürnberger Projektgruppe' (2001), die sich auf umfangreiche empirische Untersuchungen stützen kann. Für die praktische Theaterarbeit an Schulen ist Mettenberger (1993) ein nützlicher Ratgeber.

4. Schriftsprache erwerben

> Im achten Jahre fing denn doch sein Vater an, ihn selber etwas lesen zu lehren, und kaufte ihm zu dem Ende zwei kleine Bücher, wovon das eine eine Anweisung zum Buchstabieren, und das andere eine Abhandlung gegen das Buchstabieren enthielt. In dem ersten mußte Anton größtenteils schwere biblische Namen, als: Nebukadnezar, Abednego, usw., bei denen er auch keinen Schatten einer Vorstellung haben konnte, buchstabieren. Dies ging daher etwas langsam.
>
> Allein sobald er merkte, daß wirklich vernünftige Ideen durch die zusammengesetzten Buchstaben ausgedrückt waren, so wurde seine Begierde, lesen zu lernen, von Tage zu Tage stärker.
>
> Sein Vater hatte ihm kaum einige Stunden Anweisung gegeben, und er lernte es nun, zur Verwunderung aller seiner Angehörigen, in wenig Wochen von selber.
>
> (Moritz 1986/1785, S. 15)

Diese Passage aus dem Roman *Anton Reiser* von Karl Philipp Moritz (Erstausgabe 1785–1790) schildert, wie der achtjährige Anton sich die geschriebene Sprache aneignet. Die Pädagogen der Zeit standen in einer heftig geführten Auseinandersetzung über die Frage, welches methodische Vorgehen dabei angebracht sei, das Buchstabieren oder das Lautieren. Beim herkömmlichen Buchstabieren wurden die Buchstaben mit ihrem Buchstabennamen benannt (also z.B. Pferd: pe - ef - e - er - de) um anschließend, und hier lag die besondere Schwierigkeit, zu Silben und Wörtern „zusammengeschlagen“ zu werden. Die Vertreter der Lautiermethode dagegen sahen in der Verwendung der Buchstabennamen eine Erschwernis, keine Hilfe beim Lesenlernen. Sie wollten sich auf den Lautwert der Buchstaben beschränken. Traktate aus dieser Diskussion werden dem kleinen Anton in die Hände gefallen sein. Die Bemühungen der Methodiker helfen ihm jedoch wenig. Er sucht sich seinen eigenen Weg, um zu den „vernünftige[n] Ideen“ zu gelangen, die zu seiner Überraschung im Geschriebenen aufbewahrt sind. Und diesen Weg beschreitet er sehr erfolgreich. Wie er dabei im einzelnen vorgeht, das entzieht sich dem Wissen (und vielleicht auch dem Frageinteresse) der pädagogischen Methodiker.

Die Situation, die hier in einem autobiographischen Roman aus dem 18. Jahrhundert gezeichnet wird, ist nicht untypisch für die fachdidaktische Diskussion bis in die jüngste Vergangenheit hinein: Zwischen den Verfechtern zweier Methodiken, der analytischen Methode (den Kindern werden zuerst Einheiten wie Wörter oder Sätze ganzheitlich dargeboten; erst nach längerer Zeit beginnen sie eine Analyse in kleinere Einheiten, z.B. in Grapheme)[1] und der synthetischen

1 Vgl. z.B. Kern (1931) und Fibelwerke wie *Wer liest mit?* (Kern 1962) sowie das Lehrerhandbuch *Praxis des ganzheitlichen Lesenlernens* (Kern/Kern 1953).

Methode (Ausgangspunkt im Unterricht sind die einzelnen Laute/Grapheme) fand in den 60er Jahren eine heftige Auseinandersetzung statt. Ernüchternd waren dann die Ergebnisse von äußerst umfangreich und sorgfältig angelegten empirischen Untersuchungen, mit denen geklärt werden sollte, welche der beiden Methoden zu den besseren Ergebnissen führte (vgl. z.B. Ferdinand 1970). Der Unterricht nach den beiden sich in ihren Grundannahmen widersprechenden Methodenansätzen führte zu kaum unterscheidbaren Ergebnissen. Die Kinder hatten sich offenbar ziemlich unabhängig von der fachdidaktischen Konzeption des Unterrichts gemacht und waren ihre eigenen Wege gegangen. Ihre Lernbemühungen stehen anscheinend nicht in einem einfachen Ableitungsverhältnis zum Unterrichtsgeschehen, es werden nicht einfach Lehrstrategien von den Kindern gleichsam innerlich abgebildet und in Lerneffekte übersetzt, so dass sie 'nach' der einen oder anderen Methode lernten. Sie konstruieren vielmehr ihre eigenen Lernwege, sie eignen sich die geschriebene Form der Sprache eigenaktiv an. An diese These knüpft die moderne fachdidaktische Forschung zum Lesen und Schreiben und zum Erwerb beider Fertigkeiten an. Vieles von dem, was bei den Aneignungsprozessen geschieht, hat man in den letzten zwei Jahrzehnten aufzeigen können, indem man vor allem zwei Fragekomplexen nachgegangen ist:

- Die Graphematik und die Schriftlichkeitsforschung haben wesentliche Strukturmerkmale der Orthographie, der geschriebenen Sprachform und von Literalität herausgearbeitet, also das Gegenstandsfeld des Schriftspracherwerbs beleuchtet. So wurde die äußerst anspruchsvolle Aufgabe, vor der die Kinder beim Lesen- und Schreibenlernen stehen, in ihrer Vielschichtigkeit und in ihrem Facettenreichtum deutlicher erkennbar.
  Erwachsenen fällt ein spontaner Zugang zu den Schwierigkeiten der Kinder oft recht schwer, weil bei ihnen die Lösungsstrategien, die sie sich ja auch selbst einmal für die Aufgabe des Schriftspracherwerbs angeeignet haben, sehr stark automatisiert sind. Sie müssen sich die Lernprobleme neu bewusst machen. Deshalb wird hier gerade für die Schulpraxis ein vertieftes Theoriewissen benötigt.
- Die Schriftspracherwerbsforschung hat vor allem die Schreib- u. Leseleistungen der Kinder, gerade auch ihre spontanen Leistungen, als Datenmaterial erschlossen. Sie hat den Erwerb der geschriebenen Sprache als konstruktiven Prozess, gewissermaßen als Nacherfinden der Schrift, modelliert.

Um diese beiden Aspekte geht es in den folgenden Abschnitten. Es schließen sich dann Überlegungen zu den Konsequenzen für unterrichtliches Handeln und zu einigen Einzelfragen an.

4.1 Das Gegenstandsfeld geschriebene Sprache: Welche Aufgaben müssen die Kinder beim Schriftspracherwerb lösen?

Erst seit fünf Jahrtausenden haben die Menschen Verfahren entwickelt, mit deren Hilfe sich die gedanklichen Inhalte des flüchtigen Wortes schriftlich niederlegen und damit aufbewahren lassen. Die Schriftentwickler in den verschiedenen Kulturen fanden dabei drei grundsätzlich verschiedene Zugänge, drei Verschriftungsprinzipien, die sie zu unterschiedlichen Schriftsystemen ausformten, zu ideographischen Schriften, zu logographischen Schriften und zu phonographischen bzw. alphabetischen Schriften. Zunächst ein Beispiel für eine ideographische Schrift:

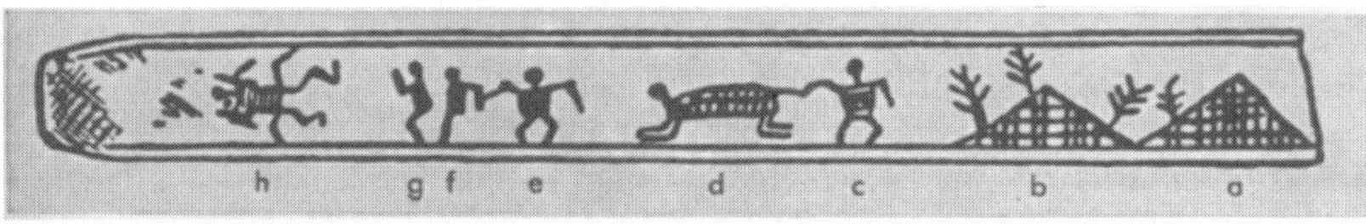

Bilderschrift der Eskimo: *a* und *b* die Wohnung eines Zauberpriesters im Walde; *c* und *d* Geist, mit dessen Hilfe er eine Beschwörung ausführen will; *f* und *g* zwei kranke Männer, die der Zauberer *e* durch seine Beschwörung heilen will; *h* die bösen Geister, die die Krankheit verursachten und die durch die Beschwörung vertrieben werden.

(Abb.4/1)

Die Bedeutung des Geschriebenen ist bei dieser Art der Verschriftung auch für denjenigen nachvollziehbar, der über keinerlei einschlägige Sprachkenntnisse verfügt. Das liegt daran, dass die Zeichen nicht auf die Wörter einer Sprache verweisen, sondern unmittelbar auf den gemeinten Vorstellungsinhalt. Die Unabhängigkeit dieser Form der Verschriftung von einer bestimmten Einzelsprache (wie Deutsch, Englisch, Chinesisch usw.) gehört zu ihren Vorzügen. Diesen Vorteil nutzen z.B. auch Piktogramme wie ⊠ ☎ 🚍, die sich etwa auf Flughäfen finden, wo Menschen aus vielen unterschiedlichen Ländern zusammenkommen. Piktogramme sind Elemente ideographischer Verschriftung, die wir, obwohl wir eigentlich ein ganz anderes Schriftsystem benutzen, offenbar zunehmend schätzen. Sie haben aber auch gravierende Nachteile: Ihre Bedeutung ist oft nicht präzise umrissen und nur aus dem situativen Kontext heraus verständlich. So könnte das Zeichen ☎ bedeuten: 'Hier finden sie einen öffentlichen Münzfernsprecher.', es könnte aber auch heißen 'Hier können sie Telefone kaufen.' oder etwa auf einem Briefumschlag 'Meine Telefonnummer lautet: ...'.

Solche Nachteile vermeiden logographische Schriften. Bei logographischen Schriften verweisen die Schriftzeichen nicht unmittelbar auf das Gemeinte, auf das signifié im bipolaren Zeichenbegriff de Saussures, sondern auf das Wort, das dieses Gemeinte bezeichnet, auf das signifiant. Die chinesische Schrift lässt sich (mit Einschränkungen, vgl. Kuhn 1996) als logographische Schrift bezeichnen:

Es gibt unterschiedliche Zeichen für die einzelnen Wörter. Das logographische Prinzip macht es im Chinesischen auch möglich, fremdsprachige Namen zu schreiben, für die es eigentlich keine überlieferten Zeichen gibt. Eine Möglichkeit dazu: Wenn man die chinesischen Wörter für 'wiederholt', 'ändern' und 'dieses' hintereinander ausspricht, so ergibt sich der Klang des Namens Dickens. Entsprechend lässt sich der Name schreiben:

(97) Die Schreibung ausländischer Namen im Chinesischen

迭更斯	**tié-kə̄ŋ-sɯ̄**	Dickens ('wiederholt-ändern-dieses')
柴霍甫斯基	**ʐʰái-xuò-fŭ-sɯ̄-cī**	Tschaikovsky ('Feuerholz-plötzlich-anfangen-dieses-Grundlage')
里約熱內盧	**lĭ-yē-ɽɤ̀-nèi-lú**	Rio de Janeiro ('Dorf-zustimmen-heiß-drinnen-Kohlenpfanne')
利奧波德維爾	**lì-àu-pō-tɤ́-wéi-ə̌ɽ**	Léopoldville ('Gewinn-geheimnisvoll-Welle-Tugend-anbinden-du')

(Abb. 4/2)

Nun ist die logographische Schrift trotz des großen Aufwandes, den das umfangreiche Zeichenrepertoire mit sich bringt, für das Chinesische gut geeignet, u.a. weil es eine problemlose schriftliche Verständigung von Sprechern aus verschiedenen Dialektgebieten ermöglicht. Diese ist mündlich kaum gegeben, weil es in China sehr heterogene Dialekte gibt. Eine Schrift, die sich an der Lautstruktur der Wörter orientiert, wäre also für das Chinesische weniger geeignet. Für das Deutsche liegen die Verhältnisse allerdings etwas anders. Hier (und in vielen anderen ähnlich strukturierten, d.h. flektierenden oder agglutinierenden Sprachen) werden nämlich die Grammeme, die die grammatischen Informationen etwa zu Singular/Plural, zum Tempus oder zur Person enthalten, nicht wie im Chinesischen durch besondere 'Grammatikwörter' wiedergegeben, sondern durch Veränderungen im Stamm der Wörter selbst (der Vater – die Väter, wir sprechen – wir sprachen) oder durch das Anfügen von Morphemen (das Kind – die Kinder; ich rechne – ich rechnete). Für eine möglichst eindeutige schriftliche Verständigung im Deutschen ist es deshalb sinnvoll, dass die Schrift genaue Informationen über die phonologische Gestalt der Wörter wiedergibt, dass wir also keine logographische, sondern eine phonographische Schrift benutzen.

Was bedeuten die dargestellten Zusammenhänge für Kinder, die Lesen und Schreiben lernen? Wenn Sie bisher gedankliche Inhalte auf dem Papier festgehalten haben, so haben Sie zuallermeist Zeichen benutzt, die unmittelbar auf das Gemeinte verweisen. Sie haben also ideographisches Zeichenmaterial verwendet. Unzählige Kinderzeichnungen legen davon Zeugnis ab. Ein Beispiel, das die Vielfalt und Differenziertheit dieser Zeichenprozesse aufzeigt:

(Abb. 4/3)

Die Zelte mit den Rauchwölkchen stehen für ein bewohntes und belebtes Indianerlager, die beiden Bogenspitzen für zwei jagende Indianer (sie ersparen zugleich die zeichnerisch aufwändige Gestaltung der kompletten Indianer), die Schnabelspitze am linken Bildrand für einen heranfliegenen zweiten Vogel, die Noten für das Gezwitscher des Vogels. Dass die beiden Pfeile ein wenig an der Jagdbeute vorbeizielen, lässt zwei Interpretationen zu: Entweder wird den Tieren hier aus Mitgefühl noch eine Überlebenschance gelassen, oder aber es handelt sich um besonders geschickte Schützen, die etwas vor die bewegten Ziele halten.

Diese Art der Zeichenprozesse, die die Kinder perfektioniert haben, lässt sich nun auf das Zeichensystem der Alphabetschrift nicht mehr anwenden. Vielmehr ist eine doppelte Abstraktionsleistung gefordert. Erstens verweisen die Zeichen nicht mehr ideographisch auf das Gemeinte (es ist also z.B. bedeutungslos, dass sich der erste Buchstabe beim Wort Schlange verführerisch schlängelt), sondern auf das Wort. Und zweitens verweisen sie nicht logographisch auf irgendeine Form dieses Wortes, wie sie dem Kind z.B. aus einem Dialekt vertraut ist, sondern auf die phonologische Wortform in explizierter Hochlautung und in einer bestimmten grammatisch in den Satz eingepassten Form. In dieser doppelten Abstraktionsleistung liegt eine hohe Anforderung. Und es kommen weitere Anforderungen dazu.

Als man sich in den mittelalterlichen Klöstern daranmachte, auch die Volkssprache Deutsch zu verschriften, legte man langfristig den Grundstein für den Zugang auch der nicht lateinisch gebildeten Bevölkerung zur Schriftlichkeit. Es war bereits eine Entwicklung des Schreibsystems im Gange, die von einer nur phonographischen, noch nicht sehr leserfreundlichen Schreibung weiterführte zu einer Schreibweise, die das Lesen immer mehr erleichterte, dafür aber erhöhte sprachanalytische Leistungen von den Schreibern einforderte. Hartmut Günther (1995, S. 21; vgl. auch Raible 1991) hat diese Entwicklung so veranschaulicht:

I.

INDERANTIKEUNDIMMITTELALTERWIRDWIEINDIESEMBEISPIELGESCHRIEBEN ESGIBTKEINETRENNUNGDERWÖRTERKEINEGROSSUNDKLEINSCHREIBUNGKEI NEINTERPUNKTIONKEINEABSÄTZEUNDSOWEITER

II.

SOLCHETEXTESINDSCHWERZULESEN.EINERSTERSCHRITTZURGLIEDERUNGDES SCHRIFTBILDESISTDERFOLGENDE.GRÖSSEREEINHEITENWIESÄTZEWERDENDUR CHINITIALENUNDSCHLUSSPUNKTMARKIERT.SOREDUZIERTSICHDIEGRÖSSEDER JEWEILIGENLESEEINHEIT.

III.

DEN EINTSCHEIDENDEN SCHRITT ABER STELLT DIE EINFÜHRUNG DES WORTZWISCHENRAUMS DAR. DER TEXT WIRD AUF DIESE WEISE GRAMMATISCH GEGLIEDERT UND DAS LESEN UND SCHREIBEN VEREINFACHT. DIE BEIDEN PROZESSE VERÄNDERN SICH. LEISES LESEN UND SCHREIBEN WIRD ERLEICHTERT ODER SOGAR ERST MÖGLICH.

IV.

Etwa um die gleiche Zeit wird durch die Entwicklung der karolingischen Minuskel das Schriftbild weiter gegliedert durch Ober- und Unterlängen.

V.

Schließlich wird / durch die schrittweise Entwicklung der Interpunktion / die syntaktische Organisation des Satzes schon im Schriftbild angezeigt / zuerst durch die Virgel / wie in diesem Beispiel / danach durch weitere Satzzeichen.

Die Schreiber mussten, um diese Verbesserungen zu ermöglichen, lernen, Einzelwörter abzugrenzen, sie mussten die Gliederung von Texten in Sätze und die syntaktische Struktur dieser Sätze erfassen und sie mussten lernen, Minuskeln und Majuskeln sinnvoll einzusetzen. Und diese Fähigkeiten müssen auch die Kinder entwickeln, wenn sie sich mit dem Lesen und Schreiben beschäftigen. Sie müssen lernen, Sprache nicht nur als Mittel der Verständigung zu benutzen, sondern sie zum Gegenstand analysierender Untersuchung zu machen.

Die Rechtschreibreform von 1996 hat einem breiten Publikum bewusst gemacht, dass auch die Wortschreibung dem historischen Wandel unterworfen ist. Die Widerstände gegen die recht moderate Reform haben zugleich darauf hingewiesen, dass Orthographie offenbar etwas sehr Konservatives ist: Schreibungen können über lange Zeit konstant bleiben, auch wenn in der gesprochenen Sprache längst ein Wandel eingetreten ist. Altverschriftete Sprachen wie das Französische und das Englische sind dafür ein gutes Beispiel: [kɛskəsɛ] ist <qu' est-ce que c'est> zu schreiben – eine Schreibung, die reiche Informationen über die Geschichte des Französischen und über seine Verwandtschaft zum Lateinischen enthält, aber nur mit einigem interpretatorischen Aufwand als phonographische Schreibung zu verstehen ist. Und von George Bernhard Shaw stammt der etwas sarkastische Hinweis, <fish> ließe sich im Englischen auch als <ghoti> schreiben: /f/ von enough, /i/ von women und /ʃ/ von nation. Neuverschriftete Sprachen wie das Türkische (1928/29 wurde von der arabischen auf die lateinische Schrift umgestellt), das Finnische (Schaffung einer Schrifttradition seit dem 16. Jahrhundert, Durchsetzung erst im 19. Jahrhundert) und das Letzeburgische (die dritte Sprache in Luxemburg, ein moselfränkischer Dialekt, amtliche Orthographie seit 1975) sind dagegen noch sehr nah an einer phonographischen Schreibung. Vom geschriebenen Wort lässt sich gut auf seine Lautgestalt schließen.

Das Deutsche nimmt zwischen diesen beiden Positionen eine Mittelstellung ein. Auch in der deutschen Wortschreibung sind einige Phänomene enthalten, die frühere Sprachzustände wiedergeben. Das gilt z.B. für das <ie>. Im Mittelhochdeutschen bezeichnete es noch einen Diphthong in Wörtern wie liebe [liɛbə]. Im Neuhochdeutschen wurde aus dem Diphthong [iɛ] ein Monophthong [li:bə]. Dass die 'konservative' Schreibung weiterhin ein <ie> vorsah, war für die Menschen wohl nicht mehr nachvollziehbar, und so konnten sie das <e> gewissermaßen 'uminterpretieren' und es als Längenzeichen verstehen. Als solches konnte es dann auch in Wörtern verwendet werden, die im Mittelhochdeutschen nie einen Diphthong enthalten hatten und beispielsweise zur Unterscheidung von <wider> und <wieder> eingesetzt werden. Ähnlich verhält es sich mit dem Dehnungs-<h> in Wörtern wie <Stahl>. Im Mittelhochdeutschen <stahel> stand es noch für den Laut /x/. Im Neuhochdeutschen konnte es dort, wo dieser Laut entfiel, zu einem Längenzeichen 'uminterpretiert' werden.

Eine solche historische Perspektive liefert zwar Erklärungen dafür, dass es im Deutschen viele Schreibungen gibt, die sich nicht streng phonographisch erklären lassen. Sie ist allerdings nur bedingt geeignet, wenn man nach einer fachlichen Grundlage für die didaktische Modellierung der deutschen Orthographie sucht, denn z.B. ein Rückgriff auf historische Sprachzustände des Deutschen verbietet sich ja beim Schriftspracherwerb. Doch lässt sich zeigen, dass sich die deutsche Orthographie gerade aus synchroner Sicht gut darstellen lässt als ein Zusammenspiel von wenigen Strukturmerkmalen, von grundlegenden Prinzipien, die zu beherrschen zwar einige Anforderungen an die Schreiber stellt, dafür aber eine möglichst leserfreundliche Schreibung erlaubt.[2] Die Schreibung enthält demnach vier unterschiedliche Typen von Informationen, die ein schnelles und

2 Die folgende Darstellung schließt sich an Eisenberg (1988, 1995 und 1998, S. 286-340) an. Bezüglich etlicher Lücken, die hier aus Platzgründen bleiben müssen, sei auf Eisenbergs Texte verwiesen.

sicheres Erkennen der Wörter beim Lesen ermöglichen: Informationen über die phonologische Wortform auf der Ebene der Einzellaute, Informationen über die Silbenstruktur der Wörter, morphematische Informationen und wortübergreifende grammatische Informationen.
Phonologische Informationen: Das Grundprinzip unserer alphabetischen Schrift lässt sich darin sehen, dass die Schrift Informationen über die phonologische Gestalt der Wörter enthält. Den Phonemen (den Lauten als kleinsten bedeutungsunterscheidenden Einheiten der Sprache) sind Grapheme (die kleinsten bedeutungsunterscheidenden Einheiten im Geschriebenen – dies können Buchstaben sein, aber auch Kombinationen von Buchstaben wie beim <sch>, beim <ch> und beim <ng>) zugeordnet. Eisenberg (1988, S. 147f.) gibt eine Übersicht für die Schreibung der heimischen Wörter (also ohne Berücksichtigung der Fremdwortschreibung), in der Phoneme und Grapheme einander nahezu im Verhältnis eins zu eins zugeordnet sind. Für manche Wörter gelangt man damit schon zu einer orthographisch korrekten Schreibung:

phonologische Wortform	Schreibung gemäß dem phonographischen Prinzip
/ne:bən/	neben
/zy:s/	süß

Dabei kann jedoch nicht einfach von der Umgangslautung der Wörter ausgegangen werden, wie sie den Kindern aus ihrer Lebenswelt z.B. in dialektaler Färbung geläufig ist. Vielmehr ist die Standardvarietät der Sprache in expliziter Aussprache zugrunde zu legen (also z.B. [le:gən] statt [le:gn̩]). Diese ist phonologisch zu analysieren, so dass man die für die Verschriftung relevanten Phoneme erhält. Hier liegt eine anspruchsvolle sprachanalytische Aufgabe vor, deren Erledigung für einen erfolgreichen Schriftspracherwerb unerlässlich ist.

Silbische Informationen: Etliche Schreibungen weichen vom phonographischen Grundprinzip ab, um Informationen über die Schreibsilbe oder über die Sprechsilbe zu liefern, die zügiges Lesen unterstützen. So müsste das Wort <sprichst> phonographisch eigentlich *<schprichst> geschrieben werden. Diese Schreibsilbe wäre aber sehr lang und unübersichtlich, das Auge könnte sie beim Lesen nicht so gut (d.h. nicht so schnell) 'auf einen Blick' erfassen. Solche sehr langen Silbenanfangsränder (fünf Konsonantenbuchstaben vor dem Vokal im Silbenkern) würden im Fall von /ʃt/ und /ʃp/ vorkommen (vgl. <Strumpf>, <Splint>). Genau in diesen Fällen wird 'sparsamer' <sp> und <st> geschrieben, so dass die Schreibsilbe für den Leser übersichtlicher wird.

Silbische Informationen liefert auch das silbeninitiale <h> in Wörtern wie <sehen> und <ruhen>. Dieses <h> ist im gesprochenen Wort nicht zu hören, auch bei korrekter und normgemäßer Standardaussprache nicht: [ze:ən], [ru:ən]. Streng phonographisch müsste also *<seen> und *<ruen> geschrieben werden. Solchen Schreibungen wäre jedoch nicht so schnell und sicher zu entnehmen, dass es sich um zweisilbige Wörter handelt. Diese Information wird aber für eine fehlerfreie und zügige Worterkennung beim Lesen benötigt. Das <h> ist in diesen Schreibungen also ein Silbengrenzsignal. Es verweist nicht auf ein Phonem und es ist auch nicht als Zeichen für die Vokallänge notwendig, da eine offene Silbe vorliegt (vgl. die Schreibung des Langvokals in Wörtern wie Ha.se, Ro.se).

Ferner enthalten die Schreibungen mit dem Dehnungs-<h> in Wörtern wie Jahr, Lehm und Lehnstuhl Informationen über die silbische Gliederung von Wörtern. Zur Bezeichnung der Vokallänge wären sie nicht möglich; vgl. Schreibungen wie Weg, Lebtag und Mut. Das Dehnungs-<h> tritt ausschließlich vor vier Konsonanten auf, vor den Sonoranten m, n, l und r. Hierbei handelt es sich um Laute, die besonders häufig einen komplexen, d.h. mehrgliedrigen Silbenendrand einleiten und dann nach Kurzvokal stehen (vgl. Rand, Welt, Werk, Zimt). Das Dehnungs-<h> hilft dem Leser deshalb, die silbischen Verhältnisse z.B. auch in unübersichtlichen Komposita schneller und sicherer zu erfassen. Es steht allerdings nur etwa in der Hälfte der Fälle, in denen es auftreten könnte (vgl. Tal, Bär, schön, gram).

Informationen über die Eigenschaften der Sprechsilben liefert schließlich auch die Schreibung mit doppelten Konsonantenbuchstaben in Wörtern wie <sollen> oder <straffen>. Hier liegt ein Silbengelenk vor. Der Konsonant zwischen den beiden Silben erfüllt eine doppelte Funktion. Silben lassen sich artikulatorisch als Öffnungs- und Schließbewegung der Kiefer verstehen: An den konsonantischen Silbenanfängen ist der Mund geschlossen oder fast geschlossen, im vokalischen Silbenkern erreicht er den größten Öffnungsgrad und zu den konsonantischen Silbenendrändern hin ist wieder eine Schließbewegung zu registrieren. Damit kurz gesprochene Vokale auch eindeutig als solche artikuliert werden können (dies ist im Deutschen notwendig um Verwechslungen wie straffen – strafen, sollen – Sohlen zu vermeiden), müssen solche Silben konsonantisch enden. Dadurch wird eine Schließbewegung des Mundes erreicht. Andererseits wird der intervokalische Konsonant für die Öffnungsbewegung der folgenden Silbe gebraucht, er erfüllt also eine doppelte Funktion und diese Information ist in der Schreibung enthalten.

Zusammenfassend erhält man folgende Übersicht:[3]

phonologische Wortform	Schreibung gemäß dem phonographischen Prinzip	Schreibung gemäß dem silbischen Prinzip
/ʃprɪçst/	*schprichst	sprichst
/ze:ən/	*seen	sehen
/ru:ən/	*ruen	ruhen
/vo:l/	*wol	wohl
/ʃtrafən/	*strafen	straffen
/zɔlən/	*solen	sollen

[3] Weitere Schreibungen, die silbische Informationen wiedergeben, werden in Eisenberg (1995 und 1998) dargestellt.

Kinder müssen sich also beim Schreibenlernen einen intuitiven Zugang zur Silbenstruktur der Wörter verschaffen. Dafür bringen sie offenbar auch durchaus gute Voraussetzungen aus ihrem bisherigen Spracherwerb mit: Fikkert (1994) und Freitas (1997) weisen nach, dass die Struktur von Sprechsilben schon in den ersten beiden Lebensjahren erworben wird; Huneke (2000b) zeigt, dass bereits Vorschulkinder aus ihrer sprachlichen Kompetenz heraus einen Zugang zum Silbengelenk haben, wenn sie Wörter silbisch gliedernd sprechen. Sie tun dies ja auch z.B. bei Abzählversen oder beim Singen. Die Struktur der geschriebenen Sprache nutzt mit dem Bezug auf die Silbe also eine bereits früh vorhandene sprachanalytische Fertigkeit.

Morphematische Informationen: Ein Wort wie <schwirrt> wäre, wenn man nur die phonologischen und die silbischen Informationen berücksichtigt, <*schwirt> zu schreiben, analog etwa zu <Wirt>. Die Schreibung mit <rr> liefert jedoch eine weitere Information, die über die morphematische Verwandtschaft zum Wort schwirren, in dem <rr> wegen des Silbengelenks erforderlich ist. Hier wirkt das morphematische Prinzip in der Schreibung: Dasselbe Morphem wird in unterschiedlichen Wörtern möglichst gleich geschrieben. So wird dem Leser ein schnelles Wiedererkennen von Wortbausteinen ermöglicht. Ihm wird ein Erlesen Buchstabe für Buchstabe erspart. Auch hier liegt also eine Unterstützung des Lesers durch ein Strukturmerkmal der Orthographie vor.

Ein weiteres Beispiel für diesen Sachverhalt: Die Auslautverhärtung (Plosive und Frikative werden am Silbenendrand stimmlos wie in [li:bən] [li: p]) wird in der Schreibung nicht realisiert, obwohl dies nach dem phonographischen Prinzip eigentlich erforderlich wäre. Man schreibt also <lieb> statt *<liep> wegen der Verwandtschaft zu lieben, <fragt> statt *<frakt> wegen fragen usw. Auch die Schreibung von <ä> (<länger> – <lang>) und <äu> statt <eu> (<läuft> statt *<leuft> wegen <laufen>) lässt sich so erklären. Nur wenige Ausnahmeschreibungen entziehen sich dieser Regularität (<Eltern> statt *<Ältern>, trotz der Verwandtschaft zu alt).

phonologische Wortform	Schreibung gemäß dem phonographischen Prinzip	Schreibung gemäß dem silbischen Prinzip	Schreibung gemäß dem morphematischen Prinzip
/ɛntvɪrt/	entwirt	entwirt, aber: entwirren	entwirrt
/li:p/	*liep	*liep	lieb
/lɛŋɛr/	*lenger	*lenger	länger
/lɔyft/	*leuft	*leuft	läuft
/blɛtɛrn/	*bletern	*blettern	blättern

Wer schreiben lernt, muss also auch die morphematisch begründete Verwandtschaft zwischen Wörtern erkennen lernen; er muss sich in Wortfamilien orientieren können.

Wortübergreifende grammatische Informationen: Neben Informationen über die Lautgestalt der Wörter, über ihren silbischen Aufbau und über die morphematisch bedingte Verwandtschaft zu anderen Wörtern verfügt die Schreibung auch über Mittel, um Informationen zu wortübergreifenden grammatischen Zusammenhängen zu liefern. Dies gilt für die Substantivgroßschreibung und für die Großschreibung am Satzanfang sowie für die Interpunktion.

Eine sichere Zuordnung von Wörtern zur Wortart Substantiv ist nur in Zusammenhängen möglich, die das einzelne Wort übergreifen: Ob etwa /tɪʃ/ ein Substantiv ist (*Sie sitzt am Tisch.*) oder ein Verb (*Aber tisch nicht so viel auf!*), ergibt sich erst im Satz, nicht schon aufgrund der einzelnen Wortform.[4] Hat die Substantivgroßschreibung eine Funktion? Andere Sprachen kommen ohne die Substantivgroßschreibung aus; notwendig wäre sie wohl auch im Deutschen nicht. Es handelt sich jedoch auch hier um ein Mittel der Schreibung, das das Lesen unterstützt: Es konnte empirisch gezeigt werden, dass Texte mit Substantivgroßschreibung etwas schneller gelesen werden können als solche mit gemäßigter Kleinschreibung (Gfroerer/Günther/Bock 1989 und Bock 1990). Der Effekt ist allerdings nicht sehr stark ausgeprägt.

Die Großschreibung am Satzanfang schließlich sowie die Zeichensetzung liefern vor allem Informationen über die Grenzen und über die syntaktische Struktur von Sätzen (Satzschlusszeichen, Kommasetzung, Semikolon, Gedankenstrich, Doppelpunkt, Klammern) und über die Einbettung der Sätze in den Textzusammenhang (Anführungszeichen).

phonologische Wortform	Schreibung gemäß dem phonographischen Prinzip	Schreibung gemäß dem silbischen Prinzip	Schreibung gemäß dem morphematischen Prinzip	Schreibung gemäß dem grammatischen Prinzip
/tɪʃ/	*tisch	*tisch	*tisch	Tisch
/ja:r/	*jar	*jahr	*jahr	Jahr
/kɛpi/	*kepi	*keppi	*käppi	Käppi

Zu ergänzen wären einige weitere Mittel, mit denen die Schreiber den Lesern Hilfen und Anweisungen zum Verständnis des Geschriebenen geben können: Die Absatzgliederung, Überschriften, Verfahren der Formatierung wie Fettdruck, Kursivdruck, Unterstreichung, Variation von Schriftgröße und -art, Kennzeichnung von Fußnoten usw.

Insgesamt ist also festzuhalten, dass es sich bei der deutschen Rechtschreibung um ein sinnvolles Zusammenwirken von wenigen grundlegenden Strukturmerkmalen handelt. Der Eindruck, es läge eine große Zahl von schwer systematisierbaren Einzelbestimmungen vor, wie er beim flüchtigen Blick auf manche

[4] Eine entsprechende didaktische Modellierung der Substantivgroßschreibung als satzinterne Großschreibung schlägt Röber-Siekmeyer (1999) vor.

Regelwerke[5] entstehen mag, ist falsch. In welcher Weise die Informationen, die die Schreibung liefert, vom Leser genutzt werden können, lässt sich gut am „Zwei-Wege-Modell" des Leseprozesses zeigen, das Gerheid Scheerer-Neumann für den Zugriff von Erstlesern auf ein zu erkennendes Wort in Adaptation eines Vorschlags von M. Coltheart dargestellt hat:

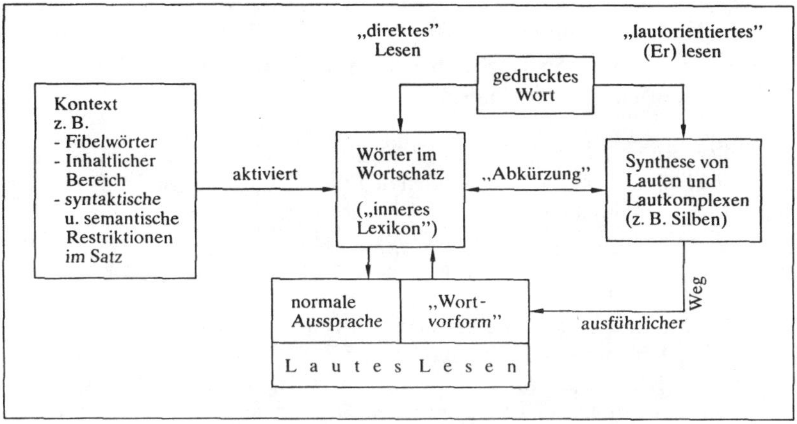

Scheerer-Neumann, Gerheid (1990): Lesestrategien und ihre Entwicklung im 1. Schuljahr. Zwei Fallbeispiele. In: Grundschule 22. Heft 10. S. 20–24. (Abb. 4/4)

Beim Lesen stehen nach diesem Modell zwei Wege offen. Entweder wird das zu lesende Wort zuerst Laut für Laut phonetisch umgesetzt in eine Wortvorform, also etwa <Kompass> → [k o:: ko:: m: ko:m ko:mpa: ko:mpa:s], um dann – hoffentlich – richtig erkannt zu werden: [kɔmpas]. Dies ist jedoch ein zeitraubender und umständlicher Weg, bei dem im Grunde nur laut gelesen werden kann. Schneller geht es, wenn das Wort 'direkt' erkannt wird. Dabei werden offenbar Einheiten wie Silben, Morpheme und häufige Buchstabenfolgen als Ganzes wahrgenommen und genau dies unterstützt die Orthographie mit den dargestellten Mitteln.

Den 'Preis' für diese Einsparung von Zeit und Mühe auf der Seite der Leser hat allerdings der Schreiber zu zahlen. Er muss sich nicht nur Einsicht in die Bipolarität und Arbitrarität der sprachlichen Zeichen verschaffen, er muss die Sprache zum Gegenstand seiner Aufmerksamkeit machen und sprachanalytische Fähigkeiten ausbilden, um Einblicke in die Lautgestalt der Wörter, in ihren silbischen und morphematischen Bau und in ihre syntaktische und textuelle Ein-

[5] So nennt die 20. Auflage des Rechtschreibdudens (1991) 212 Regeln zur deutschen Orthographie; die 112 Paragraphen der amtlichen Regelung der Rechtschreibreform von 1996 formuliert die 21. Auflage des Duden (1996) dann in 136 eigenen Regeln, die die 22. Auflage (2000) wieder auf 169 „Kennziffern" erweitert.

bindung gewinnen zu können. Und dies hat er nicht auf die aus dem Alltag gewohnte Umgangssprache zu beziehen, sondern auf die Standardsprache in ihrer Ausprägung als geschriebene Sprachform. Hier liegen die Aufgaben, die Kinder beim Schriftspracherwerb zu lösen haben; sie gehen über Schwungübungen mit dem Schreibstift und das Einprägen von Buchstabenformen weit hinaus.

4.2 Die Aneignung der geschriebenen Sprache: Welche Zugänge verschaffen sich die Kinder?

Emilia Ferreiro und Ana Teberosky (1982) fragten in den 70er Jahren argentinische Vorschulkinder nach ihrem Wissen und ihren Vermutungen darüber, was es mit dem Lesen und Schreiben auf sich habe. Ihr Ergebnis wurde weithin als überraschend empfunden. Die Kinder verfügten offenbar bereits über sehr differenzierte Hypothesen über die geschriebene Sprache und ihren Gebrauch, obwohl sie noch gar nicht darin unterrichtet worden waren. Allerdings hatten diese Theorien'' über das Lesen und Schreiben noch einen sehr individuellen Charakter. Sie spiegelten außerdem die soziale Situation und den Umgang mit Schriftlichkeit in den unterschiedlichen Elternhäusern wider. Zwei Beispiele, die nicht aus Ferreiros Arbeit, sondern aus anderen Zusammenhängen entnommen sind, mögen solche auf eigenen Konstruktionen beruhenden Annahmen illustrieren. In der Autobiographie *Die gerettete Zunge* von Elias Canetti findet sich die folgende Passage über eine frühe Begegnung des späteren Nobelpreisträgers für Literatur mit Schrift:

> [...] der Vater las täglich die „Neue Freie Presse“, es war ein großer Augenblick, wenn er sie langsam auseinanderfaltete. Sobald er sie zu lesen begonnen hatte, hatte er kein Auge mehr für mich, ich wußte, daß er dann auf keinen Fall antwortete, auch die Mutter fragte ihn dann nichts, nicht einmal auf deutsch. Ich versuchte herauszubekommen, was es war, das ihn an der Zeitung so fesselte, anfangs dachte ich, es sei der Geruch, und wenn ich allein war und mich niemand sah, kletterte ich auf den Stuhl und roch begierig an der Zeitung. Aber dann beobachtete ich, wie er den Kopf am Blatt entlang bewegte und tat es ihm nach, hinter seinem Rücken, ohne das Blatt vor Augen zu haben, das er auf dem Tisch zwischen beiden Händen hielt, während ich hinter ihm auf dem Boden spielte. Einmal rief ihn ein Besucher, der eingetreten war, an, er drehte sich um und ertappte mich bei meinen imaginären Lesebewegungen. Da sprach er zu mir, noch bevor er sich um den Besucher kümmerte, und erklärte mir, daß es auf die Buchstaben ankomme, viele kleine Buchstaben, auf die er mit dem Finger klopfte. Bald würde ich sie selber lernen, sagte er, und weckte in mir eine unstillbare Sehnsucht nach Buchstaben.
>
> (Canetti 1977, S. 42)

Der kleine Elias nimmt also an, es komme beim Lesen auf das konzentrierte Bewegen des Kopfes oder auf den Genuss des Geruchs der Druckerschwärze an,

Annahmen, die einem erfolgreichen Schriftspracherwerb noch im Wege stehen, aber doch schon Neugier und Lernbereitschaft zeigen.

Näher an den tatsächlichen Verhältnissen sind die Annahmen, die dieser Schreibleistung der vier Jahre und acht Monate alten Wilma zugrunde liegen. Sie hat Vorder- und Rückseite einer Karteikarte verwendet:

(Abb. 4/5)

Die Autorin erläuterte unmittelbar nach dem Schreiben, bei den Punkten im Text fange jeweils eine andere Geschichte an, und wenn man vergessen habe, was für eine Geschichte das sei, könne man sich eine neue überlegen. Als Gedächtnisstütze skizzierte sie dann mit eiligen Strichen unter dem Text eine Sporttasche, die unter anderem Turnschuhe enthält. Darum gehe es in einer der „Geschichten“.

Die Annahmen des Kindes über das Schreiben lassen sich etwa so paraphrasieren: Schreiben ist eine Tätigkeit, bei der mit dem Stift kritzelnde Auf- und Abbewegungen auf dem Papier erfolgen und zwar von links nach rechts und von oben nach unten. Man muss gelegentlich Lücken einfügen und Punkte setzen. Der Inhalt ist zu memorieren. Vorbild für diese Annahmen wird die Beobachtung älterer Kinder oder Erwachsener beim Schreiben gewesen sein, vielleicht auch das Vorlesen von Büchern, deren Bebilderung den Erwachsenen wohl als Gedächtnisstütze beim Wiedergeben des Inhalts dienen muss. Es liegt also eine

Vorform des Schreibens im eigentlichen Sinne vor, ein Kritzeln. Dass das Kind seinen Namen schreiben kann, ist sicher nicht als Einsicht in dic Grundlagen der alphabetischen Schrift zu werten: Es beherrscht eine Strichfolge, von der ihm seine Umgebung lobend bestätigt, dass das der eigene Name sei. Solche Schreibungen sind logographemische Schreibungen genannt worden.

Auch das Buchstabenmalen ist noch kein Schreiben im eigentlichen Sinne. Ein Beispiel desselben Kindes, nun im Alter von vier Jahren und elf Monaten:

(Abb. 4/6)

Leistungen des kritzelnden, Buchstaben malenden und logographemischen 'Schreibens' werden von vielen Kindern in großem Umfang mit erstaunlicher Ausdauer erbracht. Solches Schreiben ist den Kindern im Allgemeinen nicht gezielt beigebracht worden, sie haben es sich aus eigener Initiative angeeignet. Es handelt sich um ihre eigenen Lernkonstruktionen.

Einen wichtigen Schritt weitergekommen sind die Kinder, wenn sie Einsicht in die Entsprechung von Schrift- und Lautfolge gewonnen haben, also Einsicht in das phonographische Prinzip. Zunächst tauchen oft unvollständige Skelettschreibungen' auf, die besonders häufig das Konsonantenskelett eines Wortes mehr oder weniger vollständig wiedergeben: *FRT* für Fahrrad, *HST* für Hamster und *ATOBN* für Autobahn. Dann vervollständigen die Kinder solche Schreibungen zu oft ganz exakten, phonetisch getreuen Schreibungen. Ein Beispiel von Wilma, jetzt im Alter von fünf Jahren und elf Monaten:

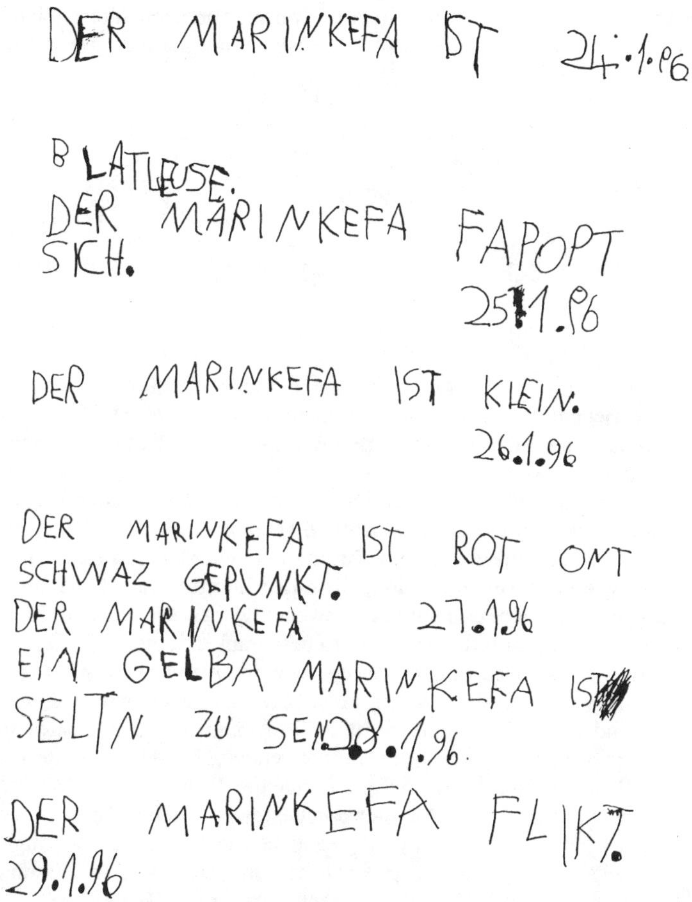

(Abb. 4/7)

Diese Schreibungen werden weiterentwickelt zu Formen, die die phonologisch relevanten Lautelemente immer vollständiger wiedergeben und in die auch die anderen Mittel der Wortschreibung aufgenommen werden (silbisches, morphematisches und wortübergreifend grammatisches Prinzip).

Solche Lernfortschritte sind von verschiedenen Autorinnen und Autoren mit jeweils etwas abweichender Gliederung und Benennung als Stufenfolge beschrieben worden, der z.T. dann auch die Fortschritte im Lesenlernen zugeordnet wurden. (vgl. Günther 1986, Brügelmann/Brinkmann 1995, Scheerer-Neumann 1987, Valtin 1997, Spitta 1994, S. 74-76, Dehn 1994a, S. 272-280). Der Fortschritt von einer Stufe zur nächsten darf dabei nicht als Entwicklung im Sinne einer Reifung verstanden werden. Vielmehr weisen vor allem die Fehler in den Schülertexten auf den gedanklichen Mechanismus hin, der diesen Fortschritt ermöglicht:

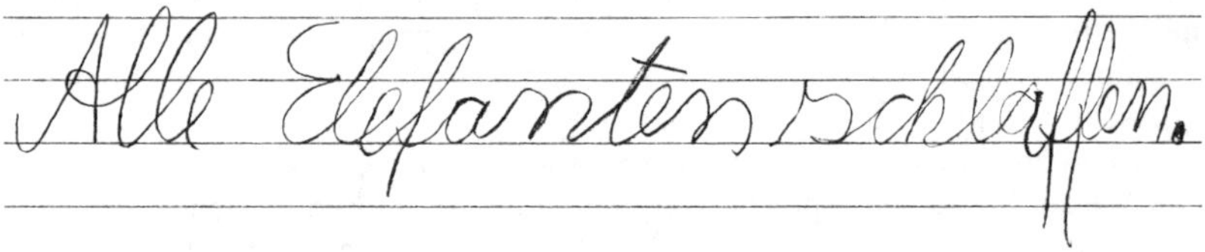

(Abb. 4/8)

Das Kind hatte das Wort *schlafen* zu einem früheren Zeitpunkt schon einmal richtig geschrieben, nun ist ein Fehler aufgetreten. Er zeugt jedoch nicht von einem Rückschritt, sondern von einem Lernfortschritt: Dem Schüler ist inzwischen die Schreibung mit doppeltem Konsonantenbuchstaben als Zeichen für die Kürze des Vokals bzw. für scharfen Silbenschnitt begegnet. Nun wendet er dieses neu Gelernte an, er übergeneralisiert jedoch und verwendet die Schreibung bei allen auffälligen Vokalquantitäten, die er wahrnimmt, bei der Länge des [a:] in „schlafen" ebenso wie beim kurzen [a] in „Alle". Der Lernprozess ist also noch nicht abgeschlossen, der Schüler muß die Anwendung der erworbenen Regularität noch auf die wirklich zutreffenden Fälle zu beschränken lernen.

Der Aneignungsmechanismus besteht also im Aufmerksamwerden auf ein neues Phänomen, im Ausbilden, Erproben und Übergeneralisieren einer neuen Hypothese und in der Modifizierung und Beschränkung der Hypothese auf die tatsächlich relevanten Fälle. Fehler sind notwendige Zwischenschritte beim aneignenden 'Nach-Erfinden' der Schrift durch die Kinder. Einen erfolgreichen Schriftspracherwerb ohne die Möglichkeit Fehler zu machen kann es nicht geben – ebensowenig wie ohne die Vergleichsmöglichkeit zu den normgemäßen orthographischen Schreibungen „der Erwachsenen". Die ältere Auffassung, beim Schreibenlernen würden „Wortbilder" gespeichert und deshalb seien Fehler gefährlich, weil sie sich visuell einprägen könnten, muss als falsch und überholt gelten (vgl. Scheerer-Neumann 1986 und 1987).

Die Darstellung des Schriftspracherwerbs in einem Stufenmodell könnte zu der Annahme verleiten, alle Kinder einer Klasse würden diesen Stufen in gleicher Weise und in gleicher zeitlicher Taktung folgen. Dies wäre jedoch ein Missverständnis. Die individuell unterschiedlichen Eingangsvoraussetzungen und die von vielerlei Faktoren bestimmten unterschiedlichen Interessen und kognitiven

Stile der einzelnen Kinder führen meist zu höchst heterogenen Klassen: Neben Schülern, die bereits vor Schulbeginn Lesen und/oder Schreiben können – etwa jeder 20. Schüler ist ein „Spontanschreiber“ (vgl. Neuhaus-Siemon 1991 und 1993) – sitzen solche, die viel Zeit für die Aneignung der Schrift brauchen. Wenn sie längere Zeit auf einer Stufe verharren, erscheinen sie oft sogar als ‘lese-rechtschreib-schwach’.

Im Laufe dieses Aneignungsprozesses müssen die Kinder lernen, Sprache nicht nur als Werkzeug zum Erreichen ihrer außersprachlichen Intentionen und Interessen zu benutzen, sondern auch die Sprache selbst zum Gegenstand ihrer Aufmerksamkeit und ihrer (mentalen) Tätigkeit zu machen. Sie müssen sich metasprachlich verhalten. Dies wird, wie oben dargelegt, von der Sachstruktur der alphabetischen Schrift erfordert. Andresen (1985) prägte dafür den Begriff der Sprachbewusstheit in Abgrenzung zum umgangssprachlich-vagen ‘Sprachbewusstsein’.

Damit ändert sich die Natur des sprachlichen Wissens der Lerner auf irreversible Weise: Sie lernen, Sprache von nun an als System von Zeichen zu verstehen, die nicht mit den Dingen gleichzusetzen sind, sondern nur auf die Vorstellung von ihnen verweisen, sie lernen Einzelwörter aus dem kontinuierlichen Redefluss einer Äußerung herauszulösen und sie als aus Lauten zusammengesetzt zu verstehen, sie nehmen die Zugehörigkeit der Wörter zu Wortklassen und ihre Verwandtschaft untereinander wahr, sie lernen Texte und Äußerungen als in Sätze und Wortgruppen gegliedert zu begreifen. Wer nicht lesen und schreiben lernt (und auch sonst nicht wie etwa beim Fremdsprachenlernen vor andere sprachthematisierende Aufgaben gestellt ist), der erwirbt solche Vorstellungen über Sprache, etwa die der Aufgliederbarkeit in Einzelwörter, nicht. Als Beispiel seien einige Antworten aus unterschiedlichen Altersgruppen auf die Frage „Was ist ein Wort?“ wiedergegeben:

Was ist ein Wort?

(1) Ch (Charlotte, 4 J.), I (Interviewer)

Ch	Was man schreiben kann. Wörter.
I	Kannste mir mal ’n paar Wörter sagen?
Ch	A, I, U, Si, E [beißt in einen Apfel]
I	Apfel auch?
Ch	Apfel? Nee. [Ch zögert bei dieser Antwort, sie scheint sich über das eigenartige Problem zu wundern]

(2) Michi; Thomas (beide 7 J., 2. Klasse)

M.	’n Wort issen langes Wort, zum Beispiel *Die Eule sitzt aufm Baum.*
I.	*Die Eule sitzt aufm Baum*, das ist ein Wort?
M.	Ja, genau.

Th Wenn man was bedeuten, wenn man was bedeuten ... machen will.
I. Sag mal eins!
Th Fuchs.

In einem sich unmittelbar anschließenden lebhaften Gespräch zwischen den beiden Kindern gibt M dem Th auf dessen Einwand Recht („Ne, das issen Satz!") und stimmt ihm zu: *Eule* sei ein Wort.

(3) Marga (9 J., 4. Klasse):

Och, da kann man viel sagen.
Buchstaben, die zusammenstehen.
Was man zusammen ausspricht, in einem Zug.

(4) Erwachsene

Auch das [Marga].
Ein Versatzstück, das man im Satz hin- und herschieben kann.
'Ne semantische Einheit, hat einen Sinn.

Das Vorschulkind in (1) verbindet mit der Frage offenbar schulisches Lesen- und Schreibenlernen, und dazu assoziiert es Buchstaben oder Laute, die es auch benennt. Zwischen der Wortform [apfl] und dem damit Bezeichneten unterscheidet es noch nicht; ein Apfel ist für Charlotte eine Frucht und kein Wort.[6] Sie könnte mit dieser Ansicht zwar ein ideographisches Schriftsystem erwerben, aber kein logographisches oder alphabetisches.

Michi geht in (2) zunächst von einem Wortbegriff aus, der der Äußerung entspricht. In vielen Phraseologismen, die aus vorliteraler Zeit erhalten geblieben sind, ist solch ein für orale Lebenszusammenhänge charakteristischer Wortbegriff auch in der Erwachsenensprache überliefert: jemandem sein Wort geben, ein Machtwort sprechen, Wort halten, etwas verantworten usw. Er lässt sich jedoch schnell von Thomas überzeugen, der unter Wort ein Einzelwort versteht. Beide Kinder wurden im Herbst zu Beginn des 2. Schuljahres befragt; da sie beim Schreibenlernen erfahren haben, dass Einzelwörter im Geschriebenen durch Spatien abgegrenzt werden, mussten sie auch einen entsprechenden Wortbegriff entwickeln. Thomas scheint sich dabei übrigens an semantischen Merkmalen von Wörtern zu orientieren.

Margas Anwort in (3) macht deutlich, dass ihr Wortbegriff vom Geschriebenen ausgeht. Sie überträgt ihn auch auf das Gesprochene und hat wohl die Vor-

6 An anderer Stelle nannte dasselbe Kind bezeichnenderweise auf die Frage, welches der beiden Wörter *Zug* und *Straßenbahn* länger sei, den Zug: Eine Zugfahrt dauere länger als eine Straßenbahnfahrt.

stellung, den Spatien entsprächen dort kurze Pausen zwischen den Einzelwörtern. Diese Auffassung ist zwar sachlich falsch. „Aufm Baum“ etwa wird „in einem Zug“ gesprochen; ein fremdsprachiger Zuhörer ohne Deutschkenntnisse könnte auch bei größter Aufmerksamkeit nicht feststellen, dass es sich hier um drei Einzelwörter handelt. Margas Auffassung ist aber trotzdem funktional; es ist aus der Sicht der Lese- und Schreibkompetenz sinnvoll, wenn man so denkt.

Die Erwachsene in (4) schließlich argumentiert semantisch und mit einer formalgrammatischen Operation. Damit können selbst in vielen Zweifelsfällen Einzelwörter abgegrenzt werden, auch wenn die genannte Verschiebeprobe eigentlich Satzglieder und nicht Einzelwörter als Segmente liefert.

Der Erwerb der geschriebenen Sprache ist also, so lässt sich zusammenfassend sagen, ein sehr umfassender Prozess. Er bedeutet weitaus mehr als nur das Erlernen von Techniken, mit deren Hilfe sich die Kinder Zugang zu den schriftlichen Erzeugnissen ihrer kulturellen Umgebung und zu schriftlicher Kommunikation verschaffen. Vielmehr ist mit ihm eine Veränderung im sprachbezogenen Denken der Kinder verbunden. Ein Teilbereich des eigenen Verhaltens, die Verwendung der Sprache, wird von der Selbstverständlichkeit der eigenen Person abgelöst, vergegenständlicht und bewusst gemacht.

4.3 Didaktisch-methodische Konsequenzen: Welche Hilfestellungen nutzen den Kindern beim Erwerb der geschriebenen Sprache?

In den 70er und 80er Jahren hatten sich in der Unterrichtspraxis vielerorts methodenintegrierende Lehrgänge durchgesetzt, die analytisch und synthetisch orientierte methodische Komponenten zusammenführten. Zu ihnen waren sorgfältig ausgearbeitete Fibeln erstellt worden. Trotzdem wurde die Arbeit mit diesen Fibeln zum Gegenstand der Kritik: Als Argument für einen „Schulanfang ohne Fibeltrott“, so eine durchaus provozierende Formulierung (Bergk/Meiers 1985), wurde das individuelle Moment bei der Aneignung der geschriebenen Sprache angeführt, das notwendigerweise zur Ungleichzeitigkeit in den Erwerbsverläufen führt und mit einem für alle Kinder einer Klasse im gleichen Takt ablaufenden verbindlichen Lehrgang nicht vereinbar sei. Die Diskussion um das Für und Wider der Verwendung von Fibeln wirkte fruchtbar auch auf die Neugestaltung von Fibelwerken zurück, die nun oft Möglichkeiten der Individualisierung und der Öffnung anbieten und einen sehr flexiblen Einsatz ermöglichen (vgl. z.B. Hinnrichs 1996). So herrscht über einige Grundsätze eines kindgemäßen Anfangsunterrichts im Lesen und Schreiben inzwischen weitgehende fachdidaktische Einigkeit:

- Die Kinder brauchen eine reiche Lernumgebung, die ihnen über den Rahmen einer eng vorstrukturierten Lernprogression hinaus vielfältige Materialien und Anregungen zur Verfügung stellt. Nur so können sie ihre eigenen aktiven Lernerfahrungen machen, die ihren individuellen Interessen, Voraussetzungen und Lernweisen gerecht werden. Dazu gehören z.B. nicht nur eine

Klassen- oder Schulbibliothek, in der für sie wirklich attraktiver Lesestoff bereitgehalten und zugänglich gemacht wird, sondern auch aktive Maßnahmen zur Leseförderung, die ihnen das Lesen als reizvolle Freizeittätigkeit erfahrbar machen. Zu einer reichen Lernumgebung gehört auch, dass attraktive Themen- und Aufgabenfelder erschlossen werden.

- Der Unterricht sollte Situationen schaffen, in denen die Kinder das Lesen und Schreiben immer wieder als ganzheitliche, kommunikativ funktionale, authentische Tätigkeiten erfahren. Sie sollten also lesen, um dadurch Informationen zu erfahren, die sie wirklich wissen wollen (und nicht die belanglosen Inhalte mancher Leseübungen), und sie sollten schreiben, um für sich oder für andere tatsächlich etwas festzuhalten, das sie auch festhalten möchten. Denn wenn das Schreiben bis zum Ende des zweiten Schuljahres etwa nur in der Beschäftigung mit Übungsdiktaten besteht, ist die Gefahr groß, dass die Kinder einem Missverständnis aufsitzen, was die eigentlichen Funktionen des Schreibens angeht, und dass sie eine ungünstige Einstellung dieser Tätigkeit gegenüber entwickeln (Ablehnung, Vermeidung). Um das Schreiben im kommunikativen Zusammenhang schon zu einem möglichst frühen Zeitpunkt möglich zu machen, wurden Hilfsmittel wie die Anlauttabelle entwickelt. In einer Anlauttabelle finden die Kinder zu jedem Graphem Abbildungen zu Wörtern, die entsprechend (an)lauten, also z.B. einen **E**lefanten und eine **E**nt**e** zum <e>, so dass die drei lautlichen Entsprechungen des <e> repräsentiert sind: [e:], [ɛ], [ə].
- Der Unterricht sollte von Fehlertoleranz geprägt sein, da Fehler notwendige Zwischenschritte auf dem Weg zur Lese- und Schreibfähigkeit sind. Natürlich werden auch Modelle für korrektes Lesen und Schreiben gebraucht, wie sie z.B. vom Lehrer bereitgestellt werden können.
- Der Unterricht sollte systematisch strukturierte und differenzierte Hilfen anbieten, die die Kinder an dem Punkt des Aneignungsprozesses, an dem sie gerade stehen, weiterführen. Einzelne Ansätze und Konzeptionen unterscheiden sich allerdings stark darin, welchen Anteil am Unterricht sie solchen Hilfen zuweisen. Das Konzept „Lesen durch Schreiben" von Jürgen Reichen (1991) beschränkt sich auf ein Training zur sprachlichen Analysefähigkeit im Sinne eines Vorkurses und eine Anlauttabelle. Bergk (1996) und Spitta (1994 und 1998) schlagen vor, dass die Klassen mit selbst erstellten Texten arbeiten und dass Hilfen in flexibler Form beim Verfassen der Texte geleistet werden. Im Spracherfahrungsansatz wird angeregt, die Kinder bei der Arbeit in einem gesamtunterrichtlichen thematischen Rahmen gezielt in wichtigen Teilfertigkeiten zu beobachten und ihnen entsprechende differenzierte Hilfen zu geben (Brügelmann/Brinkmann 1998). Christa Röber-Siekmeyer (1997) zeigt u.a., wie die bewusstmachende Thematisierung sprachlicher Strukturen als Lernhilfe genutzt werden kann.

Abschließend soll noch ein Blick auf drei Aspekte geworfen werden, die sich nicht ohne weiteres im bisher Gesagten wiederfinden lassen. Dies sind die besonderen Schwierigkeiten mancher Kinder beim Lesen und Rechtschreiben, die

Unterschiede in den Lese- und Schreibleistungen zwischen Mädchen und Jungen und die besondere Situation von zweisprachigen Kindern.

Es gibt unbestreitbar Kinder, denen das Lesen und Schreiben ungewöhnlich schwer fällt. Paul Ranschburg prägte für diese Fälle nach der Wende zum 20. Jahrhundert den Begriff der Legasthenie[7]. Später wurde die Intelligenz der Kinder in die Definition des Begriffs aufgenommen und unter Legasthenie wurden besondere Schwierigkeiten beim Lesen und Rechtschreiben bei mindestens durchschnittlicher Intelligenz verstanden. Da mit der Diagnose einer Legasthenie der Anspruch auf besondere Förderung und auf die Nichtberücksichtigung der Rechtschreibleistungen bei der Notengebung verbunden war, ergab sich daraus eine Ungerechtigkeit. Denn wenn eine niedrige Intelligenz gemessen wurde, hatten die Kinder keinen Anspruch auf eine zusätzliche Förderung, obwohl diese vielleicht gerade notwendig gewesen wäre. Zudem wurde der Intelligenzbegriff selbst zunehmend als problematisch erkannt. Man verzichtete deshalb wieder auf dieses Definitionskriterium. Für die Amtsbereiche der deutschen Kultusminister wurden nach einer Vereinbarung aus dem Jahre 1978 die Begriffe der Legasthenie und der Lese-Rechtschreibschwäche ganz aufgegeben; statt dessen spricht man seitdem von besonderen Schwierigkeiten beim Erlernen des Lesens und Rechtschreibens. Man hat versucht, ein charakteristisches Erscheinungsbild (z.B. typische Fehler wie die Vertauschung von Buchstaben oder Probleme mit der Raumorientierung bei der Verwechslung von b, d, p und q) und ein einschlägiges Muster von Ursachen (z.B. Ursachen medizinischer Art, genetische Faktoren, Wahrnehmungsstörungen, minimale cerebrale Dysfunktionen) auszumachen. Beides ist – trotz einzelner plausibler Argumente für die eine oder andere Position – nicht gelungen. Vielmehr haben die Kinder sehr oft dieselben Schwierigkeiten beim Lesen und Rechtschreiben wie andere, sie haben sie jedoch ausgeprägter und über längere Zeit. Häufig entsteht der Eindruck, dass der Aneignungsprozess der geschriebenen Sprache bei den betroffenen Kindern nicht grundsätzlich von dem anderer abweicht, dass er aber langsamer vor sich geht und manchmal zum Stillstand kommt, fossiliert. Damit ist häufig eine äußerst schwierige psychologische Situation für die Kinder verbunden: Sie haben eine hohe Versagenserwartung, wagen wenig neue Lernanstrengungen bei der experimentierenden Aneignung der Schrift, enttäuschen deshalb ihre Umgebung in Familie und Schule und spiegeln diese Enttäuschung wider durch eine niedrige Selbsteinschätzung und wieder eine hohe Versagenserwartung – ein Teufelskreis (vgl. Betz/Breuninger 1996). Hier liegt ein wichtiger Ausgangspunkt für die möglichst frühzeitige Förderung der Kinder.

Die Lese- und Schreibleistungen von Jungen und Mädchen sind statistisch nicht gleich verteilt. Mit einem gewissen Recht könnte man hier vom 'Problemkind Junge' sprechen (vgl. die Beiträge in Brügelmann/Richter 1994): insgesamt liegen die Leistungen der Jungen ca. 5 % unter denen der Mädchen. Hinter dieser globalen Angabe verbirgt sich, dass die Jungen in der Gruppe der 10 % schlechtesten Leser und Schreiber deutlich überrepräsentiert sind und die Mädchen in

---

[7] Zum Legastheniebegriff und zum Folgenden vgl. auch Naegele/Valtin (1997).

der Spitzengruppe der 10 % besten. Neben entwicklungspsychologischen, neuropsychologischen und psycholinguistischen Erklärungsversuchen stehen sozialisationstheoretische. Sie sehen wichtige Faktoren z.B. darin, dass nach überkommenen Rollenzuweisungen Lesen und Schreiben eher als weibliche Tätigkeiten gelten oder dass Mädchen generell ein günstigeres Lernverhalten aufweisen (vgl. Brügelmann 1994). May (1994) weist auf die individuelle Relevanz der inhaltlichen Bedeutsamkeit der zu schreibenden Wörter hin. Er hat vorgegebene Wörter von Lehrerinnen, Studierenden, Schülern und Schülerinnen auf einer fünfstufigen Skala als 'Mädchenwörter' und 'Jungenwörter' klassifizieren lassen und kommt dabei zu erstaunlich einheitlichen und klaren Zuordnungen, wenn er den Anteil richtiger Schreibungen der Wörter und die Einschätzung hinsichtlich ihrer Nähe zur Erfahrungswelt von Jungen und Mädchen gegenüberstellt:

	Prozentualer Anteil richtiger Schreibungen		Verhältnis der Jungen- zur Mädchenleistung	Einschätzung der Nähe zu Jungen- und Mädchenerfahrungen
	Jungen	Mädchen		
Tierärztin	49,4	61,1	80,9	1,51
Verkäuferin	72,2	79,7	90,6	1,64
Sekretärin	35,9	46,1	77,9	1,67
Lehrerin	83,5	90,8	92,0	1,74
Geburtstagsgeschenk	63,1	72,5	87,0	2,28
Päckchen	62,1	73,1	85,0	2,62
Reißverschluss	61,3	69,9	87,7	2,74
Frühstücksei	69,5	75,8	91,7	2,82
Gießkanne	64,5	72,5	89,5	2,82
Nilpferd	62,6	66,0	94,8	3,15
Fernsehprogramm	54,5	62,1	87,8	3,33
Verkehrsschild	61,3	65,0	94,3	3,46
Fahrradschloss	54,8	63,7	86,0	3,54
Tischtennisschläger	71,1	80,3	88,5	3,64
Hauptbahnhof	79,0	84,0	94,0	3,67
Spinnennetz	75,9	79,7	95,2	3,77
Computer	78,7	79,1	99,5	3,85
Briefträger	83,0	87,7	94,6	4,08
Bankräuber	85,1	87,1	97,7	4,28
Polizist	84,2	85,3	98,7	4,28
Bohrmaschine	60,6	65,7	92,2	4,46
Schiedsrichter	52,8	52,4	100,8	4,56
Fußballmannschaft	41,7	50,7	82,2	4,62
Torwart	82,7	84,1	98,3	4,67

Anteil richtiger Schreibungen von Nomen und deren Einschätzung hinsichtlich ihrer Nähe zur Erfahrungswelt von Mädchen und Jungen

(May 1994, S. 112)

Die Jungen schreiben also insgesamt fehlerhafter, ihre Fehler sind aber nicht gleichmäßig auf alle Testwörter verteilt. Beim 'Mädchenwort' Tierärztin erreichen sie nur 80,5% der Mädchenleistung, beim 'Jungenwort' Schiedsrichter dagegen sogar 100,8%. Dieses Wort wurde also von ihnen als einziges häufiger richtig geschrieben als von den Mädchen. Das Wort war ihnen, so scheint es, inhaltlich wichtiger und sie haben deshalb offenbar auch mehr Aufmerksamkeit in seine Schreibung investiert. Für den Unterricht ergibt sich aus diesem Befund die Anregung, die inhaltliche Bedeutsamkeit des Geschriebenen stärker zu berücksichtigen und dabei auch der Vorstellungswelt der Jungen gerecht zu werden. Nun interessiert sich andererseits natürlich nicht jeder Junge für Fußball und nicht jedes Mädchen will Tierärztin werden; außerdem gibt es gute pädagogische Gründe dafür, die Klischees von den Geschlechterrollen zu öffnen und nicht zu verstärken. Es müsste also eigentlich darum gehen, den einzelnen Kindern und Lerngruppen in ihren jeweiligen Interessen und Denkwelten gerecht zu werden, nicht einen Unterricht für Jungen und einen für Mädchen gegenüberzustellen.

Etwa jedes zehnte Kind in den deutschen Grundschulen stammt aus einer Migrantenfamilie und lebt in einem bilingualen Alltag[8]. Manche dieser Kinder sprechen beide Sprachen mit gleicher Kompetenz. Für andere ist die Herkunftssprache der Familie die stärkere Sprache, für wieder andere das Deutsche. Wie wirkt sich diese Situation auf den Schriftspracherwerb aus? Lebensweltliche Bilingualität als solche ist keine besondere Belastung für Kinder, sie stellt keine außergewöhnlichen Anforderungen an die geistige Leistungsfähigkeit und ist in vielen Ländern der Welt der Normalfall. Sie bringt unter pädagogischer Perspektive eher Vorteile als Nachteile mit sich (vgl. Wode 1993). Die grundlegenden Aufgaben, die sich beim Schriftspracherwerb stellen, also die Vergegenständlichung und die Analyse der gesprochenen Sprache, ergeben sich in beiden Sprachen in vergleichbarer Weise, zumindest wenn es sich in beiden Fällen um alphabetische Schriften handelt. Es spricht deshalb grundsätzlich nichts dagegen, Lesen und Schreiben in beiden Sprachen mehr oder weniger gleichzeitig zu lernen. Dies ermöglicht den Kindern einen frühen Zugang zur Schriftkultur ihrer beiden Sprachen, auf den sie ein Recht haben. In vielen deutschen Auslandsschulen wird seit langem mit Erfolg so verfahren und auch für das Inland liegen erprobte Modelle für den parallelen Schriftspracherwerb in zwei Sprachen vor (vgl. Nehr u.a. 1988, Harnisch/Nehr 1998). Interferenzfehler sind aufgrund der unterschiedlichen Phonem- und Graphemsysteme der Sprachen in einem gewissen Umfang zwar zu erwarten, aber wenn etwa ein türkisches Kind einmal *<Tiş> statt <Tisch> schreibt, so liegt dieser Fehler nur an der Oberfläche – die eigentliche gedankliche und sprachanlytische Leistung ist erbracht. Wenn die beiden Sprachen nicht mit derselben Sicherheit beherrscht werden, so ist es aus der Sicht der Kinder günstiger, Lesen und Schreiben mit einem Vorlauf von wenigen Monaten zuerst in der stärkeren Sprache zu lernen, denn hier können sich

8 Die Statistik der Kultusministerkonferenz gibt für das Jahr 1996 einen Ausländeranteil von 10,5% an der Schülerschaft der Grundschulen an (Ausländische Schüler und Schulabsolventen, S. VI).

die Kinder auf eine breiter ausgebaute Sprachkompetenz stützen. Diese Überlegung würde es also beispielsweise nahelegen, mit dem Lesen- und Schreibenlernen gegebenenfalls auf Türkisch, auf Italienisch oder auch auf Russisch zu beginnen. Die Alphabetisierung im Deutschen würde dadurch eher gefördert als gestört und es würde ein Recht eingelöst, das doch auch zweisprachigen Kindern zusteht und das z.B. der Bildungsplan des Landes Baden-Württemberg für die Grundschüler so formuliert: „Ihre Freude an der Muttersprache wird geweckt.“ (Bildungsplan 1994, S. 19). Probleme könnten sich daraus allenfalls für die organisatorische Fantasie der Schulverwaltung ergeben, nicht für die betroffenen Kinder.

Lektürehinweise

Verschiedene Schriftsysteme erläutert Coulmas (1989). Haarmann (1990) stellt in seiner umfassenden *Universalgeschichte der Schrift* die Entwicklung der Schriften seit den Anfängen dar. Weigel (1979) vergleicht die phylogenetische und die ontogenetische Entstehung der Schrift, er zieht *Lehren aus der Schriftgeschichte für den Erwerb der Schriftsprache.*

In seiner Darstellung zur Orthographie des Deutschen bezieht Maas (1991) die historische Genese der heutigen Orthographie ein. Eisenberg (1988, 1998a, 1998b) betont das funktionale Zusammenspiel der Strukturmerkmale der Orthographie. Günther (1988) ist eine aufschlussreiche und umfassende Graphematik. Huneke (2000a) bietet eine Einführung in Strukturmerkmale der deutschen Orthographie.

Ein Stufenmodell des Schriftspracherwerbs stellt Valtin (1997) vor, ferner Günther (1986), Brügelmann/Brinkmann (1995), Scheerer-Neumann (1987), Spitta (1994, S. 74–76) und Dehn (1994a, S. 272–280). Reichhaltiges Material zu selbstständigen Analysen bieten die *Schlüsselszenen zum Schriftspracherwerb* von Dehn (1994b).

In Überlegungen zur Entstehung von Sprachbewusstheit führt List (1992) ein. Eine umfassende und grundlegende Untersuchung bietet Andresen (1985). Günther (1995) zeigt, wie sich der Charakter des sprachlichen Wissens beim Lesen- und Schreibenlernen ändert. Eine theoretische Grundlage der Vorstellung einer Aneignung der geschriebenen Sprache durch Tätigkeit ist Wygotski (1974).

Vorschläge für eine fachlich fundierte Gestaltung des Unterrichts machen z.B. Röber-Siekmeyer (1997), Brügelmann/Brinkmann (1998) und Bergk (1996).

Den Legastheniebegriff untersuchen Naegele/Valtin (1997) aus kritischer Distanz. Grundlegendes zur psychologischen Situation lese- und rechtschreibschwacher Kinder findet sich in Klicpera/Gasteiger-Klicpera (1995) und Betz/Breuninger (1996). Grundlagen und praktische Möglichkeiten der Förderung erschließt Naegele (1997 und 2000). Ein ganz knapper, weitere Lektüre erschließender Einstieg in die Thematik ist Naegele (2001).

Den Unterschieden in den Lese- und Rechtschreibleistungen von Mädchen und Jungen gehen die Beiträge im Sammelband von Richter/Brügelmann (1994) nach. In Überlegungen zum Umgang mit mehrsprachigen Kindern führt Glumpler (1996) allgemein und (1997) mit Bezug auf den sprachlichen Anfangsunterricht ein. Thomé/Thomé (1999) ist eine Auswahlbibliographie mit dem Schwerpunkt auf der neueren Schriftspracherwerbsforschung der 80er und 90er Jahre, Giese (1991) eine umfassende Bibliografie.

5. Schreiben für sich und andere

In der Schreibdidaktik vollzieht sich seit der 'kommunikativen Wende' ein grundlegender Wandel – ein Prozess, der bis heute noch zu keinem Abschluss gekommen ist, denn zwischen den beharrenden Tendenzen der schulischen Praxis und den sprachdidaktischen Innovationen der letzten 30 Jahre eröffnet sich ein diffuses Feld, das zu Verunsicherungen führt.

Bis Ende der 60er Jahre schien die Welt schulischen Schreibens noch in Ordnung: Schreibformen und Aufsatzarten wurden an eine spezifische Schreibfähigkeit in verschiedenen Altersstufen gebunden. Fünf Grundformen waren vorgegeben: Erzählung, Bericht, Beschreibung, Schilderung und Erörterung. Für jede dieser Formen gab es gewissermaßen ein Rezept, nach dem der Text zu erstellen war. In zahllosen Sprachbüchern und Aufsatz-Kompendien werden bis heute immer wieder die gleichen Rezepte angeboten, so beispielsweise zur Anfertigung einer Gegenstandsbeschreibung:

> Die Gegenstandsbeschreibung erfordert die genaue Kenntnis des Gegenstandes und der entsprechenden Fachausdrücke. Sie muss *sachlich* und so *genau* und *anschaulich* sein, dass der beschriebene Gegenstand nachgezeichnet werden könnte. Sie muss also Angaben über die Größe, die Form, das Material, die Farbe, die Aufgabe des Gegenstandes erhalten. (...) Da die Aussagen allgemeingültig sind, wird die Gegenstandsbeschreibung im *Präsens* (Gegenwart) verfasst. Die Sätze müssen einfach und leicht verständlich sein. (Korn 1985)

In der außerschulischen Realität sind Texte nicht an normative Vorgaben gebunden. In literarischen Erzählungen etwa wird häufig gegen Regeln für schulische Erzählungen verstoßen: Schriftsteller wechseln zwischen Präsens, Präteritum und Perfekt, führen den Leser nur unzureichend in eine Thematik ein, bauen Themensprünge und Rückblenden ein oder arbeiten keinen eindeutigen Höhepunkt heraus. Was bei einem Schriftsteller als Beleg seiner Gestaltungskraft gilt, würde bei einem Schüler zu einer schlechten Note führen. Die rezeptologischen Vorgaben eines normativen Aufsatzunterrichts verleiten zu den uns allen wohl vertrauten 'verkorksten', altklug und gestelzt wirkenden Aufsätzen, da die formalen Vorgaben wichtiger erscheinen als eine inhaltlich stimmige und authentische Gestaltung.

Die wenigen zentralen Aufsatzformen haben eine lange Tradition, die bis zur antiken Rhetorik zurückreicht. Wenn man sie nach den Kriterien einer 'subjektiven' oder 'objektiven' Schreibhaltung gegenüber 'Vorgängen' oder 'Zuständen' ordnet, ergibt sich ein Schema mit vier Grundformen (vgl. Haueis 1971):

	subjektiv	objektiv
Vorgang	Erzählung	Bericht
Zustand	Schilderung	Beschreibung

Hinzu kommt die Erörterung, die neben objektiven auch subjektive Anteile enthalten darf, vor allem in der Einleitung und im Schluss. Diese Aufsatzformen galt es einzuüben, wobei jede Form einer bestimmten Altersstufe zugeordnet wurde und entsprechend im Lehrplan dieser Stufe erschien. Fragen nach dem didaktischen Sinn der vorgegebenen Formen wurden kaum gestellt. Die schulische Tradition war Legitimation genug. Diskutiert wurden lediglich methodische Fragen zur Motivation, Themenstellung, Einübung, Beurteilung und Korrektur.

An der Geschichte der Erörterung (auch: Problemaufsatz), lässt sich exemplarisch die Herkunft der Aufsatzarten aus der griechischen Rhetorik aufzeigen (vgl. Baurmann/Ludwig 1990). Im antiken Griechenland entsprach diese Textsorte der *thesis*, deren Zweck darin bestand, ein allgemeines Problem zu untersuchen, nicht jedoch einen konkreten Fall, und zwar in Form der mündlichen Rede. Sie hatte folgenden Aufbau:

- einleitende Darstellung des Problems
- Formulierung der Lösung (der eigentlichen These)
- Beweise für die Richtigkeit der These (confutatio)
- Beweise für die Unrichtigkeit der Gegenthese (refutatio)
- zum Schluss ein Fazit, die 'conclusio'

Beim Übergang von der antiken mündlichen Rede zur schriftlichen Erörterung in der frühen Neuzeit orientierte man sich zunächst noch am Adressaten, den man mit geschickt formulierten Ausführungen von einer These zu überzeugen suchte.

Im 19. Jahrhundert wurde jedoch die rhetorische Ausrichtung der Erörterung aufgegeben. Der Leser stand nun nicht mehr im Vordergrund, sondern die Sache selbst, die man möglichst objektiv in Form einer schriftlichen Abhandlung zu untersuchen hatte. Für den Schreiber wurde die Erörterung zu einer intellektuellen Übung, mit der er zum selbstständigen Denken angeleitet werden sollte. Die schriftliche Form löste sich so von ihrem rhetorischen Ursprung und wurde – als Aufsatzform – autonom.

Die fünf Grundformen deutscher Aufsätze sind zwar bis heute im Unterricht vorhanden, aber die Didaktik hat sich seit den 70er Jahren von der Orientierung an diesen wenigen Textgestalten mehr und mehr gelöst: zum einen dadurch, dass eine größere Vielfalt an Formen zugelassen wird – man denke an Bildergeschichten, Reportagen, Rezensionen, an das Précis oder an eigene Gedichte – und zum anderen durch eine Verlagerung von Textsorten zu Schreibhaltungen: Nicht mehr eine möglichst korrekt gestaltete Textsorte, etwa ein 'Bericht', muss Ziel des Unterrichts sein, sondern die Entwicklung einer bestimmten Schreibhaltung, beispielsweise eine 'berichtende', eine 'erzählende' oder eine 'ironisierende', die wiederum in unterschiedlichen Textformen ihre Gestalt finden kann.

Neben den schulischen Schreibtraditionen steht die ganze Vielfalt alltäglicher Textsorten. Die Texte, die wir in allen möglichen Medien lesen können und die wir selbst im Alltag schreiben, dürfen bei der didaktischen Reflexion zum Schreiben im Deutschunterricht nicht übergangen werden. Ein Verorten von Textsorten anhand des Organonmodells von Karl Bühler (1982, S. 28) bietet dazu eine nützliche Orientierung:

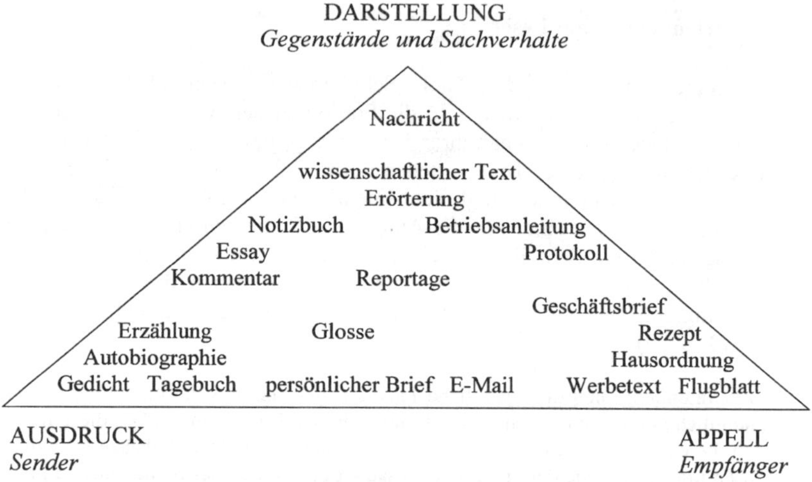

Neben dieser Verortung von Texten anhand der Dimensionen 'Darstellung', 'Ausdruck' und 'Appell' lassen sich weitere Kriterien für die Einteilung von Texten finden, vor allem noch 'fiktional – nicht fiktional' und 'privat – öffentlich'. Schließlich bekommen relativ offene Textsorten wie Briefe oder Essays durch Funktionen wie informieren, appellieren, überzeugen, ironisieren oder persiflieren eine spezifische Ausrichtung.

Nach dieser kategorialen Sichtung können unter exemplarischen, motivationalen und entwicklungspsychologischen Prämissen einzelne Textsorten ausgewählt und schreibdidaktisch modelliert werden, wobei man die Bedeutung von Texten für die Gegenwart und Zukunft von Schülern berücksichtigen sollte. So wird wahrscheinlich ein Leserbrief oder eine E-Mail nach der Schule eher geschrieben als eine Glosse oder eine Erörterung.

Bei der Auswahl sollten Texte, die Darstellung, Ausdruck oder Appell betonen, in einem ausgewogenen Verhältnis berücksichtigt werden. So findet der Leser als Adressat eines Schülertextes und der Schüler als Schreiber mit seinen kreativen Ausdrucksbedürfnissen eine stärkere Beachtung als bei der traditionell eher einseitigen Orientierung an der Darstellung von Gegenständen und Sachverhalten.

In der neueren Schreibdidaktik wird schließlich der Schreibprozess selbst Gegenstand des Unterrichts: zum einen als Prozess beim Anfertigen und Überarbeiten von Texten, zum anderen als ein Entwicklungsprozess von individuellen Schreibern, die unterschiedliche Stadien einer Schreibentwicklung durchlaufen. Der Leser (1), der Schreiber (2), der Schreibprozess (3) und die Schreibentwicklung (4) geben der Schreibdidaktik nach der kommunikativen Wende eine neue Orientierung.

5.1 Orientierung am Leser

1973 erschien ein Buch mit dem Titel: „Schulaufsätze – Texte für Leser" (Boettcher u.a.). Schüler sollen lernen – so die Forderung der Autoren – für Leser zu schreiben, die sich für den Inhalt ihrer Texte interessieren. Bleibt der Deutschlehrer einziger Adressat eines Textes, stehen Form, Stil und Rechtschreibung sowie die Benotung im Mittelpunkt und nicht Intentionen und Inhalte, die dem Lehrer ja weitgehend bekannt sind. Für die Autoren ist Schreiben eine kommunikative Handlung, in der ein Schreiber mit einer bestimmten Intention einem oder mehreren Adressaten etwas mitzuteilen versucht. Aber genau dieser alltäglichen Schreibsituation werde die „geläufige Aufsatzpraxis nicht gerecht" (Boettcher u.a. 1973, S. 29).

> Zur Intention: Dass die eigentliche *Intention* des Schülers die gute Note ist, wird heimlich von beiden Seiten gewusst und geduldet. Dazu kommt, dass diese Intention die einzige bleibt, mit der der Schüler in seiner Schulzeit Aufsätze schreibt; er lernt praktisch keine der zahllosen Einsatzmöglichkeiten des Schreibens zu praktizieren. Gelegentliche Angebote der Art 'Stell dir vor, du schriebst einen Leserbrief' konstituieren keine Lernsituation, weil es sich um keinen Ernstfall handelt und keine Rückkopplung möglich ist, von der her einzig eine sinnvolle Korrektur sich ergeben könnte.
> Zum Adressatenbezug: Offiziell schreibt der Schüler seinen Aufsatz an niemanden (...). De facto bleibt dem Schüler aber nichts anderes übrig, als an den Lehrer zu schreiben, freilich in einem völlig pervertierten Adressatenbezug. (Boettcher u.a. 1973, S. 29f.)

Die Kritik dieser kommunikativen Schreibdidaktik richtet sich auch gegen den unrealistischen Objektivitätsanspruch vermeintlich 'objektiver' Aufsatzarten wie Bericht, Beschreibung und Erörterung. In realen Schreibsituationen kommen selbst in Textsorten wie einer Nachricht oder einem Protokoll immer auch subjektive Sichtweisen zum Ausdruck, die auf spezifische Intentionen und Adressatenbezüge zurückzuführen sind. Wenn Schreiber – bewusst oder unbewusst – subjektive Anteile in Sachtexte einfließen lassen, dann müssen kritische Leser sie erkennen können. Bei der Rezeption von Sachtexten sollten deshalb Schüler lernen, 'zwischen den Zeilen zu lesen', um versteckte Intentionen, Vorurteile und Beeinflussungsstrategien zu entdecken (vgl. Kapitel 8).

Der Brief bekam in diesem kommunikativen Ansatz als appellative Textsorte ein größeres Gewicht. Briefe bieten eine große Varianz an Funktionen und Stilmustern. In und mit Briefen kann man informieren (berichten, beschreiben), etwas kommentieren (erörtern, problematisieren, interpretieren) und auch kreative Texte produzieren (erzählen, schildern oder Gedichte schreiben).[1]

Bei der Beurteilung von Texten, die kommunikative Funktionen erfüllen sollen, müssen andere Maßstäbe angelegt werden, als bei herkömmlichen Aufsätzen. Entscheidend ist hier, dass der Adressat den Text versteht und eine bestimmte Wirkung beim Leser erreicht werden kann, die sich wiederum in einer spezifischen Handlung, etwa in einem Antwortschreiben, ausdrückt. Das Gelingen und der Erfolg eines kommunikativen Textes erweist sich in der Handlung eines Adressaten. Kann der Schreiber seine Ziele beim Adressaten erreichen, dann sollte dies auch in die Beurteilung einfließen.

Das Konzept, im Unterricht authentische Schreibsituationen mit realen Adressaten in den Mittelpunkt zu rücken, war didaktisch faszinierend, fand aber in den Schulen wenig Anklang. In dieser Absolutheit, so die Kritiker, seien die Vorschläge kaum praktikabel. Schüler könnten nicht ständig irgendwelche Briefe an bestimmte Adressaten schicken – als Projekt vielleicht in Ausnahmefällen, aber nicht als integraler Bestandteil normalen Deutschunterrichts. Dafür fehle auch schlicht die Zeit.

Mit den Möglichkeiten des Internet (E-Mail, Web-Seiten und Chat) lassen sich heute jedoch adressatenorientierte Schreibsituationen wesentlich leichter arrangieren (Berghoff u.a. 1998). Wenn Schüler während des Unterrichts Zugang zu einem Computer mit Internetanschluss haben, können sie auf vielfältige Weise Texte produzieren, die mit einem Mausklick öffentlich werden und zu wenigen bestimmten oder vielen unbekannten Adressaten gelangen können. Wenn Schüler beispielsweise ihre Arbeitsergebnisse ins Netz legen, müssen diese adressatengerecht aufbereitet werden. Bei der Gestaltung einzelner Web-Seiten, der Text-Bild-Bezüge sowie der hypertextuellen Anordnung von Textsegmenten können textuelle und mediale Kompetenzen entwickelt werden, die über den herkömmlichen Aufsatzunterricht weit hinausgehen – Kompetenzen, die in einer elektronisch vernetzten Wissensgesellschaft von großem Wert sind.

In E-Mail- und Chat-Projekten bietet sich auch die Chance, mit Schülern aus deutschsprachigen Ländern und Ländern anderer Muttersprachen in einen schreibenden Dialog zu treten. Wissensaustausch, Textinterpretationen oder virtuelle Rollenspiele im Internet, über kulturelle und sprachliche Grenzen hinweg, eröffnen bislang unbekannte Dimensionen interaktiv-authentischen Schreibens.

Auch Schüler, für die Deutsch eine Zweitsprache ist, werden mit Hilfe des Internet ihre muttersprachlichen Fähigkeiten im interkulturellen Diskurs mit Schulen aus ihren Herkunftsländern sinnvoll einsetzen können, etwa türkische Schüler in einem Projekt über 'Urlaubsparadiese in der Türkei'. So ergäbe sich für sie die Chance, ihre Muttersprache, die oft nur noch als gesprochene Sprache in der Familie benötigt wird, als Schriftsprache aufrecht zu erhalten oder neu zu erwerben. Für Mitschüler und Lehrer, die diese Sprache nicht beherrschen,

[1] Sanner unterschied in seiner Aufsatzdidaktik (1975) die drei Grundintentionen 'Informieren', 'Kommentieren' und 'Produzieren'.

müssten sie eine adäquate Übersetzung ins Deutsche anbieten können (vgl. Kapitel 9).

Die Grenzen zwischen Deutschunterricht und fremdsprachlichem Unterricht werden in transnationalen zwei- und mehrsprachigen Internetprojekten fließend. Für authentische, adressatenorientierte Schreibsituationen in einer stetig enger zusammenwachsenden, vielsprachigen Welt müssen didaktische Konzepte entwickelt werden, die eine stärkere Kooperation zwischen Deutschunterricht und Fremdsprachenunterricht erforderlich machen.

5.2 Orientierung am Schreiber

1972 erschien Werner Ingendahls Buch *Aufsatzerziehung als Hilfe zur Emanzipation*. Für ihn kam nicht der kommunikativen, sondern der heuristischen Funktion des Schreibens eine besondere Bedeutung zu. Schreiben sah er als eine Möglichkeit, selbstbestimmt zu Erkenntnissen zu gelangen und die personale Entwicklung von Schülern zu fördern.

Ingendahl gründete seine Konzeption auf den russischen Psychologen Lew Semjonowitsch Wygotski (1896-1934), für den die geschriebene Sprache nicht primär kommunikativ ist, da auf einzelne Sätze oder Textsegmente keine Antworten folgen, die wiederum den folgenden Text beeinflussen. Schreiben ist für ihn eine monologische Sprachform.

> Die schriftliche Sprache setzt (...) einen hohen Grad der Abstraktion voraus. (...) Sie ist eine Sprache im Denken, in der Vorstellung (...). Sie ist eine Sprache ohne Gesprächspartner (...). Bei der schriftlichen Sprache ist der, an den die Sprache gerichtet ist, entweder überhaupt nicht da oder hat mit dem Schreibenden keinen Kontakt. Es ist eine Monolog-Sprache, das Gespräch mit einem weißen Blatt Papier, mit einem eingebildeten oder nur vorgestellten Gesprächspartner (...). Bewusstsein und Absicht lenken von Anfang an die geschriebene Sprache des Kindes. Die geschriebene Sprache zwingt das Kind, intellektueller zu handeln (Wygotski 1971, 224-228).

Dieser grundsätzlich monologische Charakter der geschriebenen Sprache mache sie deshalb für kommunikativ-dialogische Zwecke weniger geeignet als die gesprochene Sprache. Mit Hilfe der geschriebenen Sprache könne hingegen ein Schreiber in einen Reflexionsprozess eintreten und dabei Fragen diskutieren, die ihn als Person existentiell betreffen und die er für sich beantworten möchte.

In den 70er Jahren bestand allerdings in der Didaktik ein geringes Interesse, Schüler als Individuen in der Entwicklung ihrer Identität zu unterstützen. Schüler sah man vielmehr aus soziologischer Perspektive in ihrem Bewusstsein und ihrer Sprachlichkeit von sozialer Schichtzugehörigkeit und Herkunftsmilieu geprägt. Kommunikation und Sprache von Schülern entwickele sich unter gesellschaftlichen und situativen Bedingungen und werde von normativen Erwartungen an soziale Situationen und Rollen gesteuert. Man wollte nicht jeden einzelnen Schüler in seiner Identitätsentwicklung fördern, sondern Schüler aus der Arbeiterschicht insgesamt emanzipieren.

Heftig wurde beispielsweise darüber gestritten, ob man ein eingeschränktes (restringiertes) Sprachvermögen von Kindern aus der Arbeiterschicht an 'formale' schulische Sprachformen und mithin an Sprachformen privilegierter Schichten angleichen sollte oder nicht. Ingendahl schrieb dazu:

> Es wäre ein lächerlicher Sozialromantizismus, wenn man (...) *nicht* forderte, die eingeschränkten Sprechweisen den formalen anzunähern. Wieso soll es eine Diffamierung der sozialen Grundschicht bedeuten, wenn man ihnen bewusst macht, dass sie unverschuldet nur einen begrenzten Anteil an der Gesamtkultur und den Chancen eines Volkes haben? (...) Die formale Sprechweise der Schule ist auch nicht deshalb besser, weil sie die Sprechweise privilegierter Schichten ist, sondern weil sie den Zwecken von Erziehung und Bildung angemessener ist, weil nur mit den Möglichkeiten allgemeiner also formaler verbaler Planung das muttersprachliche Potential optimal genutzt werden kann, weil nur so eine progressive Entwicklung weg von der Subjektivität im Prozess des Objektiverwerdens möglich wird (Ingendahl 1972, S. 51).

Didaktiker des Bremer Kollektivs (vgl. Ide 1972 ff.), einer politisch links stehenden Gruppe, sahen hingegen die Defizite eher bei der Schule in ihrer sprachlich einseitigen Ausrichtung an herrschenden Normen und gesellschaftlichen Eliten. In den Projekten des Bremer Kollektivs zum Schreiben und zur Schriftlichkeit ging es deshalb immer auch um Kritik an Schriftnormen und um die Entwicklung eines kritisch-emanzipativen Bewusstseins von Schülern, die gesellschaftliche und sprachliche Machtverhältnisse nicht durchschauen können (vgl. Girschner-Woldt 1972). Emanzipation von Schülern wurde also nicht individuell, sondern sozial gesehen, als Befreiung aus einer sozialen Lage, in der sich ein kritisches Bewusstsein schlecht entfalten kann. Hier war auch Kreativität gefragt, aber nicht als individuelle Phantasie und Träumerei, sondern als soziale Kreativität mit gesellschaftlicher Sprengkraft.

In den 80er Jahren nahm man von gesellschaftlichen Utopien Abschied, interessierte sich weniger für die sozialen Determinanten schulischen Lernens und rückte das Individuum in den Mittelpunkt. Seine individuellen Interessen, Wünsche und Phantasien sollten wieder stärker berücksichtigt werden. Dies wirkte sich auch auf die Schreibdidaktik aus. Symptomatisch für die veränderte Orientierung war das Buch *Spaß beim Schreiben oder Aufsatzerziehung?* von Gerhard Sennlaub (1980), das 1993 bereits in der 6. Auflage erschien. Sennlaub knüpft mit seinen Vorschlägen zum 'freien Schreiben' an die Reformpädagogik an, beispielsweise an Pädagogen wie Heinrich Scharrelmann (1910), Fritz Gansberg (1914), Adolf Jensen, Wilhelm Lamszus (1910) und Paul-Georg Münch (1909). 'Frei' bedeutet für diese Autoren Thema, Ort und Zeit des Schreibens sowie das Schreibmaterial frei wählen zu dürfen und sich nicht unnötig durch Schreibkonventionen einschränken zu lassen. Dies entspricht einer konsequenten Schülerzentriertheit. Keine überprüfbaren Lernziele prägen den Unterricht. Das Kind entscheidet vielmehr selbst darüber, wann und was es schreiben will. Nur so könne Freude am Schreiben entstehen. In der Grundschule, vor allem in den ersten Klassen, führt diese Freiheit zu einer erstaunlichen Schreibmotivation.

Neben dem 'freien Schreiben', das an die deutsche Reformpädagogik anknüpfte, wurde die Konzeption des 'kreativen Schreibens' aus den USA adaptiert. Eine Art Initialzündung war Gabriele L. Ricos Buch *Garantiert schreiben lernen* (Rico 1984). Mit dem Untertitel *Sprachliche Kreativität methodisch entwickeln – ein Intensivkurs auf der Grundlage der modernen Gehirnforschung* wurde suggeriert, dass die von ihr entwickelte Schreibmethodik der Arbeitsweise des Gehirns entspreche – genauer gesagt, der Aktivierung der linken wie der rechten Gehirnhälfte. Während beim herkömmlichen Schreiben in der Schule nur die linearisierend denkende linke Gehirnhälfte beansprucht werde, sollte mit dem von ihr entwickelten 'Clustering', einer Art schriftlichen Brainstormings, möglichst rasch ein Bild von den frei assoziierten Ideen und inneren Vorstellungen auf ein Blatt Papier gebracht werden – noch vor Beginn der Textgestaltung und dem Formulieren einzelner Sätze.

Diese krakenähnlichen Gebilde würden, so Rico, von der rechten Gehirnhälfte entwickelt, die Bilder und Vorstellungen als komplexe Gestalten simultan und ganzheitlich verarbeitet. Die linke Gehirnhälfte könne dann anschließend mit der Formulierungsarbeit als einem logisch, begrifflich und syntaktisch geordnetem Nacheinander fortfahren. Mit dem Clustering-Verfahren bekäme auch die rechte Gehirnhälfte eine Chance, sich vor dem Ausformulieren eines Textes mit ihren spezifischen Fähigkeiten einzubringen, was wiederum dem gesamten Schreibprozess, vor allem seinen kreativen Anteilen, zugute käme.

Dass es sich tatsächlich mit der Arbeitsteilung im Gehirn so verhält, wie Rico vermutet, muss heute stark in Zweifel gezogen werden. Trotzdem ist 'Clustern' vor Beginn der Formulierungsarbeit eine gute Methode, möglichst vielfältige thematische Aspekte gedanklich einzufangen, eine kreativ-spielerische Leichtigkeit entstehen zu lassen und mögliche Schreibblockaden zu verhindern. Schreibdidaktiker wie Spinner (1993), Schuster (1996) oder – für den Sprachunterricht in mehrsprachigen Klassen – Pommerin u.a. (1996), haben gute Erfahrungen damit gemacht.

Dennoch hat sich kreatives Schreiben an Schulen bislang wohl noch nicht so durchsetzen können wie etwa in Seminaren und Kursen zum kreativen Schreiben für interessierte Erwachsene. Viele Schüler möchten mit Beginn der Pubertät nicht mehr gerne Texte schreiben, die ihren Lehrern und Mitschülern Einblicke in ihre innere Welt erlauben. Klaus Wessels konnte als Deutschlehrer einer 11. Gymnasialklasse erfahren, dass seine Schüler erst dann etwas zu selbst gewählten, für sie persönlich bedeutsamen Themen schreiben wollten, als er den ersten Schritt tat und selbst eine kleine Erzählung schrieb, in der er persönliche Erfahrungen zum Ausdruck brachte. Weil auch er die Schreibaufgabe authentisch zu lösen versuchte, konnte sein Schreibprojekt beginnen:

> 1. Die Schüler schreiben nicht reflektierend *über* ein Thema (wie im Aufsatz), sondern sie stellen ihre Sache *direkt* dar. Dabei verhalten sie sich wie ein Schriftsteller. Der schreibt nicht *über* einen Konflikt, sondern er stellt die Verhaltensweisen von

> Menschen *in* einer Situation dar. Die Schüler werden also zu unmittelbarer Sprachgestaltung aufgefordert.
> 2. Die Schüler wählen ihr Thema selbst, und zwar eins, das sie persönlich für mitteilenswert halten. [...] der Anlass kann ganz alltäglich sein.
> 3. Es gibt keine Formvorgabe. Wir schreiben also keine Kurzgeschichten, die festgelegten Kriterien entsprechen müssen. Vielmehr setzen wir darauf, dass sich die Form organisch aus der Entfaltung des Themas entwickelt (Wessels 1999, S. 207).

In den anschließenden gemeinsamen Besprechungen der Schülertexte ging es vor allem um das Handwerkliche des Schreibens. Anstatt über den Text als Ganzes zu diskutieren, wurde kritisch, konstruktiv und engagiert an einzelnen Formulierungen gearbeitet.

Mit der Konzeption des kreativen Schreibens verbinden zahlreiche Schreibdidaktiker allerdings mehr als eine Schreibtechnik, die zu phantasievolleren und persönlicheren Texten führen soll. Spinner (1993) macht deutlich, wie durch kreatives Schreiben verdrängte Phantasien in verdichteter, verschobener und symbolisierter Form zum Ausdruck gebracht werden können, wobei aber nicht – wie in der Psychoanalyse Sigmund Freuds – latente Probleme preisgegeben werden, sondern in sprachlichen Bildern eines fiktiv gestalteten Textes geschützt bleiben.

Auch aus gestaltpsychologischer Sicht lassen sich Bezüge zum kreativen Schreiben herstellen. Die Phantasiereise, die in der Gestalttherapie als Technik entwickelt wurde, um Klienten spezifische emotionale Erfahrungen zu ermöglichen, steht häufig am Beginn einer kreativen Schreibphase, damit sich innere Bilder und Phantasien in der meist nüchternen Atmosphäre eines Klassenzimmers entwickeln können. In meditativer Ruhe, bei gedämpftem Licht, oft auch musikalisch untermalt, führt der Lehrer (oder auch ein Schüler!) die Gruppe mit einem kurzen Sprechtext an einen angenehmen imaginären Ort, von wo aus die Schüler eigenständig ihre Phantasien weiterspinnen können, um sie dann, im Anschluss an die Phantasiereise, direkt oder nach einem Cluster aufzuschreiben.

Man kann beobachten, dass bei dieser Form des Schreibens viele Schüler in eine Art 'Flow' geraten, der sie Zeit und Raum vergessen lässt. Für die Entwicklung der Identität scheint kreatives Schreiben – und, damit eng verbunden, das personale Schreiben (Boueke/Schülein 1985) – hilfreich zu sein, da Schüler hier die Möglichkeit bekommen, ihre Subjektivität selbstgesteuert und sprachlich experimentierend auszudrücken und als spätere Leser ihrer eigenen Texte ein reflexives Verhältnis zu ihrem Selbst zu gewinnen.

5.3 Der Schreibprozess

In den USA entwickelte sich Anfang der 80er Jahre ein neuer, eigenständiger Forschungsbereich: die Schreibprozessforschung. Da die Schreibleistungen amerikanischer Schüler mancherorts erschreckend niedrig waren, wollte man den Schreibprozess als eine spezifisch kognitive Fähigkeit ausloten. Die Frage war:

Welche kognitiven Prozesse laufen vor und während der Arbeit an einem Text ab? Wenn man diese Prozesse genauer verstünde, dann – so die Hoffnung – könne man sie gezielter fördern.

Die Schreibprozessforschung, die in der Bundesrepublik intensiv rezipiert und weiter entwickelt wurde,[2] ging nicht – wie in der Textlinguistik und der Aufsatzdidaktik üblich – vom Text als einem abgeschlossenen Produkt aus. Sie löste sich von dem deskriptiv-linguistischen, am Schreibprodukt orientierten Paradigma und untersuchte die kognitiven Prozesse bei geübten Schreibern. Ihre Entwürfe und Überarbeitungen machen deutlich, dass sich Schreiben hier als ein längerer, oftmals mühsamer Weg mit mehreren Zwischenstationen bis hin zum fertigen Text vollzieht, also ganz anders funktioniert, als das Schreiben von Schulaufsätzen.

Die Ergebnisse der amerikanischen Schreibforschung wurden bereits Mitte der 80er Jahre rezipiert. Insbesondere ein Modell des Schreibprozesses von Hayes und Flower (1981), in dem Schreiben als eine spezifische Form des 'Problemlösens' aufgefasst wird, hat die neuere Schreibdidaktik stark geprägt. Die Autoren ließen Versuchspersonen beim Schreiben laut denken und entdeckten so unterschiedliche kognitive Teilprozesse und Planungsstrategien, die bei einer Textgestaltung aktiviert werden und den Schreibprozess ausmachen.

1. Vor dem eigentlichen Schreiben werden Kenntnisse und Wissen aus dem Gedächtnis abgerufen und Vorstellungen generiert. Dieses 'Material' wird dann auf bestimmte Schreibziele hin ausgewählt und in einem Schreibplan integriert und geordnet, wobei Textsorte und -aufbau sowie der Adressat berücksichtigt werden.
2. Dieser Schreibplan mit seinen gedanklichen Inhalten wird dann in den schriftsprachlichen Modus übersetzt und in einzelne linear aufeinanderfolgende Sätze gebracht.
3. Nach dem Schreiben einzelner Sätze, Textteile und des gesamten Textes werden sie gelesen, bewertet und – bei Bedarf – überarbeitet.
4. Der gesamte Schreibprozess wird gesteuert und überwacht, damit sich die Prozesse und Pläne, die auf den verschiedenen Ebenen aktiviert werden, nicht verselbstständigen, sondern zeitgleich miteinander interagieren können.

Auch wenn dieses Modell die kognitiven Komponenten des Schreibprozesses bei geübten Schreibern recht gut abbildet, so gibt es doch von Schreiber zu Schreiber große Unterschiede: Während einige zunächst eher den globalen Schreibplänen folgen und erst nach der ersten Niederschrift an einzelnen Formulierungen zu feilen beginnen, versuchen andere bereits während des ersten Schreibens möglichst adäquate Formulierungen zu finden, was ihren Schreibprozess meist deutlich langsamer werden lässt.

Da das Ineinandergreifen von Schreibplänen individuell unterschiedlich verläuft, ist es für die Schreibdidaktik kaum möglich, ein einheitliches Planungs-

---

2 Vgl. Antos/Krings 1989, Krings/Antos1992, Feilke 1993, Ortner 1993, Baurmann/Weingarten 1995, Feilke/Portmann 1996.

konzept für Schüler zu entwickeln. Stattdessen wird versucht, Schüler auf einzelne Teilprozesse aufmerksam zu machen und diese gesondert zu üben, besonders beim Konzipieren und Überarbeiten. Sie sollen wissen, dass es nicht nur auf das Endergebnis, das Schreibprodukt, ankommt, sondern dass man sein Schreiben nur dann verbessern kann, wenn man dem Prozess insgesamt mehr Beachtung schenkt.

Allerdings ist auch das gesonderte Üben einzelner Teilprozesse wie Textplanung, Formulierung und Überarbeitung problematisch, da das Geheimnis guten Schreibens ja gerade in dem flexiblen Ineinandergreifen dieser Teilprozesse besteht. Didaktisch sinnvoller ist es, Planen, Formulieren und Überarbeiten als einen ganzheitlichen Prozess zu üben.

Überarbeiten lässt sich gezielt in 'Schreibkonferenzen' üben, eine Methodik, die Gudrun Spitta (1992) für eine 3. und 4. Klasse entwickelt hat, die sich aber auch für die Sekundarstufe eignet. Schüler lesen sich in kleinen Gruppen gegenseitig ihre Texte vor und überlegen gemeinsam, wie sie verbessert werden können. Die Kinder sollen dabei nach folgender Regel verfahren:

- nach dem ersten Vorlesen spontane Reaktionen zulassen;
- anschließend den Text Satz für Satz inhaltlich und sprachlich überprüfen;
- im dritten Durchgang die Rechtschreibung kontrollieren.

In einer empirischen Untersuchung von Becker-Mrotzek (2000) zeigte sich, dass Dritt- und Viertklässler erhebliche Probleme mit diesem Verfahren haben. Die kooperative Überarbeitung einzelner Textstellen erfordert eine komplexe Gesprächsstrategie: Zunächst muss Einigkeit über die Stellen erzielt werden, die überarbeitet werden sollten. Dann müssen die unterschiedlichen Verbesserungsvorschläge gegeneinander abgewogen werden. Schließlich muss man sich für einen Vorschlag entscheiden, der so notiert wird, dass er in der Endredaktion berücksichtigt werden kann. Kooperatives Überarbeiten in dieser Form kann selbst Erwachsene überfordern (vgl. Antos 1982).

In den von Becker-Mrotzek beobachteten Schreibkonferenzen geschah es nun häufig, dass die Zuhörer den Autor zu kritischen Textstellen befragten, der ihnen daraufhin erläuterte, was er 'eigentlich' damit gemeint hatte. Die Zuhörer waren mit dieser mündlichen Reparatur zufrieden und drängten auf keine schriftliche Revision der problematischen Formulierung, denn sie hatten ja bereits verstanden, um was es dem Autor geht. Tiefergehende Texteingriffe kamen deshalb selten vor. Revidiert wird offenbar vorwiegend auf der Textoberfläche: Vor allem Wiederholungen und Tempuswechsel werden beseitigt. Diese Revisionen beruhen zumeist auf Korrekturhinweisen, die ihnen zur Überarbeitung bereit gestellt und die relativ mechanisch abgearbeitet werden.

Diese Untersuchung macht exemplarisch deutlich, wie wichtig empirische Untersuchungen in der Sprachdidaktik sind: Immer noch werden allzu rasch Verfahren propagiert, die oberflächlich betrachtet zu guten Ergebnissen führen, deren Problematik jedoch erst bei einer genauen Analyse der Interaktion und des Gesprächsverlaufs zum Vorschein kommt. Schreibkonferenzen können durchaus eine sinnvolle Möglichkeit sein, Schüler zu kritischen und selbstbewussten Schreibern werden zu lassen. Sie müssten aber so modelliert werden, dass Schüler bei ihren Revisionen nicht nur an der Oberfläche eines Textes kratzen. Möglicherweise ist der Computer hier ein nützliches Medium, da man mit seiner Hilfe auch tiefgreifende Revisionen relativ problemlos durchführen kann.

5.4 Die Schreibentwicklung

In der Aufsatzdidaktik vor der kommunikativen Wende stellte man einen direkten Bezug zwischen den Aufsatzarten und den Entwicklungsstufen eines Kindes her. Als einfachste Form galt die Erzählung. Dann folgten Bericht, Beschreibung, Schilderung und schließlich, als schwierigste Form, die Erörterung. Dieser normative Stufenplan entspricht nicht den Ergebnissen der empirischen Schreibforschung.

Die Forschung machte vielmehr deutlich, dass Kinder auf allen Stufen ihrer Entwicklung erzählen, berichten, beschreiben, schildern und erörtern können, allerdings auf unterschiedliche Art und Weise. Es erscheint deshalb auch nicht sinnvoll, von den Aufsatzarten als normativ vorgegebenen Schreibprodukten auszugehen, sondern von der Entwicklung der Schreibfähigkeit und den Funktionen schriftlicher Texte, die in der Schreibentwicklung in unterschiedlicher Weise sprachlich gestaltet werden können.

Schreibentwicklung stellt man sich in den USA seit Bereiter (1980) als einen Prozess vor, der sich in Stufen bzw. Stadien vollzieht.

Leser			**(3) Communicative Writing** sich am potenziellen Leser orientieren		
Produkt		**(2) Performative Writing** schulische Konventionen befolgen		**(4) Unified Writing** sein Schreibprodukt als Leser beurteilen	
Prozess	**(1) Associative Writing** Schreiben, solange einem etwas einfällt				**(5) Epistemic Writing** zur Wissensgewinnung schreiben

Nach diesem Modell schreiben Kinder zu Beginn ihrer Schreibentwicklung assoziativ-reihend, solange ihnen etwas einfällt. Der Prozess des Schreibens erfordert ihre ganze Aufmerksamkeit. In der zweiten Stufe der Entwicklung bemühen sie sich, einen Text anzufertigen, der den normativen Erwartungen der Lehrperson entspricht. Mit der dritten Stufe rückt ein potenzieller Leser in den Fokus des Interesses. Auf der vierten Stufe orientiert sich der Schreiber wiederum am Produkt, nun allerdings nicht anhand von äußerlichen Konventionen, sondern in seiner Erscheinungsform und Wirkung auf ihn selbst als kritischer Leser. Und schließlich, auf der letzten Stufe, die – nach Bereiter (1980) – nur relativ wenige Menschen erreichen, steht wiederum, wie am Anfang der Entwicklung, der Prozess des Schreibens im Vordergrund, nun allerdings als ein Prozess, der dazu führt, Wissen und Erkenntnisse zu gewinnen, also ein heuristisches Schreiben.

Auch Augst/Faigel (1986), die den Aufbau schriftsprachlicher Fähigkeiten von je 30 Kindern des 7., 10. und 12. Schuljahrs aus Gymnasien sowie von Studierenden anhand von Briefen zur Problematik von Hausaufgaben untersucht haben, kommen zu einem Stufenmodell (vgl. auch Feilke 1988), wobei sich jedoch die einzelnen Jahrgangsstufen nicht eindeutig einzelnen Schreibentwicklungsstufen zuordnen lassen. Es zeigte sich eine relativ große individuelle Varianz, die sicherlich noch deutlich größer ausgefallen wäre, wenn Haupt- und Realschüler mit in die Untersuchung einbezogen und soziale Parameter berücksichtigt worden wären.

In diesem Modell werden vier Stufen unterschieden:

1. das Ich	**2. die Sache**	**3. der Text**	**4. der andere**
linear-entwickelndes Muster:	material-systematisches Muster:	formal-systematisches Muster:	linear-dialogisches Muster:
- subjektiv	- objektiv	- konventionell	- leserorientiert
- erlebnishaft	- sachlich	- normativ	- mehrperspektivisch
- expressiv	- deskriptiv	- reflexiv	

Bei beiden Modellen bleibt ungeklärt, ob die Stufen der Schreibentwicklung auf einem kognitiven Entwicklungsprozess beruhen oder mit bestimmten Lernzielen im Deutschunterricht zusammenhängen, beispielsweise damit, dass sog. 'objektive' Aufsatzarten wie Bericht und Beschreibung verstärkt ab dem 7. Schuljahr, also mit dem Beginn der 2. Stufe geübt werden. Folgt der Lehrplan hier einer universalen Entwicklungsdynamik oder ist er vielleicht nur der äußere Grund für die beobachtete Entwicklung? Die Crux aller bisherigen Stufenmodelle zum Schreiben besteht offenbar darin, dass sehr viel von dem, was in einem schulischen Curriculum nacheinander gelernt wurde, sich in den Stufen wieder findet. Durchbricht man im Unterricht herkömmliche Abfolgemuster der Schreibdidaktik, dann zeigt sich rasch, dass Schüler durchaus zu bestimmten Schreibhaltungen und Textmustern fähig sind, die sie aufgrund der angenommenen Schreibentwicklung noch gar nicht beherrschen dürften.

Wenn man beispielsweise Schreiber im ersten Schuljahr E-Mails schreiben lässt, wird deutlich, dass manche Schreiber sich bereits in diesem frühen Stadium ihrer Schreibentwicklung am Leser orientieren und ihre E-Mails adressatengerecht gestalten. Dazu ein Beispiel eines Erstklässlers, der sich mit seiner Anrede an alle Schüler einer Partnerklasse und zusätzlich an einen Schüler speziell wendet und zwar in einer ausgesprochen konventionell-höflichen Briefform. Außerdem gibt er seinem Adressaten sachgerechte und nützliche Hinweise zur Konstruktion eines Modellzoos. Er hat also bereits zu Beginn seiner Schreibentwicklung die Fähigkeit, die Erwartung seiner Leser zu antizipieren.

> libe klase 1a liber max ich habe mich ser übr deinen brif gefroit
> wigetes
> mir getes gut wi ich gehört hab wolt ir einen zoo baun
> dazu braur man einen katon und hais kleba und Tire und wasa faser faben
> wir haben aur einen schteine wek dain Markus (Frederking/Steinig 2000)

Würde man didaktisch konsequent ab Schulbeginn an dieser 'natürlichen' Adressatenorientierung anknüpfen, käme man höchstwahrscheinlich zu anderen Schreibergebnissen auf höheren Schulstufen. Mit diesem Beispiel wird auch deutlich, wie sinnvoll eine authentische Schreibsituation sein kann: für die Motivation der Schüler, für die Entwicklung ihrer Empathiefähigkeit und für den Lehrer, der über die Fehlschreibungen Einblick in die Schreibentwicklung bekommen kann.

5.5 Arbeit am Stil

Den eigenen Schreibstil zu verbessern gelingt nur, wenn man ein (selbst) kritisches Stilgefühl entwickeln kann. Da Stil eine individuelle wie soziale Komponente enthält, ist eine Auseinandersetzung mit den eigenen Formulierungsfähigkeiten, im Vergleich mit den Fähigkeiten anderer Schreiber, notwendig. Durch ein bewusstes Rezipieren von gut gelungenen wie von missglückten Formulierungen lassen sich stilistische Fähigkeiten entwickeln – beispielsweise auch an Stilblüten wie dieser:

> Dänemark
> Aus Dänemark wird Butter eingeführt, weil die dänischen Kühe unternehmungslustiger und an technischer Durchbildung unseren Kühen überlegen sind.
> (Waas/Waas 1996)

Das methodisch sinnvolle Aufarbeiten missglückter Formulierungen beantwortet nicht die Frage nach der stilistischen Norm: Was ist ein 'guter Stil'? Erfordert nicht jede Textsorte und jede Schreibsituation einen anderen Stil? Wer hat die Autorität, in Stilfragen zu richten? Bis Ende der 60er Jahre gab es noch einen allgemein anerkannten 'Stilpapst': Ludwig Reiners, ein Geschäftsmann aus München, dessen *Stilkunst* (1991) seit ihrem Erscheinen 1943 hohe Auflagen erzielte. Doch eine Orientierung an stilistischen Vorbildern, die mit einem normativen Anspruch verbunden ist, stand im Widerspruch zu den antiautoritären und emanzipativen Zielen der kommunikativen Wende. Hinzu kam, dass die Deutschdidaktik es nicht mehr mit ihrem wissenschaftlichen Selbstverständnis vereinbaren konnte, Stilistiken von linguistischen Laien zu akzeptieren.

Ein heutiger populärer 'Stilpapst', Wolf Schneider, betitelt sein Buch: *Deutsch fürs Leben – Was die Schule zu lehren vergaß* (1995) und trifft damit offenbar das Empfinden vieler ehemaliger Schüler. Schneider geht ganz ähnlich vor wie Reiners: Nacheinander werden 'Stilkrankheiten' anhand zahlreicher Beispiele bearbeitet und dazu wünschenswerte sprachliche Alternativen vorgeschlagen und in Regeln gefasst, z.B. „Regel 4: Mit Wörtern geizen":

> Plappern macht Spaß – einem Plapperer zuzuhören macht keinen. Nichts schreckt potentielle Leser mehr ab als bombastischer Wortschwall und leeres Geschwätz. Angenehm zu lesen (...) ist nur der Text, der Wort für Wort Vergnügen bereitet. Dazu gehört, dass jedes Wort ein Quantum an Sinn transportiert. Folglich sollte man 'Geblähte Floskeln vermeiden' *Also nicht:* 'zu diesem Zeitpunkt', *sondern* 'jetzt'... [Es folgen mehrere Beispiele.]
>
> (Schneider 1995, S.26)

Generelle Stilregeln und 'Schreib-Rezepte', die die Ausdrucksvielfalt mit normativem Anspruch in eine bestimmte Richtung lenken, entsprechen jedoch nicht einer Schreibdidaktik, die Schreiber befähigen soll, möglichst vielfältigen stilistischen Anforderungen unterschiedlicher Schreibsituationen und Textsorten gewachsen zu sein und eigenständig Formulierungsentscheidungen treffen zu können. Bremerich-Voß (1990) hat in einer Untersuchung die normative Beschränktheit der Ratgeberliteratur zum guten Stil deutlich gemacht. Dennoch muss man sich fragen, ob nicht auch generelle stilistische Empfehlungen mit konkreten Beispielen und spezifische stilistische Übungen für Schüler nützlich wären.

Auch Stilistiken auf wissenschaftlicher Grundlage wie die von Sanders (1986) oder Ueding (^{4}1996) spielen in der Schreib- bzw. Aufsatzdidaktik bis heute keine nennenswerte Rolle. Stattdessen orientiert man sich an der linguistischen Stilistik, die deskriptiv den schriftlichen Sprachgebrauch anhand unterschiedlicher Textsorten untersucht und nicht – wie die Sprachkritik – bewertet (Riesel 1970, Fleicher/Michel 1979, Sandig 1986). Die Sprachdidaktik muss jedoch – im Gegensatz zur Linguistik – stilistische Werturteile formulieren können. Und damit tut sie sich schwer.

Deutschlehrer tradieren stilistische Vorstellungen, die sich eher an dem pseudowissenschaftlichen Stil einer Erörterung oder eines Interpretationsaufsatzes orientieren, als an stilistischen Maximen, wie sie beispielsweise in der Journalistenausbildung üblich sind. Während Schneider (1994) empfiehlt, 'mit Silben und Wörtern zu geizen', 'zwei von drei Adjektiven zu streichen' oder 'schlichte Wörter zu wählen' (vgl. seine Regeln 4,5,8 und 9), werden Formulierungen in einem umständlich-geschraubten, nominal-abstrakten Stil von manchen Deutschlehrern als Ausweis sprachlicher Meisterschaft honoriert. Ein Beispiel dazu aus einer mit 'sehr gut' benoteten Erörterung eines Schülers aus der 11. Klasse eines Gymnasiums:

> ... Deshalb bin ich auch der Auffassung, dass eben dieses kritische Denken und die eigenen Ideen den modernen Menschen ausmachen und ich würde es als einen großen Rückschritt empfinden, dies in Frage zu stellen und sich nach der Vorstellung vor der Aufklärung zu richten und somit allgemeine Normen und sogenannte Richtlinien ohne kritische Distanz zu befolgen. Und um das Beispiel des angeblich beschränkt teamfähigen Menschen im Berufsleben aufzugreifen, so läßt sich sagen, dass man ohne eigene Entscheidungen im Beruf, wie auch im Privatleben Gefahr läuft, fehlzuschlagen, da man ohne sie nicht auskommt.

Knappe, prägnante und anschauliche Formulierungen werden offenbar kaum gefördert. „(...) viele 15-jährige sind stolz, wenn es ihnen zum erstenmal gelingt, statt des *Winterwetters* die *winterliche Witterung* zu Papier zu bringen." (Schneider 1995, 31) Ein rhetorisches Mittel wie die Ellipse wird sogar als Fehler angestrichen, da sie gegen die Maxime 'Schreibe in vollständigen Sätzen' verstößt.

Rhetorische Mittel wie Metapher, Periphrase, Litotes oder Chiasmus und ihre Wirkungen sind allenfalls im Rahmen literarischer Interpretationen Gegenstand des Deutschunterrichts, nicht jedoch im Kontext der Schreibdidaktik. Anstatt Stilistik zu betreiben, steht heute Grammatik wieder stärker in der didaktischen Diskussion. Es ist jedoch fraglich, ob der übende Umgang mit grammatischen Regeln zu einer 'Textgestaltungskompetenz' (Klotz 1996) führen kann.

> Regeln legen fest, was überhaupt in einer Sprache möglich ist. So geht es in der Grammatik um richtig oder falsch. Sätze, die nicht den grammatischen Regeln entsprechen, sind eben keine richtigen Sätze, man kann sie nicht verstehen. [...] Das Reich der Freiheit ist die Stilistik. Es gibt unendlich viele korrekte Sätze, aber jeder ist nur ganz bestimmten Zwecken angemessen. So geht es in der Stilistik um angemessen oder unangemessen (Heringer 1989, S. 9).

Grammatik verweist auf die 'selbstverständliche Pflicht', die sprachlichen Normen zu erfüllen; Stilistik dagegen betrifft die 'Kür', die der Sprache Ausdruckskraft und Glanz verleihen kann. Wer die sprachliche Kompetenz für die Richtigkeit und Angemessenheit grammatischer Normen entwickelt hat, der muss nicht notwendigerweise ein ähnlich ausgeprägtes Sprachgefühl für stilistische Nuancen besitzen. Während es für Schüler mit Deutsch als Zweitsprache meist wichtiger ist, ihre Kompetenz für grammatische Normen zu entwickeln, spielt dies für Muttersprachler eine untergeordnete Rolle. Für sie ist die Entwicklung stilistischer Sensibilität wichtiger.

Wenn man eine stilistische Entscheidung für oder gegen ein bestimmtes Wort, einen Satzteil oder Satz treffen möchte, dann sollte man sie mit Alternativen vergleichen. Was passt besser? Was ist angemessener? Was klingt besser? Dieses Austauschen, Umstellen, Erweitern oder Kürzen korrespondiert mit den Proben, die Hans Glinz (1952) zur Bestimmung von grammatischen Kategorien entwickelt hat (vgl. Kapitel 7.3). Man kann sie aber auch für stilistische Entscheidungen verwenden. Macheiner (1998) hat dies an prägnanten Sätzen aus der

Literatur gezeigt: Bestimmte Satzgliedstellungsvarianten führen zu 'schöneren Sätzen' als andere.

Die ,Klangprobe' scheint besonders wichtig für stilistische Entscheidungen zu sein. Wenn man sich einen geschriebenen Satz vorlesen lässt oder selbst laut oder leise (subvokalisch) liest, können bereits Grundschüler spüren, ob er angenehm klingt oder nicht (Bleckwenn 1990, S.19).

5.6 Korrektur von Schülertexten

Ein nicht unerheblicher Teil der Arbeitszeit eines Deutschlehrers wird für die Korrektur von Aufsätzen aufgewandt. Markiert werden Fehler in der Rechtschreibung (R), Zeichensetzung (Z), Grammatikfehler (Gr), sowie Ausdrucksfehler (A).[3] Zur Veranschaulichung einige Beispiele, die Keller (1980, S.30-33) gefunden hat:

> Gr-Fehler
> (1) Alle stehen auf der Seite der Brückers, außer der Pastor, der von den Baleks gezwingt wird ...
> (2) ... mit seinen dunklen Augen und dem sanftem Gesicht.
>
> A-Fehler
> (1) Der Tote liegt länglich am Boden. Er wurde bestimmt von den Stehenden umgebracht.
> (2) Schon am ersten Schultag machte er Quatsch und nochmals Quatsch.
> (3) Aus dem Fenster sieht man eine vorbeirauschende Landschaft.

Während sich Grammatikfehler meist einfach erklären lassen, ist es oft schwierig, einen Schüler davon zu überzeugen, dass er einen Ausdrucksfehler oder eine stilistische Eigentümlichkeit produziert hat. Warum klingt es merkwürdig, wenn man aus einem Zugfenster „eine vorbeirauschende Landschaft" sehen kann? Eine Grammatik gibt darüber kaum Auskunft.[4]

---

3 Seltener werden Fehler in der sprachlichen Form (S), Satzstellungsfehler (St), Tempusfehler (T), Wortwiederholung (W) oder Bezeichnungsfehler (Bz) gesondert markiert. In den neuen Bundesländern hat man die Korrekturzeichen aus der DDR weitgehend beibehalten.

4 Wenn ein Schüler anhand einer grammatischen Analyse zu dem Ergebnis käme, dass es sich bei der Konstituente „eine vorbeirauschende Landschaft" um ein Akkusativobjekt mit unbestimmten Artikel, attributiven Partizip I und Nomen handelt, würde ihm dies bei der Korrektur seiner 'stilistischen Schieflage' kaum helfen. Explizites grammatisches Wissen ist bei den meisten Formulierungsproblemen von geringem Wert.

Im hektischen Unterrichtsalltag ist es nicht immer selbstverständlich, dass sich ein Lehrer bemüht, einem Schüler seine Fehler zu erläutern, Alternativen bespricht und ihm hilft, es beim nächsten Text besser zu machen. Der didaktische Wert einer unkommentierten Fehlerkorrektur ist jedoch gering: Schüler nehmen nach der Rückgabe einer Klassenarbeit meist nur oberflächlich wahr, in welchem Verhältnis die blaue zur roten Tinte steht und haben keine große Lust, sich mit ihren Fehlleistungen weiter zu befassen. Wie kann man – so muss die Frage lauten – mit den Schreibleistungen von Schülern umgehen, damit sich ihre Schreibfähigkeit spürbar verbessert?

Das grundlegende Dilemma der Korrekturpraxis besteht darin, dass nicht deutlich unterschieden wird zwischen der 'prüfenden' Korrektur eines Aufsatzes mit dem Ziel, zu einer möglichst gerechten Zensur zu kommen, und einer 'fördernden' Korrektur mit dem Ziel, einen Schüler in seiner Schreibentwicklung und seinen Bemühungen um einen angemessenen Stil und eine gelungene Textgestaltung voranzubringen.

Bei einer 'prüfenden' Korrektur kommt es darauf an, die Benotungskriterien möglichst eindeutig festzulegen und sie den Schülern transparent zu machen. Dazu sind verschiedene Kriterienraster entwickelt worden (vgl. Weber 1973, Hühold 1978, Grzesik/Fischer 1984, Nussbaumer 1991, Beck/Hofen 1993). Generell richtet man sich nach drei Kriterien, die dann weiter ausdifferenziert werden:

1. Inhalt, Gehalt, Quantität und Qualität der Gedanken und Argumente
2. Ausdruck, Stil, Textgestaltung
3. Grammatik, Rechtschreibung, Zeichensetzung

Hinzu kommen die äußere Form und das Schriftbild. Die Gesamtnote wird nach einem Schlüssel ermittelt. Giers (1993, S. 351) nimmt eine prozentuale Aufteilung von 50 (Inhalt), zu 30 (Ausdruck) zu 20 (Rechtschreibung, Grammatik) an. Nach unserem Eindruck und dem Eindruck von Schülern wird der Inhalt aber meist deutlich geringer bewertet.

Eine gerechte Benotung kann aber nicht mit eindeutigen Kriterien garantiert werden: Es kommt darauf an, dass die Kriterien auch einheitlich angewendet werden. Die Beurteilungspraxis sollte dazu immer wieder unter Kollegen überprüft werden, beispielsweise im Rahmen von Beurteilungstrainings und durch Mehrfachbeurteilungen von Aufsätzen (vgl. Fritzsche 1994, S. 219f.).

Neben dem Bemühen um eine gerechte und vergleichbare Zensurengebung anhand von Kriterienrastern steht die Entwicklung einer Schreibmethodik, in der es um Verbesserung und Förderung geht. In einem 'notenfreien' Schonraum kann sich die produktiv-kreative Atmosphäre einer 'Schreibwerkstatt' entfalten. Die Lösung einer Schreibaufgabe wird zu einem spannenden Prozess, in dem jeder Schreiber Rückmeldung, Rat und Hilfe vom Lehrer wie von seinen Mitschülern bekommen kann.

Zwischen Schreiber und Leser entsteht – bei gegenseitigem Vertrauen und Offenheit – ein produktiver Dialog, wenn der Leser möglichst authentisch seine

Eindrücke beim Lesen beschreibt und darzustellen versucht, warum einzelne Formulierungen oder der Text als Ganzes eine bestimmte Wirkung bei ihm ausgelöst haben (Bräuer 1998, S.122f.). Der Autor kann von seinen Lesern (Schülern wie Lehrern) erfahren:

- Wie wirkt mein Text?
- Welche Stimmung, welche Haltung oder welche Gedanken hat er ausgelöst?
- Was ging dem Leser besonders nahe?
- Was hat ihn überzeugt?
- Welche Formulierungen erschienen ihm besonders gelungen?
- Was kam zu kurz?
- Was klang eigenartig?
- Wo sollte man etwas verändern?

Distanziert urteilende Kommentare, die lediglich auf Positives oder Negatives hinweisen, sind für Schüler nur wenig hilfreich, da sie zu undifferenziert sind und allzu rasch als Begründungen für eine Note oder Zensur verstanden werden.

Möchte man die Textgestaltungskompetenz eines Schreibers verbessern, muss man von seinen bereits erworbenen Fähigkeiten, seinen Möglichkeiten und Stärken ausgehen und nicht von den Defiziten. Motivierender und produktiver für Schüler ist eine Bewertung, die zunächst auf gelungene Formulierungen, auf überzeugende Argumente und einen klar gegliederten Aufbau hinweist und erst anschließend auf weniger Gelungenes eingeht. Bei der Besprechung oder Beschreibung von Schwächen muss der Leser dem Schreiber deutlich machen können, warum es sich für ihn und vielleicht auch für andere Leser um Schwächen handelt. Besonders bei stilistischen Fragen ist das nicht immer einfach. Ein Schüler, der auf eine Formulierung vielleicht sogar stolz ist (die 'vorbeirauschende Landschaft'), akzeptiert ungern, dass sie ihm dennoch nicht ganz geglückt ist.

Besonders fördernd sind Beurteilungen, die sich an den Fortschritten eines Schreibprozesses über einen längeren Zeitraum hinweg orientieren. Wenn man mehrere Fassungen bzw. Überarbeitungen des gleichen Textes kommentierend begleitet, kann man dem Schreiber deutlich machen, wie er zu besseren Ergebnissen kommen kann.

Ivo (1982) schlägt mit seiner 'Mäeutischen Korrektur' ein Verfahren vor, mit dem Förderung und Beurteilung integriert werden können. Der Schülertext soll dabei dreimal mit einer jeweils anderen Fokussierung gelesen werden:

- Markierung aller Auffälligkeiten, ohne sie als Fehler einzustufen,
- Bewertung dieser Auffälligkeiten in Bezug auf die Intentionen des Verfassers,
- Auswahl der Mängel, an denen der Schüler arbeiten soll, um sie zu beheben.

Mit diesem Verfahren soll erreicht werden, dass Lehrer Aufsätze nicht nur mit einer 'Defizit-Brille' lesen, sondern Potenziale und Entwicklungsmöglichkeiten erkennen und Schüler gezielt beraten und fördern können.

Da Überarbeitungsphasen eine zunehmend größere Rolle in der Schreibdidaktik spielen, ist es sinnvoll, nicht nur eine 'endgültige' Textfassung zu beurteilen, sondern auch erste Entwürfe, die vom Lehrer oder den Mitschülern kommentiert und beurteilt werden. Merkelbach (1986) hat dazu einen 'Fünf-Phasen-Vorschlag' mit zwei Überarbeitungs- und zwei Korrekturphasen entwickelt. Will man Überarbeitungen in die Benotung einbeziehen, muss man die Frage klären, ob Entwurf und Überarbeitung einzeln oder gemeinsam bewertet werden sollen.

Einen für alle Schreibsituationen und Lerngruppen empfehlenswerten Weg der Beurteilung wird es nicht geben können. Für welche Beurteilungspraxis man sich auch immer entscheidet: In jedem Fall sollte den Schülern diese Praxis transparent gemacht werden.

Lektürehinweise

Einen nützlichen Überblick zur Schreibentwicklungsforschung bietet Feilke (1993). Theoretisches und Grundsätzliches zum Schreiben findet man in Baurmann/Weingarten (1995). Das Standardwerk zur Geschichte des Schulaufsatzes in Deutschland schrieb Ludwig (1988). Zum Aufsatzunterricht in der Grundschule liegen mit Beck/Hofen (1993) und Payrhuber (1998) zwei neuere Gesamtdarstellungen mit konkreten Vorschlägen zur Unterrichtspraxis vor. Zur Sekundarstufe gibt es nichts Vergleichbares. Eine erste Orientierung zum kreativen Schreiben bietet Spinner (1993); umfassender informiert Schuster (^{2}1997). Zum freien Schreiben empfehlen wir Sennlaub (1980). Studierende, die ihren eigenen Schreibstil verbessern und Schreibblockaden überwinden möchten, finden in Kruse (1999) hilfreiche Anregungen. Fleischer/Michel/Starke (1996) haben ein Standardwerk zur Stilistik der deutschen Gegenwartssprache vorgelegt.

6. Rechtschreibunterricht

Das Erlernen der Rechtschreibung gilt als eine zentrale Aufgabe des Sprachunterrichts. Der Rechtschreibunterricht knüpft in der Grundschule an den Anfangsunterricht im Schreiben an und nimmt meist noch einen erheblichen Anteil am Zeitbudget der Unterrichtsvormittage in Anspruch, er muss aber auch auf der Sekundarstufe I fortgeführt werden, und die Rechtschreibfertigkeit ist beurteilungsrelevant bis hin zum Hauptschulabschluss bzw. zu den mittleren Bildungsabschlüssen. Trotzdem sind Klagen über die allgemein schlechten Rechtschreibfähigkeiten von Jugendlichen in der Öffentlichkeit weit verbreitet. An diese Diskussion soll zunächst angeknüpft werden. Dann ist zu fragen, wie Rechtschreiblernen nach dem aktuellen Erkenntnisstand der Fachdidaktik eigentlich abläuft und welche Grundsätze für unterrichtliche Hilfen sich daraus ableiten lassen. Schließlich werden einige rechtschreibdidaktische Konzeptionen zur Gestaltung des Unterrichts und zur Strukturierung von Aufgaben und Unterrichtsmaterialien darauf hin befragt, wie sie diesem Erkenntnisstand entsprechen.

Grundlage ist die Modellierung des Sachfeldes der Orthographie des Deutschen, die sich im Kapitel *Schriftsprache erwerben* findet.

6.1 Schulische Rechtschreibleistungen in der öffentlichen Diskussion

Schwächen beim ABC, Stärken am PC, so lautet der Titel einer Untersuchung des Instituts der deutschen Wirtschaft in Köln, die eine Umfrage bei 800 Ausbildungsbetrieben zu den Kompetenzen neu eingestellter Auszubildender einschlägig auswertet (vgl. www.iwkoeln.de/IWD/I-Archiv/iwd23-99/i23-99-6.htm#top, gesehen am 30.5.01). Mit zuverlässiger Regelmäßigkeit finden sich zu Beginn eines jeden Ausbildungsjahres in der Presse solche Klagen von Arbeitgeberseite über die unzureichende Grundbildung vieler Schulabgänger, die sich um eine Lehrstelle bemühen. Dabei werden häufig besonders die Rechtschreibleistungen herausgestellt, die angeblich von Jahr zu Jahr schlechter werden. Schon Adrion (1981) stellt Beispiele solcher Meldungen seit Mitte der 60er Jahre zusammen. Müsste man all diesen alarmierenden Klagen glauben, so wäre seit mehr als drei Jahrzehnten ein besorgniserregender Niedergang der Schreibfertigkeit in der Bevölkerung zu verzeichnen, und wir befänden uns mittlerweile wohl in einer kaum noch haltbaren Situation. Sicher wird hier manches pauschalisiert und gelegentlich wohl auch übertrieben. Festzuhalten ist jedoch, dass die Rechtschreibung offenbar besonders gern als Indikator verwendet wird, wenn der Missstand mangelnder Grundbildung (oder mangelnder Leistungsfähigkeit der Bewerber um eine Berufsausbildung) angeprangert werden soll.

Dass die Rechtschreibung den Menschen als hohes Gut gilt, wurde auch in der Diskussion um die Rechtschreibreform von 1996 deutlich, in deren Verlauf höchste Gerichte bemüht wurden und die veränderte Rechtschreibung in einem norddeutschen Bundesland schildbürgerhaft sogar per Volksentscheid vorübergehend wieder zurückgenommen wurde. Selbst namhafte Schriftsteller nutzten wohl eine Schaffenspause und engagierten sich gegen die bescheidene Reform (Spiegel-Titel 42/1996: *Schwachsinn Rechtschreibreform. Rettet die deutsche Sprache! Der Aufstand der Dichter*).

Diese hohe Wertschätzung einer eher technischen Fertigkeit überrascht, zumal es sich nicht etwa um ein traditionsreiches Kulturgut handelt – eine amtlich geregelte, einheitliche deutsche Orthographie gibt es ja erst seit der Zweiten Orthographischen Konferenz zu Berlin im Jahre 1901, sie ist also gerade mal ein Jahrhundert alt. Wie lässt sich die hohe Bewertung des Rechtschreibkönnens in der Öffentlichkeit erklären?

Richtig schreiben zu können wird offenbar als ein Indikator verstanden für den Grad der Einführung in Schriftlichkeit und in formale Bildung überhaupt. Der Erwerb der Rechtschreibung ist für viele ein langjähriger und nicht selten mühevoller Prozess, der oft auch einen Verzicht auf angenehmere Tätigkeiten verlangt. Diese Erfahrung hat sich fast jedem einmal vermittelt, und zwar mit hoher Wahrscheinlichkeit vor allem in der Schule. Wer hier nicht erfolgreich war, dem mangelt es womöglich, so wird unausgesprochen angenommen und so mag mancher Vorwurf zu Schülerzeiten gelautet haben, an Fleiß, Ausdauer, Genauigkeit, Sorgfalt und was dergleichen Sekundärtugenden mehr sind. Bezeichnenderweise wird dann auch nicht etwa als positiv herausgehoben, wenn jemand perfekt rechtschreiben kann – dies wird als Normalfall angesehen, den gleichwohl kaum jemand erreicht –, sondern als negativ, wenn das nicht der Fall ist. Dies ist ein Makel. Die Fertigkeit im Rechtschreiben lässt sich in diesem Sinne besonders überzeugend als Indikator verwenden, besser etwa als die Fähigkeit, komplexe Sachverhalte klar strukturiert zu erfassen und zu formulieren oder kreative Lösungen für schwierige Probleme zu finden. Rechtschreibleistungen werden nämlich für objektiv gut messbar gehalten: Man braucht ja nur die Fehler zu zählen.

Die Bedeutung der Rechtschreibfertigkeit wird, so muss wohl gesagt werden, in der Öffentlichkeit nicht selten überbewertet. Diese Überbewertung kann zu einer Belastung für den Rechtschreibunterricht werden, gerade wenn er von dem Ziel, möglichst alle seine Schüler zu sicheren Rechtschreibern werden zu lassen, keine Abstriche machen will: Die weniger erfolgreichen Rechtschreiber sehen sich mit einem Stigma konfrontiert, das weit in den persönlichen Bereich hineinreichen kann. Eine naheliegende Reaktion von Schülern auf solche Situationen ist es, der Schriftlichkeit auszuweichen und zu Vermeidungsstrategien zu greifen. Das Rechtschreibproblem kann sich dann verschärfen, ein Pygmalion-Effekt setzt ein. Die Praxis des Rechtschreibunterrichts sollte deshalb von einer Überbewertung der Rechtschreibung frei bleiben und sich auch von einer oberflächlichen öffentlichen Diskussion nicht funktionalisieren lassen. Unterstützt werden kann die Unterrichtspraxis jedoch durch die fachdidaktisch reflektierte Orientierung an den spezifischen Erwerbsprozessen.

6.2 Rechtschreiberwerb

Folgt der Rechtschreiberwerb, also die Entfaltung des Schreibenkönnens, grundsätzlich anderen Prinzipien als der Schrifterwerb in Klasse 1 und 2? Es ist nicht einfach, Informationen darüber zu bekommen, wie das Rechtschreibwissen, das die Entscheidungen eines Schreibers beim Verschriften eines Wortes steuert, strukturiert ist und wie es weiterentwickelt wird, wie also das Lernen funktioniert. Dieses Wissen ist einer unmittelbaren Beobachtung nicht zugänglich, und gerade sichere Rechtschreiber greifen in weitgehend automatisierter Weise darauf zu, müssen es sich nicht mehr bewusst machen und können deshalb oft auch nur unvollständige Auskünfte darüber geben. Mittelbare Rückschlüsse lassen sich jedoch aus Spuren ziehen, die die Problemlöseprozesse manchmal in den resultierenden Schreibungen hinterlassen. Eine Schreibung wie

(Abb 6/1)

dokumentiert z.B., dass der Autor[1] zwischen Groß- oder Kleinschreibung geschwankt hat und die Entscheidung wohl letztlich offen lässt. Ein weiterführendes Beispiel aus demselben Text wird deutlich, wenn man alle enthaltenen Schreibungen mit <v> für das Phonem /f/ zusammenstellt:

(1) Vorgang
(2) vorsichtig
(3) das ~~v~~fertige Schiff
(4) foran
(5) ~~v~~fertiggestellt
(6) durch verspitzen des Bugs
(7) Verbesserung

Der Schüler hat offensichtlich gerade die Schreibung mit <v> statt phonographischem <f> in den Morphemen {ver} und {vor} erworben. Die Belege (6) und (7) zeigen, dass er diese Schreibung für {ver} weitgehend beherrscht; in (3) und (5) wird deutlich, dass er zunächst übergeneralisierend ebenfalls <v> erwogen hat, dann aber erkannt haben muss, dass hier zwar die Silbe fer, nicht aber das Morphem {ver} vorliegt. Er hat sich deshalb schließlich doch für die phonographische Schreibung entscheiden können. In einem Aufsatz vom Dezember 1997 im

---

[1] Das Beispiel ist ebenso wie die folgenden dem Aufsatzheft eines Sechstklässlers (Gymnasium) entnommen. Es stammt aus einer Bastelanleitung ('Das Eierboot').

selben Heft, also ca. 17 Monate zuvor, war er dazu noch nicht in der Lage gewesen, hier finden sich beharrlich noch Schreibungen wie „Verkel“, und noch frühere Texte weisen konsequent „Ferbesserungen“ auf. Die Schreibung (4) neben (1) und (2) zeigt dagegen, dass entweder der Erwerb von <v> in {vor} noch nicht ganz abgeschlossen ist, dann liegt hier ein etwas früheres Erwerbsstadium vor, oder dass die morphologische Struktur des Wortes vor#an noch nicht erkannt wird.

An den betrachteten Fehlern lässt sich erkennen, dass es sich nicht einfach nur um zufällige oder beliebige Fehlleistungen handelt, sie lassen vielmehr Systemhaftigkeit erkennen. Sie gehen auf Wissensstrukturen des Schreibers zurück, die er im Einzelfall bei seinen Entscheidungen zur Lösung eines Verschriftungsproblems aktiviert. Diese Wissensstrukturen kongruieren zwar in vielen Fällen schon mit der normgemäßen Schreibung, in einigen Bereichen ist das jedoch noch nicht der Fall. Wie konnte der Schüler diese Wissensstrukturen erwerben? Man darf ausschließen, dass sie ihm in dieser Form vermittelt wurden; sicher hat kein Lehrer so etwas jemals an die Tafel geschrieben. Der Schüler hat sie vielmehr selbst konstruiert und ist dabei von Erfahrungen mit normgemäßen Schreibungen wie „vergessen“, „versprechen“, „Versuch“ ausgegangen. Er hat eine sprachlich-orthographische Regularität in zutreffender Weise erkannt, er hat sie allerdings zunächst noch übergeneralisiert und sein hypothetisches Wissen auf einen unzulässig großen Geltungsbereich angewendet (vgl. „Verkel“). Er musste also die betreffende Wissensstruktur weiter ausdifferenzieren. In diesem Fall bedeutet dies: Das Kind musste noch sicher zwischen der Silbe /fɛr/ und dem Morphem {ver} unterscheiden lernen. Dazu musste es auf Situationen aufmerksam werden, in denen seine bisherige Hypothese (die Gleichsetzung von /fɛr/ und {ver}) sich als unzureichend erwies und es musste dazu bereit sein, seine Wissensstruktur entsprechend umzuändern. Der gedankliche Mechanismus, der hinter dieser eigenaktiven Aneignung der rechtschriftlichen Kompetenz steht, umfasst demnach

- die Wahrnehmung unerwarteter, für den Schüler auffälliger Schreibungen,
- die Bildung oder Modifizierung von (der bewussten Reflexion nicht unbedingt zugänglichen) hypothetischen Annahmen über eine sprachliche Regularität, die diesen Schreibungen zu Grunde liegt,
- die Übergeneralisierung der Regularität, die zu entsprechenden Schreibfehlern führt
- und neue Erfahrungen mit abweichenden Schreibungen, die eine erneute Modifikation der Wissensstruktur erfordern.

Im Zuge dieser Erwerbsprozesse werden Fähigkeiten zur sprachlichen Analyse, wie sie die Sachstruktur der deutschen Orthographie erfordert (vgl. Kapitel *Schriftsprache erwerben*), angeeignet. In den oben dargestellten Beispielen ist dies neben der phonologischen Analyse die Fähigkeit zur morphematischen Durchgliederung von Wörtern. Zu ergänzen wären die silbische Analyse (z.B. Schreibung im Silbengelenk, silbeninitiales <h> usw.) und wortübergreifende grammatische Operationen und Prozeduren (Substantivgroßschreibung, Interpunktion usw.).

Man kann fragen, wie sich in dieses Bild vom Rechtschreiberwerb als Erwerb sprachlicher Analysefähigkeit eine Alltagsbeobachtung einfügen lässt: Für viele Schreiber ist es gelegentlich eine Hilfe, wenn sie sich im Zweifelsfall zwei Schreibalternativen erst einmal auf dem Löschblatt notieren um sich dann leichter für eine davon entscheiden zu können. Gibt es nicht doch Wortbilder, die sich als Bild, also gleichsam optisch, einprägen? So plausibel diese früher verbreitete Auffassung erscheinen mag, sie ist falsch und gilt als widerlegt. Träfe sie zu, prägten wir uns also die Schreibungen der Wörter bildhaft ein, dann wäre die Art, wie unsere alphabetische Schrift strukturiert ist, äußerst unzweckmäßig; wir könnten die enthaltenen sprachbezogenen Informationen ja kaum nutzen. Wir bräuchten dann vielmehr eine Schrift mit möglichst markanten optischen Merkmalen. Es wäre auch die Frage zu beantworten, in welcher Form wir denn solche Schriftbilder speicherten: In Handschrift? In Druckschrift? Oder gar 'doppelt'? Schließlich wären bei Lernern auch andere als die tatsächlich auftretenden Fehler zu erwarten: Eine Verwechslung von *Ferkel* und *Verkel* (zwei recht ähnliche 'Wortbilder') müsste wahrscheinlicher sein als eine von *fertig* und *vertig* (hier gibt es ja besonders deutlich in der Handschrift einen markanten Unterschied in der Ober- und Unterlänge). Auch müssten beim Schreiben auf der Tastatur, bei dem die schreibenden Schüler nur die Großbuchstaben auf den Tasten sehen, grundsätzlich andere Fehler zu erwarten sein als beim Schreiben mit der Hand. All das ist aber nicht der Fall. Dies heißt allerdings nicht, dass es nicht Schreibschemata geben kann, die beim Schreiben gleichsam als fertige Bausteine abgerufen werden können. Das können z.B. häufige Buchstabenkombinationen, Schreibsilben oder Morpheme sein. So erklärt sich auch die oben genannte Beobachtung. Solche Bausteine lassen sich allerdings nur im Zusammenhang mit sprachlichen Analysefähigkeiten sinnvoll einsetzen.

Der weiterführende Rechtschreiberwerb schließt also, so lässt sich zusammenfassend feststellen, nahtlos an die Denkoperationen an, die den Schriftspracherwerb schon in der Phase des Anfangsunterrichts ausgemacht haben: Es handelt sich um die eigenaktive, tentative Konstruktion eines Wissenssystems durch die einzelnen Schülerinnen und Schüler. Der Rechtschreibunterricht kann dieses Wissenssystem nicht in die Köpfe der Schüler implantieren, er kann nur möglichst günstige Bedingungen dafür schaffen, dass sie es sich aneignen können – und sich auch aneignen wollen.

Eine solche Bedingung wurde oben bereits genannt: Tentatives Aneignen setzt voraus, dass Fehlertoleranz herrscht und Misserfolge nicht überbewertet werden. Selbstverständlich bedeutet das nicht den Verzicht darauf, normgerechte Schreibungen als Modelle und Vorbilder anzubieten; dies ist natürlich unabdingbar.

Eine zweite Bedingung ist, dass die Schüler bereit sind, tatsächlich viel zu schreiben – Schreiben lernt man nur durch Schreiben. Dazu ist im Unterricht ein positiv besetztes Klima von Schriftlichkeit notwendig, in dem gern und viel geschrieben wird und in dem das Schreiben für die Schüler wichtige und persönlich bedeutsame Funktionen erfüllt. Diese Überlegung spricht für einen integrativen Ansatz, der sogar den Umgang mit Schriftlichkeit in anderen Fächern einbeziehen kann. Es ist übrigens stark zu bezweifeln, dass die verbreitete Praxis des Diktateschreibens dazu einen sinnvollen Beitrag leisten kann, jedenfalls wenn es sich um das vom Lehrer (möglicherweise in standardorientierter Überlautung) vorgesprochene Diktat mit anschließender Schülernachschrift und späterer Korrektur handelt. Einmal ist die Fertigkeit, die hier praktiziert wird, das Nachschreiben, keineswegs identisch mit der eigentlichen Zielfertigkeit, dem selbstständigen Schreibenkönnen. Die Situation eines Autors, der eigenaktiv und formulierend schreibt, ist eine ganz andere als die eines Schreibers, der sich auf einen vorgesprochenen Text konzentriert. Zum anderen sind Diktate in dieser Form eher Kontrollinstrumente als Lernhilfen, denn sie prüfen nicht das Rechtschreibkönnen insgesamt, sondern nur die Fertigkeit des Nachschreibens. Diktate sollten also nur didaktisch und methodisch reflektiert in den Rechtschreibunterricht einbezogen werden, methodisch z.B. als vorbereitetes Diktat, als Zweistufendiktat, als Partnerdiktat mit dem diktierenden Sprechen als der eigentlichen Rechtschreibübung oder als Lehraufgabe an Schülerinnen und Schüler, die selbst einen Diktattext zusammenstellen, mit der Klasse vorbereiten, diktieren und korrigieren. Textbeispiele und Vorschläge für Rechtschreibstrategien, mit denen in dieser Richtung gearbeitet werden kann, finden sich z.B. in Freundner-Huneke/Huneke/Lenter (2000).

Eine dritte Bedingung ist, dass die Schüler auf Differenzen zwischen den eigenen Schreibungen und der orthographischen Norm aufmerksam werden, und zwar in einer solchen Form, dass sie ihre Wahrnehmungen zur Umstrukturierung und Ausdifferenzierung des persönlichen orthographischen Wissenssystems nutzen können. Dazu können ihnen systematische Hilfen angeboten werden. Hier liegt die Aufgabe des Rechtschreibunterrichts im engeren Sinne. Solche Hilfen müssen Möglichkeiten zur Individualisierung bieten, da es sich beim Rechtschreiberwerb ja um einen individuellen Aneignungsvorgang handelt und damit gerechnet werden muss, dass die einzelnen Schüler einer Gruppe je nach der erreichten Strukturierung ihres Rechtschreibkönnens unterschiedliche Hilfen brauchen. Sie müssen auch die Möglichkeit bieten, die erworbenen neuen Wissensstrukturen, die ja zunächst noch hypothetischen Charakter haben, zu bestätigen und zu festigen (Übungen). Im systematischen Rechtschreibunterricht wird es in den Klassen 3 und 4 der Primarstufe um den Ausbau der grundgelegten Fertigkeiten aus dem Anfangsunterricht gehen, auf der Sekundarstufe I zunehmend um den selbstständigen Umgang mit den eigenen Fehlerschwerpunkten. Wo solche Schwerpunkte typischerweise liegen, hat Wolfgang Menzel (1985, S. 7–21) schulformübergreifend aus fast 2000 Schüleraufsätzen erhoben (Spitzenreiter: Groß- und Kleinschreibung, das/dass-Schreibung, Schreibung im Silbengelenk, Getrennt- und Zusammenschreibung). Ein integrativer und ein modularisierter, systematischer Ansatz im (Recht)schreibunterricht sind im Übrigen nicht als sich ausschließende Alternativen zu sehen. Beides sollte sich in ausgewogener und flexibler Weise ergänzen und auf den Bedarf der jeweiligen Lerngruppe abgestimmt sein.

Im Folgenden werden einige Konzeptionen des Rechtschreibunterrichts vorgestellt, die hier ansetzen.

6.3 Konzeptionen des Rechtschreibunterrichts

In der Strukturierung und Gestaltung von Übungsmaterialien lassen sich unterschiedliche Konzeptionen des Rechtschreibunterrichts besonders deutlich erkennen, denen unterschiedliche Annahmen über den Ablauf der fachspezifischen Lernprozesse zugrunde liegen. Ausgehend von solchen Beispielen sollen der wortbildorientierte, der grundwortschatzorientierte, der phänomen- und regelorientierte und der strategieorientierte Ansatz voneinander abgegrenzt werden.[2]

6.3.1 Der wortbildorientierte Ansatz

Schreibe die Lernwörter richtig in die Wortrahmen!

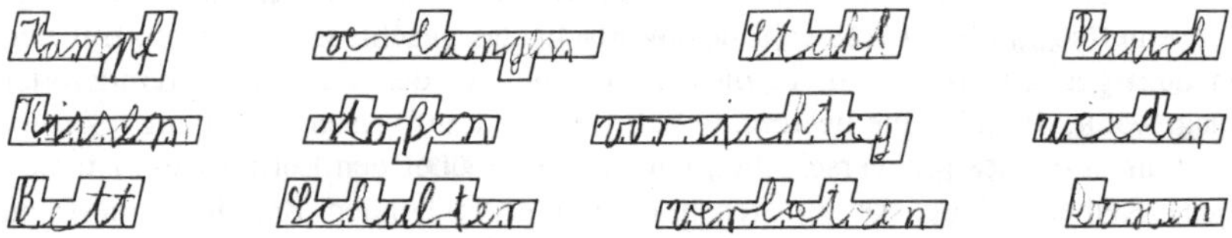

(Abb. 6/2)

Dieser Aufgabe liegt die Ansicht zugrunde, Rechtschreiblernen geschehe durch das Einprägen eines Wortbildes. Merkmale der Wortbilder, so wird angenommen, sind ihre Umrisskonturen, die sich aus den Ober- und Unterlängen ergeben. Hintergrund dieser Annahme ist die Ganzheitsmethode im Anfangsunterricht im Lesen und Schreiben. In den 30er Jahren waren die Brüder Arthur und Erwin Kern auf der Suche nach einem kindgemäßen Zugang zum Lesen- und Schreibenlernen auf Annahmen der Gestaltpsychologie gestoßen, die sie auf den Erwerb der geschriebenen Sprache übertrugen (vgl. Kern/Kern 1935). In Wörtern und sogar in ganzen Sätzen sahen sie ‘Ganzheiten’, die nach ihrer Auffassung den Ausgangspunkt kindlichen Lernens darstellten. In dieser Tradition wurde angenommen, die Kinder eigneten sich Schreibungen als Bilder an, ähnlich wie man sich ein Gesicht einprägen und später wiedererkennen kann. Im Unterricht musste es nun darum gehen, diese Wortbilder zu speichern und abrufbar zu halten. Schreibfehler waren dabei peinlich zu vermeiden, weil dann die Gefahr bestand, dass sich etwas Falsches einprägte. Wie oben dargelegt, kann diese Auf-

[2] Morphemansätze sind hier nicht berücksichtigt. Für einen knappen Überblick dazu vgl. Risel 1997, S. 59–63 und S. 75–76.

fassung vor dem Hintergrund der Ergebnisse der Schriftspracherwerbsforschung heute nicht mehr aufrecht erhalten werden.

6.3.2 Der grundwortschatzorientierte Ansatz

16 a) Ergänze die Endungen **-in** oder **-ine**. Ordne die Wörter in zwei Gruppen. Schreibe die Erklärung dazu.

die Mediz ✻	das Vitam ✻	die Masch ✻	die Viol ✻	die Ru✻
die Kus ✻	die Gard ✻	die Apfels ✻	der Kam ✻	die Mar ✻
die Margar ✻	die Ros ✻	das Nikot ✻	die Turb ✻	die Law ✻
die Diszipl ✻	der Term ✻	das Magaz ✻	die Kant ✻	die Pral ✻

(Abb. 6/3)

Es ist ein naheliegender Gedanke, die Arbeit im Rechtschreibunterricht so einzurichten, dass sie dem ökonomischen Prinzip entspricht und mit einem Minimum an Aufwand einen maximalen Lernertrag erzielt. Daraus ist auf die Notwendigkeit einer sorgfältigen Auswahl des Wortschatzes geschlossen worden, mit und an dem geübt werden soll. In diesem Beispiel wurden frequente Fremdwörter ausgewählt, die alle eine bestimmte Schwierigkeit aufweisen: Der Langvokal /i:/ wird als einfaches <i> verschriftet. Die Annahme über den Lernprozess ist, dass diese Reihenbildung das Entstehen einer entsprechenden Regelhypothese im Rechtschreibwissen der Schülerinnen und Schüler fördern kann. Es wird also am Modell gelernt. Doch kommen neben besonderen Rechtschreibschwierigkeiten auch andere Auswahlkriterien vor, die dann zu anders aufgebauten Grundwortschätzen führen:

- Die Auswahl eines Grundwortschatzes kann sich ausschließlich an der Vorkommenshäufigkeit der Wörter in der Allgemeinsprache orientieren: Frequente Wörter gehören dann hinein und werden entsprechend häufig geübt. Der *Deutsche Grundwortschatz* von Plickat (1980) ist ein Beispiel für einen solchen orthographischen Häufigkeitswortschatz. Seine Liste unterscheidet einen „Kernwortschatz“ (ca. 800 orthographisch selbstständige Wortformen), einen „engeren Wortschatz“ (ca. 1700 Wortformen) und einen „erweiterten Grundwortschatz“ (ca. 4500 Wortformen), der in alphabetischer Ordnung sowie nach Wortarten, nach Rechtschreibschwierigkeiten und nach Sachgruppen sortiert angeboten wird. Auch Naumann (1999) bietet einen Häufigkeitswortschatz mit vielfältigen Informationen zu rechtschreiblichen Besonderheiten für die Klassenstufen 1 – 6 an.
- Die Auswahl kann sich an der Fehlerhäufigkeit orientieren: Wörter, die in Schülertexten besonders oft falsch geschrieben werden, gehören dann in den Übungswortschatz. Menzel (1985) hat dazu etwa 20.000 Einzelfehler in nahezu 2.000 Schüleraufsätzen der Klassenstufen 2 bis 10 untersucht und bietet fehlerstatistische Übersichten an.

- Die Auswahl kann sich an der inhaltlichen Bedeutsamkeit der Wörter für die einzelnen Klassen oder sogar für die einzelnen Kinder bzw. Jugendlichen orientieren. An die Stelle eines allgemeinen Grundwortschatzes tritt dann also ein individualisierter oder zumindest ein individuell ergänzter 'offener' Rechtschreibwortschatz (vgl. Bergk 1996). Für dieses Auswahlkriterium spricht der Aspekt der Motivation: Auf Wörter, die aus dem Bereich ihrer persönlichen Interessen oder eines aktuellen Unterrichtsthemas stammen, verwenden die Schüler, so lässt sich erwarten, mehr Aufmerksamkeit auch im Bereich der Schreibung.

An Grundwortschätzen orientiert sich häufig der Rechtschreibunterricht der Grundschule. Zu Übungswörtern, deren Auswahl sich an einem der genannten Kriterien orientiert, werden methodisch vielseitige Übungssequenzen angeboten. Der Grundwortschatz, so die Erwartung, dient als Modellwortschatz, an dem unterschiedliche Strukturmerkmale der Orthographie beobachtet und erfahren werden können. Darauf kann dann später aufgebaut werden. Ein Beispiel ist das Wortlisten-Trainingsprogramm für die Klassen 1 bis 6 von Balhorn (o.J.).

Vorsicht ist jedoch geboten, wenn sich die Auswahl eines Wortschatzes ausschließlich an allgemeinen Kriterien wie der Vorkommenshäufigkeit von Wörtern oder der statistischen Fehlerhäufigkeit orientiert. Wenn man die Forderung nach einem individualisierenden Rechtschreibunterricht ernst nimmt, ist dieses Vorgehen zu pauschal.

6.3.3 *Der phänomen- und regelorientierte Ansatz*

(Abb. 6/4)

Hier wird ein orthographisches Phänomen herausgegriffen (die Schreibung im Silbengelenk) und für die Benutzer des Sprachbuches (Viertklässler) metasprachlich eine Regel dazu formuliert. Die Annahme über den Lernprozess ist, dass die Schüler beim Schreiben folgende Schritte ausführen:

- Sie erkennen intuitiv, dass in einem zu schreibenden Wort eine Stelle vorliegt, auf die die Regel zutreffen könnte.
- Sie aktualisieren die Regel, sie rufen sie sich ins Gedächtnis.
- Sie vergleichen das zu schreibende Wort mit den Bedingungen, die die Regel für die Schreibung mit doppeltem Konsonantenbuchstaben formuliert: Liegt ein Selbstlaut vor? Ist der Selbstlaut kurz? Ist er betont?
- Wenn diese drei Bedingungen zutreffen, überprüfen sie noch, ob das Wort zu einer Liste von Ausnahmen gehört, die trotzdem nur mit einfachem Konsonantenbuchstaben geschrieben werden.
- Nun kann die Entscheidung über die Schreibung getroffen werden.
- Wenn ähnliche Probleme des Öfteren auftreten (Übungen), werden die einzelnen Schritte zur Lösung des Verschriftungsproblems zunehmend automatisiert. Wie dies im Einzelnen geschieht, bleibt allerdings offen.

Der Ansatz geht also von der Annahme aus, explizites Wissen ('wissen, dass') würde beim Rechtschreiblernen in implizites Wissen ('wissen, wie', können) überführt. Wer Radfahren, Schwimmen oder Klavierspielen gelernt hat, wird das nicht für selbstverständlich halten. Vieles spricht dafür, dass auch Rechtschreiben in die Reihe solcher Tätigkeiten zu stellen ist. So wissen z.B. wohl alle Schreiber 'explizit', dass Substantive groß und andere Wörter klein zu schreiben sind, trotzdem liegt hier die häufigste Fehlerquelle überhaupt vor. Der eigentliche Erwerbsprozess verbirgt sich vielmehr hinter dem, was pauschal mit dem Begriff der Automatisierung bezeichnet wurde, eben die Ausdifferenzierung des orthographischen Wissenssystems als implizites Wissen und der Ausbau der sprachlichen Analysefähigkeiten. Inwieweit explizite Regelformulierungen dazu tatsächlich einen Beitrag leisten können, ist mit großer Vorsicht zu beurteilen. Dies gilt wohl um so mehr, je jünger die Schreiber sind.

Übrigens ist die zitierte Regelformulierung noch mit etlichen sachlichen Problemen behaftet. Vollständig müsste die Regel etwa so lauten (linke Spalte):

Wenn in mehrsilbigen Wörtern (damit fallen die sehr frequenten Einsilber wie *mit*, *bis*, *man* weg, bei denen der Konsonantenbuchstabe regelmäßig nicht verdoppelt wird) und in Einsilbern, die von einem entsprechenden Mehrsilber abgeleitet sind (damit werden Einsilber wie *komm*, *musst* wieder einbezogen) ein kurzer, betonter Selbstlaut auftritt (das Verb 'hören' verbietet sich eigentlich, weil die Vokalquantitäten nicht als absolute Zeitabschnitte messbar und in diesem Sinne nicht hörbar sind und weil ja meist sowieso still geschrieben wird), so wird für den folgenden Mitlaut ein doppelter Konsonantenbuchstabe geschrieben (natürlich tritt der Buchstabe doppelt auf, nicht das	Mitlautverdoppelung Hörst du nach einem kurzen, betonten Selbstlaut nur einen Mitlaut, wird dieser meistens verdoppelt. Ausnahmen sind z.B.: der Bus, mit, bis, man Auf einen langen Selbstlaut folgt keine Selbstlautverdoppelung.

akustische Ereignis 'Laut'; hieraus ergibt sich ja gerade das Schreibproblem), wenn es sich nicht um ein mehrgliedriges Buchstabenzeichen handelt (damit ist die Verdoppelung in Wörtern wie *lachen, kichern, springen* und *Tische* ausgeschlossen, auf die die anderen Bedingungen ja ebenfalls zutreffen).

Wenn die Regel so formuliert ist, bleiben nur noch wenige Ausnahmen (Fremdwörter wie *Bus* und Schreibungen wie *wenn* und *dann*, die historisch zu erklären sind). Natürlich ist klar, warum die Sprachbuchautoren den Viertklässlern diese Regelformulierung nur in didaktisch reduzierter Form zumuten können. Sie nehmen dafür aber neben einigen Ungereimtheiten einen recht hohen Preis in Kauf, denn sie müssen viele frequente Ausnahmen zulassen und können nur noch sagen, dass „meistens" verdoppelt wird. Dies liegt vor allem daran, dass sie zur vermeintlichen Vereinfachung ein silbisch bedingtes Phänomen (Schreibung im Silbengelenk) auf der phonologischen Ebene erklären wollen. Die resultierende Regel ist deshalb nicht mehr zuverlässig, und auch aus diesem Grund ist es fraglich, ob sie überhaupt eine Hilfe darstellen kann. Dieses Beispiel ist hier deshalb etwas ausführlicher kommentiert, weil es eine typische Problematik zeigt, in die sich der phänomen- und regelorientierte Rechtschreibunterricht häufig verwickelt sieht.

6.3.4 Der strategieorientierte Ansatz

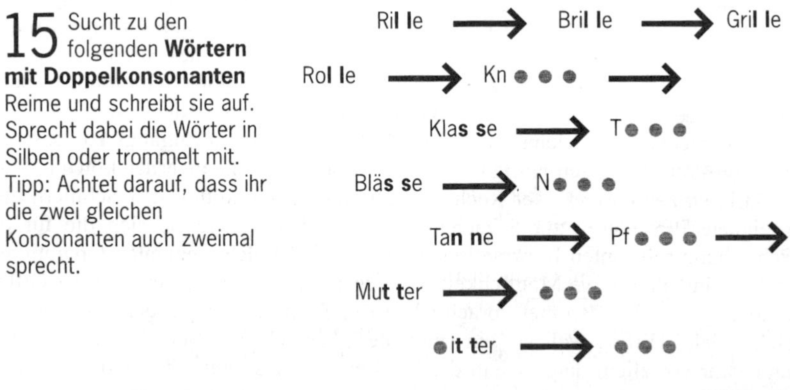
15 Sucht zu den folgenden **Wörtern mit Doppelkonsonanten** Reime und schreibt sie auf. Sprecht dabei die Wörter in Silben oder trommelt mit. Tipp: Achtet darauf, dass ihr die zwei gleichen Konsonanten auch zweimal sprecht.

Ril **l**e → Bril **l**e → Gril **l**e

Rol **l**e → Kn ● ● ● →

Kla**s** **s**e → T ● ● ●

Blä**s** **s**e → N ● ● ●

Ta**n** **n**e → Pf ● ● ● →

Mu**t** **t**er → ● ● ●

● i**t** **t**er → ● ● ●

(Abb. 6/5)

Hier wird den Schülern eine bestimmte sprachanalytische Prozedur vorgeschlagen, die sie parallel zum Schreiben ausführen sollen, nämlich das mentale oder auch laute silbisch gliedernde Mitsprechen. Diese besondere Sprechweise steuert das Schreiben wie ein Pilot das Flugzeug, sie wird unter Nutzung dieses Bildes auch als Pilotsprache bezeichnet. Sie erfasst viele für die Verschriftung relevante Bereiche einer phonologischen und silbischen Analyse der zu schreibenden Wörter, im abgebildeten Beispiel die Schreibung mit doppeltem Konsonantenbuchstaben im Silbengelenk. Eine auch linguistisch argumentierende Fundierung des „rhythmisch-silbischen Sprechschreibens“ als Rechtschreibstrategie findet sich in Hinney (1997).

Eine weitere solche Prozedur oder Strategie ist das Ableiten, um Stützformen zu finden. Es erschließt die morphematisch bedingten Schreibungen. Ein Beispiel: Die Schreiber erkennen zunächst ein Verschriftungsproblem, das sich mithilfe der Pilotsprache nicht klären lässt, beispielsweise die Schreibung bei Auslautverhärtung in einem Wort wie [si:p]. Als Alternativen bieten sich die phonetisch getreue Abbildschreibung **Siep* und die orthographische Schreibung *Sieb* an. Als Entscheidungshilfe aktualisieren sie nicht eine Regelformulierung (also etwa ‘Bei Auslautverhärtung wird der Wechsel vom stimmhaften zum stimmlosen Obstruenten in der Schreibung nicht nachvollzogen.’), sondern sie führen eine Prozedur aus, mit der sie prüfen, ob Auslautverhärtung vorliegt: Sie ‘verlängern das Wort’, indem sie den Plural *Siebe* bilden oder das Verb *sieben* heranziehen. Sie verfügen nun über die fehlende Information und können entsprechend schreiben.

Auch Schreibungen, die wortübergreifende grammatische Informationen enthalten, lassen sich durch Prüfoperationen zugänglich machen. Für die satzinterne Großschreibung (Substantivgroßschreibung) schlägt Röber-Siekmeyer (1999) z.B. einen Zugang nicht über die Wortartbestimmung, sondern über ein syntaktisches Merkmal vor: Groß geschrieben werden die durch Attribute erweiterbaren Kerne von Nominalgruppen. Die Prüfstrategie für Kinder, die dieses Merkmal nutzt, besteht in der Probe auf die Erweiterbarkeit eines Wortes, dessen Großschreibung fraglich ist, durch ein vorangestelltes dekliniertes Adjektiv (Linksattribut): mein o/Opa? ← mein *flotter* Opa (Großschreibung); beim s/Singen? ← beim *lauten* Singen (Großschreibung); das r/Riecht hier? ← *das *schlecht* riecht hier (Kleinschreibung). Ein Vorteil dieses Zugangs ist, dass die sog. Substantivierungen völlig unproblematisch einbezogen werden können.

Ein strategieorientierter Rechtschreibunterricht vermittelt den Schülern also geeignete Prozeduren zur Sprachanalyse, mit deren Hilfe sie sich die für die Schreibung relevanten Informationen verschaffen. Solche mentalen Operationen stellen eine alternative Möglichkeit des Zugriffs auf die Regularitäten der Orthographie gegenüber den metasprachlichen Regelformulierungen dar. Sie sind aussichtsreiche Hilfen, weil sie ein (mentales) Handeln mit Sprache ermöglichen, und zwar vor allem dann, wenn die Schüler sie selbst erarbeitet und als Lösung des Problemdrucks in schwierigen Schreibsituationen erlebt haben. Ein strategieorientierter Rechtschreibunterricht bietet auch gute Möglichkeiten, der häufig zu beobachtenden einseitigen Überbetonung phonetischer Aspekte zu begegnen.

Trotzdem soll hier keine abschließende Empfehlung für die eine oder andere Konzeption des Rechtschreibunterrichts ausgesprochen werden. Es ist aber eine Aufgabe der einzelnen Lehrerin und des einzelnen Lehrers, die Strukturierung des eigenen Unterrichts ebenso wie die fertigen Unterrichtsmaterialien der Fachverlage kritisch auch unter Beachtung der konzeptionellen Ebene zu prüfen, um so bewusste und eigenständige Auswahlentscheidungen treffen zu können und diese Entscheidungen am Lernerfolg der Schülerinnen und Schüler zu überprüfen.

Eingangs wurde angesprochen, dass der Rechtschreibunterricht nicht selten auch mit Misserfolgserfahrungen der Schüler umzugehen hat und bisweilen deshalb negativ konnotiert ist. Hier ist es sicherlich richtig, im Laufe der Sekundarstufe auch das Rechtschreiblernen selbst zum Thema zu machen, Wege zum individualisierten und selbständigen Weiterlernen zu bahnen und auch die Nutzung von Hilfsmitteln über die Schulzeit hinaus grundzulegen. Den Schülerinnen und Schülern sollte auch im Bereich der Orthographie die Verantwortlichkeit für die eigenen Lernprozesse immer mehr zugewiesen werden.

Lektürehinweise

Eine knappe, handbuchartige Darstellung ist Menzel (1994). Er geht von Überlegungen zur Bedeutung der Rechtschreibung und des Rechtschreibunterrichts aus, erläutert das Rechtschreiblernen vor dem Hintergrund der Grundprinzipien der Orthographie des Deutschen und fügt didaktisch-methodische Fragen an (Welche Schwierigkeiten haben Schüler mit der Rechtschreibung? Welche Ziele sollte der Rechtschreibunterricht haben? Usw.). Der Handbuchartikel von Friedrich (1996) bezieht eine übernationale Perspektive ein.

Eine gut lesbare Einführung in die Grundlagen unterrichtspraktischer Entscheidungen ist immer noch Adrion (1981). Das Buch leuchtet manche unhinterfragt tradierte rechtschreibdidaktische Folklore aus. Ossner (1991) setzt sich kritisch mit der Diktatpraxis auseinander. Einführendes mit unterrichtspraktischem Schwerpunkt findet sich in Menzel (1985).

Umfassendere Überblicke, die sich auf eine Darstellung des Sachfeldes der deutschen Orthographie stützen, didaktische Modellierungen entwerfen und auch zu konzeptionellen und unterrichtspraktischen Fragen Stellung nehmen, sind Eichler (1992) und Augst/Dehn (1998). Risel (1997) vergleicht, analysiert und bewertet rechtschreibdidaktische Unterrichtskonzeptionen. Ein einführender Beitrag zu Konzeptionen des Rechtschreibunterrichts ist Huneke (2000c).

Eine umfassende Bibliografie zur deutschen Orthographie bietet Augst (1992), eine Auswahlbibliografie Nerius/Rahnenführer (1993). Beide Bibliografien führen auch Titel zum Rechtschreibunterricht auf.

7. Über Sprache reflektieren

An Sprache – gesprochener wie geschriebener – lässt sich manches beobachten. Im Alltag wird Sprache auffällig, wenn sprachliche Eigentümlichkeiten oder Abweichungen von der alltagssprachlichen Norm unsere Erwartungen stören. Bei Versprechern, Sprachfehlern, Dialekten, Ausländerdeutsch, Übertreibungen, Ironie, Kalauern, Sprichwörtern oder kühnen Metaphern horchen wir auf, wundern uns und denken manchmal auch über diese Phänomene nach.

Sprache bietet viele spannende Aspekte, aber im Sprachunterricht wird relativ wenig darüber gesprochen und reflektiert. In den Lehrplänen findet man unter dem Arbeitsbereich 'Sprachreflexion' vor allem die Grammatik – ein Gebiet, das selten mit Interesse oder gar Spannung verbunden wird, eher mit einem trockenen, komplizierten Gegenstand, einem mehr oder weniger notwendigem Übel. Und auch in der Sprachdidaktik steht der Grammatikunterricht nach wie vor im Zentrum, wenn Schüler lernen sollen, mit Sprache bewusst und reflektiert umzugehen.

Im Fremdsprachenunterricht mag man Grammatik vielleicht noch akzeptieren, da mit ihrer Hilfe fremde Sprachstrukturen leichter erlernt werden könnten (vgl. aber Diehl u.a. 2000). Aber im eigensprachlichen Unterricht erscheint Grammatikarbeit vielen nicht recht einsehbar. Die Wahl des korrekten Genus oder die Wortstellung beherrscht jeder in seiner Muttersprache normalerweise hervorragend und mühelos, ohne darüber nachdenken zu müssen. Selbst exzellente Stilisten müssen nicht wissen, zu welcher Wortart die Wörter ihrer kunstvoll gebauten Sätze gehören. Dennoch scheinen wenige bereit zu sein, Grammatik aus dem Deutschunterricht gänzlich zu verbannen. Sie gehört aus Tradition zu unserem Bild von Schule (vgl. Ivo/Neuland 1991).

Die Frage nach dem Stellenwert der Grammatik in der Sprachdidaktik wird im Zentrum dieses Kapitels stehen. Darüber hinaus soll aber auch deutlich werden, dass es in der Sprache – neben der Grammatik – zahlreiche andere Bereiche gibt, über die im Unterricht reflektiert werden kann.

7.1 Interne und externe Grammatiken

Aus wissenschaftlicher Sicht lassen sich grundsätzlich drei Begriffe von Grammatik voneinander unterscheiden: Zum einen die interne Grammatik, die jeder, der eine Sprache erwirbt, unbewusst aufbaut. Ohne diese interne Grammatik könnten wir keine korrekten Äußerungen produzieren. Jeder Mensch ist also ein höchst kompetenter 'Grammatiker', ohne dass ihm dies bewusst ist. Zum anderen sind Grammatiken Verfahren, mit denen man Sprachen beschreibt und schließlich sind sie Bücher, in denen diese Beschreibungen systematisch zusammengestellt und erläutert werden. Sprachwissenschaftler haben – seit den ersten indischen Grammatikern um 400 v. Chr. – unterschiedliche Beschreibungen und Systematiken vorgeschlagen. Keine davon zeichnet das nach, was tatsächlich mental repräsentiert und prozessiert wird. Sie sind alle lediglich mehr oder weniger brauchbar, die Systeme einzelner Sprachen zu beschreiben.

Die Vorstellung von Laien, es gäbe nur eine richtige Grammatik, hängt mit unserer schulischen Tradition zusammen: Seit dem Mittelalter orientierte man sich auch im Deutschunterricht am Latein und den lateinischen Grammatiken von Dionysios Trax (1. Jh. v. Chr.) und Aelius Donatus (4. Jh. n. Chr.). Ihre grammatischen Kategorien, vor allem die Lehre von den acht Wortarten[1], die für Latein einen praktikablen Beschreibungsrahmen bot, wurde ohne Modifikationen auf das Deutsche übertragen und lieferte das bis heute gültige Vorbild für die Schulgrammatik. Da Latein eine deutlich andere Struktur als das Deutsche aufweist, führte diese Grammatik zu Problemen, mit denen wir immer noch zu kämpfen haben. Dazu ein einfaches Beispiel:

(1) Der Hund ist wütend.
(2) Ein Hund greift wütend an.
(3) Dieser wütende Hund greift an.

Ist *wütend* nun ein Adjektiv oder ein Partizip? Wird es attributiv, adverbial oder prädikativ verwendet? Gehören *der*, *ein* und *dieser* zu den Artikeln, zu den Demonstrativpronomen oder zu den Numeralen? Unterschiedliche Grammatiken schlagen für derartige Fälle unterschiedliche Lösungen vor – und von keiner kann man sagen, sie sei die einzig richtige.

Doch was weiß man, wenn man Fragen zur Grammatik beantworten und ein Adjektiv von einem Adverb unterscheiden kann? Zeigt man damit, dass man sich in einem grammatischen Beschreibungssystem zumindest teilweise auskennt und einen kleinen Einblick in das System unserer Sprache bekommen hat? Jedenfalls weiß man damit nicht, wie Wörter und Sätze von unserer internen Grammatik verarbeitet und strukturiert werden.

Beim Generieren von Sprache im vorderen linken Teil der Großhirnrinde – dem Broca-Zentrum – und beim Rezipieren im linken hinteren Teil – dem Wernicke-Zentrum – werden syntaktische und semantische Prozesse vorwiegend getrennt, teilweise aber auch integrativ verarbeitet. Semantische Affinitäten (Hund – angreifen – wütend), Wortstellungsregeln und morphologische Markierungen interagieren auf eine derartig komplexe Weise, dass man immer noch weit entfernt ist, diese Prozesse gänzlich zu verstehen. Erschwerend kommt hinzu, dass zwischen Kindern und Erwachsenen sowie Fremd- und Muttersprachlern Unterschiede bestehen, was an der Art der auftretenden Fehler deutlich wird.

Dennoch könnte die interne Grammatik ein spannender und bedeutsamer Unterrichtsgegenstand sein, da er sich auf sprachliches Handeln unmittelbar be-

[1] Nomen, Verb, Adjektiv, Artikel, Pronomen, Präposition, Adverb und Konjunktion.

zieht. Die Fähigkeit, grammatisch strukturierte Sätze zu bilden, ist nur bei Menschen biologisch verankert und trifft so den Kern der „Sprachlichkeit des Menschen" (Ivo 1999). Es gibt also gute Gründe, sich damit im Sprachunterricht und auch im Biologieunterricht zu beschäftigen.

Bislang hat man aber noch nicht versucht, Prinzipien und Prozesse der internen Grammatik didaktisch zu modellieren. Wollte man dies, müsste den Schülern deutlich werden, dass der grammatische Teil der Sprachverarbeitung automatisiert und mit größter Geschwindigkeit prozessiert wird und sich deshalb bewusster Kontrolle stärker entzieht als etwa der Wortschatz. Wenn man einen Satz hört oder spricht, dann erinnert man sich, auch unmittelbar im Anschluss, kaum je an die genaue Wortfolge bzw. Formulierung. Der Inhalt ist einem dagegen nahezu immer bewusst und auch einzelne wichtige Wörter bleiben haften. Die Analyse beispielsweise von Versprechern könnte den Schülern einen praktischen und motivierenden Einstieg bieten, da sie Einblicke in unsere Sprachprozessierung ermöglichen. Versprecher kommen auch ständig im Unterricht vor, so dass an Sprachmaterial kein Mangel wäre.

Während interne Prozesse der Sprachverarbeitung als Gegenstand der Sprachdidaktik nicht diskutiert werden, streitet man sich um so heftiger um die Form und den Bildungswert externer Grammatiken. Die alte Schulgrammatik wird – auch und gerade von den Deutschlehrern – mit zunehmendem Widerwillen tradiert und auf wenige ungeliebte Deutschstunden beschränkt. Man fragt deshalb zunehmend gereizter, wie es weitergehen soll. Es besteht zwar kein Zweifel, dass Schüler Sprache kritisch beobachten und reflektieren sollen. Ob aber dazu eine systematische Unterweisung in ein grammatisches Beschreibungssystem notwendig ist (und, wenn ja: in welches?), darüber gibt es höchst unterschiedliche Auffassungen.

Wenn Laien sprachliche Beobachtungen machen, beziehen sie sich so gut wie nie auf Grammatik. Und wenn sie sich auf interessante sprachliche Phänomene beziehen, dann verwenden sie dazu höchst selten grammatische Begriffe. Sprachaufmerksamkeit und -kritik sind im Alltag offenbar auch ohne Begriffe wie 'Adverbial', 'Prädikatsnomen' oder 'Subjunktion' möglich. Warum soll aber dennoch die Beschäftigung mit einer externen Grammatik unverzichtbar sein? Wir werden sehen!

7.2 Zur Geschichte des Grammatikunterrichts

Beim Übergang vom Lateinischen als der zentralen standardisierten und prestigehaltigen Sprache des christlichen Abendlandes auf dezentrale nationale europäische Sprachen im 15. und 16. Jahrhundert (vgl. Giesecke 1991, 203) war es für die Etablierung dieser 'Volkssprachen' eminent wichtig, sie als überregionale, grammatisch vollwertige Sprachen aufzuwerten. Man musste deutlich machen, dass die Grammatiken der Volkssprachen ähnlich anspruchsvoll, komplex und ausdifferenziert waren wie die lateinische Grammatik. Auch deshalb übertrug man das Modell des Grammatikunterrichts wie er für den Unterricht des Lateinischen als Fremdsprache üblich war, auf den Unterricht des Deutschen als Muttersprache. Dieser fremdsprachendidaktische 'Geburtsfehler' bei der Einführung des muttersprachlichen Grammatikunterrichts ist bis heute nicht überwunden.

Hildebrand kritisierte 1867 zu Recht, dass „Deutsch wie ein anderes Latein" vermittelt würde, was notwendig zu einer Entfremdung der Schüler gegenüber ihrer eigenen Mundart führen müsse (vgl. Kapitel 2). Die Aneignung einer öffentlichen, überregionalen Standardsprache mit Hilfe der Grammatik kann in der Tat zu einem reflexiven, teilweise zögerlich-vorsichtigen Sprachverhalten führen, ähnlich wie es beim schulischen Fremdsprachenerwerb zu beobachten ist. Schüler werden dazu 'angehalten', fortan nicht einfach mehr so zu sprechen, 'wie ihnen der Schnabel gewachsen ist', sondern ihre Worte und Sätze gewissermaßen auf eine volkssprachlich geeichte Goldwaage zu legen. Beim Sprechen sollte bereits eine distanzierte Haltung eingenommen werden, die für das Schreiben charakteristisch ist.

Deutsch wurde zu einem identitätsstiftenden Band einer – gegenüber den meisten anderen europäischen Nationen – spät entstehenden deutschen Nation. Es bekam durch die grammatische Bearbeitung in der Schule gewissermaßen ein Gütesiegel, um sich als legitimer Nachfolger des Lateinischen zu erweisen. Die Schüler sollten erkennen, wie komplex, wohlgebaut und ausdrucksstark die deutsche Sprache in konzeptioneller Schriftlichkeit gestaltet werden kann und zudem lernen, sie zu schätzen, ja geradezu ehrfürchtig zu lieben.

Nicht nur der Grammatikunterricht, auch das schulische Leiden an der Grammatik hat eine lange Tradition. So mag es für Deutschlehrer geradezu befreiend geklungen haben, als Leo Weisgerber 1950 in seinem einflussreichen, bis 1968 in 9. Auflage erschienenen Buch „Das Tor zur Muttersprache" das „Ende des Zeitalters der Grammatik" ausrief. Eine lebensferne, lateinisch bestimmte „grammatische Sprachbetrachtung" habe sich endgültig „totgelaufen". Die „Denkweisen und Hilfsmittel der Grammatik" stünden in keinem „angemessenen Verhältnis" zu ihrem Gegenstand, der Sprache (Weisgerber 1950, S.7-10). Um die gestaltende Kraft des Deutschen als Muttersprache für die Kultur als Ganzes und für das Denken eines jeden Einzelnen zu begreifen, bedürfe es einer Sprachdidaktik, die die inhaltlichen Möglichkeiten der Sprache in den Mittelpunkt rückt, ihren Wortschatz, ihre Metaphern und Redewendungen – nicht jedoch grammatische Regeln und Termini. Nur so könnten Schüler als sprachgebildete Mitglieder Teil der deutschen Sprachgemeinschaft werden.

Muttersprachliche Bildung im Sinne Weisgerbers sollte dazu führen, dass Kinder in das Weltbild der deutschen Sprache hineinwachsen und ihre geistigen Möglichkeiten erkennen. Dieses sprachliche Weltbild war dabei ein spezifisch deutsches und korrespondierte mit einer spezifisch deutschen Wesensart. Da dieses Hineinwachsen in die deutsche Sprachgemeinschaft als Entwicklung zu einer sprachlich geprägten deutschen Identität verstanden wurde, warnte Weisgerber sogar vor zweisprachiger Erziehung, da dadurch die Persönlichkeit eines Menschen Schaden nehmen könnte (Weisgerber 1966).

Hans Glinz und Henning Brinkmann haben in dieser Zeit – ausgehend von der Kritik an der lateinisch geprägten Schulgrammatik – Grammatiken vorgelegt, in denen sie die für das Deutsche charakteristischen Merkmale wie die Verbklammer, der analytische Sprachbau, die Wortbildung sowie ihre inhaltlichen Funktionen und Leistungen herausstellten (Glinz 1952; Brinkmann 1962). Der enge Bezug zwischen grammatischen Formen und ausgedrückten Inhalten, der vor allem bei Brinkmann betont wurde, kann bis heute wertvolle Anregungen für die Didaktik geben, da Kinder immer von Inhalten ausgehen und wenig Sinn darin sehen, sich mit abstrakten grammatischen Formen zu beschäftigen.

Glinz versuchte diese inhaltsbezogene Grammatik in der Arbeit am Sprachbuch umzusetzen. Die konkreten Vorschläge der muttersprachlichen Didaktik für den Unterricht, am prägnantesten im Sprachlehrwerk 'Deutscher Sprachspiegel' (Arnold/Derleth/Glinz 1966) für Realschulen und Gymnasien, enthalten eine bis dahin nicht erreichte Vielfalt kindgemäßer und anspruchsvoller Übungen. Positiv hervorzuheben ist auch das induktive Vorgehen: Ein Kapitel beginnt immer mit einem Text, mit dem zunächst inhaltlich und anschließend formal gearbeitet werden soll.

Neu war im 'Sprachspiegel' auch die semantische Arbeit an Wortfeldern (Wörtern, die inhaltlich zusammen gehören) und die damit verbundene Wortschatzerweiterung, die sich an der Wortfeldtheorie Jost Triers (1931) orientierte. Aber das Ziel, über diese inhaltsbezogene „Sprachkunde" eine vermeintlich muttersprachlich geprägte Sicht der Welt transparenter zu machen, konnte damit kaum erreicht werden. Die Arbeit mit Wortfeldern, Wortfamilien (Wörter mit gleichem Stamm) sowie Redensarten gehört jedoch bis heute zu einem unverzichtbaren Bestandteil des Sprachunterrichts.

Kritisch muss man im „Sprachspiegel" die Textauswahl und die sprachlichen Beispiele sehen, die sich an einer gehobenen, meist literarischen Sprache orientieren. Zudem zeigte sich in diesem Lehrwerk, dass grammatische Schultraditionen doch stärker sind, als Weisgerbers vollmundige Verkündigung vom Ende eines grammatischen Zeitalters vermuten ließ. Die Fähigkeit, Wortarten und Satzteile zu bestimmen, blieb nach wie vor ein zentrales Lernziel des Grammatikunterrichts.

Hans Glinz entwickelte in den 50er Jahren ein operationales Analyseverfahren, mit dem Satzteile isoliert und klassifiziert werden konnten (Glinz 1952; vgl. auch die DUDEN Grammatik ^{6}1998, S. 620-623). All die Bestandteile eines Satzes, die nicht auseinander gerissen und nur als Einheit verschoben, ersetzt, umgeformt oder weggelassen werden können, erweisen sich in diesen 'Proben' (mit bestimmten Ausnahmen) als Satzglieder. Glinz entwickelte sein strukturalistisches Analyseverfahren parallel, aber unabhängig vom amerikanischen Strukturalismus und ermöglichte so nicht nur Linguisten, sondern – in eingeschränktem Umfang – auch Schülern einen entdeckenden, experimentellen Umgang mit Sprache.

Der handelnde, manipulierende Umgang mit den veränderbaren Gliedern eines Satzes enthält ein didaktisches Potenzial, das bis heute einerseits umstritten, andererseits aber noch immer nicht gänzlich ausgeschöpft zu sein scheint. Eine heftige Diskussion um Wolfgang Menzels *Grammatik-Werkstatt* (1999), die auf den Glinz'schen Proben beruht, macht dies deutlich. Dazu später mehr (vgl. Kapitel 7.4).

Mit dem Sprachbuch *Sprache und Sprechen* (1971) flackerte kurzzeitig Anfang der 70er Jahre die Hoffnung auf, die Schulgrammatik auf eine wissenschaftlich anerkannte Grundlage zu stellen. Während die inhaltsbezogene Sprachwissenschaft Weisgerberscher Prägung stagnierte, wurde die damals rasch expandierende strukturalistische Linguistik aus den USA auch in der Bundesrepublik gerne aufgenommen. Neben der Konstituentenstrukturgrammatik wurde die generative Transformationsgrammatik (GTG) Noam Chomskys (1969) rezipiert. Sie faszinierte zahlreiche Didaktiker, da Schüler hier angeblich exemplarisch anhand von stringenten Regelbildungen und Satzbaumodellen ('Baumdiagramme') lernen würden, abstrakt und in Modellen zu denken. Da diese Grammatiken zunächst keinerlei Bezug zur Semantik hatten, wurde dies als willkommener Bruch mit der Didaktik eines muttersprachlich 'deutsch' geprägten Weltbildes gesehen.

Aber schon bald zeigte sich, dass die GTG für eine didaktische Modellierung ungeeignet war, da sie sich an einem idealen Sprecher/Hörer-Modell orientiert und die sozialen, psychischen und situativen Bedingungen des aktuellen Sprachgebrauchs sowie semantische Bezüge unberücksichtigt lässt. Es kommt im Deutschunterricht nicht auf die grammatische Kompetenz eines idealen Sprechers bzw. Hörers und abstrakte Modellbildungen an, sondern auf die kommunikative Kompetenz eines jeden einzelnen konkreten Sprechers bzw. Schülers in seinen jeweiligen Lebensumständen.

In ihrer scharfen Kritik an der Generativen Transformationsgrammatik trugen Utz Maas und Dieter Wunderlich (1972) wesentlich zur 'kommunikativen Wende' im Sprachunterricht bei. Die Soziolinguistik (Bernstein 1972, Oevermann 1972) und die Pragmalinguistik, insbesondere die Sprechakttheorie von Austin (1962) und Searle (1974) stiegen zu neuen Leitdisziplinen der Sprachwissenschaften auf und wurden bereitwillig von der Sprachdidaktik adaptiert, da sie die vermeintliche Chance boten, den Zusammenhang von schichtenspezifischer Sprache, sozialer Ungleichheit und Macht zu erkennen und die sprachlichen wie die gesellschaftlichen Verhältnisse zu verändern. Mit der Hinwendung zu einer Kommunikation, die die Interessen der Schüler ernst nehmen wollte, sah man für die Beschäftigung mit Grammatik keine ausreichende Begründung mehr. Einige forderten sogar ihre Abschaffung (z.B. Schwenk 1983).

Man wollte Grammatik nicht mehr als formales Bildungswissen akzeptieren, weil dieses keinen unmittelbaren Gebrauchswert für die Lebenswirklichkeit und Schreibpraxis der Schüler habe. Wörter korrekt bestimmten Wortarten zuordnen zu können und Satzglieder richtig zu benennen, darin zeige sich eine geistesgeschichtliche europäische Tradition, die gehobene soziale Schichten möglicherweise für ihr Selbstverständnis benötigten, die aber für Schüler, die aus bildungsfernen Schichten auf das Gymnasium kämen, dysfunktional sei (vgl. Ide 1970ff.).

Da Grammatik aber wohl doch nicht so einfach aus den Lehrplänen zu verdrängen war, wurde vorgeschlagen, anstatt eines systematischen Grammatikcurriculums mit fest eingeplanten Unterrichtsanteilen nun 'situativ' vorzugehen, d.h. ad hoc von sprachlichen Problemen auszugehen, die im Deutschunterricht jederzeit auftauchen könnten (vgl. Boettcher/Sitta 1978). Grammatik ließe sich so an den Bedürfnissen der Schüler orientieren, und ihre Nützlichkeit würde sich bei der Aufklärung problematischer oder normwidriger sprachlicher Sachverhalte erweisen, was die Motivation der Schüler erhöhen müsste.

Doch auch dieser Vorschlag erwies sich als ein Fehlgriff: Die Lehrer waren nicht willens oder zu wenig kompetent, um ad hoc auftauchende Sprachprobleme sinnvollen linguistischen Analysen zu unterziehen. Zudem bemängelten sie die fehlende Systematik im Aufbau grammatischen Wissens. Eine mehr oder weniger zufällige, an konkreten Problemen anknüpfende, eingestreute Grammatikarbeit lasse bei Schülern keine Entwicklung strukturierten Wissens zu. Und schließlich seien grammatische Exkurse, beispielsweise während der Interpretation eines literarischen Textes, ärgerlich, da sie die Fokussierung auf den zentralen Inhalt störten.

Nach der didaktischen Aufbruchstimmung in den 70er Jahren, als man Traditionen radikal hinterfragte und neue Konzepte entwickelte, herrscht seit den 90er Jahren wieder eine tradierende Grundhaltung (vgl. Diegritz 1996). An der Schule wird weiterhin Grammatik betrieben, weil dies zur Tradition des muttersprachlichen Unterrichts gehört. Anstatt 'Grammatikunterricht' wird dieser Arbeitsbereich in den Lehrplänen jedoch seit den 70er Jahren als 'Umgang mit Sprache', 'Reflexion über Sprache' oder 'Sprache untersuchen' bezeichnet. Dennoch steht die Grammatik mit ihren traditionellen Kategorien und Termini der Wortarten- und Satzteillehre eindeutig im Zentrum. Selten wird wirklich über Sprache reflektiert oder werden sprachliche Äußerungen untersucht.

Es besteht seit den 90er Jahren wenig Bedürfnis nach grundsätzlich neuen didaktischen Konzeptionen für den Grammatikunterricht. Der Schwerpunkt hat sich stattdessen auf methodische Vorschläge verlagert, insbesondere auf einen handlungsorientierten entdeckenden Umgang mit Grammatik (Menzel 1999). Man plädiert für „das Backen kleinerer Brötchen" (Bremerich-Vos 1993), also ein methodisch klar und einfach aufgebautes grammatisches Grundgerüst, um das traditionelle grammatische Wissen sicherzustellen. Erst in jüngster Zeit ist mit den Veröffentlichungen von Ingendahl (1999), Klotz/Peyer (1999) und Balhorn/Giese/Osburg (2000) wieder Bewegung in die Debatte gekommen.

Bei allen Veränderungen in der fachdidaktischen Diskussion ist es erstaunlich, wie gleichförmig das grammatische Curriculum seit mindestens hundert Jahren in der Schule geblieben ist. Ein Vergleich von Gymnasiallehrplänen bis zur 10. Klasse ergab, dass seit 1901 von Preußen über das Deutsche Reich (1937) bis in die jüngste Zeit die Stoffe ähnlich geblieben sind: Wortformen und Satzlehre bilden trotz tief greifender politischer und sozialer Veränderungen nach wie vor den Kern einer formalen Grammatikunterweisung im Deutschunterricht (vgl. Ivo/Neuland 1991, 479-484).

Die nationale Einheit und Legitimation der deutschen oder deutschösterreichischen Nation ist heute nicht mehr Ziel des Sprachunterrichts. Aber das Deutsche, das sich seit der Gutenberg'schen Erfindung des Buchdrucks als Nationalsprache gegenüber dem Latein und später auch gegenüber dem Französischen nicht nur behaupten, sondern als einzige Sprache einer sich monolingual verstehenden deutschen Nation als Standard etablieren konnte, steht heute, am Ende der 'Gutenberg-Galaxis' und am Beginn eines 'Global Village' (vgl. McLuhan 1968) in der prekären Situation, dass seine internationale Stellung schwächer und seine Normen zunehmend weniger ernst genommen werden. Das Englische hat das Deutsche bereits in vielen Bereichen zurückgedrängt: zum einen als Sprache der internationalen Kommunikation und zum anderen in Form von Anglizismen, die in Werbung, Medien und Jugendjargon zunehmen. Die Kommunikation in E-Mails und Chat-Räumen des Internet oder etwa in multinationalen Konzernen führt zu anglisierenden Vereinheitlichungstendenzen.

Möglicherweise kommt es deshalb nicht von ungefähr, dass im Deutschunterricht der 90er Jahre versucht wird, den alten Grammatikunterricht in einer methodisch ansprechenderen Form zu revitalisieren, um so 'grammatische Dämme' gegen die Abwertung des Deutschen zu errichten. Das Festhalten an der tradierten Schulgrammatik scheint Sicherheit vor befürchteten Sprachwandelprozessen zu bieten. Auch wenn das Englische immer mehr lexikalische Bereiche erobert: Die grammatische Struktur des Deutschen wurde bislang vom Englischen kaum beeinflusst, aber dies muss nicht so bleiben. Das Empfinden für die richtigen Endungen und grammatischen Kongruenzen scheint zumindest bei Schülern in den letzten Jahren schwächer geworden zu sein – eine Tendenz, die in Richtung des weithin endungslosen Englischen deutet.

7.3 Wozu braucht man Grammatik?

Eine 'interne Grammatik' ist unverzichtbar. Sie gehört zur kognitiven Ausstattung eines jeden sprechenden Menschen. Ohne sie könnte man keine Sätze hervorbringen. Die Frage nach dem 'Wozu' bezieht sich also nur auf 'externe Grammatiken': Beschreibungen und Regeln, die Sprachwissenschaftler gefunden haben, um die äußerlich beobachtbare Struktur einer Sprache möglichst plausibel zu beschreiben (vgl. Fanselow/Felix 1990, S. 40-64). Nur ein geringer Teil dieser Beschreibungen ist als Bildungsgut in Form einer 'Schulgrammatik' in den Deutschunterricht gekommen, ohne auf seine Brauchbarkeit hin wissenschaftlich überprüft worden zu sein. Um diesen Teil geht es hier.

Bei einer Befragung linguistischer Laien (Schüler, Studierende, Berufstätige und ältere Menschen) zum 'grammatischen Wissen' (Ivo/Neuland 1991, S. 488) stimmten zwar circa 70% der Aussage Herders zu, ein Mensch lerne „nicht sicher sprechen und schreiben“, wenn er „in seinem Leben keine Grammatik gelernt hat“, doch ihre eigenen grammatischen Kenntnisse waren nur rudimentär vorhanden und beschränkten sich auf Kernbereiche der Wort- und Satzlehre. Zur Analyse von Wörtern und Sätzen steht Grammatik nur eingeschränkt Personen zur Verfügung, die eine Affinität zur Schriftkultur haben und entsprechend gehobenen sozialen Milieus zugehören.

Trotz geringer Kenntnisse und negativer Erfahrungen, die mit Grammatikunterricht verbunden waren, wurde explizites grammatisches Wissen dennoch als wichtig für Beruf und Alltag angesehen (vgl. Ivo/Neuland 1991, S. 458). Wie sollte aber ein Wissen, das man nur rudimentär beherrscht, für den Alltag bedeutsam sein?

Besonders häufig wird Grammatik als Hilfe zum Fremdsprachenlernen angesehen. Vielen Befragten gilt Grammatik als wichtig für korrektes (und gutes) Standarddeutsch, besonders in der geschriebenen Sprache. Bei dieser Einschätzung scheint Grammatik jedoch als Oberbegriff für Rechtschreibung und Stilistik zu stehen: Laien verbinden mit diesem Begriff offensichtlich etwas deutlich anderes als Linguisten. Dies erklärt wohl auch die zwiespältige Haltung der Befragten gegenüber 'der Grammatik': Verstanden als 'Schulgrammatik' mit Wortart- und Satzanalyse erscheint sie als nicht einsehbare, überflüssige Quälerei; als Grundlage für Rechtschreibung und Stilistik wird sie hingegen für sinnvoll gehalten.

Ein generelles Wissen über Grammatik kann man als Teil unserer abendländischen Kultur betrachten und dementsprechend als Lerngegenstand für den Deutschunterricht einfordern, auch wenn dieses Wissen keinen unmittelbaren Nutzen für die Lebenswirklichkeit und Schreibpraxis der Schüler erbringen sollte. Wörter korrekt bestimmten Wortarten zuzuordnen und Satzglieder richtig zu benennen, gehört zu unserer geistesgeschichtlichen europäischen Tradition, die man jedenfalls nicht leichthin aufgeben sollte. Grammatik gehört seit der Antike ununterbrochen zum festen Bestandteil schulischen Lernens. Doch heute, am Anfang einer sich dynamisch entwickelnden internationalen Wissensgesellschaft, müssen traditionelle Bildungsinhalte neu auf den Prüfstand, auch die Grammatik. Wo liegt also ihr Nutzen?

1981 wurde in Aachen ein telefonischer Sprachberatungsservice eingerichtet: das Grammatische Telefon (Mackowiak/Steffen 1991).[2] Diesen Service nehmen vor allem professionell Schreibende wie Autoren, Übersetzer und Sekretärinnen in Anspruch, also Menschen, von denen man annehmen möchte, dass sie besonders gut mit der deutschen Sprache umgehen können. Aber ihre überdurchschnittliche grammatische Kompetenz ist offenbar keine Garantie dafür, dass sie nicht immer wieder durch sprachliche Eigentümlichkeiten verunsichert werden, oder, positiv gewendet, sie führt wohl dazu, dass sie ein ausgeprägtes sprachliches Problembewusstsein entwickelt haben. Die meisten Fragen beziehen sich auf die Korrektheit von Äußerungen oder Schreibungen. Das Grammatische Telefon macht deutlich, dass Bedarf nach kompetenten Auskünften zu grammatischen Problemen vor allem bei Menschen besteht, die in hohem Maße literalisiert sind. Für sie steht die Grammatik aber nahezu immer in Bezug zur sprachlichen Norm und Korrektheit, besonders im Schriftlichen.

Doch wie sieht es mit Laien ohne höhere Bildung aus und wie mit Schülern, die sich „im Bildungskeller“ (Hiller 1997) befinden, also mit Lernbehinderten,

---

2 Das Grammatische Telefon ist unter der Rufnummer 0241-806074 montags bis freitags von 10-12 Uhr und montags bis donnerstags von 14-16 Uhr zu erreichen.

mit schwachen Hauptschülern oder Berufsschülern oder Schülern, für die Deutsch eine Zweitsprache ist? Sie nehmen kaum den Service des Grammatischen Telefons in Anspruch, und auch in ihrem Deutschunterricht spielt(e) Grammatik eine marginale Rolle: ein Paradoxon, denn gerade diese Gruppen verstoßen am häufigsten gegen grammatische Normen. Wie kann man erklären, dass man Schülern, deren Eltern als Arbeitsmigranten oder Flüchtlinge kamen, grammatisches Wissen, das bei dem Erwerb des Deutschen von Nutzen sein könnte, nicht oder kaum im Unterricht vermittelt? Und warum bekommen Gymnasiasten, die eher geringe Probleme mit der Grammatik haben, den umfangreichsten Unterricht in diesem Arbeitsbereich angeboten? Eine überdurchschnittliche Sicherheit im normgerechten Sprachgebrauch ist offenbar Voraussetzung für eine erfolgreiche Grammatikarbeit. Sprachliche Unsicherheiten werden hingegen durch die bislang übliche Grammatikarbeit selten behoben.

Die soziale Differenzierung des grammatischen Curriculums macht deutlich, dass Nützlichkeitserwägungen nicht im Vordergrund stehen. Die Beschäftigung mit Grammatik zielt vielmehr auf die Entwicklung des spezifisch literaten Habitus ab, der in der bürgerlich-akademischen Lebenswelt sozial erwünscht ist. Als William Cobbett 1817 eine englische Grammatik für Soldaten, Seeleute, Lehrlinge und Landarbeiter schrieb, verband er damit die Hoffnung, diesen Unterprivilegierten das Tor zur Lebenswelt des literaten Bürgertums zu öffnen (vgl. Ivo/Neuland 1991, S. 467f.). Diese Funktion der Grammatik zeigt sich heute noch am ehesten in der Haltung von Eltern, die für ihre Kinder im Gymnasium einen besonders ausgedehnten Lateinunterricht wünschen, da hier die Grammatik weitaus dominanter betrieben wird als im Deutschunterricht oder in den modernen Fremdsprachen. Die Schüler übersetzen im Wesentlichen auf eine umsichtige, grammatisch analysierende und mithin langsame und zerdehnende Weise Sätze aus dem Lateinischen ins Deutschen, deren Inhalt kaum von Interesse ist.

Eine literate Prägung entsteht über die Beschäftigung mit Grammatik wohl dadurch, dass Äußerungen bzw. Sätze gewissermaßen in ihrem produktiven oder rezeptiven Vollzug angehalten und auf ihre Form hin untersucht werden. Dieses distanzierende Innehalten und Betrachten sprachlicher Merkmale suspendiert das Interesse an der inhaltlichen Aussage und fördert Frustrationstoleranz für Verstehen und Verständigung. Ein 'kognitives Zögern', ein Innehalten im Strom der sprachlichen Zeit wird durch grammatisches Denken notwendig, sowohl bei der Rezeption wie der Produktion geschriebener Texte wie auch in der Rede oder im Gespräch: Ein eher zögerliches, die Worte wägendes Sprechen mit häufigeren Sprechpausen (vgl. Goldmann-Eissler 1954), in denen jeweils neu Entscheidungen über den Fortgang einer Äußerung getroffen werden können, charakterisiert einen literaten Habitus. Basil Bernstein (1972) hat dieses vom Hörer schwer voraussagbare Sprachverhalten als 'elaboriert' bezeichnet. Schülern aus dem 'Bildungskeller' der Gesellschaft möchte man diesen Habitus nicht aufnötigen bzw. man sieht – anders noch als William Cobbett – keine realistischen Chancen, mit einer grammatischen Bildungsoffensive einen literaten bürgerlichen Habitus bei dieser Klientel zu entwickeln.

Wenn Grammatikarbeit jedoch in der Schule zur Entwicklung einer literaten Haltung führte, dann hätte das indirekt Auswirkungen auf die Fähigkeit, Texte zu schreiben. Der Stil und die Textgestaltungskompetenz von Schülern, die ein 'grammatisches Curriculum' durchlaufen, könnten sich in Richtung der Erwartungen einer gesellschaftlichen Schicht entwickeln, deren Mitglieder einen literaten Habitus pflegen.

Sieht man von den habituellen Veränderungen, die besonders an elitären Gymnasien zu beobachten sind, einmal ab, stellt sich die Frage, ob nicht der grammatische Weg zum guten Stil ein Umweg ist (vgl. Kapitel 5.5). Grammatisches Wissen ist entweder deklaratives Wissen über linguistische Kategorien oder aber analytisches Wissen, um grammatische Verhältnisse in einem Satz oder Text zu klären. Textgestaltungskompetenz dagegen ist ein prozedural-gestalterisches Wissen über die Tätigkeit des Schreibens selbst. Es handelt sich um unterschiedliche mentale Prozesse, die in verschiedenen Regionen im Gehirn verarbeitet und gespeichert werden (vgl. Ingendahl 1994, S. 518). Es hilft Schreibern wenig, wenn sie irgendwann einmal die funktionalen Möglichkeiten einer bestimmten grammatischen Kategorie kennen gelernt haben. Während des Schreibprozesses steht dieses deklarative Wissen kaum zur Verfügung, da es schlecht mit einer aktuell anstehenden prozeduralen Aufgabe verknüpft werden kann.

Eine Sprachreflexion, die für kommunikative Handlungen von Nutzen sein kann, muss also eher von diesen Handlungen ausgehen als von grammatischen Kategorien. Dies wäre eine pragmatisch, stilistisch, rhetorisch und hermeneutisch fundierte Sprachreflexion, in der es auf Wirksamkeit, Überzeugungskraft, Verständlichkeit, Prägnanz, partner-, situations- und sachbezogene Angemessenheit und um guten oder schlechten Stil ginge. Allerdings: Der Stil, die sprachliche Kür, kann leicht ohne grammatische Kenntnisse, die normative Pflicht, missraten. Bei der Verwendung des Konjunktivs oder der indirekten Rede etwa werden die Möglichkeiten einer ausdifferenzierten Schriftlichkeit leicht zum Problem. Im Schriftlichen müssen Temporalität, Kausalität, textuelle Bezüge und Verweise genauer bestimmt und präziser formuliert werden als im Mündlichen, da hier die deiktischen, lenkenden, intonatorischen und gestischen Hilfen der Sprechsituation eingeschränkt sind oder fehlen. Der operativ-syntaktische Bereich ist deshalb stärker ausgebaut: Während man im Mündlichen mit wenigen Subjunktionen auskommt, wird im Schriftlichen eine differenzierte Markierung und Organisation der Hypotaxen notwendig, um dem Leser Hilfen zu geben, verwickelte Relationen in Satzperioden leichter lesen und verstehen zu können.

Schülern bereitet die Verwendung von Subjunktionen wie *deswegen, ebenso, falls, indem, trotzdem, obschon, sondern* oder *vielmehr* erhebliche Probleme. Wenn sie die inhaltlichen und logischen Differenzierungen erkennen, die mit diesen Subjunktionen und den entsprechenden syntaktischen Strukturen möglich sind, dann kann dies zu stilistisch anspruchsvolleren schriftlichen Texten führen: Die Textgestaltungskompetenz kann also durch die Beschäftigung mit Grammatik erhöht werden (vgl. Klotz 1996).

Grammatische Kenntnisse sind außerdem notwendig, wenn der Schreiber dem Leser mit graphematischen Konventionen wie Lücken zwischen Wörtern,

Großschreibung von Wörtern am Satzanfang, von Nomen und nominalisierten Wörtern sowie der Interpunktion ganz grundlegende Hilfen zur Erleichterung des Lesens bereitstellen muss (vgl. Kapitel 6). Dies kann ihm aber nur gelingen, wenn er die Fähigkeit hat, Sätze und Wörter in ihrer grammatischen Funktion zu erkennen. Bereits vor Beginn des Schriftspracherwerbs, spätestens aber im ersten Schuljahr lernen Kinder, Wortgrenzen zu erkennen und bekommen einen ersten analytischen Zugriff auf Wörter als selbstständige Einheiten. Bei der Setzung von Punkten und Kommas müssen Sätze und Propositionen (Glinz 1996, S. 30f.) erkannt werden. Das fehlerträchtigste Wörtchen ist *das* bzw. *dass*, weil seine grammatische Funktion oft nicht erkannt wird (vgl. Menzel 1985, S. 12).

Für die Entwicklung grammatischer Kenntnisse scheint es also auch ganz handfeste Gründe zu geben: Die Rechtschreibung gelingt – so sollte man meinen – mit ihrer Hilfe besser. Empirische Untersuchungen kommen hier jedoch zu keinen eindeutigen Ergebnissen, etwa bei der Zeichensetzung: Leider ist „die Fähigkeit, Kommas zu setzen, und die Fähigkeit, Regeln und Ausnahmen zu nennen, (...) für normale Schreiber nur im geringen Maße deckungsgleich“ (Augst 1993, S.15). Hosseinpour meint zu diesen Befunden, Schüler hätten bislang eben noch keinen Grammatikunterricht bekommen, der ihnen wirklich bei der Rechtschreibung helfe. Die Regeln, die er in Sprachbüchern gefunden habe, seien eher verwirrend oder teilweise sogar falsch.

7.4 Grammatik systematisch erarbeiten

Kluge und kritische Überlegungen zum Grammatikunterricht finden sich zuhauf, auch einzelne Unterrichtsideen zu Teilbereichen. Es wird viel geschrieben, wie Grammatik nicht betrieben werden sollte und in welcher Richtung der Unterricht in sinnvoller Weise gehen könnte. Aber kaum jemand hat den Mut, konkrete Vorschläge für einen didaktisch begründbaren Aufbau einer systematischen Schulgrammatik einschließlich ihrer methodischen Umsetzung zu machen. So wichtig die Thematisierung und Reflexion einzelner sprachlicher Phänomene und die Entwicklung von Sprachbewusstheit auch sein mögen – ohne einen systematischen Zugriff auf grundlegende ‘grammatische Verhältnisse’ in deutschen Sätzen bleiben die Beobachtungen und Analysen Stückwerk und können als Fragmente und Versatzstücke schlecht verortet und kognitiv verankert werden.

Neben der aktuellen Bewusstwerdung konkreter (mündlicher oder schriftlicher) Sprachverwendung, die zu einem bewussteren Sprachgebrauch führen soll, müssen sprachliche Elemente und Regeln erkannt und in einem Modell von Sprache – einer Grammatik – systematisch integriert werden können. Der Weg vom Beobachten sprachlicher Phänomene zum Aufbau eines bewussten systematischen Wissens über Sprache führt über die Ausgliederung und Identifizierung sprachlicher Einheiten, das Erkennen von Wortarten und Satzteilen (Andresen 1985; Rank 1995, S. 31ff.). Dazu stehen zwei Wege zur Verfügung: Zum einen die ‘Fragemethode’ – der traditionelle semantische Weg – mit den bekannten Wer-oder-Was-, Wem-, Wen-, Wie- und Wozu-Fragen und zum anderen der von Glinz vorgeschlagene strukturelle Weg über Austausch-, Ersatz- und Weglassproben. Da beide Wege aber Schwächen haben und alleine nicht immer zum Ziel führen, ja sogar Verwirrung stiften können (vor allem die Wer-oder-Was-Frage), sollten beide Verfahren als sich gegenseitig ergänzende Möglichkeiten angewandt werden (Rank 1995, S. 27-31).

Der strukturell-operative Weg über ein probehandelndes Manipulieren an Sätzen und Satzteilen, mit dem Ziel, einzelne Satzteile oder Wörter zu isolieren und zu kategorisieren, wurde von Eisenberg/Menzel (1995) und in erweiterter Form von Menzel (1999) in einer sog. 'Grammatik-Werkstatt' als ein systematischer und gleichwohl eigenaktiv-handelnder Zugang zu einer Schulgrammatik vorgelegt. Schüler können hier selbst entdecken, dass Wörter in unterschiedliche 'Schubladen' gehören, da sie sich im Satz unterschiedlich verhalten, beispielsweise Adjektive und Adverbien:

> Schüler erproben Umformungen nach dem Muster:
> *Dieser Vogel ist sehr selten.* — *Der seltene Vogel ... (Mein seltener Vogel ...)*
> *Diesen Vogel kann man oft sehen.* — nicht möglich ist: **Der ofte Vogel ...*
> (Menzel 1995, S. 31)

Nach dieser Prozedur können die Schüler am Ende zu einer Faustregel kommen: Wörter, die man zwischen einen Artikel (oder ein Pronomen) und ein Nomen setzen kann, sind Adjektive.

Ein weiteres Beispiel für ein induktives, entdeckendes Verfahren: Der Unterschied zwischen Konjunktionen und Adverbien wird ebenfalls durch 'Ausprobieren' entdeckt, bevor die Begriffe und ihre Definitionen bekannt sind:

> Welche der folgenden Wörter passen noch in die Sätze (a) und (b)?
> *manchmal - doch - ab und zu - oder - niemals - und*
> (a) ____________ 1. *ich* 2. *sehe* 3. *rot*
> (b) ____________ 1. *sehe* 2. *ich* 3. *rot*
> (Menzel 1995, S. 32)

Am Ende dieser Erprobungsphase lässt sich dann formulieren:

> Nach Konjunktionen kann das Subjekt (ich) an erster Stelle/vor dem Verb/an der normalen Stelle o.ä stehen. Adverbien aber verdrängen das Subjekt von der ersten Stelle hinter das Verb/anderswo hin (Eisenberg/Menzel 1995, S. 25).

Verben kann man am leichtesten morphologisch bestimmen, nämlich an ihrer Möglichkeit, Tempus- und Personalformen zu bilden. Damit die Fähigkeit, eine Wortart zu bestimmen, zu einem prozeduralen Wissen wird, bietet sich hier an, das Perfekt als prototypische Zeitform mündlicher und das Präteritum eher als Zeitform einer schriftlichen Erzählung entdecken zu lassen (Vgl. Menzel 1995, S. 36).

Die Kritik an der Grammatik-Werkstatt war heftig (vgl. Switalla, Ossner, Klotz sowie die Erwiderung von Menzel in Balhorn/Giese/Osburg 2000). Auch wenn die 'Proben' im Rahmen der *Grammatik-Werkstatt* als sinnvoll angesehen werden, so setzen sie doch ein grammatisches Wissen und stilistisches Gespür voraus, das zunächst erworben werden müsste. Am deutlichsten wird dies, wenn Schüler in dieser Werkstatt mit sprachlichem Material arbeiten sollen, dessen grammatische und stilistische 'Qualität' sie nicht ausreichend beurteilen können, weil ihr Sprachgefühl dazu nicht ausreicht.

Bei der Isolierung einzelner Wortarten oder Satzteile durch die vorgeschlagenen (und für Schüler kaum zu durchschauenden) operativen Verfahren, die dann in unterschiedlichen 'Schubladen' sortiert werden sollen, können Schüler auch schwerlich die Systematik eines integrativen Grammatikmodells kognitiv verankern. Die an sich sinnvollen 'Proben' können zu einer Spielerei werden, deren Sinn nicht verstanden wird. Mit Sprache wird in einer verdinglichten Weise anhand von vorgegebenen Beispielen auf Arbeitsblättern gearbeitet, ohne dass über den Inhalt der Äußerungen und die Wirkungen bestimmter Varianten auf Hörer oder Leser reflektiert würde.

Wenn man die Metaphorik einer 'Werkstatt' bemüht, dann erscheint es schließlich unlogisch, dass ein 'Sprachlehrling' darin arbeitet, nur um das Sprachmaterial in einzelne Teile zu zerlegen, in Fächern bzw. Kategorien abzulegen und korrekt mit einem Fachbegriff zu bezeichnen. In einer richtigen Werkstatt holt man vielmehr bestimmte notwendige Teile aus Fächern heraus und setzt sie zu einem größeren Ganzen zusammen, beispielsweise zu einem Satz. Blattmann/Kottke (2001) sind genau diesen umgekehrten Weg gegangen. Ihnen scheint es gelungen zu sein, ein Modell für einen systematischen Grammatikunterricht in der Grundschule (ab etwa Mitte des dritten Schuljahrs) zu entwickeln, das leicht zu verstehen ist, über den Tag und die Unterrichtseinheit hinaus behalten wird und vielfältige Anknüpfungs- und Transfermöglichkeiten bietet.

Im Zentrum steht hier ein satzstrukturelles Modell, das auf der Dependenz-Grammatik Lucien Tesnières (1965) aufbaut und vom Prädikat(sverb) als strukturellem Zentrum eines Satzes ausgeht.[3] Um es Schülern ab der zweiten Klasse begreifbar zu machen, wird es in einer imaginierten narrativen Welt verankert sowie sinnlich erfahrbar und szenisch spielbar ausgestaltet. Als narrativer Rahmen dient ein Märchen von einem sprachverliebten König, der über sein Wörterland herrscht, in dem sich (auf der Satzebene) merkwürdige Dinge ereignen. Einzelne Wörter, die von Kindern gespielt werden, können sprechen und sich

---

[3] Für Deutsch als Fremdsprache hat sich die Dependenz-Grammatik bis heute als ein fruchtbarer und weithin akzeptierter Ansatz erwiesen (Rall/Engel/Rall 1985). Diese Grammatik scheint für eine didaktisch motivierte Beschreibung des Deutschen sinnvoller zu sein als all diejenigen (traditionelle wie strukturalistische), die von einer grundsätzlichen Zweiteilung des Satzes in Subjekt und Prädikat ausgehen, da die zentrale Stellung des Verbs mit seinen Valenzen, die u.a. für das Deutsche charakteristisch ist, hier deutlich zum Ausdruck kommt.

anhand des Satzmodells auf einer 'Satzgliedertafel' zusammenfinden. Im Zentrum dieses Modells herrscht das Verb, das mit einer Krone als 'Satzkönig-Prädikats-Zentrum' herausgehoben wird. Das Verb bestimmt, was seine Untertanen (Subjekt, Objekte, Ergänzungen) zu tun haben. Entscheidend dabei ist, dass dieses Satzfächermodell mit möglichst kleinen Sätzen und mit den entsprechenden Wortarten (mit Eigennamen und einwertigen Verben) beginnt und dass alle folgenden Erweiterungen immer am zuvor erarbeiteten Modellstatus vorgenommen werden. Das Modell bleibt in seiner Grundstruktur immer dasselbe, nur wächst es sukzessive heran, weitet sich aus und wird nach und nach komplexer. Alle Neuerungen werden immer in das den Schülern bereits vertraute Modell integriert. Dadurch bleibt den Schülern der jeweilige Gesamtzusammenhang durchschaubar.

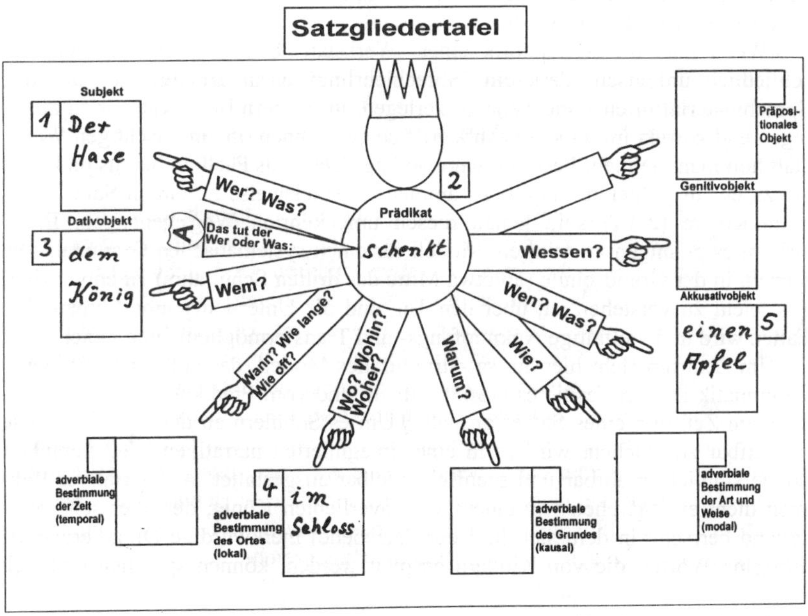

(Abb.7/1)

Die grammatischen Probleme, die beim Bau eines Satzes entstehen, werden im szenischen Arrangement von den Bewohnern des königlichen Wörterlandes mit zahlreichen Requisiten gespielt. Aufgrund der narrativen und szenischen Verankerung im Spiel können sich die Schüler die grammatischen Termini und ihre Funktionen merken. Auch Schüler, deren Muttersprache nicht Deutsch ist, können dem Unterricht folgen und dabei ihre Sprachkompetenz erweitern. Die Arbeit mit diesem didaktischen Modell ist möglicherweise auch für die schriftlichen Produktionen der Kinder förderlich.

Entscheidend für eine erfolgreiche Arbeit mit der Satzgliedertafel ist die sorgfältige Auswahl und Modellierung des sprachlichen Materials und die Ausgestaltung der Bühne mit Satzgliedertafel und Requisiten, auf der die 'grammatischen Geschichten' aufgeführt werden können. „Der Lehrer lernt 'genetisch' mit, und dies gerade bei elementaren grammatischen Phänomenen, die didaktisch ja ganz einfach zu sein scheinen, in Wahrheit aber größter Anstrengung zu ihrer schüleradäquaten Präsentation bedürfen" (Blattmann/Kottke 2001).

Als Fazit der unterrichtlichen Erprobung in Grundschulklassen formulieren die Autoren: „Die vielerorts vertretene Annahme, Grundschulkinder seien noch nicht in der Lage, sich systematisch mit Satzlehre zu beschäftigen, ist schlechterdings irrig." (Blattmann/Kottke 2001)

Am Ende dieses Kapitels steht die Frage, wie man sich didaktisch entscheiden soll. Grundsätzlich stehen folgende Alternativen stehen zur Wahl:

1. Orientierung an einer funktionalen oder einer formalen Grammatik?
2. Ein deduktiv-benennender oder ein induktiv-entdeckender Unterricht?
3. Ein systematischer Grammatikunterricht oder ein kritisches Nachdenken über Sprache, immer dann wenn es die unterrichtliche Situation erfordert?

Die ersten beiden Alternativen sind heute eindeutig zu entscheiden: Grammatikunterricht sollte so funktional wie möglich sein. Vor der Einführung einer formalen Kategorie steht ihre kommunikative Funktion. Und nicht mehr zu rechtfertigen ist das leider immer noch weit verbreitete deduktiv-benennende Vorgehen, in dem Lehrer ihre Schüler zu Beginn einer Unterrichtseinheit darüber belehren, wie einzelne Wortarten und Satzteile zu benennen und zu bestimmen sind und sie dann anschließend dieses Wissen üben und festigen lassen.

Die Entscheidung zwischen systematischem und situativem Vorgehen ist schwieriger zu treffen. Ein flexibles und interessengeleitetes kritisches Reflektieren über Sprache immer dann, wenn es eine Äußerung oder ein Text erfordert, führt Schüler wohl am besten zum Lernziel sprachlicher Bewusstheit, aber ohne eine systematische Fundierung von Grammatik bereits in der Grundschule wird diese kritisch-analytische Haltung wohl nicht zu erreichen sein.

7.5 Wenn Sprache Interesse weckt

In diesem Abschnitt möchten wir von einer eingeschränkten Perspektive auf Grammatik den Blick auf die Vielfalt sprachlicher Phänomene lenken: Sprache und Sprachen sind weit mehr als Grammatik!

Lange bevor Kinder in die Schule kommen, interessieren sie sich für sprachliche Phänomene. Bestimmte Wörter fallen ihnen auf, weil sie lustig klingen oder schwer auszusprechen sind. Sie lachen über Sprachwitze, Zungenbrecher, Scherzfragen, oder Versprecher. Sie finden Reime, Abzählverse, bildhafte Ausdrücke oder Menschen mit einem ausländischen Akzent oder einem Dialekt interessant oder machen sich Gedanken über die Herkunft bestimmter Wörter. Lustig finden Kinder Wortverdrehungen ('Wepse' anstatt 'Wespe'), Kontaminationen ('fürchterbar' aus 'furchtbar' und 'fürchterlich'), Lautumstellungen ('Piprikaschnatzel' oder 'Schnap-rikapitzel') oder komische Analogiebildungen ('Mamagei' zu 'Papagei') (vgl. Riesel 1970).

Wenn eine Fähigkeit erworben wird, wird dieser Erwerb durch eine probehandelnde Funktionslust unterstützt: Das neu Erworbene wird in allen möglichen Varianten ausprobiert und über das spielerische Erproben festigt sich die Kompetenz. Bereits Babys spielen in der Lallphase mit Lauten und erkunden so ihre Artikulationsfähigkeit. Während Anfänger ungezielt variieren und grobe Varianten erzeugen, variieren Fortgeschrittene (Erwachsene) innerhalb vorgegebener Muster und gestalten so das Spiel anspruchsvoller. Vom Lallen eines Babys bis zur Poesie und Musik kann man dieses Prinzip vergnüglicher Variation erkennen, das seinen Erzeugern Abwechslung, Entdeckerfreude, kognitives Training und Genugtuung über die eigenen Fähigkeiten bietet.

Bereits ab dem dritten Lebensjahr entstehen metakognitive Fähigkeiten: Kinder kommentieren und analysieren die Äußerungen anderer, wiederholen noch einmal, was sie oder andere gesagt haben, um es – wie auf einem Monitor – gezielt anhören zu können (vgl. Gornik 1989), reagieren belustigt oder empört, ärgern sich über bestimmte Wörter oder Aussprachen.

Kinder durchlaufen Stufen sprachlichen Bewusstwerdens, das den Spracherwerbsprozess nicht nur begleitet, sondern besonders die Entwicklung des Wortschatzes aktiv unterstützt. Koch (1989) hat dazu den Aufbau von Sprachbewusstheit im Umgang mit Mehrdeutigkeit und Redewendungen bei Kindern aus dem dritten und vierten Schuljahr untersucht. Sie konnte drei Stufen entdecken, die durch eine „spezifische Qualität und einen spezifischen Grad des Abstraktionsvermögens" (Koch 1989, S. 5) gekennzeichnet sind. Von derartigen Entwicklungsstufen muss man ausgehen, wenn man die Lernziele 'Sprachsensibilität', 'Reflexionsfähigkeit' und 'Sprachbewusstheit' erreichen möchte.

Besonders sensibel für sprachliche Phänomene sind zweisprachige Kinder (vgl. Oomen-Welke 1998), weil sie durch den Vergleich zwischen Erst- und Zweitsprache früher als monolingual aufwachsende Kinder auf sprachliche Phänomene aufmerksam werden. Sie erkennen auch eher, dass Sprachen arbiträre Zeichensysteme sind, zu denen man sich sprachkritisch verhalten kann.

Kinder wie Erwachsene haben Freude an sprachlichen Spielereien, die sich auf allen sprachlichen Ebenen finden: von der Phonetik/Phonologie über Morphologie, Syntax, Semantik, Pragmatik, Soziolinguistik und Dialektologie bis hin zur Textlinguistik (vgl. Fink 1987). Diese Lust an der Sprache steht im Gegensatz zur Langeweile herkömmlichen Grammatikunterrichts. Warum sollte es nicht gelingen, von dieser ursprünglichen Sprachfreude auszugehen und daran Beobachtungsfähigkeit und Sprachbewusstheit zu schulen?

Aufmerksam auf Sprache wird man immer dann, wenn sie nicht glatt und mühelos rezipiert oder produziert werden kann, wenn man stutzt, weil etwas lustig, merkwürdig oder schwierig erscheint oder wenn Missverständnisse auftreten. Dann denkt man über das Phänomen nach und spricht darüber. Doch wie sprechen Laien über Sprache? Welche Begriffssprache, welche Metakommunikation steht ihnen zur Verfügung? Für Gerhard Augst ist hier eines auffällig:

> Obwohl zumindest der gebildete deutsche Erwachsene in einer fünfhundertjährigen schulischen Grammatiktradition steht, sind in seine alltägliche Metakommunikation kaum Termini des Grammatikunterrichts eingedrungen. Der Grammatikunterricht, der u.a. damit gerechtfertigt wird, dass es gilt, den Kindern eine 'Metasprache' beizubringen, muss sich also fragen lassen, ob entweder die von ihm vermittelte Begriffssprache einen Problemkreis versprachlicht, der in der alltäglichen Metakommunikation (auch der gebildeten Laien) gar kein vordringliches Problem ist, oder ob in der alltäglichen 'Metasprache' dafür andere Ausdrücke zur Verfügung stehen, die es überflüssig machen, sich der schulgrammatischen Terminologie zu bedienen. (Augst 1983, S. 335)

In der Alltagssprache gibt es in der Tat zahlreiche Möglichkeiten, metakommunikativ auf sprachliche Einheiten Bezug zu nehmen. Auch alltagssprachliche Redewendungen für metasprachliches Handeln deuten darauf hin: *nach Worten ringen*, *Widerworte geben*, *jemandem das Wort im Munde umdrehen*, *im wahrsten Sinne des Wortes*, *ein merkwürdiger Akzent* oder *es gibt im Deutschen kein Wort dafür* (vgl. August 1983, S. 335f.). Fast immer beziehen Laien sich auf semantische, stilistische, pragmatische oder dialektale Phänomene, für grammatische Phänomene interessieren sie sich hingegen kaum, weil dieser sprachliche Teilbereich am stärksten unbewusst und automatisiert funktioniert. Ihr Bedürfnis an bewusst reflektiertem Sprachwissen zielt nicht auf eine grammatische Systematik, sondern auf Wortwahl, Redewendungen, Metaphern und Textaufbau, also auf Ausdrucksmöglichkeiten der Sprache. Wenn man den pädagogischen Grundsatz ernst nehmen möchte, Schüler dort abzuholen, wo sie sich befinden und von ihren Bedürfnissen und Interessen ausgeht, dann müssten inhaltliche und keine formalen Bereiche im Vordergrund der reflexiven Beschäftigung mit Sprache stehen. Anstatt eines morphologisch-syntaktisch ausgerichteten schulgrammatischen Wissens könnte so ein umfassenderer und interessengeleiteter Bezug zur Sprache entstehen. Phonetik/Phonologie, Semiotik, Textlinguistik, Gesprächsanalyse, Soziolinguistik, Psycholinguistik, Sprachgeschichte sowie Onto- und Phylogenese müssten dann Eingang in den Lehrplan finden oder einen höheren Stellenwert bekommen.

Es erscheint merkwürdig, dass gerade bei Befürwortern eines kulturell und anthropologisch verankerten Grammatikunterrichts ein Bereich ausgeklammert wird, der bei Schülern auf großes Interesse stößt: der Ursprung und die Fortentwicklung menschlicher Sprache. Die Frage, wie es dazu kam, dass Menschen zu sprachfähigen Wesen wurden, löst bei jüngeren wie älteren Schüler Neugier und Entdeckerfreude aus. Fächerübergreifend – zusammen mit dem Biologie-, dem

Erdkunde- und dem Religionsunterricht – können hier grundsätzliche Bereiche unseres sprachbestimmten Menschseins zum Bildungsinhalt werden: unsere Fähigkeit, Sprachlaute differenziert wahrzunehmen und zu artikulieren, aus einer kleinen Anzahl von Lauten sehr viele Worte zu bilden und aus einer begrenzten Menge grammatischer Regeln unendlich viele Sätze zu formen (Prinzip der 'doppelten Artikulation'). Hier kann auch entdeckt und erörtert werden, dass sich hinter der Oberfläche jeder linear angeordneten Wortkette eines Satzes eine syntaktische Hierarchie versteckt (vgl. Macheiner 1998, S. 22f). Und hier ließe sich die Etymologie von Wörtern aufdecken und Sprachwandel als kulturhistorischer Prozess erfahrbar machen. Phylogenese lässt sich zudem didaktisch gut mit der Sprachentwicklung beim Kind, also der Ontogenese, verbinden, und dies sowohl bei der monolingualen wie bei der bilingualen Entwicklung. Hier können monolinguale wie bilinguale Kinder an ihren eigenen Erfahrungen mit ihren Geschwistern oder bei sich selbst anknüpfen.

Für Schüler, die Deutsch als Zweitsprache erwerben, haben diese Bereiche eine andere Bedeutung. Wir denken hier an Ausspracheprobleme, an Wortschatzarbeit oder an Gesprächskonventionen, etwa beim Grüßen. Hier können auch Kontraste zwischen dem Deutschen und der jeweiligen Herkunftssprache beobachtet werden.[4] Der 'fremde Blick' auf das Deutsche eröffnet auch monolingual deutschen Schülern Einsichten in Funktionen, Strukturen und Besonderheiten des Deutschen.

Bei zweisprachigen Schülern (und auch bei stark dialektal geprägten Kindern) besteht zusätzlich Bedarf an Grammatikarbeit, da Flexion, Wortbildung, Kongruenzen, Wortstellungen und Satzmuster oft nicht normgerecht internalisiert sind und nicht automatisch richtig produziert werden. Diese Grammatikarbeit wäre jedoch nicht klassifizierend und reflexiv, sondern musterbildend und einübend. Sie würde bei monolingualen Schülern von geringem Nutzen sein und müsste deshalb, ähnlich wie spezifische Ausspracheprobleme, als differenzierendes Angebot in den Unterrichtsablauf integriert werden.

7.6 Sprachbewusstheit entwickeln

Sprache erscheint uns wie die Luft, die uns umgibt und die wir atmen. Wir denken selten über Luft oder Sprache nach. Nur wenn wir Probleme bekommen, beispielsweise 'Atemnot' oder 'Sprachnot' in einer Fremdsprache, oder wenn uns Sprache merkwürdig, witzig, gefährlich oder falsch erscheint, richten wir unsere Aufmerksamkeit auf sie. Seit der Entwicklung der Schriftsprache und verstärkt seit dem Aufkommen von Print- und elektronischen Medien – Buch, Zeitung, Telefon, Fax, Radio, Film, Fernsehen und Computer – haben sich die sprachlichen Funktionen, Register, Stile und Textsorten ausdifferenziert (vgl. Steinig

4 Ein kontrastiver Vergleich auf syntaktischer Ebene ist dagegen meist recht schwierig, besonders dann, wenn nicht indoeuropäische Sprachen wie das Türkische mit dem Deutschen verglichen werden (vgl. Buchmann 1993).

1998). Menschen sind heute mehr denn je genötigt, sprachbewusst zu agieren und zu reagieren.

Sprachbewusstheit, die man als Aktualisierung einer generellen Sprachaufmerksamkeit[5] verstehen kann, ist eine prozessorientierte Fähigkeit, die es ermöglicht, das Sprechen und Schreiben anderer differenziert und kritisch wahrzunehmen und die Wirkungen und Folgen eigenen Sprachhandelns abschätzen zu können. Sie ist notwendig,

- um mit Sprachverwendungsproblemen besser umgehen zu können,
- um komplexere Sprachstrukturen besser verstehen zu können,
- um sprachliche Äußerungen kritisch einschätzen zu können,
- um Missverständnisse, auch in der interkulturellen Kommunikation, aufklären zu können.

In zahlreichen Bereichen unserer Sprachwirklichkeit ist erhöhte Aufmerksamkeit und kritische Bewusstheit besonders wichtig:

- Sprache in der Politik, Verlautbarungen und Parolen politischer Parteien, Propaganda, Sprache in faschistischen oder linksextremen Gruppen, Darstellung von Politik in den Medien;
- Sprache in Konsum, Anzeigenwerbung, Radio- und Fernsehwerbung, Verkaufsgespräche;
- Sprache in Institutionen: im Betrieb, auf Ämtern und Behörden, vor Gericht, im Krankenhaus, in (Sport)vereinen, im Unterricht;
- Sprache in der Therapie: Arzt-Patienten-Gespräche, psychotherapeutische Gespräche;
- Sprache in der Religion, in Sekten;
- Sprache im Fernsehen, z.B. in Fernsehshows oder Talk-Shows;
- Sprache, die der Selbstdarstellung dient: Bewerbungsgespräche, Flirtgespräche;
- Computersprache, E-Mails, Chat-Group-Kommunikation;
- Literatur, nicht nur anerkannte, sondern auch Trivialliteratur;
- Übersetzungen.

Sprachaufmerksamkeit darf nicht diffus bleiben, sondern muss sich anhand von spezifischen Fragestellungen konkretisieren. Die folgenden Fragen sind ungeordnet, von unterschiedlicher Reichweite und gehen in die unterschiedlichsten Richtungen, um damit deutlich zu machen, welche Spannweite sprachliche Aufmerksamkeit haben kann (und wie klein der Ausschnitt ist, der traditionell im Deutschunterricht behandelt wird).

> Was hat jemand genau gesagt? Welche Intention verbirgt sich dahinter? Wurde etwas versprochen? Warum fühlt sich jemand angegriffen? Warum erscheint eine

---

[5] Für Sprachaufmerksamkeit steht in der englischsprachigen Forschung der Begriff 'Language awareness', der teilweise auch in der deutschen Fachliteratur verwendet wird.

Äußerung unhöflich? Wie grüßt man korrekt? Wer unterbricht wen? Wer initiiert ein neues Thema? Warum erscheinen bestimmte Wörter oder Äußerungen unpassend? Wie gelingt es jemandem, witzig zu sein? Was deutet auf eine Unwahrheit hin? Welche Wirkung haben bestimmte Fragen? Wann redet man zu viel oder zu wenig? Wann ist Schweigen sinnvoll? Warum hört man bestimmten Leuten gerne zu, anderen aber nicht? Warum mag man bestimmte Dialekte, andere hingegen nicht? Welche Wirkung hat eine Metapher oder Redensart? Wie formuliert man einen Beschwerdebrief? Was macht ein Bewerbungsgespräch erfolgreich? Wie hinterlässt man bei einer kleinen Ansprache einen guten Eindruck? Wie reagiert man auf Menschen mit einem ausländischen Akzent? Wie verhält man sich, wenn Ausländer 'gebrochen' Deutsch sprechen?

Sprachbewusstheit zielt darauf ab, das menschliche Sprachvermögen besser zu verstehen, seine Rolle beim Denken, Lernen und im sozialen Leben zu begreifen, sich der Macht und Kontrolle durch Sprache bewusst zu werden und die verwickelten Beziehungen zwischen Sprache und Kultur zu erkennen. Es kommt darauf an, dass Schüler Sprache als einen lebendigen Teil ihres eigenen Menschseins erleben, verstehen und kritisch begleiten und so sich selbst und andere besser verstehen lernen.

Im Anfangsunterricht beim Erwerb der Schriftsprache wird Sprache in spezifischer Weise zum Gegenstand der Sprachaufmerksamkeit. Bei der Umsetzung von Äußerungen in Schrift müssen Kinder nämlich von ihrer inhaltlichen Bedeutung zur lautlichen Gestalt vordringen, wobei der zwittrige Charakter sprachlicher Zeichen offenbar wird: Wörter bestehen aus 'signifiant' und 'signifié' (de Saussure 1917). Dieser Zusammenhang kann zwar noch nicht kindgerecht erläutert werden, aber das bewusste Hin und Her zwischen Lautform und Bedeutung wird zum prozeduralen Wissen bei der Tätigkeit des Schreibens. Das implizite neu erworbene Wissen um diesen Zusammenhang führt bei Kindern zu Sprachspielen und Rätselfragen. Sie können so demonstrieren, dass sie die zentrale kognitive Hürde unserer Alphabetschrift genommen haben:

„Was macht den Schmerz so unangenehm?“
„Das M, sonst wäre es ein Sch-erz.“ (Fink 1987, S. 31)

Mit dem Schriftspracherwerb entsteht ein erster Wort- und Satzbegriff, da man darauf achten muss, an welcher Stelle einer Äußerungssequenz Wörter und Sätze anfangen und wo sie enden. Der Schriftspracherwerb lässt Kinder auch deshalb sprachbewusster werden, weil sie nunmehr über zwei sprachliche Modalitäten verfügen: den mündlichen wie den schriftlichen Modus. Der Vergleich zwischen diesen Modalitäten führt vor allem beim Schreiber immer wieder zu der Frage: Kann ich das, was ich in einer bestimmten Weise sagen würde, so auch schreiben? Schriftliche und mündliche Modalität haben je eigene Gesetzmäßigkeiten, die Schüler anhand eigener mündlicher und schriftlicher Äußerungen selbst entdecken können.

Wie man mit Sprachbewusstheit umgehen kann, zeigt ein Unterrichtsvorschlag von Heuer (1997). Es geht um Modalpartikel wie *ja*, *so*, *doch*, *denn*, *aber*, die charakteristisch für gesprochenes Deutsch in informellen Gesprächen sind, die aber in Äußerungen konzeptioneller Schriftlichkeit selten vorkommen. Die Schüler sollen – so das Lernziel – die Wirkung von Abtönungspartikeln auf Hörer und Leser erfahren und einschätzen können.

Zu Beginn der Unterrichtseinheit werden Rollenspiele, die einen emotional geprägten privaten Konflikt spiegeln, mit Kassette, aber auch mit Video aufgenommen (z.B. ein Streit um das Aufräumen in der Wohnung). Anschließend wird dann ein ausgewählter Rollenspiel-Mitschnitt von der Kassette transkribiert. Bereits bei der Transkription wird den Schülern der fundamentale Unterschied zwischen gesprochener und geschriebener Sprache bewusst. Um dann die kommunikative Funktion der Abtönungspartikel zu verdeutlichen, werden sie im verschrifteten Text gestrichen (Weglassprobe!). Hier zeigt sich, dass diese kleinen Wörtchen gerade keine überflüssigen Flickwörter sind, sondern den Dialog natürlich, flüssig und angenehm erscheinen lassen. Ohne sie erschiene man grob, brüsk und unfreundlich. Sie betonen die emotional geprägte Beziehung in einer privaten Gesprächssituation.[6] Anhand der Videoaufnahme lassen sich dann diese Beobachtungen noch einmal überprüfen.

Dieses Beispiel macht auch deutlich, wie grundsätzlich im Arbeitsbereich 'Reflexion über Sprache' gearbeitet werden kann, nämlich an Sprachmaterial, zu dem Schüler einen unmittelbaren Bezug haben. Um einen selbstbestimmten kritischen Bezug zur Sprache in der eigenen Lebenswelt zu entwickeln, eignet sich ein 'Sprachbeobachtungsbuch', in dem Schüler kontinuierlich, wie in einem Tagebuch, Sprachmaterial sammeln, das ihnen aufgefallen ist. Sie notieren dazu den Ort und die Zeit des Fundes, nennen den Grund, warum ihnen ein Satz, ein Text, eine Gedichtzeile oder ein Slogan als eigenartig erschienen ist und geben einen Kommentar dazu. Gesprochene Sprache aus dem privaten Umfeld oder aus Radio oder Fernsehen sollte zudem mit Kassettenrecorder oder Video aufgenommen werden.

Die individuellen Beobachtungen aus den Medien, der Werbung, der Politik, aus Zeitungen und Romanen, aus Gesprächen zwischen Männern und Frauen, zwischen Jungen und Alten, zwischen Menschen aus unterschiedlichen Kulturen, aus Lehrer-Schüler-Gesprächen, aus Poesiealben und Witz-Sammlungen wachsen rasch zu einem umfangreichen Sprachfundus in einer Klasse zusammen, weitaus spannender, als Beispielsätze aus Grammatiken oder schlechten Sprachbüchern. An diesem Sprachmaterial lohnt es sich dann auch für alle, mit kritischem Verstand Analysen durchzuführen, etwa zu untersuchen, warum eine bestimmte Werbung witzig wirkt oder warum man sich über das Argument eines Politikers ärgert.

---

6 In formalen Gesprächssituationen, etwa zwischen einem Schüler und einer erwachsenen Respektsperson, tauchen Abtönungspartikel kaum auf (vgl. Steinig 1985, S. 182ff.).

Bei all diesen Unterrichtsvorschlägen kommt es darauf an, dass Schüler für sprachliche Phänomene sensibilisiert werden, die etwas mit ihrer Lebenssituation zu tun haben und die sie sich selbst funktional, pragmatisch und/oder stilistisch bzw. rhetorisch mit kritischem Verstand erschließen können. Die eigenaktive, neugierig-entdeckende, experimentelle Haltung gegenüber Sprache ist dabei entscheidend. Ein vertieftes Verständnis sprachlicher Verhältnisse kann aber nur dann erreicht werden, wenn die analytischen Verfahren mit ihrer entsprechenden grammatischen Terminologie in einem systematischen Grammatikmodell verankert werden können.

Lektürehinweise

Der Aufsatz von Diegritz (1996) bietet einen guten Einstieg in die Diskussion um den Grammatikunterricht. Als Gegenpol zu seiner kritischen Haltung empfiehlt sich Eichler (^{6}1998). Zur Geschichte des Grammatikunterrichts nach dem Zweiten Weltkrieg bis zur Mitte der 80er Jahre bietet Erlinger (1988) einen guten Überblick. Ingendahl (1994) versucht den möglichen Ertrag des Grammatikunterrichts mit Erkenntnissen aus der Gehirnforschung in Beziehung zu setzen. Wer sich schulgrammatikalische Grundlagen aneignen möchte, dem sei Hentschel/Weydt (1994) empfohlen. Einen fundierten Einstieg in grammatisches Denken vermittelt Eisenberg in zwei Bänden (1998), Bd. 1: Das Wort, Bd. 2: Der Satz. Regelrecht Lust auf die Beschäftigung mit Grammatik und Stil macht das Buch von Macheiner (1998). Eisenberg/Menzel (1995) haben in *Praxis Deutsch*, Nr. 129, ihre *Grammatik-Werkstatt* vorgestellt. 1999 hat Menzel dieses Modell erweitert. Eine kontroverse Diskussion dazu führen Switalla, Ossner, Menzel und Klotz in Balhorn/Giese/Osburg (2000).

8. Texte lesen, mit Medien umgehen

Alberto Manguel beginnt sein äußerst anregendes Buch *Eine Geschichte des Lesens* (2000, S. 10-13) mit Betrachtungen zu 18 Bildern, die verschiedene Leser von der Antike bis zur Gegenwart darstellen. Dabei wird deutlich, dass unter 'Lesen' sehr Unterschiedliches verstanden wurde. Im Mittelalter war Lesen sehr häufig das laute Lesen. Schon die orthographische und gestalterische Form der Texte machte es meist erforderlich, sie laut vorzutragen und damit artikulatorisch-akustisch zu realisieren, um sich verstehend mit ihnen auseinandersetzen zu können. Lesen ist zu dieser Zeit eine höchst exklusive Tätigkeit und weitgehend auf den des Lateinischen mächtigen Klerus beschränkt, „der Rezeption und Produktion von Texten als 'Gottesdienst' versieht.“ (Knoop 1994, S. 861). Zu Beginn des 16. Jahrhunderts hat sich diese Situation, auch im Zusammenhang mit der Entwicklung des Buchdrucks, schon spürbar verändert. So lagen um 1520 immerhin schon 5,6% der gedruckten Bücher volkssprachlich, also auf Deutsch, vor und man kann von einem Anteil der Lesefähigen von über 3-4% der Bevölkerung ausgehen (vgl. Knoop 1994, S. 863). Lange Zeit war Lesen dann, das zeigen etliche von Manguels Bildern, eine soziale Tätigkeit: Man las gemeinsam mit anderen und legte Wert darauf, sich mit ihnen über das Gelesene auszutauschen. Die ebenfalls dokumentierte Vorstellung des stillen Lesens nur für sich selbst, wie wir es heute zumeist praktizieren, ist eine durchaus moderne und keineswegs selbstverständliche.

Ein neunzehntes Bild fehlt in Manguels Buch. Es müsste eine weitere Art des Lesens zeigen, die es seit einiger Zeit gibt, und einen Leser darstellen, der vor einem Bildschirm sitzt, mit dem WWW verbunden ist und sich mit der Maus durch einen Hypertext klickt. Auch in der Gegenwart verändert sich, was unter 'Lesen' verstanden wird, und es spricht einiges dafür, dass wir im Umgang mit den neuen elektronischen Medien gerade die teilnehmenden Beobachter und zugleich die Protagonisten einer solchen Veränderung sind.

Unter der Oberfläche dessen, was die Abbildungen verschiedener Leser zeigen können, liegen Veränderungen in der Funktion, die der Schriftlichkeit in einer Gesellschaft zukommt. Lesen zu lernen bedeutet viel mehr als nur den Erwerb einer Kulturtechnik. Dahinter steht der Übergang einer ganzen Gesellschaft von primärer Oralität zur Schriftlichkeit. Er bewirkt weitreichende Veränderungen im Umgang mit gedanklichen Inhalten, und der Erwerb der Fähigkeit und der Gewohnheit zu lesen versetzt den Einzelnen in die Lage, daran teilzuhaben. Walter Ong entfaltet in seinem Buch *Oralität und Literalität* (1987) diesen Zusammenhang. In oralen Gesellschaften gibt es nur einen einzigen Ort, an dem Wissensbestände aufbewahrt werden können, das individuelle menschliche Gedächtnis. Nur in der persönlichen Begegnung kann Wissen ausgetauscht werden, nur in sprachlich formalisierter und damit memorisierbarer Form kann es über die Generationengrenze hinweg weitergegeben werden und zeitlichen Bestand erhalten. Eine kritische, distanzierte Haltung dem überlieferten Wissen gegenüber unterbräche die Transmission. Sie ginge unweigerlich mit Verlusten von Wissen einher und wäre deshalb hochproblematisch. Erst die schriftliche Niederlegung von Wissensbeständen löst diese aus dem unmittelbaren persönlichen Bezug, ermöglicht ihre Objektivierung und macht einen prüfenden, vergleichenden, abwägenden, strukturierenden und abstrahierenden Umgang mit ihnen möglich. Das Medium der Schrift, für die Bevölkerungsmehrheit in vielen Gesellschaften erst seit wenigen Jahrhunderten oder gar Jahrzehnten zugänglich, bewirkt deshalb irreversible Veränderungen im Wissen, im Denken und im Wahrnehmen der Menschen. Ong untermauert diese Einsichten mit einer Vielfalt von Belegen und Beispielen und spannt den Bogen von Homer bis in die Gegenwart.

Es gibt viele Hinweise darauf, dass der Umgang mit auditiven und visuellen Medien und mit den Möglichkeiten der elektronischen Kommunikationstechnologien diesen Veränderungsprozess weitertreibt. Ungeahnte Informationsbestände werden weltweit verfügbar, und damit stellen sich verschärft zentrale didaktische Fragen wie die nach der Auswahl von lohnendem Wissen aus der Vielfalt der Informationen. Neben das gewohnte linearisierende und hierarchisch ordnende Denken treten die netzartigen Strukturen von Hypermedien; das Lesen und die Kommunikationsgewohnheiten überhaupt verändern sich. Dies hat Auswirkungen auf unsere Kognition, auf Identitäten (Turkle 1999), auf Kommunikationsprozesse und auf soziale Beziehungen (Döring 1999). Wohin diese Entwicklungen längerfristig führen werden, ist derzeit noch nicht abzusehen. Dies bleibt aber nicht einfach abzuwarten; es sollte auch didaktisch verantwortet und gestaltet werden. Sprachdidaktische Überlegungen können sich daher nicht auf ein Verständnis des Lesens als bloßer Kulturtechnik beschränken. Weil sie die Aneignung von Schriftlichkeit überhaupt zum Gegenstand haben und weil sich in den computergestützten neuen Medien eine veränderte Ausprägung von Schriftlichkeit abzeichnet, müssen sie darüber hinaus auch den Umgang mit diesen Medien einbeziehen.

Im Folgenden wird deshalb im ersten Abschnitt dem eigentlichen Leseprozess als der zentralen zu erwerbenden Grundfertigkeit nachgegangen. Was tun wir, wenn wir lesen? Dies wird am verzögerten, noch nicht automatisierten Lesen einer Leseanfängerin beobachtet, weil grundlegende Merkmale des Leseprozesses hier besonders deutlich zu Tage treten. Anschließend wird geprüft, inwieweit sich diese Merkmale des Leseprozesses auch auf den Umgang mit dem neuen Medium Hypertext beziehen lassen. Im zweiten Abschnitt wird ein Blick auf die Lesesozialisation und auf den Gebrauch, den Kinder in ihrem Alltag von Medien machen, geworfen. Und schließlich soll der Begriff der Medienkompetenz als Zielkategorie vorgeschlagen werden, aus der sich didaktische Entscheidungen ableiten lassen.

8.1 Was tun wir, wenn wir lesen?

8.1.1 Herkömmliche Texte

Lesen, so könnte man vermuten, ist Sinnentnahme aus Texten: In den Texten sind verschlüsselte Sinneinheiten enthalten, und beim Lesen wandern sie mittels Wahrnehmung und gedanklicher Verarbeitung ins Gedächtnis des Lesers. Ob diese Vermutung zutrifft und welcher Art die beteiligten kognitiven Prozesse sind, ist allerdings nicht so einfach zu klären. Wenn ein kompetenter Leser sich genau beobachtet, müsste er eigentlich, so lässt sich annehmen, selbst entdecken können, welche Teilkomponenten zum Leseprozess gehören und welche Charakte ihn auszeichnen. Kompetente Leser haben jedoch verschiedene Teiltätigkeiten des Leseprozesses stark automatisiert. Dies erschwert die Beobachtung. Bei Anfängern ist das anders. Deshalb wird hier einmal eine Leseanfängerin beobachtet, die verzögert liest und zumindest einige mentale Teilkomponenten durch Verbalisierungen ('Vorlesen') nachvollziehbar macht. Dabei werden zentrale Merkmale des Leseprozesses deutlich, die auch für kompetentes Lesen gelten.

Es handelt sich um eine Erstklässlerin im zweiten Monat ihrer Schulzeit, die mit Hilfe einer Fibel und einer Anlauttabelle lesen lernt. Aus einer angebotenen kleinen Auswahl von Leseheften hat sie sich auf die Bitte des Aufnahmeleiters hin eines ausgesucht, das ihr thematisch und vom Schwierigkeitsgrad her zusagt.[1] Damit mutet sie sich eine anspruchsvolle Aufgabe zu, wenn man bedenkt, dass sie erst seit ein paar Wochen lesen lernt. So legt sie denn auch Wert darauf, vor dem Leseheft eine sicher beherrschte Seite aus ihrer Fibel vorzutragen. Die Verbalisierungen wurden mit Wissen des Kindes aufgenommen und später transkribiert[2]. Neben ihr sitzt eine Klassenkameradin, die ihr über die Schulter schaut und ab und zu Kommentare beisteuert.

```
   |>                                                    / /  -   \
   |W  [                                                 mimi ist im
   |   [                                                 MIMI IST IM
   | >                                                 _  -
   |J  [                                               hmhm
   | >                                                 /
   |A  [ [...]und du wolltst=n bisschen was lesen ne
1  |_________________________________________________________________
```

[1] R. Kretschmann (o.J.): Backen. Regenbogen-Lesekiste. Hamburg. Das Heft ist inzwischen durch verbesserte Titel ersetzt worden.

[2] Hinweise zum Verständnis des Transkriptes: W – Erstklässlerin, 6;8 Jahre alt. J – Erstklässlerin, 6;9 Jahre alt. A – Aufnahmeleiter. Verwendete Zeichen: % – umblättern; * – kurze Pause; ** – etwas längere Pause; *3S* – 3 Sekunden Pause; <u>unterstrichener Text</u>: lauter gesprochen; / - \ _ - Verlauf der Intonation; :– Längung; :: – extreme Längung; [eckige Klammern] – dem Wortlaut hinzugefügt; & – Verweis auf einen Kommentar unter der Sprecherzeile. Unter dem Wortlaut ist der Lesetext in Großbuchstaben wiedergegeben. Der Transkription liegt HIAT-DOS 2.2 zugrunde (Ehlich 1994a).

```
   >┌    \  \  \            _ _ _  _    /  -      _ _ _    //  -  -       _ _ _ _
 W │ schneckenhaus * mimi ist im apfel  mimi ist am: apfel * mimi ist
   │ ------------Wortformen durch Sprechpausen getrennt-------------
   └SCHNECKENHAUS   MIMI IST IM APFEL  MIMI IST AM  APFEL   MIMI IST
2
   >┌     /      ^       \ \ \    \       _     /      /
 W │ am schuh   ist mimi im rohr ** nochmal *    da
   │ --------------------------o
   └AM SCHUH   IST MIMI IM ROHR [Ende der Fibelseite]
 A [                                    so dankeschön * und jetzt
3
 W ┌                                                [flüstert etwas]
   │                    nimmt Leseheft und betrachtet Umschlagseite
   └                                                     BACKEN
   >┌                                         /
 A └ liest du noch aus dem kleinen gelben buch ne              n=sach
4
   >┌                /  \   //    /        /  \
 W │               bə a: ba:k *back*hen ** backen *4s* buch ** bu * % **
   │                    o–leise---sehr leise–o
   └               BACKEN
 A [ruhig laut
5
   >┌     /   /               /
 W │ ** ik * ikh ** der sandmann * ikh   ikh *5s* kə u ku:kh * kukh *
   │                   o-flüstert-o
   └    ICH                                           KUCHEN
   >┌                     - /
 A └                    hmhm
6
   >┌              /  \        _  /
 W │ kukh ** e: kuk*e:n * kuchen    *3s* m: e: me:hl:  mehl: mehl
   └                                       MEHL
   >┌                           _ /
 A └                          hmhm
7
 J [ kuchen mehl kuchenmehl * zu/was man zu kuchen alles braucht
8
   >┌                          //     -  -      \   -   -
 W │ was man zu kuchen alles bra:uch * da stehts noch mal   hm **
   └                                    o–helle Stimme–o
   >┌                                                 /
 A └                                                hm
9
```

```
  >┌       //  -                                        //   /
W  │ z u: zu::ka *3s* eier ** wasser [lacht] *4s* ro:: ro: sə ro::s i
   │                   normale Sprechweise
   └ZUCKER             EIER    WASSER               ROSINEN
10

W  [rosi:n
J  [          nich unbedingt  muss man nich anma/ aber zu den kuchen
  >┌                                                               _ /
A  └                                                              hmhm
11

W  [** ach die/die ha=m da hinges/ə sagt alles was man zu den kuchen
12

  >┌                           /                                 v     /
W  │ braucht     % ** ikh * ikh * ich *3s*               hm ** bə
   └                  ICH                                      BACKE
  >┌         v
J  └      * hm                           backe einen kuchen
  >┌                                                                   v
A  └                                                                  hm
13

  >┌ - _  //         //
W  │ bə a ban::&k * ban:k       back/* e:  backe::            backe:n
   └& erst nicht nasa-liert, während d. Artikulation Wechsel zum na-
J  [                       back/                einen kuchen
14

  >┌                                               /   \
W  │ backe:n   hm   e: i * ei::ne:/ eine:n   kə u ku:chen %
   └salierten an   EINEN                     KUCHEN
A  [                                                       da steht
15

W  ┌                     ach so [lacht]     ö     *6s* f  für: mama % **
   │                                                     „mama“: nor-
   └                                                 FÜR     MAMA
J  [                                          für mama
A  [noch was drunter
16

  >┌                         /       -\\\_
W  │ i: kə * ikh * ich *4s* n: i: əəəəə  a: e: * n:e::h/ neh/ n/
   │ male Sprechweise, lachend
   └ICH                        NEHME
17

  >┌ /  \__        ///                                            /\
W  └ne:hm:: e: nehme: nehme  n:                               nehme: *
A  [                          welch/welches wort ist das dann
18
```

```
     >             /                    
W      ich * ch ch * hm          * ich  hab=ich doch schon gelesen
              leise                     o-protestierend----------
     >/                      v                                  v
A     ich               ich  ja:                         ja  hm  ja
19

     >                                          /        /
W     hier  dies hab=ich schon gelesen  *3s* ei::n:e:  eine: ** gə  k
      ---o                                   EINE                GROßE
A                            ja
20

     >          /
W     gə * k  gəgr::  o: rəgro::bə  e: rəgro:
A                               ja es/hm ß:  hier dieser buchstabe
21

     >                 /   \      /
W                     welche/    den
     > /                                                          /
A     ne  das ist ein ß  dieser  den hast=e noch nich oft gehabt ne
22

     >/        /  /--     /  -- \\                     _  /
W     ß:    * rəgro::/ ß  rəgro:ße:n                 rəgro:
     >     v                     /                          ///  -
A          ja                   ja   ich nehme eine        gro::*ße
23

     >                         _////>       /     /  /     /     \
W                            * fu::n: **  f   u:  fu:n:t  pfund  mehl
                               leiser werdend
                               TÜTE                              MEHL
J     * die große
     >                   / -
A                      * große
24

     > _ /    ^                                       / /
A     hmhm * gut * [Vorname J] liest du=n bisschen weiter * vielleicht
25

J                              [schüttelt Kopf]
     >                  /  /                   /
A     vielleicht diese seite                  nein
26
```

Zunächst fällt auf, dass sich das Vorgehen beim Lesen der sicherlich vielfach geübten Fibelseite und des unbekannten Leseheftes deutlich unterscheidet. Die Art des Sprechens lässt darauf schließen: Den Fibeltext spricht das Kind annähernd mit natürlicher Intonation und in normalem Sprechtempo, lediglich das deutliche Absetzen der einzelnen Wortformen durch Pausen fällt auf. Beim Leseheft dagegen versucht die Leserin häufig zunächst, eine Wortform lautlich Schritt für

Schritt zu rekonstruieren, z.B.: bə a: ba:k * * back*hen (5). Der auf diese Weise annäherungsweise rekonstruierten Wortform, man könnte von einer Wort-Vorform sprechen, liegen noch keine Informationen über die silbenphonologische und prosodische Gestalt des zu diesem Zeitpunkt noch nicht identifizierten Wortes zugrunde, deshalb die charakteristische Sprechweise von Leseanfängern bei ihren Leseversuchen, die manchmal sogar von Kindergartenkindern imitiert wird, wenn sie nach einem Besuch in der Grundschule 'Lesen' oder 'Schule' spielen.

((Kapitel 8, Abb. 1, U 1))

((Kapitel 8, Abb. 2, U 2))

(Abb.8/1+2)

Trotz ihrer prosodischen Unvollständigkeit ermöglichen die gefunden Wortvorformen dann die eigentliche Worterkennung. Wenn das Wort erkannt ist, stehen die dazu gespeicherten Informationen aus dem mentalen Lexikon zur Verfügung, also etwa die Bedeutung, die vollständige phonologische Wortform mit ihren silbischen und prosodischen Merkmalen und die üblichen Realisierungsmuster des Wortes in der Aussprache. Oft wird dies dadurch nach außen dokumentiert, dass das Wort in einer der Konvention entsprechenden Weise nochmals artikuliert wird wie im vorliegenden Beispiel: backen. Dies tun aber durchaus nicht alle Leseanfänger. Manche widmen sich nach der Worterkennung, wenn ihnen die Bedeutung zur Verfügung steht und insoweit das Leseziel erreicht ist, unmittelbar dem nächsten Wort. Wenn der flüchtige Beobachter diese beiden Typen von das Lesen begleitenden Verbalisierungen nicht unterscheidet, kann er leicht zu einer falschen Einschätzung der Lesefertigkeit der Kinder gelangen.

Während Leseanfänger beim Erlesen eines Textes oft wortweise vorgehen und zunächst eine Wortvorform rekonstruieren, sind Fortgeschrittene darauf nur noch in Ausnahmefällen angewiesen, etwa wenn sie einem ganz ungeläufigen, schwer analysierbaren Wort begegnen oder bei der Selbstkorrektur von Lesefehlern. Auch W ist nicht immer auf dieses Hilfsmittel angewiesen. Das Wort „Mama" erkennt sie direkt, das belegen das unverzögerte Lesetempo und die natürliche Intonation.

Beim Lesen stehen also zwei Pfade des Informationsflusses zur Verfügung, zwischen denen je nach erreichter Lesefertigkeit ausgewählt wird, ein direkter Weg und der ‚Umweg' über die Wortvorform. Scheerer-Neumann (1987) adaptiert einen Vorschlag von Max Coltheart und spricht in diesem Zusammenhang vom Zwei-Wege-Modell des Wortlesens (vgl. Abb. im Kapitel *Schriftsprache erwerben*).

Nicht alle Verhaltensweisen der jungen Leserin lassen sich allerdings ohne weiteres in solch eine Modellvorstellung einordnen. So liest sie statt <backen> auf dem Umschlag des Leseheftes, wenn auch leise und gleichsam versuchsweise, `backen *4 s* buch` (5). Statt [ç] im Wort <ich> liest sie <kh> (6), die Wörter „Eier" und „Wasser" werden ohne Rekonstruktion einer Wortvorform direkt gelesen (10), und statt „eine Tüte Milch" kommt W zu dem Leseergebnis „ein Pfund Mehl" (24). Verblüffend ist auch, dass die Klassenkameradin, die beim Lesen assistiert, mühelos und direkt zum Verständnis des Textes zu gelangen scheint (13f., 16, 18).

Leicht nachzuvollziehen ist das Leseergebnis [kh] im Wort <ich>. W geht beim Lesen so vor, dass sie einzelne Buchstaben isoliert. Die Erinnerung an ihre Anlauttabelle mag dieses Vorgehen unterstützen; das Bild eines Clowns, das sich dort findet, liefert ihr die Interpretation des Buchstabens <c> als [k]. Die Einheiten, die sie beim Lesen innerhalb der Wörter wahrnimmt, sind also Einzelbuchstaben. Sie verfügt schon über Wahrnehmungsmuster (über kognitive Schemata), die sie die Linienführung in diesen Einzelsegmenten des Gedruckten als diesen oder jenen Buchstaben ‚wieder erkennen' lassen. Beim Wort <ich> ist sie nun jedoch mit einem Digraphen konfrontiert, einem Graphem, das aus zwei Buchstaben besteht. Ein entsprechendes kognitives Schema hat sie sich noch nicht angeeignet. Man darf aber annehmen, dass sie kurz vor einem solchen Schritt steht, denn beim <ei> hat sie ihn bereits vollzogen: `e: i * ei::ne/ eine:n` (15).

Gut nachvollziehbar ist auch, dass die Wörter <Eier> und <Wasser> schnell und direkt gelesen werden. W hat ein Strukturmerkmal dieses Textabschnittes erkannt: in der linken Spalte findet sich eine Abbildung, in der rechten das zugehörige Wort. Sie nutzt die Abbildungen einer Eierschachtel und eines Wasserhahnes, um das Schemawissen zu den Wörtern Eier und Wasser zu aktivieren. Diesen Trick bekennt sie kommentierend mit einem Lachen. Bei der folgenden Abbildung einer Rosinenschachtel funktioniert das Verfahren allerdings nicht, und sie ist wieder auf das Erlesen des Wortes angewiesen. Es ist aber anzunehmen, dass das Bild die Wortfindung und damit die Aktivierung des Schemawissens zu „Rosinen" bestätigt und erleichtert.

Auffällig ist weiter, dass W an zwei Stellen zu einem anderen Leseergebnis kommt als es dem Wortlaut entspräche. Sie liest `backen *4s* buch` (5) und `pfund mehl` (24). In beiden Fällen spielen inhaltsbezogenes Schemawissen und Sinnerwartungen eine Rolle: Das Kind hält ein Büchlein in der Hand, das es flüchtig durchgeblättert hat. Die Illustrationen zeigen, dass es ums Kuchenbacken geht. Es könnte sich doch, eine Wortbildung analog zu 'Kochbuch', um ein 'Backbuch' handeln. Allerdings wird dies auffällig leise geäußert und die Sinnerwartung damit, so darf man wohl interpretieren, wieder zurückgenommen: Die Überprüfung am Wortlaut des Textes hat sie nicht bestätigt. Es entsteht der Eindruck, dass eine gerichtete Unklarheit, eine Fragehaltung verbleibt, eine günstige Situation für den Beginn einer Lektüre.

Auch bei der Lesung `pfund mehl` statt <Tüte Mehl> interveniert eine Sinnerwartung, und zwar schon während das Kind an der Rekonstruktion einer phonetisch-phonologischen Wortvorform arbeitet. Beide Prozesse greifen also ineinander, sie laufen parallel ab und dürfen grundsätzlich nicht als sequenziell vorgestellt werden. Die Überprüfung der Sinnerwartung am Wortmaterial gelingt zwar hier im Ergebnis nicht, ist aber in ihren Einzelschritten nachvollziehbar: Dass <T> ist wohl wegen der Ähnlichkeit der Buchstabenformen als <F> identifiziert worden, das <ü> als <u> und der schließende Laut [t] von Pfund ist auch in Tüte zu finden.

Die Schwierigkeiten mit diesem Wort hängen sicher auch mit der Irritation beim vorangegangenen Wort „große" und der etwas ungeschickten Intervention des Aufnahmeleiters zusammen. Hier werden die enthaltenen Einzellaute zwar gefunden, dann aber falsch sequenziert. Diese Sequenzierung wird nicht mehr revidiert, und deshalb wird die zutreffende Sinnerwartung „groß" sogar wieder verworfen, als sie sich einstellt. Das Kind verzichtet schließlich auf ein Verständnis. Das Problem liegt nicht etwa in einem unbekannten Buchstaben, dem <ß>, sondern im Zusammenspiel des buchstaben- und einzelwortorientierten Dekodierens einerseits und der kontextgesteuerten Sinnerwartung andererseits. Hier betont W die Komponente des Dekodierens zu stark.

Ganz anders geht übrigens die assistierende Klassenkameradin vor. Sie „liest" ausschließlich, indem sie die Zeichnungen und den Kontext interpretiert. Der Eindruck einer entwickelten Lesefähigkeit, den die Aufnahme vermitteln kann, ist nämlich, wie ein anschließendes Gespräch zeigte, falsch. J traut sich bisher nur die Lektüre der bekannten Fibelseite zu, was im Übrigen natürlich dem in der Klasse zu erwartenden Könnensstand völlig entspricht. Weder ein flüssiges Lesen noch das Belassen der Artikulationen bei der Rekonstruktion von Wortvorformen dürfen also pauschal gleichgesetzt werden mit dem Textverständnis bzw. seinem Ausbleiben.

Die betrachteten Belege zeigen, dass der Leseprozess ein Zusammenspiel von datengeleiteter, also die optischen Eindrücke interpretierender, und konzeptgeleiteter, also das Vor- und Kontextwissen nutzender Informationsverarbeitung ist. Dabei werden Sinnerwartungen und Verstehenshypothesen aufgebaut und bestätigt oder widerlegt. Lesen bedeutet demnach das Wiedererkennen von Wissensbeständen, über die das lesende Individuum schon verfügt. Man könnte formulieren, dass Lesen nicht 'Sinnentnahme aus Texten' heißt, wie dies die Rede vom sinnentnehmenden Lesen nahelegt, sondern die Zuweisung von Sinn an einen Text.

Mit den sprachbezogenen und thematisch-inhaltlichen Wissensbeständen, die an die Texte herangetragen werden können, wächst auch die Lesekompetenz. Fortgeschrittene Leser konzentrieren sich nicht mehr auf Buchstaben und Einzelwörter, sondern auf Wortgruppen, Teilsätze und umfassendere Textstrukturen. Sie lesen vor dem Hintergrund eines teils kulturell geformten und gesellschaftlich vermittelten, teils aber auch individuellen Wissens. Derselbe Text bedeutet deshalb für unterschiedliche Leser etwas Unterschiedliches. Dies gilt nicht nur für fiktionale Texte, sondern für alle Texte, wenngleich z.B. Fachtexte ein möglichst hohes Maß an Präzision und Eindeutigkeit anstreben. Andererseits können an einen Text nicht beliebige Verstehenshypothesen herangetragen werden. Sie sind am Text zu überprüfen und abzuarbeiten. In diesem Sinne könnte man vom Lesen als von einem Dialog mit dem Text sprechen. Dabei kann sich für das lesende Individuum durchaus herausstellen, dass sich seine Wissensbestände nicht mit dem Text harmonisieren lassen, dass es sie umstrukturieren und erweitern muss, thematisch-inhaltlich und sprachbezogen.

Hinweise auf den Charakter des Leseprozesses als Dialog mit dem Text zeigen sich übrigens auch schon in dem betrachteten Lesenotat. Zwei Äußerungen deuten explizit in diese Richtung: Beim Lesen des Wortes <ich> auf der ersten Seite des Heftes wirft W flüsternd ein `der sandmann` (6), obwohl sich dies im Text nicht findet. Ein Interpretationsversuch dazu: die Zeichnungen in der linken Spalte dieser Seite weisen eine recht grobe Schattierung aus Punkten auf, die man als Sandkörner deuten könnte. Mit dem Stichwort Sandmann trägt W spielerisch-ironisch eine wohl gar nicht ernstgemeinte, kleinkindhafte Verstehenshypothese an den Text heran, die dieser Text aber 'großen' Schulkindern sicher nicht mehr zumuten wird. Dass der Einwurf nur geflüstert wird, kann man als ein Zurücknehmen dieser Verstehenshypothese interpretieren, das aber im Sprachproduktionsprozess zu spät kommt, um die Äußerung noch zu 'stoppen'.

Zur zweiten Äußerung, dem kurzen Dialog über die Notwendigkeit von Rosinen im Kuchen. Hier geht es im Grunde um den Charakter des Textes: Handelt es sich um ein sachorientiertes kleines Kompendium zum Thema Backen, wie es der Titel nahelegt, um einen Gebrauchstext also? Dann sind Rosinen tatsächlich nicht am Platz, wenn die Grundbestandteile eines Kuchenteigs aufgezählt werden. Oder wird eine Begebenheit erzählt? In der Tat changiert das Leseheft zwischen beiden Möglichkeiten und lässt die Frage nach der Textsorte letztlich offen, ein Merkmal des Textes, das durchaus kritisch gesehen werden könnte.

Vor dem erläuterten Hintergrund ist ein Verständnis des Lesens als Sinnentnahme und des Leseprozesses als bloße Kulturtechnik des Dekodierens viel zu eng. Und dies gilt nicht erst für weiterführendes Lesen oder für literarische Texte, wie manchmal angenommen wird. Die lesende Rezeption von Texten ist stets ein aktiver Prozess, der die Umstrukturierung und Konstruktion von Wissensbeständen des lesenden Individuums auf der Basis eines schriftlich fixierten Textes einschließt. Daraus ergibt sich auch, dass es keinen grundsätzlichen Unterschied zwischen dem Leseprozess von Leseanfängern und von kompetenten Lesern gibt.

Natürlich lesen geübte Leser effizienter, d.h. zeitökonomischer, als ungeübte. Sie verarbeiten beim Lesen zunehmend direkt größere Einheiten als Einzelbuchstaben, also Buchstabengruppen, Silben, Morpheme, frequente Wörter und vielleicht auch Wortgruppen. Sie verfügen auch über eine größere Leseerfahrung und haben deshalb eher Lösungen für Probleme parat, die sich beim Lesen ergeben können; so wissen sie, dass es oft gilt, zwischen Wichtigem und Unwichtigem zu unterscheiden. Sie verfügen ferner über eine größere Textsortenkenntnis und können so mit gezielteren Sinnerwartungen an einen Text herangehen. Das grundlegende Charakteristikum des Lesens als Sinnkonstitution auf einer schriftlichen Textbasis gilt aber von Anfang an. Dass dies manchmal übersehen wird, mag gelegentlich auf das Missverständnis zurückzuführen sein, es handle sich, wenn Leseanfänger Wortvorformen artikulieren, um das Ergebnis und nicht um einen Zwischenschritt des verstehenden Lesens. In der Konsequenz dieses Missverständnisses werden dann gelegentlich im Unterricht dieselben Fibelseiten immer wieder gelesen, um 'flüssiges' Lesen zu erreichen, obwohl doch Lesen als Sinnkonstitution ist in so einem Fall gar nicht mehr möglich; nachdem der Text einmal verstanden ist, kann er ja nicht übungshalber ein zweites, drittes oder viertes Mal verstanden werden.

Es verwundert nicht, dass die Leistungen, die die sich entfaltende Lesefähigkeit ausmachen, sämtlich bereits in den ersten grundlegenden Leseprozessen angelegt sind. Aust (vgl. 1996, S. 1173–1176) nennt neun solcher Leistungen:

- *Abstraktion* als Fähigkeit, von der in gesprochener Sprache stets gegebenen Situationsgebundenheit von Äußerungen abzusehen, ein starker Anstoß für die Entwicklung des Sprach- und Denkvermögens der Kinder,
- *Identifikation* als Fähigkeit, von nicht funktionalen Details und Varianten abzusehen,
- *Diskrimination* als die komplementäre Fähigkeit, auch auf feine Nuancen zu achten, wenn sie z.B. eine bedeutungsunterscheidende Funktion haben,
- *Selektion* als Fähigkeit, aus einer redundanten Datenmenge diejenigen Informationen herauszufiltern, die auf die ökonomischste Weise zum Ziel des Textverstehens führen,
- *Inferenz* als Fähigkeit, im Text fehlende Informationen zu ergänzen,
- *Antizipation* als Fähigkeit, Elemente vorwegzunehmen, um die Verstehensprozesse sinnvoll steuern zu können,
- *Synthese* als Fähigkeit, die Zusammengehörigkeit von Elementen zu erkennen,
- *Analyse* als Fähigkeit, komplexe Muster auf ihre Elemente zurückzuführen und sie damit zugänglich zu machen und
- *Interpretation* als Fähigkeit zur Sinngebung.

8.1.2 Hypertext

Es wurde einleitend darauf hingewiesen, dass das Lesen im historischen Prozess bereits mehrfach tiefgreifenden Veränderungen unterworfen war. Das bisher skizzierte Bild des Leseprozesses resultiert aus einer Tradition, die die Instanzen des Lesers und des Autors geschaffen hat und die den gedruckten und deshalb weitgehend frei verfügbaren, aber in seiner Gestalt festen, unveränderbaren Text kannte. Solche Grundlagen sind nicht mehr selbstverständlich, seit die elektronischen Medien auch andere Formen von Texten möglich machen und weiterentwickeln. Eine spannende und derzeit noch weitgehend unbeantwortete Frage ist, inwieweit das Bild des Lesens als eines eigenaktiven Prozesses kognitiver Konstruktion auch für das Lesen von Hypertexten Gültigkeit hat.

Hypertexte gelten als ein zentrales Medium computergestützter Kommunikation. Mit Storrer (2000) lassen sie sich von herkömmlichen Texten u.a. dadurch abgrenzen, dass sie computerverwaltet sind (Schreiben und Lesen sind nur mit Hilfe von Software möglich), dass sie häufig eine Mehrfachcodierung von Informationen aufweisen (Einbezug von Multimedia-Elementen) und vor allem durch ihre Nichtlinearität. Herkömmliche Texte sind (zumindest prototypisch) linear: Sie veranlassen Autor und Leser zu einer linearen Sequenzierung der referierten gedanklichen Inhalte, aus der man sich nicht ohne weiteres lösen kann. Hypertexte sind deutlicher fraktioniert. Einzelne Textteile erhalten einen höheren Grad an Selbstständigkeit, sie werden von der Tendenz her zu Teiltexten, und es finden sich verschiedene Möglichkeiten zur Sequenzierung dieser Teiltexte. Sie werden durch Querverweise (Hyperlinks) realisiert. Storrer (2000) unterscheidet monosequenzierte Texte (*eine* linearisierte Abfolge wie beim prototypischen herkömmlichen Text), mehrfachsequenzierte Texte (der Hypertext schlägt *mehrere* alternative Abfolgen vor, zwischen denen der Leser entscheiden kann) und unsequenzierte Texte (die Links zwischen den Teiltexten erzeugen eine netzartige Struktur *ohne* vorgegebene Lesewege; der Leser orientiert sich selbstständig und kann sich dabei evtl. auf eine Navigationshilfe stützen.

Hypertexte können in sich abgeschlossen, aber auch mit anderen Texten vernetzt sein, über das WWW sogar weltweit. Sie sind in diesem Sinne „Mehr-als-Text“. Hypertexte können als computerverwaltete und -gespeicherte Texte jederzeit mit geringem technischen Aufwand überarbeitet, aktualisiert und verändert werden. Sie sind insofern „Noch-nicht-Text“ und „Text-in-Bewegung“ (vgl. Storrer 2000, S. 231–233), was neben offensichtlichen Vorteilen zu Lasten von Verlässlichkeit und Beständigkeit gehen kann.

Für die hier interessierende Fragestellung lässt sich als Merkmal von Hypertexten festhalten, dass das Verhältnis von Autor und Leser gegenüber prototypischen herkömmlichen Texten verschoben ist. Der Leser ist in einem gewissen Sinne Mitautor, weil erst beim Lesen die eine bestimmte von mehreren gegebenen Lektüremöglichkeiten des Textes realisiert wird. Der Leser wird zum interaktiv mit dem Text verbundenen Nutzer, dessen Eingaben programmgesteuert beantwortet werden. Der Autor stellt keinen abgeschlossenen Text mehr her, sondern eine tendenziell unabgeschlossene Version, die mit anderen Hypertexten verknüpft sein kann. In manchen Fällen kann der Nutzer sogar selbst am Weiterschreiben des Textes beteiligt sein. Auch die Schwelle zur Publikation eines Textes im WWW ist niedriger; eine Qualitätskontrolle, wie sie in Redaktionen und Lektoraten stattfinden kann, entfällt vielfach.

All dies verändert ganz offensichtlich die Anforderungen an die Textnutzer. Der Leseprozess selbst und seine Steuerung müssen stärker in ihr Blickfeld rücken. Die Leser sind auch in stärkerem Maße aufgefordert, den Geltungsanspruch von Textaussagen kritisch zu prüfen. Wie die Leser-Nutzer auf diese veränderten Anforderungen reagieren, darüber ist bisher noch kaum etwas bekannt; empirische Arbeiten, wie sie für den 'klassischen' Leseprozess in großem Umfang vorliegen, fehlen bislang. Hinzu kommt, dass sich die heute übliche Ausgestaltung von Hypertexten mit den technischen Möglichkeiten erst in allerletzter Zeit ergeben hat und sicherlich weiteren Veränderungen unterworfen sein wird, während sich die Formen konventioneller Schriftlichkeit, etwa die Publikationsform Buch, in Jahrhunderten entwickelt haben und sich Generationen von Lesern auf ihre Anforderungen einstellen konnten.

Übrigens lässt sich gegen die angeführten Beobachtungen zum Hypertext zu Recht einwenden, etliches gelte auch für herkömmliche Publikationsformen. Auch eine Enzyklopädie oder ein Kochbuch sind nicht linearisiert, Inhaltsverzeichnisse und Indizes ermöglichen eine vom Leser gesteuerte selektive Lektüre, und z.B. wissenschaftliche Texte enthalten vielfältige Verweise auf andere Texte, wie es ja schon äußerlich Fußnotenapparat und Literaturverzeichnis ausweisen. Und die Aktualisierung oder Veränderung eines Textes ist z.B. bei Neuauflagen schon immer möglich. Dieser Einwand gilt auch für den Leseprozess; es hat sich oben ja gerade gezeigt, dass Lesen ein Akt aktiver Konstruktion von Sinn ist, die Leser also immer Koautoren sind. Auch den Geltungsanspruch eines Textes einzuschätzen ist schon immer Aufgabe des kritischen Lesers. Allerdings kann die aktive Rolle des Nutzers beim Umgang mit einem Hypertext viel deutlicher in den Vordergrund treten, denn es sind ja laufend bewusste, nicht automatisierbare Entscheidungen gefordert, wie der Fortgang des Leseprozesses gestaltet werden soll. Dies gilt um so ausgeprägter, je mehr die gewählte Sequenzierungsform eines Hypertextes dem Netzwerk des unsequenzierten Textes entspricht. Runkehl/Schlobinski/Siever (1998, S. 159–162) folgen hier der Unterscheidung von „ignorierender Lektüre“ bzw. „gerichtetem Browsing“ (ein Teiltext wird komplett gelesen, erst dann wird entschieden, welchem Link der Leser weiter folgen will, um zu seinem Leseziel zu gelangen) und der „zerfasernden Lektüre“ oder dem „ungerichteten Browsing“ (wenn der Blick des Nutzers auf einen Link fällt, wird sofort entschieden, ob er diesem Verweis folgen will; ggf. gerät dabei das ursprüngliche Leseziel ganz aus den Augen oder es verändert sich kontinuierlich).

Darin, dass die Nutzung von Hypertexten die aktive Rolle des Lesers ständig explizit erfahrbar macht und einfordert, kann man eine wesentliche Komponente des didaktischen Potenzials sehen, das der Umgang mit diesen Texten aufweist. Und wenn die pädagogische Zuversicht auf die Übertragbarkeit von Gelerntem nicht trügt, kann damit auch ein Gewinn für das Lesen konventioneller, linearisierter Texte verbunden sein.

8.2 Lesesozialisation und Mediengebrauch von Kindern und Jugendlichen

8.2.1 Bücherlesen

Kinder, die in einem Industrieland aufwachsen, begegnen der Schriftkultur nicht erst mit dem Beginn des schulischen Lesenlernens. Dehn (1991) schildert anschaulich, bei welchen Gelegenheiten Schriftlichkeit in das Bewusstsein der erst gut einjährigen Katharina tritt: Sie bringt Erwachsenen eine Zeitung zum Lesen und imitiert auch selbst das Lesen, indem sie das Papier eine Zeit lang wie diese hält, sie folgt einer fiktiven Reiseroute auf einer Landkarte mit dem Finger und verfällt in einen besonderen, etwas eintönigen Singsang des 'Erzählens', wenn sie ein Bilderbuch in die Hand bekommt. Im Straßenbild, auf Verpackungen aller Art, zu Hause, beim Einblick in die schulische Welt älterer Geschwister – in vielen Bereichen ihrer Umwelt begegnen schon Kleinkinder den Spuren von Schriftlichkeit. Vielfältige „literacy events" (Barton 1994, S. 148–154) gehören zu ihrem Alltag.

Jerome Bruner (1987, S. 64–75) und Petra Wieler (1995 und 1997) haben gezeigt, dass vor allem das Vorlesen von Bilderbüchern und von altersgemäßen Texten eine prominente Rolle bei der Begegnung mit Schriftlichkeit spielt. Wenn kleinen Kindern vorgelesen wird, ist dies typischerweise in ein Gespräch eingebettet. Diese Vorlesegespräche folgen, so lässt sich beobachten, sehr häufig charakteristischen Interaktionsroutinen. Ein Grundmuster:

1. Aufruf (Schau!)
2. Frage (Was ist das?)
3. Bezeichnung (Das ist ein X.)
4. Rückmeldung (Ja! Du hast Recht!)

(nach Bruner 1987, S. 67)

Solche Interaktionsroutinen (Bruner spricht auch von Formaten einer Handlung) sind wie ein Geländer oder ein Gerüst, das von Vorlesenden in unterschiedlicher Weise genutzt wird. Manche, so haben Wieler (1997, S. 210f. und 316–321) und Schneider (1995, S. 75f.) beobachtet, gehen rigide und starr am Text orientiert vor. Sie nehmen wenig Rücksicht auf Zwischenfragen und den Verstehenshorizont des Kindes. Manche realisieren das Muster dagegen auf eine unvorhersehbare und „instabile" Art und manche schließlich passen es in hilfreicher Weise flexibel an die Verstehensbemühungen des Kindes an. Ein Beispiel hierfür (S: Jugendliche, 15 J.; L: Mädchen, 5 J.):

(1) S: Also guck mal. Wir haben hier so'n Buch mitgebracht. Und das heißt „Ir-
(2) gendwie Anders".
(3) L: Hm.
(4) S: Und das geht um den kleinen Kerl hier. – Also. Da lebt er irgendwo.
(5) L: Ich glaub, hier hinten. [zeigt]
(6) S: Ja, das ist möglich. Mal gucken. Also, da sitzt er auf seinem Sessel.

(7) L: Komischer Sessel.
(8) S: Gell. Mit so Flicken. Ist schon ganz alt.
(9) L: Der ist ganz komisch.
(10) S: Ja, da wohnt er.
(11) L: Da. Da is ... da ist dessen Kind da. Da wohnt vielleicht jemand anders.
(12) S: Ja, genau. Vielleicht, wolln mal schaun. Also hier steht:

Auf einem hohen Berg, wo der Wind pfiff, lebte ganz allein und ohne einen einzigen Freund Irgendwie Anders.

(13) L: Heißt der?
(14) S: Ich glaube ja. Hm.
(15) L: So heißt der, glaub ich.
(16) S: Hm [zustimmend]. Also der wohnt da oben. Hier ist er dann in seiner Woh-
(17) L: nung. Da is der Sessel.

Er wusste, dass er irgendwie anders war, denn alle fanden das. Wenn er sich zu ihnen setzen wollte oder mit ihnen spazieren gehen oder mit ihnen spielen wollte, dann sagten sie immer:

(18) S: Was können die wohl sagen, guck mal, wenn die da so stehen?
(19) L: Die magen den vielleicht nicht, weil er so komisch aussieht.
(20) S: Ja.

„Tut uns Leid, du bist nicht wie wir. Du bist irgendwie anders. Du gehörst nicht dazu."

(21) S: Ja, ich glaub auch, die mögen den nicht. [...]

Die Jugendliche ist bemüht, das Kind zu aktivieren und fordert es mehrfach zu Vermutungen und Deutungen auf. Sie geht auf die Annahmen des Kindes in (5), (11), (13) und (19) ein, sie kommentiert aber zunächst nur zurückhaltend aus eigenem Wissen und bestätigt dann erst nach der Lektüre. Sie unterstützt das Kind also im Aufbauen von Sinnerwartungen, in die Beobachtungen an den Bildern und am Text ebenso einfließen können wie eigene Lebenserfahrungen, hier etwa in taktvoller und ganz zurückhaltender Weise eigene Erfahrungen mit Ausgrenzung. Die eigentliche Textlektüre kann dann als funktional erlebt werden, weil sie zur Vereindeutigung beiträgt.

Kinder können in solchen Situationen Erfahrungen mit der symbolgestützten Vermittlung von gedanklichen Inhalten im Medium Text machen. Sie werden dazu aufgefordert und darin unterstützt, diese Inhalte an ihre individuellen Wissens- und Erfahrungsräume anzuschließen. Dabei können sie beispielsweise lernen, zwischen zwei Bewusstseinsebenen zu unterscheiden, der „Landschaft der Handlung" und der „Landschaft des Bewusstseins". Astington (nach der Übersetzung von Wieler 1995, S. 50f.) zeigt dies am Beispiel des Märchens *Des Kaisers neue Kleider*:

> In der einen Landschaft arbeiten die Weber fleißig; der Kaiser und seine Höflinge beobachten sie. In der anderen Landschaft geben die Weber nur vor, fleißig zu arbeiten; jeder der Beobachter weiß von sich selbst, daß er nichts sieht , aber jeder von ihnen glaubt zugleich, die anderen sähen etwas Wundervolles [...]. Beide Landschaften werden im Märchen geschildert. Aber die zweite Landschaft ist be-

> reits eine Repräsentation oder Vorstellung; es ist die Vorstellung der fiktiven Figuren von der fiktiven Wirklichkeit. Wer das Märchen verstehen oder genießen will, muß beide 'Landschaften', die der 'Handlung'und die des 'Bewußtseins', gleichzeitig verstehen. Genau das ist es, was Kinder frühestens im Alter von vier Jahren zu leisten vermögen.

Vorlesegespräche sind geeignet, Kindern immer komplexere Merkmale schriftgestützter Kommunikation zu vermitteln. Die geschilderten Beispiele zeigen, dass die frühen Erfahrungen von Kindern mit Schriftlichkeit zu einem erheblichen Teil ihren Ort in der Familie haben. Schriftlichkeit und der Gebrauch davon haben aber in Familien eine ganz unterschiedliche Bedeutung, z.B. in Abhängigkeit von der Schichtzugehörigkeit. Das so hilfreiche flexible Gerüst im Vorlesegespräch scheint z.B. typisch für die Mittelschicht zu sein. Bezeichnenderweise ist S im obigen Beispiel Schülerin eines Gymnasiums. Dass Kinder aus schriftfernen Elternhäusern mit weniger günstigen Voraussetzungen in den schulischen Schrifterwerb gehen, ist vor diesem Hintergrund plausibel. Auch wenn umfassende empirische Belege für solch einen Zusammenhang noch ausstehen (vgl. Dehn/Sjölin 1996, S. 1149f.), spricht doch alles dafür, hier eine kompensatorische Aufgabe von Kindergarten und Schule zu sehen. Der Unterricht darf sich nicht auf die 'technischen' Teilaspekte des Lesens beschränken, er muss sich auf den Umgang mit Schriftlichkeit im umfassenden Sinn beziehen, und zwar im Interesse aller Kinder.

Mit dem Erwerb der basalen Lesefertigkeit können Kinder zu eigenständigen Lesern werden. Erich Schön (1989) hat erwachsene Viel-Leser (Studierende und ältere Schüler) nach ihren Leseerfahrungen (Belletristik) als Kinder und Jugendliche befragt und sie um Lese-Autobiografien gebeten. In der Auswertung findet er eine Lese-Lebenskurve, die Veränderungen im Selbstbild der Befragten als „Viel- und Intensiv-Leser" in Abhängigkeit vom Alter abbildet:

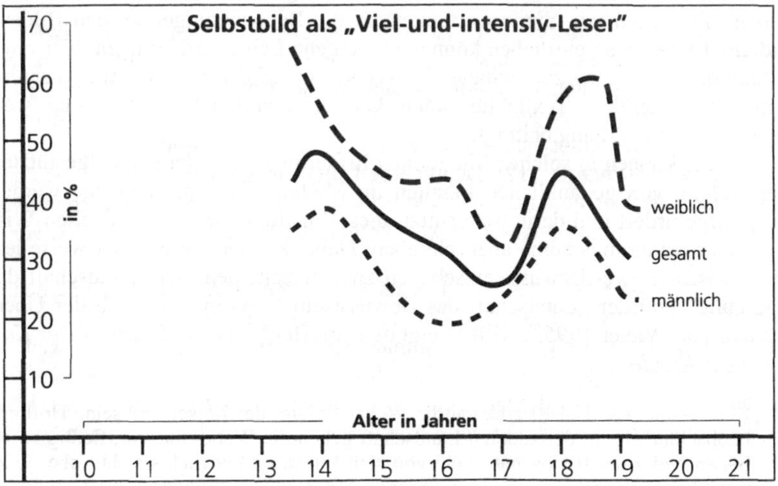

(Abb. 8/3)

Schön erläutert:

> Die Leselebenskurve der Bedeutung des Lesens im Lebenszusammenhang steigt in den ersten Grundschuljahren nach dem formalen Lesenlernen zunächst steil an. Bei etwa 9/10 Jahren liegt ein kleiner Sattel, wo die Entwicklung für einen Moment retardiert. Dann steigt sie abermals an und erreicht in der Pubertät die größte Bedeutung im Leben überhaupt. Bei den Mädchen liegt diese Hochphase der Bedeutung des Lesens ca. zwischen 12 und 14, bei den Jungen ca. zwischen 13 und 15 Jahren. Es folgt ein drastischer Rückgang auf ca. die Hälfte des pubertären Leseniveaus (wobei die Mädchen dann aber immer noch etwa jene Höhe der Lesekurve halten, die die Jungen in der Pubertätshochphase überhaut erreichen). Die Talsohle für die Bedeutung des Lesens liegt etwa bei 16/17 Jahren. Danach steigt die Kurve steil wieder an und erreicht mit 18/19 Jahren einen zweiten Höhepunkt.
>
> (Schön 1989, S. 24)

Die Bindung an das Medium Buch ist bei Jugendlichen und bei jungen Erwachsenen also am deutlichsten ausgeprägt und geht dann mit zunehmendem Alter kontinuierlich zurück. Zu vergleichbaren Ergebnissen kommt auch die Befragung von Böck (2000) in Österreich; hier wird u.a. besonders deutlich, dass Kinder um das neunte Lebensjahr herum intensive Buchleser sind: 76% von ihnen sind zeigen eine „hohe" oder „mittlere" Leseintensität (S. 78). Junge Menschen dürften also für Belange der Leseförderung besonders ansprechbar sein; zugleich ist zu erwarten, dass sich während der Pubertät und der Adoleszenz in vielen Fällen entscheidet, ob jemand zum Vielleser wird.

8.2.2 Mediennutzung

Dieses Bild stimmt überein mit den grundlegenden Befunden der sozialwissenschaftlich orientierten Leserforschung (vgl. Bonfadelli 1999, S. 116). Neben dem Alter korreliert vor allem der Bildungsstand mit der Bindung an das Buch. Bisherige Untersuchungen zeigten ferner, dass Frauen intensivere Buchleserinnen sind als Männer. Hier deutet sich gegenwärtig möglicherweise eine Angleichung an (vgl. Bonfadelli 1999, S. 117). Deutlichere Unterschiede werden jedoch sichtbar, wenn man nach der Funktion der Lektüre fragt. Männer betonen die kognitiven Funktionen (Information usw.) stärker, Frauen die ästhetischen (vgl. Bonfadelli 1999, S. 120f.).

Eine gewisse Konkurrenz des Lesens zu anderen Medien, insbesondere zum Fernsehen, ist durchaus gegeben: Vielseher sind keine Vielleser. Auch in der umgekehrten Richtung gilt der Zusammenhang. Allerdings hat die Ausweitung des Fernsehens im täglichen Zeitbudget das Lesen nicht verdrängt, wie dies früher einmal erwartet wurde. Die Zeit, die für das Lesen aufgewendet wird, blieb im Wesentlichen konstant; der hohe Anteil, den das Fernsehen gewinnen konnte, speiste sich aus dem Zugewinn an Zeit, die für die Nutzung von Medien überhaupt verwendet wird.

Seit der zweiten Hälfte der 90er Jahre haben die computergebundenen neuen Medien Einzug in das Spektrum der Mediennutzung von Kindern und Jugendlichen gehalten. 1999 waren 51% der 6- bis 13-Jährigen zumindest gelegentliche PC-Nutzer, und zwar mit zunehmendem Alter immer intensiver (KIM 99, S. 40). Ähnliches gilt für den Anteil der Computernutzung an den medialen Freizeitaktivitäten der 12- bis 19-Jährigen:

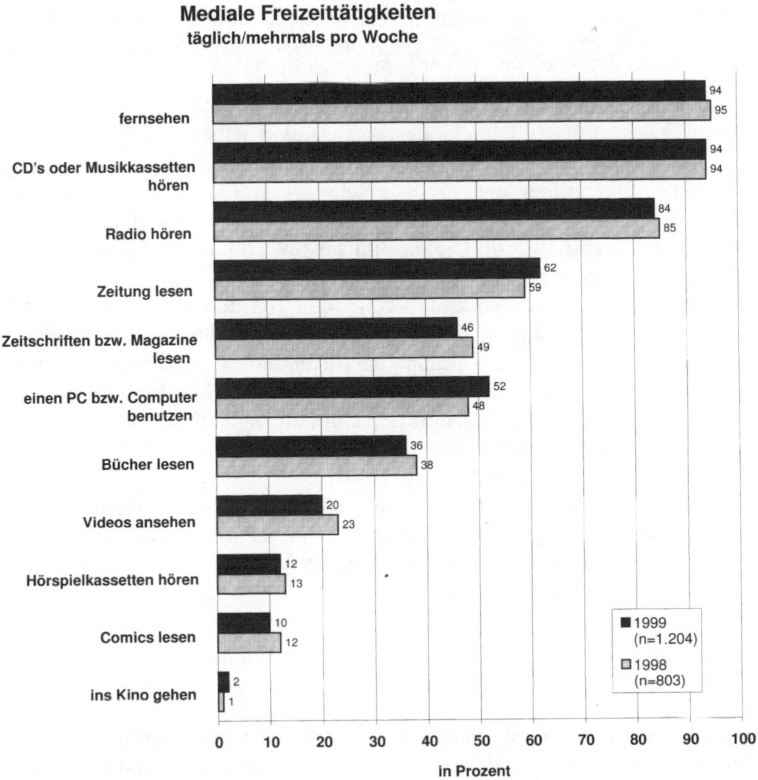

(Abb. 8/4)

Entsprechend hoch ist die Geräteausstattung der Haushalte. 100% der Haushalte mit Jugendlichen verfügten 1999 über einen Fernseher, 85% über einen PC (JIM 99/2000, S. 15). 1999 verwendeten 56% der Jugendlichen PC-Nutzer ihr Gerät für Computerspiele (1998: 53%), 45% zum Schreiben von Texten (1998: 42%), 44% für Arbeiten für die Schule (1998: 38%; JIM 99/2000, S. 22). Im Jahre 1999 arbeiteten 29% der jugendlichen PC-Nutzer mit dem Internet, 1998 hatten dies erst 18% getan. 47% der Internet-Nutzer schätzten vor allem die Möglichkeiten zur Kommunikation (1998: 34%) und 41% die zur Information (1998: 43%; JIM

99/2000, S. 37–42). Die beiden zitierten Studien zum Umgang von Kindern und Jugendlichen mit Medien zeigen auch, dass Jungen immer noch intensivere PC-Nutzer sind als Mädchen und dass sich der Bildungsstand auswirkt. Schüler der Gymnasien sind deutlich intensivere Nutzer als Hauptschüler, die Schüler der Realschulen liegen dazwischen.

Nur 8% der 6- bis 13-Jährigen gaben im Frühjahr 1999 an, sie hätten sich die notwendigen Kompetenzen im Umgang mit dem PC selbst verschafft. Bei 58% haben die Eltern diese Kenntnisse vermittelt, bei 41% Freunde und bei 22% ein Lehrer (KIM 99, S. 42f.). Die Schule spielt also hier bisher eine untergeordnete Rolle.

In welchem Rahmen und in welchen Institutionen findet die Sozialisation im Umgang mit Medien statt? Für die Lesesozialisation haben z.B. Hurrelmann/Hammer/Nieß (1993) und Köcher (1993) die besondere Bedeutung der Familie betont. Daneben wirken hier auch die Kompetenzvermittlung in der Schule und der Kontakt in der Peergroup (Bonfadelli/Fritz 1993, S. 110–113 und Köcher 1993, S. 250–254 und 270–276). Dieses Bild scheint grundsätzlich auch für den Bereich der computergestützten neuen Medien zu gelten, wenngleich die Dinge dabei noch stärker im Fluss sind und es z.B. auch von derzeit anstehenden bildungspolitischen Entscheidungen abhängt, ob die Schule hier eine wesentliche Rolle wahrnehmen kann. Für die Gruppe der Jugendlichen wird man annehmen dürfen, dass die Orientierung in der Peergroup Bedeutung hat. Immerhin waren 1999 für 36% (1998: 33%) der Jugendlichen Computerspiele und für 14% (1998: 9%) das Internet häufige Gesprächsthemen mit Freunden und Freundinnen („täglich/mehrmals pro Woche"; JIM 99/2000, S. 16).

Soweit ein Blick auf einige mit sozialwissenschaftlichen Instrumenten beobachtbare Aspekte von Lese- und Mediensozialisation. Er macht deutlich, dass der Rahmen für die Aneignung von Schriftlichkeit ein Medienmix ist, den sich Kinder und Jugendliche zusammenstellen.

8.2.3 Aneignung von Schriftlichkeit

Im einleitenden Kapitel wurde bereits auf die für sprachdidaktische Reflexion grundlegende Unterscheidung von konzeptioneller Mündlichkeit und Schriftlichkeit hingewiesen. Wenn Kinder und Jugendliche lesen, eignen sie sich nicht nur Kompetenzen im Umgang mit medialer Schriftlichkeit an, die sie selbstverständlich brauchen, um sich informieren und um kommunizieren zu können und um so an einer modernen Gesellschaft praktisch partizipieren zu können. Sie eignen sich auch konzeptionelle Schriftlichkeit im Sinne einer kognitiven Disposition an, die ihre Wahrnehmung von Welt, ihre Verstehensbemühungen und ihr Denken strukturieren. Zur Erläuterung sei auf den Textbegriff von Konrad Ehlich (1994, S. 18–21) im Zusammenhang mit der Struktur schriftlicher Kommunikation verwiesen. Unter „Vertextung" wird hier die Herauslösung einer Äußerung oder einer Kette von Äußerungen aus der aktuellen Sprechsituation verstanden, Texte sind dissoziierte Diskurse. Sie verlieren damit die Merkmale der Flüchtigkeit und der Situationsgebundenheit, also z.B. der Gebundenheit an konkrete Sprecher und Hörer, die für Face-to-face-Gespräche charakteristisch sind. So wird es möglich, Wissen zu tradieren. Diese „Vertextung“ oder „Verdauerung“ ist grundsätzlich auch in medialer Mündlichkeit möglich (vgl. z.B. Sprichwörter), sie wird aber vom Medium der Schriftlichkeit ganz entscheidend unterstützt und erhält eine neue Qualität. Insbesondere seit der Verbreitung des Buchdrucks wird „der Hörer zum Leser transformiert“. Das Verstehen eines Textes bedeutet nun nicht mehr, etwas mündlich Vorgetragenes in einem sozialen, vielleicht geselligen Rahmen zu rezipieren, sondern über einen verdinglichten Text zu verfügen.

> Dadurch wird Verstehen zu einem lang anhaltenden, möglicherweise auch stochastischen, ja zu einem vieldimensionalen, aber auch vielfach gebrochenen Prozeß. Der schriftliche Text kann weggelegt und wieder aufgenommen werden. Der Verstehensprozeß wird segmentiert – mit der Gefahr der Zerstückelung und einer neuen Form des Mißlingens.
>
> (Ehlich 1994, S. 36)

Um die Chancen dieses distanzierten Umgangs mit den schriftlich niedergelegten gedanklichen Inhalten zu nutzen und den angesprochenen Gefahren zu entgehen, bedarf es eines professionell geschulten Lesers, der die Strukturen seines Denkens an die Strukturen der schriftlichen Kommunikation angepasst hat. Scheerer (1993) unterscheidet in diesem Zusammenhang „primärorales“ und „literates“ Denken. In jenem erkennt er eine konnektionistische, in diesem eine symbolorientierte Funktionsweise mentaler Prozesse. Hier liegt die Kompetenzerweiterung und -verschiebung begründet, die die Aneignung konzeptioneller Schriftlichkeit notwendig macht. Daraus ergeben sich zentrale Aufgaben des Sprachunterrichts, die von der Ermöglichung erster Erfahrungen mit Schriftlichkeit bereits vor dem Lesenlernen bis zur Befähigung zu philologisch orientierter Textarbeit reichen.

Welche Konsequenzen der Umgang mit computergestützten Publikationen, insbesondere mit Hypertexten, auf die angesprochene Strukturierung mentaler Prozesse haben wird, lässt sich noch nicht absehen. Dass es solche Auswirkungen geben wird, ist aber zumindest plausibel, denn die konstituierenden Merkmale von Schriftlichkeit gelten für sie möglicherweise nur in modifizierter Form. Hypertexte können einen nicht dauerhaften Charakter haben (dies widerspricht dem zentralen Textmerkmal der Verdauerung), sie können u.U. zu einem nicht wiederholbaren, 'zerfasernden' Lektüreweg von Link zu Link führen (dies widerspricht dem zentralen Textmerkmal der Vergegenständlichung eines Diskursbeitrags), sie können auf Eingaben des Nutzers interaktiv reagieren (dies widerspricht dem zentralen Textmerkmal der Dissoziierung aus einer Sprechsituation) und sie können schließlich auch Audio- und Videodaten enthalten und sich damit von medialer Schriftlichkeit entfernen. Hier müssen die Nutzer wohl mit Texten umzugehen lernen, die Merkmale einer sekundären konzeptionellen Oralität aufweisen, d.h. einer Oralität, die, anders als die primäre, Schriftlichkeit bereits voraussetzt.

8.3 Kompetenzen erwerben

Kinder und Jugendliche nutzen Medien also intensiv, alte und neue; dafür wenden sie einen erheblichen Teil ihres Zeitbudgets auf. Schon die Intensität ihres Umgangs mit Textmedien – im Sinne des oben verwendeten Textbegriffs also mit dissoziierten Diskursen – zeigt, dass hier ein wesentliches Feld für Sozialisation und Personwerdung vorliegt. Dies gilt in einem doppelten Sinne. Einmal vermitteln die medial gebundenen Texte gedankliche Inhalte, die sich die Leser-Nutzer aneignen. Sie nehmen so an kommunikativen Prozessen teil und machen sich Erfahrungen mit ihrer näheren und weiteren Umgebung zugänglich, sie lernen etwas über die Welt. Zum anderen ist die Art und Weise, wie gedankliche Inhalte medienspezifisch strukturiert und präsentiert werden, ihrerseits ein wichtiger Bestandteil dieser Umwelt und damit selbst ein Gegenstand der Erfahrung. Welche Aufgabe resultiert aus dieser Sachlage für den Sprachunterricht, welche Bedingungen ergeben sich aus dem Gegenstand Text für den Umgang mit dieser Aufgabe und welches Konzept kann Grundlage für Lösungen sein?

Die *Aufgabe* ist eine doppelte:

- Der Sprachunterricht muss Kinder und Jugendliche an konzeptionelle Schriftlichkeit heranführen. Dies geht weit über den Umgang mit medialer Schriftlichkeit, also die Vermittlung der 'technischen' Lesefertigkeit, hinaus. Für den Vorschulbereich und für die Grundschule kann das heißen, manchen Kindern erst einmal Grunderfahrungen mit den Funktionen von Schrift zu ermöglichen, wie sie sonst vielfach zuerst in der Familie gemacht werden. Bei Kindern aus schriftfernen Elternhäusern liegt hier eine kompensatorische Aufgabe, ihnen müsste z.B. vorgelesen werden. Für die Grundschule kann es heißen, Leseförderung zu betreiben und den Kindern ein für sie attraktives und umfangreiches Angebot von Lesestoff zugänglich zu machen, gemeinsam durch intensive Textarbeit zu erfahren, wie man es sich nutzbar machen kann und sie bei der Auswahl zu unterstützen. Und für die Sekundarstufe kann es heißen, in der intensiven Arbeit z.B. an Gebrauchstexten inhaltliche und sprachliche Verknüpfungen, Verflechtungen und Verweise aufzudecken, Textmuster kennen zu lernen und die (re)konstruierten gedanklichen Inhalte dem prüfenden Blick zugänglich zu machen, indem Texte funktional für eigene Ziele und Zwecke genutzt werden.
- Ferner wird man es als Aufgabe des Sprachunterrichts sehen, Kinder und Jugendliche nicht nur beim Erwerb der Fertigkeiten im Umgang mit Schriftlichkeit zu unterstützen, sondern ihnen auch einen selbstbestimmten Umgang mit medial vermittelten Texten zu ermöglichen. Die Aufgabe 'Selbstbestimmung' lässt sich in einer pädagogischen Argumentationskette aus übergeordneten Erziehungszielen ableiten. Sie verweist auf die Ebene des Bestimmens von Zielen und des Urteilens. Sie setzt Fertigkeiten zum Umgang mit Schriftlichkeit und Erfahrungen mit ihr voraus, erfordert aber zusätzlich den Schritt auf die Metaebene, die Bewusstseinsbildung über den

Umgang mit Schriftlichkeit. Die Arbeit mit und an Hypertexten bietet hier z.B. erhebliche Lernchancen, weil sie eine Modifizierung von tradierten und vielfach teilautomatisierten Formen des Umgangs mit Texten erfordert und diese dabei in den Fokus der Aufmerksamkeit rücken können.

Die zentrale *Bedingung*, unter der der Sprachunterricht diese zweifache Aufgabe angeht, ist die aktive Rolle des Lesers. Sie ergibt sich aus dem Gegenstand Text und aus der Art und Weise, wie Leser-Nutzer Texte rezipieren, nämlich nicht durch 'Sinnentnahme', sondern durch aktive Konstitution von Sinn im Dialog mit dem Text. Dies hat sich ja bei der Frage nach den Komponenten des Leseprozesses ergeben. Auch für das Lesen und den Umgang mit Medien gilt also das Bild des Lernenden als Person mit vielfachen, schon vorhandenen Wissensbeständen und Kompetenzen. Diese muss er unter geeigneten Umständen zwar noch erweitern. Für ihn gilt aber nicht das Bild einer 'defizitären' Person, deren Wissen und Können durch Unterricht überhaupt erst aufgebaut werden müsste.

Als *grundlegendes Konzept* für die Strukturierung von Lehr-Lern-Prozessen beim Umgang mit Medien ergibt sich der Begriff der Kompetenz. Dieter Baacke (1999a, S. 31f.) betont die Eignung dieses Begriffs,

> [...] weil 'Kompetenz' nicht nur einem speziellen institutionellen Bereich – hier: dem Bereich der Erziehungs- und Bildungseinrichtungen – zugeschlagen werden muß, sondern darüber hinaus etwas viel Allgemeineres anzielt, nämlich eine Weise gelungenen In-der-Welt-Seins im Horizont gelebten Lebens insgesamt. Benachbarter ist der Begriff 'Bildung'. 'Bildung' unterscheidet sich von 'Erziehung' darin, daß letztere im Idealfall pädagogisch-professionelle Handlungsakte in systemischen Zielkontexten meint, während ‚Bildung' eher subjekttheoretisch verwendet wird, wonach das 'Ich' zwar durch 'Erziehungsakte' beeinflußt werden kann, aber letztlich unverfügbar bleibt, so daß dem zu Bildenden zwar *Bildungsgelegenheiten* zur Verfügung gestellt werden können, er aber nicht (wie es 'Erziehung' gern möchte) zum Objekt sicherer Gelingensresultate bestimmt werden kann. Das jeweilige Ich bleibt (um mit Herbarth zu reden) „höckerig", es läßt sich nicht auf ein Bildungsziel hin abschleifen, sondern verbleibt in der Widerständigkeit der sich ausbildenden Individualität. 'Kompetenz' begegnet sich in beiden Begriffen, indem 'Erziehung' die pädagogische Auslegung und Methodisierung von Kompetenz anzielt, während 'Bildung' eher kulturelle Lebensräume bereitstellt, in denen das jeweilige Individuum sich verwirklichen, sein Ich aber auch transzendieren kann.

Bezogen auf den Handlungs- und Erfahrungsraum Medien ergibt sich der Begriff der Medienkompetenz als Grundlage für die Bestimmung von Zielen auch für den Sprachunterricht beim Umgang mit Medien. Den Begriff der Medienkompetenz bestimmt Baacke durch vier Dimensionen: Vermittelt werden *Medienkritik* (analytisch, reflexiv, ethisch) und *Medienkunde*, also Wissen über Medien und die instrumentellen Fertigkeiten z.B. zur Bedienung von Apparaten. Handlungsziele finden sich im Bereich der rezeptiven und interaktiven *Mediennutzung* und der innovativen und kreativen *Mediengestaltung* (vgl. Baacke 1999a, S. 34).

Das Konzept der Medienkompetenz zielt damit auf Handlung. Nur in der Nutzung und Gestaltung, also handelnd, kann Kompetenz erworben werden. Handlungen lassen sich als Ketten von Tätigkeiten verstehen, die Personen planen und ausführen, um ein Ziel zu erreichen. Sie benötigen dazu Fähigkeiten: die Fähigkeit, Handlungsziele zu finden und zu präzisieren, die Fähigkeit, Teiltätigkeiten abzugrenzen, zu planen und zu steuern, die auf das Ziel zuführen, die Fähigkeit, Teilresultate und Ergebnisse zu analysieren und zu bewerten, die Fähigkeit, Planungen zu revidieren.

Auf den Gegenstandsbereich Text und Medien bezogen, erfordert dies fachspezifische Fertigkeiten. Welche dies sind, ergibt sich aus den beiden oben unterschiedenen Aufgabenbereichen des Sprachunterrichts. Wie können diese Fertigkeiten erworben werden? Baacke (1999b) argumentiert, dass Medienkompetenz untrennbar mit der Arbeitsform *Projekt* verbunden sei. Auch wenn etliche Lehrerinnen und Lehrer Vorbehalte dagegen haben werden, ihren Sprachunterricht dauerhaft und konsequent ausschließlich in der Form von Projekten zu gestalten, die dem mit dem Begriff verbundenen hohen Anspruch (vgl. z.B. Frey 1991) auch tatsächlich entsprechen, scheint es doch sinnvoll, ein geplantes Unterrichtsvorhaben daraufhin zu prüfen, in welchem Umfang es autonomes Handeln ermöglicht. Auf einer Skala, deren beide Enden vom Minimalanspruch der funktionalen Einbindung jeder Arbeit mit Texten und Medien auf der einen Seite und von vollgültigen Projekten auf der anderen Seite bestimmt werden, kann man sich als Mittelposition ein aufgabenorientiertes Vorgehen vorstellen. Die Schülerinnen und Schüler entwickeln dabei, angeregt und unterstützt durch den Sprachunterricht und seine fachspezifischen Ziele, aus ihren Handlungszielen eine Aufgabe mittlerer Reichweite, bearbeiten sie und führen sie zu einem Ergebnis. Dabei erhalten sie eine fachliche Unterstützung durch den Unterricht, die in ihrer Art und in ihrem Umfang flexibel an den Bedarf angepasst ist, die Zumutung zur Autonomie aber spürbar bleiben lässt.

Lektürehinweise

Die Gegenüberstellung von Mündlichkeit und Schriftlichkeit konnte hier nur angedeutet werden. Einen orientierenden Überblick ermöglichen die Handbuchartikel von Raible (1994) und Ehlich (1994). Zwei spannende Darstellungen sind Ong (1987) und für die frühen Hochkulturen Assmann (1992). Interessant ist in diesem Zusammenhang auch die kurze Einführung in die Kulturgeschichte des Lesens von Schön (1999). Dehn/Sjölin (1996) geben eine Übersicht über die Aneignung von Schriftlichkeit durch Kinder bis zum schulischen Schriftspracherwerb.

Der Leseprozess wurde am Beispiel einer Leseanfängerin als kognitiv-konstruktiver Vorgang dargestellt. Dass diese Charakterisierung auch für kompetente Leser und für das Lesen überhaupt gilt, zeigen z.B. die knappe Übersicht von Christmann/Groeben (1999) mit vielen Verweisen auf die zentralen empirischen Arbeiten zur Lesepsychologie und ausführlich die beiden Bände von Groeben (1982) und Groeben/Vorderer (1988). Erhellend sind auch Stiefenhöfer (1986, S. 25–96) und Schnotz (2000) sowie Willenberg (1999).

In die Besonderheiten von Hypertexten führt der Aufsatz von Storrer (2000) und der Beitrag von Sager (2000) ein. Über Kommunikationsprozesse im Internet und ihre sprachlichen Implikationen informieren breiter Runkehl/Schlobinski/ Siever (1998).

Über den Stand der sozialwissenschaftlichen Leseforschung in Deutschland und einige ihrer zentralen Befunde gibt Bonfadelli (1999) einen Überblick. Böck (2000) bestätigt zentrale Ergebnisse der Leserforschung für die 8- bis14jährigen in Österreich. Einen internationalen Vergleich ermöglichen die beiden Bände *Lesen im internationalen Vergleich* I und II.

Das Konzept Medienkompetenz stellt Baacke (1999a und b) knapp dar. Einige praktische Anregungen für den Unterricht finden sich im Themenheft *Konzept Medienkompetenz* der Zeitschrift *Computer und Unterricht* (Heft 37, 2000) sowie in Baacke u.a. (Hgg., 1999). Fachübergreifend und grundlegend erläutert Baacke (^{3}1980) den Begriff der Kompetenz. Über die Projektmethode informiert Frey (1991).

9. Mehrsprachigkeit im Deutschunterricht

Im Deutschunterricht auf deutschsprachigem Gebiet gibt es kaum noch Klassen, in denen sich nicht zumindest ein zweisprachiger Schüler befindet – ein Schüler, für den Deutsch nicht die Mutter- oder Familiensprache ist, sondern eine Zweitsprache. Für diese Schüler, vor allem dann, wenn sie noch große Probleme mit der deutschen Sprache haben, kann eine 'eigensprachliche' Deutschdidaktik nicht adäquat sein. Deshalb hat sich eine 'Didaktik des Deutschen als Zweitsprache' (DDaZ) entwickelt, eine fachdidaktische Richtung, die sich seit den 70er Jahren an einigen Universitäten als eigenständige Disziplin in Studiengängen etabliert hat. Aber diese Spezialisierung hat mit dazu beigetragen, dass in der muttersprachlichen Deutschdidaktik das Problem der Mehrsprachigkeit kaum aufgegriffen oder gar produktiv für die Entwicklung des Faches umgesetzt wurde.

Eine fremdkulturelle und anderssprachige Perspektive erscheint bis heute als 'Anhängsel' der Deutschdidaktik, als etwas Zusätzliches für Anderssprachige, das von Spezialisten in der didaktischen Nische 'Deutsch als Zweitsprache' bearbeitet wird. Es geschieht höchst selten, dass in einer Veröffentlichung zur Didaktik des Lesens, Schreibens, zur Reflexion über Sprache oder zur mündlichen Kommunikation auf didaktische Möglichkeiten und Chancen, die eine multikulturelle und multilinguale Unterrichtssituation bietet, Bezug genommen wird. Im Zentrum der Aufmerksamkeit von Sprachdidaktikern stehen monolinguale deutsche Schüler. Sie sind gewissermaßen 'unmarkiert', während bilinguale Schüler 'markiert' sind. Für viele scheint es gar eher als eine Art Makel zu gelten, neben Deutsch noch eine weitere Sprache zu beherrschen. Mit ihren Lernbedürfnissen hat sich die Sprachdidaktik bislang nur am Rande beschäftigt und die Thematik Experten für Deutsch als Zweitsprache überlassen.

Wir möchten die weithin herrschende Ausgrenzung nicht fortschreiben und Deutsch als Zweitsprache stärker ins Zentrum einer Sprachdidaktik rücken, in der Einsprachigkeit und Mehrsprachigkeit zu einem integrativen sprachdidaktischen Konzept gehören. Ein Blick in die Geschichte des Deutschunterrichts kann dabei helfen, die monolinguale Schieflage der Sprachdidaktik zurechtzurücken.

9.1 Latein, Deutsch und Englisch

Die Wurzeln des Deutschunterrichts sind polyglott (vgl. Wieland/Huneke 1998). Deutschunterricht entwickelte sich vom späten Mittelalter bis zur Mitte des 19. Jahrhunderts in ständiger Auseinandersetzung mit dem Lateinischen, der allgemeinen europäischen Gelehrtensprache. In der Begrifflichkeit der deutschen Schulgrammatik ist diese Herkunft bis heute spürbar (vgl. Kapitel 7.3).

Im Neben- und Miteinander von Latein und Deutsch lagen Prestige und schriftsprachlicher Status über viele Jahrhunderte eindeutig auf Seiten des Lateinischen. Deutsch war die Sprache der Mündlichkeit, der ungebildeten Stände, der primären Sozialisation in der Familie und der dialektalen Vielfalt. Es diente als eine Art schulischer Hilfssprache des Lateinischen, konnte sich aber langsam in Richtung einer überregionalen, normierten und öffentlich akzeptierten Schriftsprache entwickeln. In diesem Prozess spielten Übersetzungen aus dem Lateinischen ins Deutsche eine zentrale Rolle. Durch die komplexe schriftsprachliche Syntax und Textgestaltung lateinischer Texte wurde das Deutsche in den Übersetzungen genötigt, ebenfalls eine konzeptionelle Schriftsprachlichkeit mit einer ausdifferenzierten Grammatik zu entfalten. Die so erreichten sprachlichen Möglichkeiten erlaubten es dem Deutschen, sich nach und nach zu einer einheitlichen deutschen Schriftsprache als Nationalsprache zu entwickeln und sich von der mittelalterlichen Universalsprache Latein unabhängig zu machen. Als Deutschunterricht erstmals im ausgehenden Mittelalter an Schulen eingerichtet wurde, konnte noch niemand ahnen, dass die Bedeutung des Deutschen einmal die des Lateinischen im Curriculum übertreffen würde.

Die Anfänge des Deutschunterrichts liegen in den Lateinschulen des 15. Jahrhunderts, in denen er den Erwerb des Lateinischen zu unterstützen hatte, und in städtischen Schreibschulen, in denen Kaufleute und Handwerker Schriftlichkeit für ihr Geschäft erwerben konnten. Wolfgang Ratke legte 1612 ein erstes umfassendes Konzept vor, Deutsch als Unterrichtssprache zu etablieren, um so eine Grundlage für den Erwerb des Hebräischen, des Griechischen und Lateinischen zu schaffen. Erinnert sei an Comenius' Entwurf einer mehrsprachigen europäischen Bildung und sein deutsch-lateinisches Unterrichtswerk *Orbis pictus* von 1658. Für Wilhelm von Humboldt war ein vergleichendes Studium fremder Kulturen und Sprachen Voraussetzung für Bildung, Humanität und Weltbürgertum (Humboldt 1827-29, S. 144-190). Auch Diesterweg (1836, S. 11) hielt die Koordinierung von mutter- und fremdsprachlichem Unterricht für sinnvoll. Und der Gymnasiallehrer Robert Heinrich Hiecke empfahl in seinem Buch *Der deutsche Unterricht auf deutschen Gymnasien* (1842) im Grammatikunterricht fremde Sprachen hinzuzuziehen. Bei Diesterweg und Hiecke als Repräsentanten des bürgerlich-liberalen Vormärz bekam jedoch der Deutschunterricht erstmals einen herausragenden Status im Fächerkanon (vgl. Gogolin 1994, S. 49-68). Die Beherrschung der standarddeutschen Sprache in Wort und Schrift wurde zur Grundlage und zum Mittelpunkt schulischer Bildung. Um diesen Status gegenüber dem Lateinischen (und dem Griechischen) zu erlangen, benötigte der Deutschunterricht circa 450 Jahre!

In den späteren Veröffentlichungen zur Bildung und zum Deutschunterricht hatte ein kultur- und sprachvergleichender Ansatz keine Chance mehr. Die polyglotte Konzeption sprachlicher Bildung, in der Deutschunterricht einen zunächst untergeordneten, später dann gleichberechtigten Stellenwert hatte, ging verloren. Die monolinguale und kulturell eindimensionale Perspektive entwickelte sich in der Mitte des 19. Jahrhunderts (im Vormärz) mit dem aufkommenden Nationalbewusstsein und führte dann – über Kaiserreich und Weimarer Republik – zum

Exzess im Nationalsozialismus, blieb aber auch anschließend in der Bundesrepublik und der DDR bis heute, nach der Vereinigung der beiden deutschen Staaten, erhalten.

Nach dem Zweiten Weltkrieg wurde die Chance vertan, an den mehrsprachigen Wurzeln des Deutschunterrichts anzuknüpfen. Erika Essen hatte 1956 in ihrer *Methodik des Deutschunterrichts* zwar vorgeschlagen, fremde Sprachen zum Vergleich mit dem Deutschen einzubeziehen und sogar eine Art Teamteaching mit Fremdsprachenlehrern angeregt (vgl. Essen 1956, S. 123). Diese Gedanken konnten sich aber in den restaurativen Jahren der Adenauer-Zeit nicht durchsetzen. Auch von der DDR, die von ihrer kommunistischen Ideologie her einen monolingual und national geprägten Deutschunterricht vielleicht hätte überwinden können, gingen keine polyglotten Impulse aus.

Deutschunterricht wird so seit nunmehr 150 Jahren als zentraler Bestandteil einer grundsätzlich einsprachigen Erziehung verstanden. Seit der Reichsgründung 1871 sollte die deutsche Sprache das einigende Band für alle Deutschen sein. Anderssprachige und bilinguale Schüler, die es ja auch bereits im Deutschen Reich gab, etwa die vielen eingewanderten polnischen Bergleute im Ruhrgebiet, mussten sich dieser nationalen Ideologie beugen. Der Deutschunterricht war ein zentraler Ort, an dem die Assimilation zum Deutschtum und zum 'deutschen Wesen' gelingen sollte.

Alle Schüler sollen zu einer für alle verbindlichen und einheitlichen Standardsprache geführt werden. Dialektal oder soziolektal geprägte Erstsprachen der Schüler wurden dabei kaum berücksichtigt. Lediglich Anfang der 70er Jahre, zur Zeit der kommunikativen Wende, zeigte man sich gegenüber dialektalen und soziolektalen Varietäten tolerant. Die monolinguale Ausrichtung an der Norm der deutschen Standardsprache wurde dadurch jedoch langfristig nicht beeinträchtigt.

Zwei- oder Mehrsprachigkeit spielten im Deutschunterricht nur in einem bestimmten Sinne eine marginale Rolle: Der Grammatikunterricht wurde teilweise damit begründet, dass er für den schulischen Fremdsprachenunterricht nützlich sein könne. Aber ob und wie er im Latein-, Englisch- oder Französischunterricht aufgegriffen und fortgeführt wurde, interessierte die Sprachdidaktik nicht, auch nicht die Frage, ob dies überhaupt sinnvoll wäre. Der Fremdsprachenunterricht entwickelte vielmehr seine eigene Didaktik, unabhängig von der eigensprachlichen Didaktik. Es kam zu keiner sprachübergreifenden Konzeption, in der sich eigen- und fremdsprachliches Lernen gegenseitig ergänzen und unterstützen könnte. Heute, im Zeichen von Globalisierung und Internet, offener Grenzen und Migrationen, eines zusammenwachsenden Europas und schwindender Nationalstaatlichkeit wäre es jedoch an der Zeit, dass der Deutschunterricht wieder zu seinen polyglotten Wurzeln zurückfände.

Die frühere Dominanz des Lateinischen wurde durch die heutige Dominanz des Englischen abgelöst. Englisch hat sich zu einer Universalsprache entwickelt: zur globalen Sprache von Wissenschaft, Technik und Wirtschaft. Wenn früher das Deutsche in der Auseinandersetzung mit Latein stand, steht es heute in Konkurrenz zum Englischen. Die Auswirkungen in der Kommunikation sind bereits beträchtlich, ohne dass dies bislang zu konzeptionellen Überlegungen für den

Deutschunterricht geführt hat. Zu denken wäre hier an die phonetisch mehr oder weniger adäquate Integration englischer Wörter in deutschen Äußerungen („Hast du den Thriller gesehen?") oder an die Kommunikation in Werbung und Internet, aber auch an stilistische Merkmale und die Gestaltung von Textsorten, die durch Übersetzungen aus dem Englischen beeinflusst und verändert werden.

Wer heute als Deutscher in einer wissenschaftlichen Zeitschrift veröffentlichen möchte, der sollte dies manchmal schon auf Englisch tun. Besonders in den Naturwissenschaften sind englischsprachige Texte in den letzten Jahren zur Norm geworden (Ammon 1998). Die Wissenschaft hat sich nach 150 Jahren nationalsprachlicher Beschränktheit wieder eine Universalsprache geschaffen.

Die zunehmend stärker werdende Rolle des Englischen im globalen Kontext und das so veränderte Verhältnis zwischen Deutsch und Englisch machen sprachdidaktische Konzeptionen und Modellierungen notwendig, die sich auf beide Sprachen beziehen. Zu denken wäre hier etwa an fachübergreifendes Teamteaching von Englisch- und Deutschlehrern und an Übersetzungen von Sachtexten und literarischen Texten.

Aber nicht nur die didaktischen Verhältnisse zwischen Deutsch und Englisch bedürfen einer Klärung. Auch der Bezug zu anderen Fremdsprachen und den europäischen Sprachen, die bislang an unseren Schulen nicht vertreten sind, bedarf einer gründlichen didaktischen Diskussion. Dabei spielt das Konzept der 'Nachbarsprachen', das gegenseitige Lernen von Sprachen in Grenzregionen, und der sog. 'Frühbeginn' mit einer Fremdsprache in der Grundschule eine wichtige Rolle.

In einem zusammenwachsenden Europa gilt es, Mehrsprachigkeit so früh und so effektiv wie möglich zu fördern. Junge Europäer sollten heute mindestens drei Sprachen so weit erlernen, dass sie für die Verständigung im Alltag ausreichen. Nicht nur Sprachen mit hohem Prestige wie Englisch oder Französisch dürfen dabei zum Zuge kommen, sondern auch die anderen in Europa gesprochenen Sprachen wie Türkisch, Niederländisch, Italienisch oder Polnisch.

9.2 Die Lernsituation anderssprachiger Schüler

Wenn der Deutschunterricht wieder an seine polyglotten Wurzeln anknüpfen soll, dann hat das nichts mit Nostalgie zu tun: Es gibt vielmehr wichtige Gründe dafür. Auf das zunehmende Gewicht des Englischen im nationalen und globalen Kontext und das dadurch veränderte Verhältnis zwischen Deutsch und Englisch hatten wir bereits verwiesen. Hinzu kommt die Notwendigkeit, in einem zusammenwachsenden Europa zu einem sinnvollen Miteinander unterschiedlicher Sprachen zu kommen und – neben Englisch – nicht nur Französisch in ein sprachdidaktisches Gesamtkonzept einzubeziehen.

Neben diesen sprachpolitischen Erwägungen gibt es auch ganz konkrete Gründe aus der täglichen Schulpraxis, Mehrsprachigkeit in den Deutschunterricht einzubinden: das Miteinander monolingual deutscher und bilingualer Schüler.

1998 betrug die Zahl der ausländischen Schüler 799.875, das sind 9,1% aller Schüler. Die Türken stellen mit 408.712 Schülern die bei weitem größte Gruppe. An beruflichen Schulen waren es 220.058 Schüler, davon 94.038 Türken (vgl. Beauftragte der Bundesregierung für Ausländerfragen 2000, S. 37). Wenn man ca. 25.000 Aussiedler – deutschstämmige Schüler aus den ehemaligen Staaten der Sowjetunion, aus Polen oder Rumänien – und ca. 300.000 Flüchtlingskinder[1], beispielsweise Kurden aus dem Irak, sowie Kinder aus binationalen Ehen hinzunimmt, dann beträgt der Anteil zweisprachiger Schüler im Durchschnitt ungefähr 13%. Die Anteile variieren jedoch stark: Auf dem Lande liegt der Wert deutlich niedriger, in Großstädten dagegen, besonders in einigen Stadtbezirken ist er hoch – an manchen Hauptschulen steigt ihr Anteil auf 90%!

Schüler aus eingewanderten Familien sind im Bildungs- und Ausbildungssystem nach wie vor benachteiligt. An Haupt- und Sonderschulen sind sie überrepräsentiert und entsprechend an Realschulen und Gymnasien unterrepräsentiert.[2] Bis Anfang der 90er Jahre konnte man eine leichte Entwicklung zu höheren Schulabschlüssen beobachten, doch dieser Trend setzt sich seit 1992 nicht mehr fort. Vielerorts ist sogar ein deutlicher Rückschritt hinsichtlich der Bildungsaspiration und der sprachlichen Fähigkeit im Deutschen zu beobachten (vgl. Beauftragte der Bundesregierung für Ausländerfragen 2000, S. 113). Man kann vermuten, dass die Zunahme ausländerfeindlicher Tendenzen zu dieser Trendumkehr beigetragen hat. Wenn die deutsche Gesellschaft zunehmend weniger bereit ist, anderssprachige Minderheiten zu integrieren, dann wird auch deren Bereitschaft zur Integration abnehmen. Der Deutschunterricht vermag es sicherlich nicht allein, diese bedauerliche Entwicklung aufzuhalten, trägt aber eine besondere Verantwortung.

Die Problematik mangelnden schulischen Erfolgs und unzulänglicher Fähigkeiten im Deutschen, vor allem im schriftlichen Deutsch, beruht nicht in erster Linie auf der Anderssprachigkeit der Schüler, sondern hat seine Ursachen in der soziokulturellen Orientierung der eingewanderten Familien. Sie entstammen vorwiegend Familien aus unteren sozialen Milieus und leben nicht in bevorzugten Wohngegenden. In die deutsche Gesellschaft sind viele schlecht integriert. Prestige und gesellschaftliche Akzeptanz sind gering. Die Zukunftsperspektiven sind vielfach diffus. Die Eltern und Großeltern haben eine geringe schulische Bildung und einen geringen Bezug zur Kultur der Schrift und des Buches. Hinzu kommt – besonders bei Flüchtlingen – eine schwierige psychische Situation: Durch Flucht und Vertreibung wurden viele traumatisiert, und die Ausländerfeindlichkeit schürt Ängste.

---

1 Flüchtlingskinder unterliegen jedoch nicht der Schulpflicht. Ob sie die Schule besuchen, ist abhängig von den unterschiedlichen Regelungen der Bundesländer.

2 Verteilung der Schüler mit ausländischem Pass auf die einzelnen Schularten in 1998: 42,3% an Grundschulen, 23,4% an Hauptschulen, 8,4% an Realschulen, 9,4% an Gymnasien, 6,3% an Sonderschulen, 7,0% an Gesamtschulen und Freien Waldorfschulen (Beauftragte der Bundesregierung für Ausländerfragen 2000, S. 15).

Die Ausdifferenzierung der Lebenssituationen und sprachlichen Kompetenzen sowie die zunehmende kulturelle Vielfalt mit unterschiedlichen Migrationserfahrungen führt zu Schulklassen, die zunehmend inhomogener werden.[3] Während die Eltern an Einfluss verlieren, werden Peergroup und Medien immer wichtiger (Harris 1998), vor allem für Kinder und Jugendliche, deren Eltern der deutschen Kultur distanziert gegenüber stehen. Die Herkunftskulturen der Migranten prägen zudem die Rollen von Mädchen, Jungen, Frauen und Männern in einer für Deutsche oft ungewohnten Weise, was vor allem für die Zeit in und nach der Pubertät zu Konflikten führen kann.

Lehrer müssen noch eine Reihe weiterer Einflussfaktoren berücksichtigen, um die Lernsituation von Migrantenkindern richtig einschätzen zu können: Leben die Schüler aus sprachlichen Minderheiten in einem relativ homogenen Ausländerviertel oder sind die Nachbarn Deutsche? Bestehen freundschaftliche Kontakte zwischen zweisprachigen und einsprachig deutschen Schülern? Wann sind die Schüler nach Deutschland gekommen? Wie stark ist die Bindung an das Herkunftsland? Nach welchen erzieherischen Maximen handeln die Eltern? Wie stark ist ihre Bildungsaspiration? Wie hoch ist der Stellenwert der deutschen Schule?

Die andere Sprache dieser Schüler entspricht nicht der Standardsprache ihres Herkunftslandes, sondern eher einer dialektalen Varietät der Region, in der ihre Eltern oder Großeltern einmal gewohnt haben. Aber auch diese Varietät ist nicht mehr die gleiche geblieben: Die Varietäten im Herkunftsland unterliegen einerseits einem stärkeren sprachlichen Wandlungsprozess als die Varietäten im Land der Emigration. Andererseits werden aber die Herkunftssprachen in der deutschsprachigen Umgebung durch deutsche Elemente, vor allem im Wortschatz, verändert.

Aus ontogenetischer Perspektive ergibt sich eine komplizierte Spracherwerbssituation. Die Erstsprache dieser Kinder ist einem differenzierten Input ausgesetzt: Zum einen der Muttersprache der Eltern, die aber oft auch deutsch mit ihrem Kind sprechen, da sie es auf eine deutschsprachige Umgebung vorbereiten möchten; zum anderen der sprachliche Input von älteren Geschwistern und Freunden, deren Sprache sich bereits deutlich von der Sprache ihrer Eltern unterscheidet, vor allem durch ihren häufigen Sprachwechsel bzw. Codeswitching. Die Muttersprache der Eltern bzw. Großeltern unterscheidet sich also von der Familiensprache, der Sprache, die in der Familie gesprochen wird, wobei die einzelnen Mitglieder der Familie in unterschiedlichem Ausmaß deutsche Elemente in ihre Erstsprache einfließen lassen.

3 In Stundenentwürfen findet man häufig noch unter der Rubrik 'Lernvoraussetzungen der Schüler' eine schematische Zuordnung der Lerngruppe anhand des kognitiven Entwicklungsmodells von Jean Piaget zu einer 'symbolisch-vorbegrifflichen', 'konkret-operationalen' oder 'formal-logischen-Stufe' (vgl. Montada 1995), ohne zu bedenken, dass die vielfältigen Erfahrungen heutiger Schüler sich nicht mehr mit diesem einfachen Modell erfassen lassen.

Die Erstsprache anderssprachiger Schüler bleibt in der Domäne privaten und freundschaftlichen Umgangs in der Familie und der Peer Group, wird also nicht in der Öffentlichkeit verwendet, weder in der deutschsprachigen Öffentlichkeit, noch in der Öffentlichkeit des Herkunftslandes und existiert auch nicht in einer schriftsprachlichen Varietät. Aus diesem Grund ist es für diese Kinder schwierig, wenn sie – ohne behutsam darauf vorbereitet zu werden – vom Lehrer im Unterricht als 'Experten' für 'ihre Sprache' aufgefordert werden, ein Wort oder eine Äußerung zu übersetzen oder sprachliche Beispiele zu nennen, da zwischen der Domäne schulischer Sprachverwendung mit ihrer Orientierung am deutschen Standard und an Schriftlichkeit und der familiären Domäne, die durch eine andere Sprache und eine andere Kultur gekennzeichnet ist, eine tiefe Kluft besteht, die nicht ohne Weiteres zu überbrücken ist.

Für den Deutschlehrer sind alle Fragen in Bezug auf die sprachliche Situation eines Schülers von besonderer Bedeutung: Wie wird in der Familie gesprochen? Bleibt man in der Regel in der Herkunftssprache oder wird häufig zwischen Deutsch und der Herkunftssprache gewechselt (code switching)? Welche Sprache des Kindes ist dominant: Die Herkunftssprache oder bereits das Deutsche? Die dominante Sprache muss keineswegs immer die erste Sprache bzw. die Muttersprache sein! Bei vielen Schülern aus der zweiten und dritten Migrantengeneration sind die sprachlichen Kenntnisse in der Herkunftssprache stark zurück gegangen. Auf der anderen Seite gibt es Schüler, bei denen ihre Muttersprache zwar noch im Mündlichen gut entwickelt ist, aber die schriftlichen Kenntnisse fehlen. Schließlich fehlt vielen die Kompetenz, von ihrer Muttersprache ins Deutsche und umgekehrt zu übersetzen.

Weiter muss man fragen: Welches Verhältnis hat die Familie zur Schriftlichkeit? Werden nur Zeitungen und Zeitschriften oder auch Bücher gelesen? In welcher Sprache? Wurde dem Schüler im Vorschulalter aus Kinderbüchern vorgelesen oder haben die Eltern Gute-Nacht-Geschichten erzählt? Wie oft und wie lange wird fern gesehen? Welche Fernsehprogramme und Videos werden favorisiert?

Neben diesen Informationen gilt es, das sprachliche Handeln der Kinder zu beobachten, vor allem außerhalb des Unterrichts, auf dem Pausenhof oder Schulweg. Welcher Schüler sagt hier etwas, zu wem, mit welcher Absicht, mit welchen Worten und Sätzen, mit welchem Akzent, in welcher Sprache? In welchen Situationen wird von einer zur anderen Sprache gewechselt? Wie verhalten sich Schüler, wenn sie die Sprache von Klassenkameraden nicht verstehen? Nicht nur bilinguale Kinder können in 'Sprachnot' geraten, weil sie einen Gedanken nicht 'ausdrücken' können. Welche Strategien entwickeln sie, um dennoch ihre kommunikativen Ziele zu verwirklichen?

Bei Seiteneinsteigern, also Schülern, die später nach Deutschland gekommen sind und in einer höheren Klassenstufe eingeschult werden, muss eruiert werden, ob und wie gut sie in ihrer Erstsprache das Lesen und Schreiben gelernt haben. Auch wenn die Herkunftssprache dem Lehrer unbekannt ist, kann er doch den Schüler bitten, einen Text mitzubringen und daraus vorzulesen. Anhand der Flüssigkeit beim Vorlesen und mit Nachfragen zum Text lässt sich relativ gut das Leseniveau einschätzen.

Um das Schreibniveau in der Herkunftssprache richtig beurteilen zu können, muss man wohl einen bilingual kompetenten Erwachsenen oder (älteren) Mitschüler zu Rate ziehen. Wenn ein Seiteneinsteiger in seiner Sprache einen gut lesbaren Text verfassen kann, dann ist die Chance groß, dass er diese schriftsprachlichen Kompetenzen relativ problemlos auf das Deutsche übertragen kann (s.u.).

Bei schriftlichen Texten machen alle Schüler Fehler, monolingual deutsche wie bilinguale. Die Frage ist nur: Machen beide Schülergruppen die gleichen Fehler? Dazu ein Beispiel:

Mustafa, ein türkischer Schüler, der in Deutschland geboren, aufgewachsen und eingeschult wurde, aber ein halbes Jahr nach seiner Einschulung mit seinen Eltern in die Türkei zog, dort die Schule bis zur Mitte der vierten Klasse besuchte und dann in seine alte Grundschule nach Deutschland zurückkehrte, schrieb wenige Tage nach seiner Rückkehr freiwillig eine Klassenarbeit mit. Hier das Ergebnis:

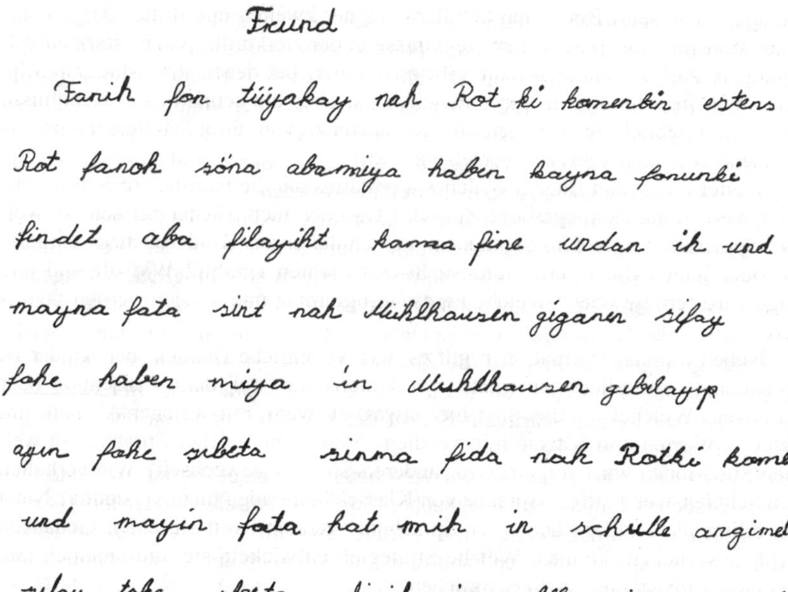
Freund

Farih fon tüyakay nah Rot ki kamenbir esters
Rot fanoh söna abamiya haben kayna fonunki
findet aba filayiht kamza fine urdan ih und
mayna fata sint nah Mühlhausen giganen sifay
fahe haben miya in Mühlhausen gibilayip
ayin fahe zibeta sinma fida nah Rotki kamen
und mayin fata hat mih in schulle angimeld
sifay take zbeta binih in schlle giganen und
das habenmiya in schlle girriben.

(Abb.9/1)

In korrigierter Fassung:

Freund

Als ich von der Türkei nach Rot gekommen bin. Erstens Rot war noch schöner, aber wir haben keine Wohnung gefunden. Aber vielleicht kann man eine finden. Und dann sind mein Vater und ich nach Mühlhausen gegangen. Zwei Wochen sind wir in Mühlhausen geblieben. Eine Woche später sind wir wieder nach Rot gekommen und mein Vater hat mich in der Schule angemeldet. Zwei Tage später bin ich in die Schule gegangen und das haben wir in der Schule geschrieben.

Anstatt etwas zum Thema 'Freund' zu schreiben, versucht Mustafa seine Erfahrung bei der Rückkehr nach Deutschland darzustellen. Da er in der Türkei Schreiben gelernt hat, überträgt er nahezu durchgehend die türkischen Konventionen der Laut-Buchstaben-Beziehungen auf seinen deutschen Text. Hinzu kommen Normabweichungen bei Wortwahl, Wortgestalt und Satzbau, die kennzeichnend für Lerner des Deutschen als Zweitsprache sind. Diesen Text hätte kein deutscher Schüler schreiben können.

Es scheint so, dass man Migrantenkinder relativ leicht an derartigen Normabweichungen, die auf Grund eines fehlerhaften Transfers von der Erst- auf die Zweitsprache zu erklären sind, erkennen kann. Doch diese kontrastiv bedingten Rechtschreibfehler treten bereits nach dreijährigem Besuch einer deutschen Schule kaum noch auf. Thomé (1987) konnte anhand der Durchsicht frei formulierter Klassenarbeiten von 61 türkischen Schülern einer 8. Jahrgangsstufe feststellen, dass höchstens 4,8% aller Rechtschreibfehler kontrastiv zu erklären sind. Ein Vergleich mit deutschen Schülern ergab, dass die sechs häufigsten Fehlertypen der deutschen mit denen der türkischen Schüler identisch sind. Die Kontrastivhypothese konnte also nicht bestätigt werden.

In der gesprochenen Sprache treten kontrastiv bedingte Fehler vor allem in der Aussprache auf. Grammatische Fehler, beispielsweise in der Wortstellung, sind dagegen in nahezu identischer Form bei Lernern aller möglichen Ausgangssprachen zu finden. Dies deutet darauf hin, dass beim Erwerb der grammatischen Strukturen einer Zweit- oder Fremdsprache die Grammatik der Ausgangssprache nur einen geringen Einfluss auf die Zielsprache hat. Stattdessen läuft eine Entwicklungsdynamik innerhalb der neu zu erwerbenden Sprache ab: In Erwerbsstufen nähern sich Lerner Schritt für Schritt der korrekten und von der Sprachgemeinschaft akzeptierten Form.

Wie weit ein Lerner auf diesem Weg bereits vorangeschritten ist, kann man an verschiedenen Indikatoren fest machen. Ein ganz entscheidender Indikator ist dabei der Gebrauch der Verben. In den frühen Erwerbsstufen werden sie gemieden und in den späteren Stufen kann man am Gebrauch der Verben beobachten, ob und wie es einem Lerner gelingt, die Struktur eines Satzes von den Valenzen eines Verbs in korrekter Weise abhängig zu machen.

9.3 Mehrsprachige Erziehung – ein Ziel für alle Schüler

Der Deutschunterricht und die schulische Erziehung im deutschsprachigen Teil Europas sind immer noch auf Einsprachigkeit ausgerichtet. Auch mit den als Schulfächern angebotenen modernen Fremdsprachen kann heute keine Zwei- oder Mehrsprachigkeit erreicht werden. Dies wäre wohl nur im Rahmen von Immersionsprogrammen möglich, in denen in einzelnen schulischen Fächern im Medium einer Fremdsprache unterrichtet wird.

An einigen deutschen Gymnasien sind sog. 'bilinguale Zweige' eingerichtet worden, in denen Fächer wie Geographie, Geschichte oder Biologie auf Englisch oder Französisch unterrichtet werden. Die durch diesen 'bilingualen Sachunterricht' bedingte Intensivierung fremdsprachlichen Lernens ist ein erster Schritt in Richtung einer bilingualen Erziehung. Fachunterricht in einer Fremdsprache, der erst in der Sekundarstufe beginnt und in jedem Schuljahr nur ein Schulfach betrifft, ist aber noch zu wenig, um eine einigermaßen stabile Zweisprachigkeit zu erreichen.

In Kanada, wo die Immersion-Konzeption entwickelt wurde, spricht man nur dann von Immersion, wenn mindestens 50% des Unterrichts in der Fremdsprache erfolgt. Erst dann erscheint auch das Bild vom 'Eintauchen in ein Sprachbad' gerechtfertigt. Kanadische Eltern aus höheren sozialen Schichten mit einer überdurchschnittlichen Bildungsaspiration, die der monolingualen englischsprachigen Mehrheit angehören, können ihre Kinder auf Schulen schicken, die ein französisches Immersionsprogramm anbieten und ihnen so eine bilinguale Erziehung ermöglichen, die diese Bezeichnung zu Recht trägt. Untersuchungen aus Kanada zeigen, dass nur 'total immersion', also der gesamte Fachunterricht in einer Fremdsprache und zwar von der ersten Klasse an, zu befriedigenden Ergebnissen führt (Wode 1995, S. 74-82).

Erziehung zur Mehrsprachigkeit ist offenbar ein Ziel, das erst langsam ins Bewusstsein der deutschen Bevölkerung rückt. Mit der zur Zeit in nahezu allen Bundesländern beginnenden Vermittlung des Englischen oder Französischen sowie so genannter 'Nachbarsprachen' wie Niederländisch, Tschechisch oder Polnisch in grenznahen Regionen ab der dritten Grundschulklasse[4] wird sicherlich das Bewusstsein für eine zwei- oder mehrsprachige Erziehung wachsen. Vor allem eine Intensivierung des Englischunterrichts trifft auf breite Zustimmung.

Bei der Forcierung des Fremdsprachenunterrichts bereits in der Grundschule mit dem Ziel, junge Menschen auf ein zusammenwachsendes mehrsprachiges Europa vorzubereiten, spielt die Mehrsprachigkeit von Arbeitsmigranten aus Mittelmeerländern, Aussiedlern aus Osteuropa und Flüchtlingen aus Krisengebieten offenbar kaum eine Rolle. Ihren Herkunftssprachen wird meist ein geringes Prestige zugeschrieben. Sie scheinen es nicht zu verdienen, schulisch gefördert zu werden, obwohl es wesentlich leichter wäre, an eine bereits vorhandene

4 In Baden-Württemberg soll Englisch oder Französisch ab der ersten Klasse angeboten werden.

Zweisprachigkeit anzuknüpfen, als bei Monolingualen über Fremdsprachenunterricht oder Immersion eine Zweisprachigkeit vollkommen neu aufzubauen.

In der didaktischen Forschung hat sich eine Unterscheidung zwischen ungesteuertem außerschulischem Zweitsprachenerwerb und gesteuertem Fremdsprachenunterricht etabliert, mit der diese eigentümliche Disparität begrifflich und konzeptionell gefasst wird, sowohl in Bezug auf die Klientel als auch in Bezug auf die Lernsituation.

Deutsch ist für Einwanderer oder Flüchtlinge mit tendenziell niedrigerem und unsicherem sozialen Status eine Zweitsprache (DaZ), die sie in ihrer deutschsprachigen Umgebung täglich verwenden müssen. Für Lerner dagegen, die an einer Schule oder anderen Institutionen eine Sprache lernen, die nicht in ihrem Land gesprochen wird, ist diese Sprache eine Fremdsprache: Für deutsche Gymnasiasten sind Englisch und Französisch Fremdsprachen und für japanische Schüler, die in Japan Deutsch lernen, wäre Deutsch ebenfalls eine Fremdsprache (DaF).

Die Lehrer, die DaZ in Deutschland unterrichten, sind normalerweise deutsche Muttersprachler, die die Herkunftssprache der Migranten nicht beherrschen. DaF-Lehrer dagegen haben die gleiche Muttersprache wie ihre Schüler. Für sie und ihre Schüler ist Deutsch in der Regel eine Fremdsprache. Auch dieser Unterschied hat Konsequenzen für die Didaktik und die Kommunikation im Unterricht.

Und schließlich: DaF ist im Ausland ein Schulfach neben anderen. Der Unterricht in den übrigen Fächern – außer in anderen Fremdsprachen – findet in der Erstsprache der Schüler statt. Die Erstsprache bekommt so eine optimale schulische Förderung, vor allem im Schriftlichen. Die Herkunftssprache von Migrantenkindern wird dagegen in der Bundesrepublik geradezu sträflich vernachlässigt. Anderssprachige Schüler in der Bundesrepublik werden ab der ersten Klasse in allen Fächern auf deutsch unterrichtet. DaZ wird meist nur für schwächere Schüler im Rahmen eines zusätzlichen Förderunterrichts angeboten, damit sie dem Regelunterricht möglichst bald problemlos folgen können. DaZ hat so eine rein kompensatorische Funktion und ist kein Schulfach sui generis. Die Muttersprachen der Migranten finden im obligatorischen Curriculum oftmals keine Berücksichtigung. Nur am Nachmittag als zusätzliches Angebot haben Migranten vielerorts die Möglichkeit, Unterricht auch in ihrer Erstsprache zu bekommen. Da dieser 'muttersprachliche Unterricht' für die Schüler zusätzliche Unterrichtszeit bedeutet, ein geringes Prestige besitzt und für den schulischen Erfolg und die Versetzung keinerlei Bedeutung hat, ist die Lernmotivation hier denkbar gering.

DaZ ist an Lebenssituationen und am Deutschunterricht in Deutschland orientiert. Da die Migranten in einer deutschsprachigen Umgebung leben, findet im Kontakt mit Muttersprachlern ständig ein ungesteuerter Zweitspracherwerb statt. Ein möglichst effektiver gesteuerter bzw. schulischer Deutschunterricht, in dem es vor allem um den Erwerb der Schriftsprache geht, muss versuchen, den ungesteuerten Erwerb 'auf der Straße' im Klassenzimmer so einzubeziehen, dass sich ungesteuerter und gesteuerter Erwerb gegenseitig ergänzen und stimulieren. Dabei muss man wissen, dass durch einen intensiven außerschulischen Kontakt mit gleichaltrigen Muttersprachlern der Zweitspracherwerb bei weitem am stärksten gefördert wird. Ist dieser Kontakt zu gering und der sprachliche Input quantitativ und qualitativ nicht ausreichend, können anderssprachige Schüler auf einem bestimmten Lernniveau stehen bleiben. Ihr Spracherwerb kommt zum Stillstand – er fossiliert. Der Deutschlehrer darf sich nicht damit zufrieden geben, wenn sich Schüler einigermaßen flüssig ausdrücken und verständlich machen können. Wenn ihr Deutsch fehlerhaft bleibt, werden ihre Chancen in unserer Gesellschaft deutlich geringer sein.

Eine tragfähige sprachpolitische und didaktische Konzeption muss von den sprachlichen Kenntnissen in der gesamten Bevölkerung ausgehen und auf dieser Grundlage entscheiden, in welchen Sprachen in den einzelnen Fächern unterrichtet wird und welche Sprachen im eigen- und fremdsprachlichen Unterricht angeboten werden. Doch von diesem Vorgehen ist man weit entfernt. Bis heute hat sich der Staat noch nicht einmal bemüht, verlässliche Zahlen darüber zu bekommen, wie viele Menschen zwei- oder mehrsprachig sind. Falls Deutschland sich offiziell als ein Einwanderungsland verstünde, müsste der Staat zu einer Sprachenpolitik kommen, die im Interesse aller Bürger läge, der monolingualen Mehrheit wie der bilingualen Minderheit.

Es besteht aber generell geringes politisches Interesse daran, die Sprachen der Minderheiten zu erhalten oder weiter zu entwickeln. Als Maxime gilt: Anderssprachige sollen Deutsch lernen. Wie sie mit ihrer Herkunftssprache umgehen möchten, interessiert den deutschen Staat wenig. Es liegt aber offenbar im Interesse einiger Herkunftsstaaten wie der Türkei oder Italien, dass die Muttersprache erhalten bleibt. Sie entsenden deshalb Lehrer, die muttersprachlichen Unterricht außerhalb der offiziellen Unterrichtszeit anbieten. Einige Bundesländer, wie beispielsweise Nordrhein-Westfalen, lehnen jedoch das 'Entsendemodell' ab, da durch den häufigen Wechsel von Lehrern, die schlecht Deutsch sprechen und keinen Bezug zum deutschen Schulsystem haben, dem muttersprachlichen Unterricht wenig gedient ist. Dort sind sie Angestellte des Landes und unterrichten die Muttersprache nach Lehrplänen, die von deutschen und ausländischen Sprachdidaktikern einvernehmlich entwickelt werden.

Die Vernachlässigung und Geringschätzung dieses Unterrichts, der – in systematischer Form in den Kernunterricht integriert – zum Spracherhalt der Minderheitensprachen und zu einer gut entwickelten Zweisprachigkeit bei den Schülern führen könnte, hängt auch mit Vorurteilen zusammen, die man gegenüber Zweisprachigkeit hegt. Viele meinen beispielsweise, dass die parallele Entwicklung von zwei Sprachen Kinder zu sehr belasten oder zu kognitiven Defiziten führen könnte. Die Forschung hat diese Vorurteile jedoch eindeutig widerlegen können (Wode 1995, S. 40-43). Sprachliche und kognitive Defizite können vielmehr – nach der 'Schwellenniveau-Hypothese' – auftreten, wenn man in den ersten Schuljahren nicht in der Sprache unterrichtet, die Kinder in der Familie gelernt haben, sondern sie schlicht ignoriert (s.u.).

Anderssprachige Schüler werden hierzulande nach dem Submersion-Prinzip unterrichtet. Kinder, die das Deutsche unzureichend beherrschen, wirft man gewissermaßen in das ‚Sprachbad' einer Schulklasse und hofft, dass sie nicht untergehen, sondern aus eigener Kraft Deutsch lernen und schulisch erfolgreich sind. Die Metapher von einem 'Sprachbad' ist jedoch schief, da anderssprachige Kinder hier nicht die Sprache ihrer monolingualen Peers unbekümmert und ohne Zeitdruck als Umgangssprache erwerben können, sondern das Deutsche in einem Modus erlernen müssen, der ihnen so bislang im deutschen Alltag nicht begegnet ist: Als Schulsprache nämlich, die nach spezifischen Regeln funktioniert und die grundsätzlich auf Schriftsprachlichkeit abzielt.

Eine Didaktik des Deutschen als Zweitsprache bezieht sich auf den Unterricht in Klassen mit Anderssprachigen. Gelegentlich werden aber auch in Regelklassen für einzelne Migranten, für die keine Förderklassen eingerichtet werden konnten, differenzierende Lern- und Arbeitsmöglichkeiten zum Erwerb des Deutschen angeboten. Deutschlehrer fühlen sich jedoch durch Migranten, die gezielt unterstützt und gefördert werden müssten, häufig überfordert. Vielfach ist dann zu beobachten, dass sich diese Schüler in der letzten Bankreihe langweilen, weil der 'normale' Deutschunterricht an ihnen vorbeiläuft. Hier wäre es sinnvoll, wenn einzelne Schüler, die dem Regelunterricht gut folgen können, ihre schwächeren zweisprachigen Mitschüler als Tutoren beim Erwerb des Deutschen und bei Arbeitsaufgaben unterstützten. Sie erwürben in dieser Situation didaktische Kompetenzen und interkulturelles Lernen könnte hier gewissermaßen unter vier Augen stattfinden (vgl. Huneke/Steinig ^{2}2000, S. 86-89).

Je nach gesellschaftspolitischer Einschätzung und Finanzlage der Länder werden Förderklassen, Vorbereitungsklassen, Übergangsklassen oder Stützkurse eingerichtet, in denen anderssprachige Schüler speziell gefördert werden können, wobei aber das Submersion-Prinzip nie in Frage gestellt wird: Ziel ist, die Kompetenz im Deutschen so zu entwickeln, dass die Schüler möglichst bald erfolgreich in den Regelklassen am Unterricht teilnehmen können.

In diesen Klassen sind Deutschlehrer in besonderer Weise gefordert. Sie müssen hier einen Deutsch-als-Zweitsprache-Unterricht anbieten, der für sprachliches Lernen im mündlichen wie schriftlichen Deutsch effektiv ist. Aber auch in den übrigen Schulfächern findet zweitsprachliches Lernen statt. Deshalb ist es sinnvoll, ein sprachdidaktisches Gesamtkonzept zu entwickeln, in dem die schulischen Fachsprachen eine besondere Rolle spielen müssen. Zu denken wäre hier etwa an die Sprache in Mathematik- oder Biologiebüchern mit Textsegmenten wie Definitionen, Regelformulierungen oder Textaufgaben.

Seit 1976 existiert in Bayern eine Beschulungsform für Türken, Jugoslawen (seit 1995 für Kroaten und Serben), Italiener und Spanier, die man als 'transitorisch' bezeichnen kann: das 'bayerische Modell nationalhomogener, muttersprachlicher Klassen' (Hirt 1980). Ab dem ersten Schuljahr werden die Schüler zunächst in ihrer Muttersprache unterrichtet. Fünf bis sieben Wochenstunden Deutschunterricht kommen hinzu. Dieser Anteil bleibt bis zum 9. Schuljahr in der Hauptschule konstant. Der Fachunterricht dagegen, in dem Deutsch Unterrichtssprache ist, nimmt kontinuierlich zu, und im Gegenzug reduziert sich die Stundenzahl für Fächer, in denen in der Muttersprache unterrichtet wird, kontinuierlich bis auf neun Wochenstunden in der siebten Klasse.

Dieses Modell ist jedoch kein erfolgreicher Weg zu einer ausgeglichenen Zweisprachigkeit. Schüler, die nach dem 'bayerischen Modell' unterrichtet werden, können kaum den Übergang auf ein Gymnasium oder auf eine Realschule schaffen, da der geringe Anteil deutschsprachigen Unterrichts nicht ausreicht, auf weiterführenden Schulen zu bestehen. Doch auch wer hier den Abschluss schafft, bekommt Probleme in der Berufsschule und kann nur schlecht einen Arbeitsplatz finden. Gegenwärtig werden in Bayern nur noch circa 7% nach diesem Modell unterrichtet.

Unter den Volksgruppen, die nach 1960 in die Bundesrepublik eingewandert sind, haben nur die Griechen in nennenswertem Umfang Schulen (Gymnasien!) gegründet, in denen der Unterricht in der Muttersprache erteilt wird. Deutschunterricht wird hier selbstverständlich auch angeboten – neben Englisch als zweiter und Französisch als dritter Fremdsprache.

Schließlich gibt es auf deutschsprachigem Gebiet noch autochthone anderssprachige Minderheiten: die Dänen in Schleswig-Holstein und die Sorben in Sachsen. Auch sie führen eigene Schulen mit ihrer Muttersprache als Schulsprache. In diesen Schulen wie in den privaten griechischen Schulen besteht die Gewähr, dass die Muttersprache der Schüler nicht nur erhalten bleibt, sondern auf ein hohes mündliches wie schriftliches Niveau angehoben werden kann. Durch qualifizierten Deutschunterricht und sprachliche Kommunikation in einer deutschsprachigen Lebenswelt ist auch die Entwicklung des Deutschen befriedigend, so dass bilinguale Erziehung hier gelingt.

Auch wenn die schulischen Rahmenbedingungen für bilinguale Erziehung denkbar schlecht sind und Submersion weiterhin der Regelfall sein wird, so müssen Deutschlehrer dennoch versuchen, das Beste aus dieser Situation zu machen. Und Sprachdidaktiker sind gefordert, umfangreichere und konkretere Hilfen anzubieten, als dies bislang der Fall war.

Die Didaktik des Deutschen als Zweitsprache entwickelte sich Mitte der 70er Jahre, als man erkannte, dass eine Fremdsprachendidaktik, so wie sie an deutschen Schulen im Ausland oder im Fremdsprachenunterricht an deutschen Gymnasien praktiziert wurde, auf die Lernsituation von Kindern ausländischer Arbeitnehmer in der Bundesrepublik nicht übertragbar war (vgl. Mahler 1975; Meyer-Ingwersen/Neumann/Kummer 1977; Pommerin 1977). In diesen Jahren fand in der Fremdsprachendidaktik – ausgehend von Großbritannien und den USA – ein Paradigmenwechsel statt: Behavioristisch begründete audiolinguale und audiovisuelle Methoden, die sich durch Patternpraxis im Sprachlabor auszeichneten, sowie noch ältere, an der Grammatik und an Übersetzungen orientierte Methoden wurden durch einen bis heute vorherrschenden kommunikativen Ansatz abgelöst (vgl. Huneke/Steinig [2]2000, S. 149ff.). Hierbei geht es um ein Lernen in möglichst konkret modellierten Alltagssituationen und um authentisches sprachliches Handeln. Die Schüler sollen lernen, sich möglichst spontan in der Fremdsprache zu äußern. Im Unterricht lässt man sie deshalb von den ersten Stunden an in vorbereiteten Dialogen und Rollenspielen agieren. Die neu zu erlernenden sprachlichen Strukturen werden so ausgewählt, dass sie den kommunikativen Anforderungen authentischer Alltagssituationen genügen und die Lerner sie rasch, flexibel und situativ adäquat verwenden können.

Es werden jedoch keine Dialoge auswendig gelernt, da dadurch lediglich ein imitatives Lernen möglich wäre. Vielmehr kommt es darauf an, innere Regeln zu bilden, damit ein Lerner nach und nach die Kompetenz entwickelt, anhand eines begrenzten Regelapparats möglichst viele Äußerungen produzieren zu können. Für diese 'generative Strategie', nämlich auf der Basis relativ weniger Regeln unendlich viele Sätze bilden zu können, hat Noam Chomsky (1969) die theoretische Grundlage geschaffen. Er konnte zeigen, dass die behavioristische Vorstellung eines imitativen Sprachlernens für den Erstspracherwerb nicht zutrifft. Diese Erkenntnis wurde von Zweitspracherwerbsforschern wie Felix (1982) auf den Erwerb einer Zweitsprache übertragen, der – sofern er in einer natürlichen Umgebung mit intensiven Kontakten zu Muttersprachlern bis etwa zur Pubertät möglich ist – nach ähnlichen Gesetzmäßigkeiten wie der Erwerb der Erstsprache funktioniert.

Doch Kinder immigrierter Minderheiten erwerben Deutsch nicht so problemlos, wie man es nach dieser Theorie erwarten könnte, obwohl sie, teilweise bereits seit mehreren Generationen, in einer deutschsprachigen Umgebung leben. Die Gründe dafür sind vielschichtig und bis heute nicht gänzlich geklärt. Zu denken ist hier an die schlechte Integration dieser Gruppen in die deutsche Gesellschaft, eine diffuse Zukunftsperspektive in den Familien, geringe Bildung, manuelle Berufe ohne Entscheidungskompetenzen, hohe Arbeitslosigkeit und ein distanziertes Verhältnis zur Schriftkultur und Schriftlichkeit. Probleme entstehen vor allem in Wohngebieten und Kindergärten, in denen der Anteil nicht-deutscher und anderssprachiger Bewohner hoch ist. Bleiben Kinder in ihrer Peergroup und im Kindergarten ohne einen kontinuierlichen kommunikativen Kontakt mit deutschsprachigen Kindern, leidet der Zweitspracherwerb darunter.

Während die kanadischen Immersionsprogramme und die Zweige mit bilingualem Sachunterricht an deutschen Gymnasien relativ gute Erfolge zeitigen, kann die Sprachlernsituation fremdsprachiger Kinder aus zugewanderten Minderheiten keineswegs befriedigen. Auf den ersten Blick könnte man sagen, dass diese Kinder an unseren Schulen ein Immersionsprogramm geboten bekommen, ganz ähnlich wie die anglophonen kanadischen Kinder, die an einer französischsprachigen Schule unterrichtet werden: In allen Schulfächern werden sie nicht in ihrer Erstsprache, sondern auf Deutsch unterrichtet. Warum sind dann die Ergebnisse nicht ähnlich zufriedenstellend wie die der anglophonen kanadischen Kinder, vor allem, wenn man bedenkt, dass anderssprachige Kinder auch außerhalb der deutschen Schule im Alltag ständig mit der deutschen Sprache in Kontakt kommen und sie verwenden müssen? Der Grund für die mangelnden Fähigkeiten in der Zweitsprache liegen, wie Skutnabb-Kangas/Toukomaa (1976) und Cummins (1979) meinen, in einer nicht ausreichend entwickelten Erstsprache. Was heißt das?

Jim Cummins nimmt an, dass die Sprachentwicklung eng mit der Entwicklung des Denkens und der Persönlichkeit zusammenhängt. Eine Interdependenz von Sprache und Denken hatte bereits der russische Psychologe Wygotsky (1934) postuliert, auf den sich Cummins beruft. Entscheidend sei die Begriffsbildung, weil sich ein Kind mit Hilfe eines begrifflichen Systems kognitiv zu orientieren vermag. Die Aufgabe der Schule sei es, die konkrete kindliche Begrifflichkeit des Alltags auf die abstraktere Ebene schriftsprachlicher Begrifflichkeit anzuheben.

Wenn ein Migrantenkind aber in der Schule nicht an seine vorschulische muttersprachliche Begriffsentwicklung anknüpfen kann, weil es mit dem ersten Schultag zu einem abrupten Wechsel zur Sprache der Mehrheitsgesellschaft kommt, dann ist eine kontinuierliche Entwicklung seiner Begrifflichkeit auf ein höheres, abstrakteres Sprachniveau schlecht möglich und die Gefahr besteht, dass kognitive Defizite entstehen und die Entwicklung in beiden Sprachen stagniert. Im schlechtesten Fall kann es dazu kommen, dass weder die Erst- noch die Zweitsprache auf ein gesellschaftlich akzeptables Niveau angehoben wird und so eine 'doppelseitige Halbsprachigkeit' entsteht.

Die zweite Sprache sollte nach Cummins erst dann eingeführt werden, wenn sich die Erstsprache in Richtung einer konzeptionellen Schriftlichkeit entwickelt hat. Cummins nennt dies 'Cognitve Academic Proficiency' (CALP), die er von den 'Basic Communication Skills' (BICS) unterscheidet, also den grundlegenden mündlichen sprachlichen Fähigkeiten für die alltägliche Kommunikation. Ein erstes Schwellenniveau, auf der ein Kind eine Zweitsprache ohne mögliche kognitive Defizite aufbauen kann, wäre erreicht, wenn ein Schüler fähig ist, in seiner Muttersprache konzeptionell schriftlich zu formulieren. Entwickelt sich die Zweitsprache schließlich über mehrere Jahre so, dass eine ausbalancierte Zweisprachigkeit im Mündlichen wie im Schriftlichen entsteht, dann wäre ein zweites Schwellenniveau erreicht, das eine Art 'kognitiven Mehrwert' ermöglicht: Eine ähnlich hohe Kompetenz in beiden Sprachen wirke, so Cummins, auf die Kognition stimulierend und führe zu einer komplexeren Entfaltung der Persönlichkeit (vgl. Fthenakis 1985, S. 49-58 und 93-101; Baker 1996, S.132-148).

Wer diese 'Schwellen-Theorie' ernst nimmt, muss dann auch konsequent fordern, dass unsere anderssprachigen Schüler in den ersten Schuljahren vorwiegend in ihrer Muttersprache unterrichtet werden.[5] Die Konsequenz dieser Theorie wäre ein segregierender, bilingual-bikultureller Unterricht, in dem der Erhalt und die Entwicklung der Muttersprachen und Herkunftskulturen jeder Ethnie im Mittelpunkt stünde. Die schulische Segregation von Migrantenkindern würde jedoch dazu führen, dass sich die Menschen unterschiedlicher Herkunft untereinander immer fremder würden und die Zersplitterung unserer Gesellschaft zunähme.

5 Im „Memorandum zum muttersprachlichen Unterricht in der Bundesrepublik" (1983) ist diese Forderung am deutlichsten – vor allem von Vertretern aus den Herkunftsländern, aber auch von deutschen Zweitsprachenexperten – formuliert worden.

Nur mit dem bereits erwähnten 'bayerischen Modell muttersprachlicher Klassen' wurde versucht, die Cummins'sche Theorie in Deutschland in die Praxis umzusetzen, allerdings ohne den erwartbaren Erfolg (s.o.). Der Misserfolg mag an der mangelnden Validität der Theorie liegen, aber auch an Randbedingungen, die nicht ausreichend beachtet wurden.

Die Schwellenhypothese von Cummins kann schlecht überprüft werden, weil er die Grenze zwischen BICS und CALP nicht genau definieren konnte. Es lässt sich nicht exakt feststellen, wann ein bestimmtes Niveau erreicht ist. Auch die Wirkungen, die von der Beherrschung einer oder mehrerer Sprachen auf die Kognition ausgehen sollen, sind höchst umstritten. Es ist nicht bekannt, dass Bilinguale mit hohem Sprachniveau in beiden Sprachen zu höheren kognitiven Leistungen fähig wären als Monolinguale. Auch gehörlose Menschen können in nicht-verbalen Bereichen die gleichen kognitiven Leistungen erreichen wie Menschen, die eine oder mehrere Sprachen beherrschen. Schließlich werden zusätzliche Bedingungen wie die soziale Isolation, die durch eine segregierende Beschulung entsteht, zu wenig beachtet.

Dennoch gibt es aber auch Evidenz, die für Cummins spricht: Werner Knapp (1997) konnte in einer empirischen Untersuchung zum schriftlichen Erzählen nachweisen, dass Kinder, die zunächst in ihrer Erstsprache ein narratives Muster entwickeln konnten, diese Textgestaltungskompetenz als Teil der 'kognitiv-akademischen Sprachbeherrschung' (CALP) relativ leicht auf die Zweitsprache Deutsch übertragen konnten.

> Idealtypisch sieht es folgendermaßen aus: Die Kinder, die erst kurze Zeit in Deutschland leben, bringen aus der Erstsprache zumindest ansatzweise die Textkompetenz und Erzählkompetenz mit. Ihnen mangelt es aber noch an der Formulierungsfähigkeit. Über die Formulierungsfähigkeit verfügen dagegen schon die Kinder, die durchweg in Deutschland zur Schule gingen. Ihnen mangelt es – insbesondere im Vergleich mit den deutschen Kindern – an der Textkompetenz und der Erzählkompetenz, die sie in der Zweitsprache nicht so gut erwerben konnten wie die Kinder, die ihren ersten Unterricht in der Erstsprache erhielten. (Knapp 1998, 236)

Hepsöyler/Liebe-Harkort (1991) und Baur/Meder (1992) konnten ebenfalls in empirischen Untersuchungen mit türkischen bzw. jugoslawischen Schülern die Interdependenzhypothese bestätigen: Schüler mit guten Muttersprachenkenntnissen haben gute Deutschkenntnisse und Schüler mit schlechten Muttersprachenkenntnissen entsprechend schlechte im Deutschen. In Baur/Meder (1992) erwies sich dieser Zusammenhang als hochsignifikant. Deutlich wurde hier auch, dass die Verwendung der Herkunftssprache in der Familie den Erwerb des Deutschen nicht beeinträchtigt. Ausländischen Eltern sollte man deshalb raten, ihre Sprache in der Familie zu pflegen.

Die relative Erfolglosigkeit des 'bayerischen Modells', das nach diesen Befunden durchaus als sinnvoll erscheinen muss, lässt sich wahrscheinlich mit einer negativen Auslese erklären: Nur ausländischen Eltern von sprachlich und kogni-

tiv schwachen Kindern gab man die Empfehlung, sie in einer muttersprachlichen Klasse einzuschulen, da sie in einer Regelklasse überfordert wären.
Auch wenn eine stärkere schulische Förderung der Muttersprache für die Entwicklung des Deutschen wichtig wäre: Eine segregierende Beschulung einzelner ethnischer und/oder sprachlicher Minderheiten ist in der deutschen Gesellschaft nicht sinnvoll, da es hier – im Gegensatz zu Schweden mit seiner finnischen oder Großbritannien mit seiner walisischen Minderheit – außer den Dänen oder Sorben keine homogenen, alteingesessenen Minoritäten gibt. Die seit den 60er Jahren eingewanderten Minderheiten haben keine einheitlichen und deutlich abgrenzbaren Kulturen entwickelt und leben auch nicht in geschlossenen Siedlungsgebieten, sondern zeichnen sich durch ihre hochgradige kulturelle und sprachliche Differenziertheit aus: Die typische türkische oder bosnische Familie gibt es nicht. Ein statischer Kulturbegriff geht an der kulturellen Dynamik der deutschen Gesellschaft vorbei.

Dennoch lassen sich tendenziell Unterschiede feststellen. Ein kulturspezifischer und struktureller Hintergrund beim Sprachunterricht mit Migrantenkindern wird häufig übersehen:

> In der modernen Gesellschaft der industrialisierten Bundesrepublik Deutschland baut die Schulbildung auf die bereits in der Familie beginnende Individualisierung des Kindes auf, während die Mehrheit der Migrantenfamilien eine durch den kulturspezifischen und strukturellen Kollektivismus geprägte Identität pflegt, die zur kulturellen Enteignung (Dekulturation) und zur sprachlichen Verarmung führt.
> (Ünal 1998, S. 57f.)

Diesen Unterschied zwischen individualistischer und kollektivistischer Familienorientierung hat Bernstein (1972) bereits in den frühen 60er Jahren als das entscheidende differenzierende Charakteristikum von Mittelschicht und Unterschicht beschrieben. Der sog. kulturelle Unterschied ist in erster Linie ein sozial bedingter, der unter anderem mit der Orientierung auf Schriftlichkeit zu erklären ist: Menschen, die in einem schriftgeprägten Milieu aufwachsen, sei es in Deutschland, in der Türkei oder in Marokko, sind individualistisch orientiert, da die familiale Sozialisation in einer Buchkultur Menschen stärker individualisiert. Mit ihren individuellen Leseerfahrungen gelangen sie leichter zu individuellen Einstellungen und Werthaltungen.

Man kann vermuten, dass dieser Unterschied zwischen einer gemeinschaftlichen und einer individualistischen Wertvorstellung nicht nur den Unterschied zwischen unserer westlichen Kultur und traditionelleren Kulturen wie der Türkei prägt, sondern auch eine historische Differenz markiert: Wenn wir an die 50er und 60er Jahre der Bundesrepublik und an Leo Weisgerber (1950) mit seiner Vorstellung von einer 'Sprachgemeinschaft' denken, dann wird deutlich, dass damals noch diese gemeinschaftlichen Wertvorstellungen an unseren Schulen herrschten.

Die Probleme, die viele Migrantenkinder mit der deutschen Schule haben, sind nur zum Teil mit sprachlichen Defiziten im Deutschen zu erklären. Die von der deutschen Schule erwartete Veränderung von einer gemeinschaftlichen Orientierung zu einer individualistisch geprägten ist möglicherweise gravierender. Deutlich wird dies beispielsweise beim kreativen Schreiben, wo Schüler dazu aufgefordert werden, so individuell wie möglich ihre persönlichen Vorstellungen zu Papier zu bringen. Ein an den Erwartungen und Werten der Gemeinschaft orientierter Schüler möchte sich an Normen halten und wird durch die Aufforderung, seinen eigenen Weg während einer Schreibaufgabe zu finden, verunsichert. Die Aufgabe, ein Gedicht auswendig zu lernen, entspricht dagegen eher kollektiven Wertvorstellungen: Wenn alle Schüler das gleiche Gedicht auswendig können müssen, werden individuelle Unterschiede allenfalls noch beim Vortrag deutlich. Das Memorieren von gebundener Sprache entspricht zudem Gesellschaften, die noch stärker in oralen Traditionen verhaftet sind – dort, wo die Ausrichtung an Schrift und Schriftlichkeit noch nicht so weit fortgeschritten ist. Aber auch Deutschland steht in einem historischen Prozess kultureller Entwicklung von einer oral und kollektiv geprägten zu einer literat und individualistisch ausgerichteten Kultur (vgl. Steinig 1998).

In einer türkischen Klasse nach dem bayerischen Modell hatte die deutsche Lehrerin intuitiv ein kollektives Motto für die Klasse gefunden: „Wir sind ein Elefant!“ Dieses Motto erfüllte hervorragend seine Funktion, allen türkischen Schülern Selbstbewusstsein über ein Gemeinschaftsgefühl zu vermitteln, denn aus ihrer Sicht kann man in unserer 'unübersichtlichen' Konsumgesellschaft leicht die Orientierung verlieren, aber wenn alle zusammen halten, wird man so stark, so gelassen und so gutmütig wie ein Elefant. Nur – und das muss man kritisch einwenden –: türkische Schüler können in unserer Gesellschaft nicht als 'kollektiver Elefant' auftreten, sondern müssen lernen, den Ansprüchen an Individualität, Selbstständigkeit und Mündigkeit zu genügen.

9.4 Modelle sprachlicher Förderung

Grundsätzlich gibt es drei Organisationsformen, die unterschiedliche sprachdidaktische Konzeptionen erfordern:

- Muttersprachlicher Unterricht
- Deutschunterricht in Vorbereitungs- und Förderklassen
- Gemeinsamer regulärer Deutschunterricht in mehrsprachigen Klassen

9.4.1 Muttersprachlicher Unterricht

Wenn man ein zentrales didaktisches Prinzip, nämlich die Kinder dort abzuholen, wo sie stehen, ernst nimmt, dann ist muttersprachlicher Unterricht unverzichtbar. Jedes Kind hat das Recht, in seiner Muttersprache das Lesen und Schreiben zu erlernen und als kompetenter Leser und Schreiber an seiner Herkunftskultur teilzuhaben. Muttersprachlicher Unterricht dürfte deshalb nicht mehr – wie bislang üblich – isoliert, randständig und fakultativ angeboten werden, sondern obligatorisch, eingebunden in den vormittäglichen Regelunterricht und integrativ, d.h. mit dem Unterricht in deutscher Sprache verzahnt.

Wenn anderssprachige Schüler bei Schuleintritt erleben, dass es an der deutschen Schule Lehrer gibt, die ihre Sprache sprechen, bekommen sie (und ihre Eltern) Sicherheit und fühlen sich in ihrer kulturellen Identität akzeptiert. Da bereits Erstklässler die Rangordnung von Menschen und Sprachen einschätzen können, ist es wichtig, dass sie ihre Sprache als gleichberechtigt neben dem Deutschen erfahren. Da sich das Prestige und die Wertigkeit von Sprachen in der Stellung ihrer Repräsentanten äußert, sollten die muttersprachlichen Lehrer von ihren deutschen Kollegen als gleichberechtigte Partner akzeptiert werden. Nur so kann der gesellschaftlichen Abwertung der 'Gastarbeiter- und Asylantensprachen' entgegengewirkt werden und eine Kooperation zwischen dem Unterricht in der Erstsprache und der Zweitsprache Deutsch gelingen.

Kooperation ist ab dem ersten Schultag notwendig und beginnt bei der Einschätzung der sprachlichen Fähigkeiten eines Kindes. Es wäre nämlich einseitig und irreführend, wenn man ein anderssprachiges Kind nur nach seinen Fähigkeiten im Deutschen beurteilen wollte. Es kommt vielmehr darauf an, das Verhältnis von Erst- und Zweitsprache bei jedem Kind zu klären, wobei das Verstehen, die Aussprache, der Wortschatz, der Satzbau und die Erzählfähigkeit berücksichtigt werden sollten. Deutschlehrer und muttersprachliche Lehrer können so gemeinsam ein Sprachprofil erstellen, das in Abständen von sechs Monaten überprüft und erneuert wird.

Das erste Schuljahr ist geprägt vom Erwerb des Lesens und Schreibens. Dass dies parallel oder leicht zeitversetzt in zwei Sprachen möglich ist, konnte in zwei Schulversuchen mit türkischen Schülern nachgewiesen werden (vgl. Harnisch/Nehr 1998). Sie werden keineswegs überfordert: Eine koordinierte Alphabetisierung erleichtert vielmehr den Zugang zum Deutschen. Bei der Einführung der Buchstaben ist darauf zu achten, dass man mit unproblematischen beginnt, d.h. mit denen, die im Deutschen wie im Türkischen den gleichen Lautwert haben. Laute mit mehrgliedrigen Graphemen (sch) und Sonderzeichen () werden später eingeführt. Wichtig ist, dass sich beide Lehrer ständig absprechen und den Unterricht koordinieren.

Eine koordinierte Planung ermöglicht auch, Übersetzen zu üben, eine Fähigkeit, die für eine mehrsprachige Gesellschaft, für den Tourismus und für Handelsbeziehungen von großer Bedeutung ist, aber nach der Grammatik-Übersetzungs-Methode Ende der 60er Jahre und der propagierten Einsprachigkeit im Fremdsprachenunterricht nur noch wenig Interesse fand.

Das Internet spielt bei der Recherche – nicht nur in Projekten – eine zentrale Rolle. Im muttersprachlichen Unterricht sollten Schüler deshalb einen Netzzugang bekommen, um aktuelle Texte aus der Herkunftskultur lesen und auswerten zu können. Da die Herkunftssprache der Migranten Gefahr läuft, sich zu einer stark mit deutschen Elementen durchsetzten Familien- und Peergroup-Varietät zu entwickeln und den Bezug zur Schriftsprache und öffentlichen Sprachkultur des

Herkunftslandes zu verlieren, sollte diese Verbindung regelmäßig genutzt werden.

Neben der Recherche im World Wide Web steht die computervermittelte Kommunikation mit Hilfe von E-Mail und Chat-Räumen. Mit Hilfe dieser Technologie können im muttersprachlichen Unterricht Verbindungen zu Schulen im Herkunftsland aufgebaut werden – ein Kontakt, von dem beide Seiten profitieren, sprachlich wie kulturell.

Da muttersprachliche Lehrer meist ihre Ausbildung in ihrem Herkunftsland erhielten und mit neueren Methoden wie Freiarbeit, Gruppenarbeit oder Stuhlkreisen oft nicht vertraut sind, ist auch deshalb eine partnerschaftliche Kooperation mit dem Deutschlehrer sinnvoll. Gegenseitige Unterrichtsbesuche fördern das Verstehen. Wenn ein Deutschlehrer im muttersprachlichen Unterricht hospitiert, lernt er nicht nur ein anderes methodisches Vorgehen kennen, er erfährt vor allem auch, wie viel man von einer Fremdsprache mit Hilfe von Mimik, Gestik und visuellen Elementen verstehen kann. Er hat hier die Möglichkeit zu erfahren, wie es einem anderssprachigen Schüler ergehen mag, der sich ohne Deutschkenntnisse in einer Vorbereitungs- oder Förderklasse befindet.

9.4.2 Deutschunterricht in Vorbereitungs- und Förderklassen

Wenn man an Schulen von den 'Ausländerklassen' spricht, dann können zwei unterschiedliche Typen gemeint sein: Vorbereitungsklassen, die für Schüler eingerichtet werden, deren Deutsch noch nicht ausreicht, um am Regelunterricht teilnehmen zu können, oder Förderklassen, die schwache Schüler, die bereits den Regelunterricht besuchen, sprachlich und fachlich unterstützen.

Beide Typen zeichnen sich durch eine große Fluktuation aus: Flüchtlingskinder kommen mitten im Schuljahr hinzu, andere kehren in ihre Herkunftsländer zurück und wieder andere wechseln von der Förder- in die Regelklasse, sobald sie Deutsch hinreichend beherrschen. Zudem sind die Fehlzeiten beträchtlich und die Motivation ist gering.

Deutschlehrer versuchen sich didaktisch und methodisch an Lehrwerken und Unterrichtsmaterialien zu orientieren, die speziell für diese Klientel entwickelt wurden (vgl. Isgören-Engin 1993; Thon 1998). Meist müssen sie aber feststellen, dass die Situation in der Klasse keinen systematischen Lehrgang zulässt. Zum einen sind Fluktuation und Fehlzeiten zu hoch und zum anderen gehen die Materialien an den vielfältigen spezifischen Bedürfnissen und dem höchst unterschiedlichen Niveau in der Zweitsprache vorbei. Die Klassen sind nach Alter, Vorkenntnissen und Herkunftssprachen zu heterogen. Die Lehrer sehen sich deshalb genötigt, mit selbst zusammengestellten Materialien und Angeboten zu improvisieren und zu differenzieren (vgl. Bohn 1982). Differenzierung bedeutet nicht nur, spezifische Lernangebote zu machen, sondern auch Lernpartnerschaften zu bilden, so dass fortgeschrittene Schüler neu hinzukommenden Anfängern helfen. Da die Deutschlehrer in der Regel die Sprachen der Schüler nicht beherrschen, ist es sinnvoll, wenn Schüler mit der gleichen Muttersprache sich unterstützen, beispielsweise wenn man den Lehrer nicht versteht oder eine Arbeitsaufgabe unverständlich ist.

In Vorbereitungsklassen müssen bei absoluten Anfängern die Grundlagen des gesprochenen und geschriebenen Deutsch erarbeitet werden. Das methodische Vorgehen unterscheidet sich hier deutlich vom DaF-Unterricht. Da die Lerner außerhalb des Unterrichts ständig Deutsch lernen, gilt es, diese Erfahrungen im Unterricht aufzugreifen und fortzuführen, damit die Schüler, wenn sie wieder in eine ähnlich Situation kommen, sprachlich kompetenter damit umgehen können. Der Anfangsunterricht in DaZ zielt also immer direkt auf konkrete Lebenssituationen, auf den deutschen Alltag. Immer wieder verlässt man auch das Klassenzimmer und erkundet gemeinsam den Wohnort. Man besucht Geschäfte, Märkte und öffentliche Einrichtungen und lässt die Schüler – nach gründlicher sprachlicher Vorbereitung – mit Deutschen kommunizieren. So können alltägliche Sprechhandlungen wie „Wünsche beim Einkauf äußern“ oder „Nach dem Weg fragen“ in authentischen Situationen geübt werden.

Dialoge und Redemittel sind zwar notwendig und nützlich für den Alltag, als Lerngegenstand allerdings meist nicht besonders motivierend für Kinder. Spannender finden sie es hingegen, wenn mit Sprache gespielt werden darf, wenn Wörter lustvoll vertauscht werden dürfen und dadurch Verfremdungseffekte entstehen, wenn man mit onomatopoetischen Wörtern, Zungenbrechern oder Reimen lautliche Effekte erzeugen kann: All das macht mehr Spaß als zu lernen, wie man korrekt nach dem Weg fragt. Aber lernen Kinder auch etwas dabei? Gerlind Belke (1999) meint entschieden: ja, Spiele mit Sprache seien für den Erst- wie für den Zweitspracherwerb außerordentlich nützlich, da Kinder durch sie ihre Aufmerksamkeit auf formale Aspekte der Sprache lenken müssen: auf phonetische und grammatische Verhältnisse, die für eine zu lernende Sprache charakteristisch sind. Reime, besonders Spottverse, aber auch Witze, werden von den Kindern aus Lust am Klang und auch an der Provokation häufig wiederholt. Dadurch schaffen sie sich selbst unbewusst ihre Musterübungen, mit denen sie sich bestimmte Sprachstrukturen einprägen können.

Ein weiteres wichtiges Element im DaZ-Unterricht sind motivierend gestaltete Vorlesezeiten, in denen eine positive Einstellung zu Büchern und zum späteren Lesen entwickelt werden kann. Gerade weil Migrantenkinder häufig aus Elternhäusern kommen, in denen Bücher kaum eine Rolle spielen und keine Gute-Nacht-Geschichten vorgelesen werden, hat hier der Deutschunterricht eine kompensatorische Aufgabe. Das Vorlesen sollte möglichst mit den Kollegen aus dem muttersprachlichen Unterricht koordiniert werden: Das gleiche Kinderbuch kann – falls es übersetzt wurde – in beiden Sprachen vorgelesen und besprochen werden. Auch Märchen finden sich häufig in ähnlicher Form in anderen Sprachen, wobei es sich lohnt, über die Unterschiede im Text zu sprechen, da sie auf kulturelle Unterschiede verweisen, die wiederum das interkulturelle Verstehen fördern. Die Lehrer sollten auch die Eltern der Kinder auf die Bedeutung des Vorlesens für den Spracherwerb hinweisen und ihnen Buchempfehlungen geben, wobei es wesentlich sinnvoller ist, wenn die Eltern – falls sie lesen können! – aus Kinderbüchern ihrer Herkunftssprache vorlesen als aus deutschen Büchern.

Neben Büchern spielen Kinderkassetten sowie Fernseh- und Videoprogramme eine wichtige Rolle im Leben der Kinder. Hier gilt es, die Rezeption dieser Medien zu thematisieren und so zu beeinflussen, dass sie intensiver und bewusster wahrgenommen werden und der sprachliche Input als Ressource für den Zweitspracherwerb genutzt werden kann.

Kassettenrecorder können mit ihrer Aufnahmefunktion auch zur Ausspracheschulung eingesetzt werden. Die Kinder kontrollieren mit ihrer Hilfe die Intonation und Aussprache und können kleine 'Hörspiele' zusammenstellen.

Wenn Seiteneinsteiger, die in ihrem Herkunftsland bereits eine Schule besucht haben, in eine Vorbereitungsklasse kommen, sollte man ihnen nicht das Lesen und Schreiben in der Weise vermitteln, wie man es bei Erstklässlern tun würde. Ein Zweitschrifterwerb muss didaktisch anders modelliert werden. Hier gilt es an den Vorkenntnissen und Erfahrungen mit Schrift und Schriftlichkeit anzuknüpfen. Seiteneinsteiger wissen nämlich bereits, dass man bei einem Text eine Leseerwartung entwickeln kann, dass man bei einer Aneinanderreihung von Graphemen, die durch Zwischenräume voneinander getrennt sind, nach einer Wortbedeutung suchen muss, dass gleiche Wörter in verschiedenen Schriftarten die gleiche Bedeutung haben, dass Wörter in Grapheme und Phoneme segmentiert werden können, dass Buchstaben in einer Beziehung zu Lauten stehen, dass Lautstärke und Intonation nicht verschriftet werden und – je nach ihrer Ausgangsschrift – sie auch wissen, dass Phoneme und Grapheme nicht immer in einem 1:1-Verhältnis zueinander stehen (Schulte-Bunert 2000, S. 33ff.).

Anstatt diese Schüler mit einer Fibel für ABC-Schützen zu langweilen und zu infantilisieren, sollte man Sprachmaterial aus ihrer Lebenswelt zur Grundlage des Zweitschrifterwerbs machen: Firmenbezeichnungen (*Aldi*), Markennamen (*Kaba*), Werbeslogans (*Ich bin schon drin!*), Abkürzungen (*ZDF*) oder Schilder (*Einbahnstraße*), die im Alltag vorkommen, bieten den Schülern einen authentischen Zugang zur Schrift, der ihren Erfahrungen und Interessen entspricht. Die Schüler lernen, die für sie fremde deutsche Lebenswelt, mit Hilfe von sprachlichen und nicht-sprachlichen Zeichen besser zu verstehen und sich darin zu orientieren. Mit einer Kamera können sie bei einem Erkundungsgang alles, was ihnen unterwegs sprachlich ins Auge fällt, fotografieren. Dieses Sprachmaterial wird dann in der Klasse nach Bekanntheit, Lesbarkeit und Schwierigkeit gesichtet, auf Plakaten, in Heften und mit dem Computer (Scanner) aufbereitet und anschließend systematisch erlesen und geschrieben. Später kommen kürzere oder längere Texte hinzu: Rechnungen, Einkaufszettel, Rezepte oder Gebrauchsanleitungen. Schulte-Bunert (2000), die diese Methodik in Anlehnung an den 'Spracherfahrungsansatz' (vgl. Kapitel 4) als 'Schrifterfahrungsansatz' entwickelt hat, gibt viele praktische Hinweise für einen erfolgreichen Zweitschrifterwerb.

9.4.3 Regulärer Deutschunterricht in mehrsprachigen Klassen

Wenn Lehrer eine Klasse zugeteilt bekommen, in der der Anteil anderssprachiger Schüler hoch ist, wird gemeinhin eine problematische Situation erwartet. Ausländische Schüler gelten als schwierig. Ihre Zweisprachigkeit wird nicht als sprachlicher Mehrwert angesehen, sondern als Defizit. Bereits ein leichter ausländischer Akzent kann bei einem deutschen Lehrer das Klischee einer eingeschränkten kognitiven und schulischen Leistungsfähigkeit entstehen lassen. Fatal ist dabei, dass sich diese Erwartungen negativ auf das Verhalten der Schüler auswirken, so dass sich tatsächlich Leistungsschwächen manifestieren, was wiederum das Vorurteil des Lehrers betätigt: der Teufelskreis der Self-Fullfilling-Prophecy ist geschlossen.

Um aus diesem Teufelskreis heraus zu kommen, sollte man ein mehrsprachiges Klassenzimmer nicht mit einer Defizit-Erwartung betreten, sondern als Chance begreifen. Die zunehmende Heterogenität der Schüler mit ihren unterschiedlichen Lebenserfahrungen und Sprachen macht es sicherlich immer schwieriger, einen einheitlichen, lehrerzentrierten Unterricht anhand eines Lehrbuchs durchzuführen, aber es bieten sich dafür vielfältige Möglichkeiten, diese unterschiedlichen Lebensentwürfe und Sprachen in einem erfahrungsoffenen, differenzierten und schülerzentrierten Unterricht zu gestalten. Dies erfordert sicherlich viel pädagogische und didaktische Fantasie, Offenheit und Neugier für das Unbekannte und Fremde und die Bereitschaft, auch von den Schülern etwas lernen zu können. Basil Schader schreibt:

> Fixieren wir uns nicht auf die Probleme deutschschwacher Schüler, sondern wenden wir uns der zweiten Dimension zu, die für die mehrsprachige Klasse charakteristisch ist: den Ressourcen, den neuen Möglichkeiten, den vielfältigen Anlässen für zukunftsweisendes Miteinander- und Voneinanderlernen. (Schader 2000, S. 13)

Konkret bedeutet dies, dass man im Deutschunterricht immer wieder Situationen schafft, in denen andere Sprachen, die einige Schüler mehr oder weniger gut kennen, thematisiert werden. Dies kann auf vielfältige Weise geschehen:

- Die sprachliche und kulturelle Vielfalt kann bewusst gemacht und erlebt werden.
- Mit fremden und eigenen Sprachen kann gespielt werden.
- Wie man eine fremde Sprache gelernt hat und immer noch lernt, kann berichtet und selbst erfahren werden. (Beispielsweise können anderssprachige Schüler ihren Mitschülern kleine Sprachkurse anbieten.)
- Man kann erfahren, wie man in anderen Sprachen schreibt und welche Möglichkeiten es gibt, zu entschlüsseln, was ein Wort oder Satz in einer fremden Sprache wohl bedeuten mag.
- Die Grammatik des Deutschen kann spannend werden, wenn man zeigt und darüber diskutiert, wie in anderen Sprache bestimmte Sprechakte grammatisch umgesetzt werden.

Diese mehrsprachigen Aktivitäten in einem erfahrungsoffenen Deutschunterricht dienen dem Ziel, bilinguale wie monolinguale Schüler auf eine vielsprachige deutsche Lebenswelt vorzubereiten und ihnen interkulturelle Kompetenzen zu vermitteln. Mit dem bewussten Umgang mit kultureller und sprachlicher Fremdheit soll einerseits einem deutschen Ethnozentrismus entgegengewirkt werden, andererseits aber auch eine kulturelle und sprachliche Assimilation von Anderssprachigen verhindert werden. Sie müssen begreifen, dass ihre Zwei- oder Mehrsprachigkeit ein persönliches Kapital darstellt, das man nicht leichtfertig aufgeben darf, sondern pflegen und vermehren sollte. Vermittelt ein Lehrer implizit oder explizit, dass er sich für ihre Sprachen und Kulturen interessiert und mehr darüber erfahren möchte, dann fühlen sie sich in ihrer kulturellen Identität akzeptiert und schenken ihrer Erstsprache höhere Aufmerksamkeit.

Wenn sprachliches wie kulturelles Wissen anderssprachiger Schüler in den Deutschunterricht einbezogen wird, können spezifische Probleme auftreten. Zum einen ist das kulturelle Milieu einer eingewanderten Familie nicht identisch mit der Herkunftskultur. Die deutsche Umwelt hat die Werte und das Verhalten der Einwanderer in vielfältiger Weise beeinflusst und verändert: Manche sind konservativer, teilweise auch fundamentalistisch geworden, andere haben sich der westlichen Liberalität und Konsumhaltung angenähert. Darüber im Unterricht zu sprechen kann leicht zu prekären Situationen führen, beispielsweise wenn ein deutscher Hauptschüler seine türkische Mitschülerin scheinbar ganz harmlos fragt: „Wie feiert ihr Türken eigentlich Weihnachten?“ Über die eigene Kultur zu sprechen macht vielen Mühe, da sie sich genötigt sehen, kulturelle Klischees kolportieren zu müssen, die sie selbst als eigentümlich empfinden, da sich ihre kulturelle Orientierung längst von der Herkunftskultur entfernt hat. (Die meisten Deutschen empfinden es auch als unangemessen, wenn sie im Ausland auf Lederhosen und Schuhplattler angesprochen werden!)

Über sprachliche Unterschiede zu sprechen ist weitaus ‘gefahrloser’. Hier zeigt sich rasch, dass keine Sprache einer anderen über- oder unterlegen ist. Jede Sprache besitzt Wörter, Metaphern und Redewendungen, mit denen man einen Sachverhalt oder eine Intention besonders geschickt ausdrücken kann. Dass Sprachen mit einer Schriftkultur unterschiedliches Prestige besitzen, hängt nicht mit ihren linguistischen Möglichkeiten zusammen, sondern mit dem Einfluss und Ansehen der Sprachgemeinschaft. Über sprachliches Wissen und über sprachliche Unterschiede kann man sachlicher und distanzierter sprechen als über die eigene schwierig zu beschreibende Kultur, die sich stärker als die deutsche in einem ständigen Veränderungsprozess befindet.

Viele Schüler beherrschen allerdings ihre Erstsprache nur noch schlecht, so dass sie sich überfordert und bloßgestellt fühlen können, wenn der Lehrer und Mitschüler sie um ein Beispiel oder eine Übersetzung bitten. Der Lehrer sollte sich zuvor ‘unter vier Augen’ bei anderssprachigen Schülern informieren, wie geläufig ihnen ihre Erstsprache noch ist – mündlich wie schriftlich.

Interkulturelles Lernen ist in einem gemeinsamen Unterricht mit einheimischen wie eingewanderten Schülern am besten zu realisieren (vgl. Hegele/Pommerin 1983). Ein solcher Unterricht müsste aber nicht unbedingt in herkömmlichen Regelklassen stattfinden. An der Staatlichen Europa-Schule Berlin (Stotzka 1998) und in einigen bayerischen Schulen nach dem 'Nürnberger Modell' (Kupfer-Schreiner 1994) hat man die Muttersprachen der Migranten aufgewertet und gezielt gefördert, indem man sie in den vormittäglichen Regelunterricht integriert hat. Mit einsprachig deutschen und anderssprachigen Schülern hat man 'zusammengesetzte Klassen' gebildet, die teilweise gemeinsam und teilweise getrennt auf Deutsch und in einer anderen Sprache unterrichtet werden. Dazu benötigt man eine ausreichende Anzahl von Schülern mit den Herkunftssprachen, die an den jeweiligen Schulen angeboten werden. Bei der weithin herrschenden starken Durchmischung der Sprachgruppen in der Bundesrepublik lässt sich dieses Modell allerdings nur mit einigem organisatorischen Aufwand realisieren, oder aber in den wenigen Stadtvierteln, in denen die Konzentration einer Sprachgemeinschaft besonders groß ist wie beispielsweise Berlin-Kreuzberg. Das ideale Modell wird es in Deutschland wohl nicht geben können.

Lektürehinweise

Neuner/Glienicke/Schmitt (1998) haben eine praxisorientierte Einführung über *Deutsch als Zweitsprache in der Schule* herausgegeben. Darin findet sich auch eine kommentierte Auswahlbibliographie zu Unterrichtsmaterialien. Die Einführung von Glumpler/Apeltauer (1997) richtet sich speziell an Grundschullehrer. Mit Belke (1999) liegt eine didaktische Konzeption vor, in der Sprachspiele eine zentrale Rolle für den Zweitspracherwerb einnehmen. Wer sich auf den Unterricht mit Aussiedlern aus den GUS-Ländern und Polen vorbereiten möchte, findet in Lewandowski (1991) Grundlagen zur kontrastiven Linguistik sowie praktische Vorschläge. Zum Herkunftssprachenunterricht geben Reich/Hienz de Albentiis (1998) einen kritischen Überblick. Für den Unterricht in mehrsprachigen Klassen legte Schader in 2000 ein Handbuch mit 95 (!) Unterrichtsvorschlägen für den Kindergarten bis zur Sekundarstufe I vor. In einem Sammelband von Kuhs/Steinig (1998) werden in 14 Aufsätzen zentrale Bereiche mehrsprachiger Bildung und Erziehung dargestellt: geschichtliche Perspektiven, schulische Projekte und Modelle, linguistische und curriculare Grundlagen sowie Vorschläge zum Deutschunterricht. Da sich Deutsch als Zweitsprache in vielen Aspekten mit Deutsch als Fremdsprache berührt, lohnt sich auch die Lektüre von Huneke/Steinig (^{2}2000). Hier findet man – neben einem umfangreichen didaktischen Teil – einen Überblick zu Zweitspracherwerbstheorien sowie zur deutschen Sprache und Kultur. Auernheimer (^{2}1995) führt in die interkulturelle Erziehung ein.

10. Deutschunterricht planen und vorbereiten

Auf den Unterricht müssen sich Anfänger wie Profis vorbereiten. Eine angemessene Planung entlastet von dem Handlungsdruck, der während einer Stunde enorm hoch sein kann. Ein Profi kann sich jedoch nicht auf jede Stunde so ausführlich vorbereiten, wie man es von einem Anfänger erwartet. Im Schulalltag fehlt häufig einfach die Zeit dazu. Schlecht vorbereitete Stunden müssen aber nicht immer die schlechtesten sein. Wenn man keinen vorab festgelegten Planungsschritten folgt, kann dies – bei einem kompetenten Lehrer – zu einer größeren Offenheit gegenüber den Bedürfnissen und Ideen der Schüler führen. Wenn man dagegen – wie manch ein Anfänger – bemüht ist, jede Unterrichtsphase genau so durchzuführen, wie sie geplant wurde, kann man taub für das werden, was einem die Schüler sagen wollen. Eine spannende Schülerfrage, die eine neue, interessante Dimension eröffnen kann, wird leider oft abgeblockt, weil das Planungskonzept keine Abweichungen zulässt und man Angst hat, seinen Faden zu verlieren.

Anfänger müssen sich umfassend auf jede Stunde vorbereiten, weil sie noch nicht die Erfahrung, die Souveränität und das Wissen eines Profis besitzen. Dennoch: Auch ihre Planung sollte nicht so eng sein, dass dadurch lebhafte und engagierte Diskussionen verhindert werden. Auch ein Anfänger muss Abweichungen und Nebenwege zulassen können. Unterrichtsplanung darf nicht wie ein Korsett wirken.

Doch wie sieht eine sinnvolle Planung aus? Eine richtige Antwort darauf wird es nicht geben. Jeder Lehrer hat für seine Unterrichtsvorbereitung eigene Verfahren entwickelt (vgl. Haas 1998). Ihre privaten Aufzeichnungen, die auch als Spickzettel während des Unterrichts dienen können, unterscheiden sich fundamental von einem ausführlichen 'Stundenentwurf', der als spezifische Textsorte einem Mentor, einem Dozenten oder Schulrat vor Beginn einer 'Vorführstunde' vorgelegt werden muss und der mit in die Beurteilung des Unterrichts eingeht. Mit dieser Textsorte soll man seine didaktische Kompetenz demonstrieren. Der hospitierende Beurteiler möchte das, was er in der Stunde beobachten kann, im Entwurf begründet und erläutert finden. Dem Beobachter soll sich der Denkrahmen zu einer Stunde erschließen.

Wir möchten in diesem abschließenden Kapitel beides erörtern: Planung und Vorbereitung für den Unterrichtsalltag und für Vorführstunden. Dabei soll all das, was für den Deutschunterricht spezifisch ist, besonders betont werden.

10.1 Antizipierendes Handeln

Unterricht ist ein hoch komplexes Geschehen mit relativ konstanten, ritualisierten Faktoren, planbaren Zielen und Inhalten sowie nicht vorhersehbaren Entwicklungen. Zu den Konstanten gehört all das, was man über Unterricht normalerweise weiß, weil man in unserer Kultur seit dem sechsten Lebensjahr zur Schule geht: Die beteiligten Personen, eine Gruppe von Kindern oder Jugendlichen und ein Lehrer, deren Rollen bekannt sind und die im Unterricht in einer bestimmten Weise miteinander kommunizieren, sowie der räumliche und zeitliche Rahmen. Mehr oder weniger gut bekannt sind auch die individuellen Fähigkeiten und Vorlieben sowie die Persönlichkeitsstrukturen der Schüler (und des Lehrers!) einer Klasse.

Zu den unerwartbaren Entwicklungen gehören vor allem Störungen. All das, was Lehrer dazu nötigt, Schüler zu ermahnen und wieder auf das Thema der Stunde zurück zu führen, erscheint Lehrern als unangenehme Zeitverschwendung und bringt die Unterrichtsplanung durcheinander. Aber Störungen stellen – analytisch betrachtet – ein interessantes kommunikatives Geschehen dar, das im Deutschunterricht thematisiert werden kann. In der themenzentrierten Interaktion (TZI), die Ruth Cohn (1975) als ein gruppentherapeutisches Verfahren entwikkelt hat, sind Störungen kein Fremdkörper, sondern integraler Bestandteil eines komplexen kommunikativen Geschehens. Störungen müssen im Deutschunterricht nicht als dysfunktionales Geschehen ausgeklammert werden, sondern können Schülern, wenn sie taktvoll und kompetent bearbeitet werden, Erkenntnisse über ihre Strukturen und Funktionen vermitteln und sie so besser damit umgehen lassen. Um Störungen in dieser Weise spontan zum Gegenstand des Deutschunterrichts zu machen, bedarf es einer speziellen Schulung, die sich an gruppendynamischen Gesprächstechniken orientiert. Auch die Vermittlung gesprächsanalytischer Erkenntnisse über Störungen und Streit wäre hier notwendig (vgl. Nothdurft 1995).

Neben den Konstanten und dem Unerwartbaren steht die Planung: alle Überlegungen, die einer unterrichtlichen Situation vorausgehen und diese zu antizipieren versuchen. Dazu benötigt man pädagogische Fantasie: Man muss abschätzen können, was in einer Klasse mit Schülern eines bestimmten Alters, eines bestimmten Sprachstandes und bestimmter außerschulischer und schulischer Lernerfahrungen gemeinsam bearbeitet werden kann. Schüler dürfen weder unter- noch überfordert werden, und da Klassen zunehmend heterogener werden, müssen differenzierende Angebote gemacht werden. Wie bereitet man sich auf diese Situation vor?

Planung findet auf unterschiedlichen Ebenen statt: Man plant für ein ganzes Schuljahr oder zumindest ein Schulhalbjahr, für eine Unterrichtseinheit, für eine Schulstunde und schließlich für einzelne Phasen innerhalb einer Stunde. In jeder Planungsphase müssen andere Prioritäten gesetzt werden.

Vor Beginn eines Schuljahres entwirft man einen Rahmenplan mit mehreren Unterrichtseinheiten, für die man in der Regel – je nach Thema und Zielen – zwei bis fünf Wochen benötigt. Hierbei gilt es, eine abwechslungsreiche und anregende Mischung mit einer Progression der Lerninhalte zu verbinden. Die Vorgaben des Lehrplans, die nach den Arbeitsbereichen des Deutschunterrichts systematisch gegliedert sind, können deshalb auch nicht nacheinander Punkt für Punkt abgearbeitet werden. Man versucht vielmehr, die vorgegebenen Inhalte und Ziele in die geplanten Unterrichtseinheiten flexibel einzubinden, so dass möglichst alle berücksichtigt werden können.

Bei dieser Rahmenplanung lässt man sich von Vorschlägen aus didaktischen Zeitschriften und Büchern, aus Sprach- und Lesebüchern sowie von der Sprachwirklichkeit in unserem Alltag anregen. Das Niveau der Klasse, vor allem in Bezug auf die sprachliche Entwicklung im Mündlichen wie im Schriftlichen, bildet dabei den Hintergrund für die Planung.

Bei der zeitlichen Gewichtung der einzelnen Unterrichtseinheiten spielen immer auch persönliche Interessen eine Rolle, die man keineswegs unterdrücken sollte. Bei ungeliebten Themen sollte man sich allerdings die Frage stellen, ob man nicht neue Zugänge finden könnte, die ein Thema für einen selbst wieder attraktiv werden lassen, denn sowohl der innere Widerstand gegen als auch die Begeisterung für eine Sache übertragen sich vom Lehrer auf die Schüler. Die beste Haltung ist wohl, sich mit Neugier und Entdeckerfreude auf jedes Thema immer wieder neu einzulassen und mit naiven und staunenden Augen auch das zu betrachten, was man schon seit langem zu kennen meint.

Wenn man eine Unterrichtseinheit im Schulhalbjahr als Projekt konzipiert, kann meist hohe Motivation, viel Engagement und selbstbestimmtes Handeln bei den Schülern freigesetzt werden. Da für Projekte vielfältige Kompetenzen erforderlich sind, können mehrere Lehrplanvorgaben aus nahezu allen Arbeitsbereichen des Deutschunterrichts mit einem Projekt abgedeckt werden. Auch fachübergreifendes bzw. fächerverbindendes Arbeiten ist im Rahmen von Projekten möglich.

Bei der Planung einer Unterrichtseinheit sollten die ersten Stunden so konzipiert sein, dass eine Motivation für die Thematik als Ganzes aufgebaut werden kann. Eine regelrechte 'Motivationsphase' zu Beginn einer Stunde ist hingegen oft nicht sinnvoll, vor allem dann nicht, wenn sie sich nicht organisch in den thematischen Rahmen einer Stunde einfügen lässt. Mit einem informierenden Einstieg kann man genau so gut motivieren, wenn das Thema selbst didaktisch spannend modelliert wird. Oder anders: Ein spannend aufbereitetes Thema benötigt keine zusätzliche Motivation!

Am Ende einer Einheit werden die Ergebnisse rekapituliert und kritisch bewertet. Schülern sollte man etwa ab der dritten Klasse auch die Möglichkeit geben, Einblick in den Aufbau einer Unterrichtseinheit zu bekommen und sich dazu kritisch zu äußern. Generell muss man wohl leider sagen, dass das Ende von Unterrichtseinheiten und auch von Einzelstunden bedeutend weniger Aufmerksamkeit bekommt, als notwendig wäre. Gerade der letzte Eindruck ist für eine weitere kognitive Verarbeitung von besonderer Bedeutung.

Für die Vorbereitung auf eine Unterrichtsstunde, die besonders gut gelingen soll, gibt es kein Patentrezept. Als Anregung möchten wir aber einen möglichen Weg beschreiben, den man als Anfänger einmal ausprobieren sollte – also doch ein Rezept, aber keines, das für jeden und für jedes Thema funktioniert.

Wenn man von seinem Ausbilder ein Rahmenthema bekommen hat, beispielsweise ‘Berichte’ und ‘berichtendes Schreiben’, lässt man zunächst einmal seine Assoziationen dazu möglichst frei fließen, am besten mit Hilfe eines Cluster-Verfahrens, wie es Gabriele Rico (1984) beschrieben hat. Das Thema steht dann auf der Mitte des Blattes und von dort ausgehend werden rasch und unstrukturiert Assoziationsstränge geknüpft. Dadurch werden kognitiv-analytische wie emotionale Zugänge zum Thema geöffnet, die man anschließend systematisieren und hinterfragen kann. So wird deutlich, was einen selbst mit dieser Thematik verbindet, wo es Affinitäten und Widerstände gibt, in welchen Bereichen man sich auskennt und wo noch Wissenslücken vorhanden sind.

Anschließend geht man auf die Suche nach einem oder mehreren Berichten, die möglichst exemplarisch bzw. typisch für diese Textsorte sind. Man vergleicht etwa Berichte aus Zeitungen unterschiedlichen Niveaus miteinander und liest sich Berichte durch, die in Sprachbüchern abgedruckt sind. Als Kriterien für die Auswahl müssen gelten: der exemplarische Charakter der Textsorte, Aktualität und Authentizität sowie inhaltliche Attraktivität und altersgemäße Passung.

Man sollte sich nicht zu rasch für ein Beispiel entscheiden, sondern immer mehrere mögliche Texte gegeneinander abwägen. Mit einer textlinguistischen Analyse wird deutlicher, welches didaktische Potenzial in jedem Text steckt. Oft wird man zu dem Ergebnis kommen, dass man mindestens zwei Beispiele benötigt, um so im Vergleich unterschiedliche Ausprägungen und Varianten einer Textsorte ausloten zu können.

Die ausgewählten sprachlichen Gegenstände – Texte, Sätze oder Wörter – werden zunächst ohne Hilfsmittel, ohne Grammatiken, Lehrerhand- oder Schulbücher analysiert. Dabei erweist sich der folgende Weg fast immer als hilfreich:

> Man formuliert eine erste ‘naive’ Hypothese.
> Anschließend versucht man die Hypothese zu überprüfen. Dazu sind zwei Wege geeignet:
> - Man sucht vergleichbare Beispiele zu dem sprachlichen Phänomen.
> - Man variiert den Gegenstand und führt ‘Proben’ durch (Austauschprobe, Ersatzprobe u.a.)

Dazu ein Beispiel zum Unterrichtsgegenstand ‘Schreibung mit doppeltem Konsonantenbuchstaben’ aus dem Arbeitsbereich ‘Rechtschreibung’ – ein Bereich, über den oft nicht intensiv nachgedacht wird, weil man bereits all das, was die Schüler wissen sollten, zu kennen glaubt.

Selbstverständlich geht man bei der Analyse zunächst von seinem Vorwissen aus. Aus dem Studium, vielleicht auch noch aus der Schulzeit, weiß man, dass Konsonanten nach einem kurzen Vokal verdoppelt werden.[1] Die erste ‘naive’

---

[1] Im 4. Kapitel zum Schriftspracherwerb wird das Phänomen als silbisch motivierte Schreibung erklärt.

Hypothese lautet demnach: Nach jedem kurzen Vokal wird der folgende Vokal verdoppelt.

Um die Hypothese zu überprüfen, sucht man Wörter, die einen kurzen Vokal enthalten. Die ersten Beispiele scheinen die Hypothese zu bestätigen: *Welle, Kanne, Semmel, Ratte* (aber: *rate*), *Bitte* (aber: *biete*), *Mitte* (aber: *Miete*) entsprechen dieser Vermutung. Dann findet man aber weitere Beispiele, die nicht zur Hypothese (kurzer Vokal, also Verdoppelung) passen wollen:

- *mit* (Warum nicht **mitt*?), *in* (Warum nicht **inn*?)
- *Wäsche* (Warum nicht **Wäschsche*?)
- *Geld* (Warum nicht **Gelld*, analog zu „*Die Sirene gellt*"?)
- *Weste* (Warum nicht **Wesste*?)

Wie lassen sich diese Beispiele erklären? Man versucht zunächst selbst eine Erklärung zu finden und bildet so neue Hypothesen. Erst am Ende eines eigenen Suchprozesses schlägt man in einer wissenschaftlichen Grammatik oder in einem Handbuch zur Rechtschreibung nach, um dort eine gültige Antwort zu finden.

Anschließend vergleicht man diese Auskunft mit den Hinweisen, die in Sprachbüchern und Lehrerhandbüchern gegeben werden. Dabei lässt sich häufig feststellen, dass das Problem hier nicht korrekt oder ungeschickt dargestellt wird und die Schüler eher verwirren könnte.

Die eigenständige Beschäftigung mit dem Gegenstand vor der Konsultation fachlicher Autoritäten stellt eine Art didaktischen Selbstversuch dar. All die Gedanken, die man sich bei der ersten, möglichst naiven Beschäftigung mit dem Phänomen macht, sind Gedanken, die auch den Schülern durch den Kopf gehen könnten, wenn man ihnen Zeit ließe, sich mit dem Phänomen selbstständig auseinander zu setzen. Bei dieser Form der Analyse, die nicht zu einer glatten, raschen Lösung führt, entstehen unwillkürlich didaktische Ideen zur Behandlung des Problems im Unterricht. Sowohl die Frustrationen und Sackgassen als auch die neuen Erkenntnisse und Aha-Erlebnisse, die man bei der eigenen Beschäftigung mit dem Gegenstand erfährt, verändern zunächst die Haltung des Lehrenden: Anstatt eines allwissenden Faktenvermittlers kann er sich zu einem neugierigen, forschenden Lerner entwickeln – eine Haltung, die man sich auch bei seinen Schülern wünschen möchte und die mit einer entsprechenden didaktischen Modellierung in die Planung und den Unterricht eingehen kann.

Entdeckendes Lernen, besonders im Grammatikunterricht, wurde in der Sprachdidaktik schon früh gefordert (vgl. Haueis 1981), aber selten verwirklicht. Möglicherweise kann dieses Defizit mit der geringen Neigung der Lehrenden zusammenhängen, zunächst selbst auf Entdeckungsreise zu gehen. Das, was einen selbst verwundert und erstaunt, kann möglicherweise auch die Schüler erstaunen und Aha-Erlebnisse auslösen. Das Überraschende und Unerwartete hinterlässt den stärksten Eindruck und löst Fragen zum tieferen Verständnis eines Phänomens aus.

Bei der Vorbereitung von Unterricht lässt man sich selbst auf einen Lernprozess ein, der die didaktische Modellierung bereichert. Als neugieriger und auch selbst nicht immer alles verstehender Lehrer wird man für die Schüler authentischer und glaubwürdiger. Und ein von der Beschäftigung mit Sprache begeisterter Deutschlehrer kann auch seine Schüler begeistern.

10.2 Der schriftliche Unterrichtsentwurf

Ein Stundenentwurf ist keine einfache Textsorte. Auf wenigen Seiten soll man alle Überlegungen, die für eine Stunde relevant sind, vor ihrer Realisierung prägnant darstellen und begründen.

Auch wenn die Vorstellungen darüber, wie ein Entwurf im Einzelnen auszusehen hat, weit auseinander gehen, so gibt es doch über die zentralen Punkte, die für den Deutschunterricht berücksichtigt werden müssen, weitgehend Konsens (vgl. Schramke 1995):

1. Bemerkungen zur Lerngruppe
2. Einordnung der Stunde in den Unterrichtszusammenhang
3. Überlegungen zum Unterrichtsgegenstand
   3.1 Erörterung der sprachlichen Produkte/Prozesse (Sachanalyse)
   3.2 Didaktische Überlegungen
   3.3 Lernziele
4. Methodische Überlegungen
5. Verlaufsplanung (Strukturskizze)
6. Anhang

Alle Überlegungen, die in den einzelnen Gliederungspunkten angesprochen werden, stehen in einem inneren Zusammenhang. Kein Kapitel darf sich gewissermaßen verselbstständigen und den Bezug zur Unterrichtsstunde, um die es schließlich geht, verlieren. Die Gefahr ist besonders groß bei den 'Bemerkungen zur Lerngruppe' und der sog. 'Sachanalyse': Hier wird häufig etwas geschrieben, was mit der konkreten Stunde nichts mehr zu tun hat.

Die lineare Form eines Entwurfs in der heute üblichen Textgestalt entspricht nicht den Gedankengängen, die zu einer Stunde führen. Jede Stunde lässt sich von verschiedenen Punkten her denken und entwickelt ihre Gestalt mit ständigen Sprüngen in einem ganzheitlich-antizipierenden Prozess. Die ideale Form eines Unterrichtsentwurfs wäre deshalb ein Hypertext. Diese Form käme der Gedankenentwicklung beim Prozess der Planung wesentlich näher. Mit den entsprechenden Links in jedem Kapitel könnte der Leser mühelos hin- und herspringen und die inhaltlichen Bezüge sofort erkennen. Auch wenn man heute Entwürfe noch nicht als Hypertexte schreibt, so sollten doch in jedem Kapitel die Bezüge zu anderen Kapiteln deutlich werden.

Bemerkungen zur Lerngruppe

Da sich im Gefüge von Lehrer, Gegenstand und Schüler die Gewichte seit der kognitiven Wende in Richtung Schüler verlagert haben und 'Schülerorientierung' heute zu einem zentralen didaktischen Prinzip gehört, ist es folgerichtig, dass man auch im Entwurf mit den Schülern beginnt. Nur wer seine Schüler gut kennt, kann einen Unterricht planen, der ihrem Leistungsniveau, ihren Interessen und Bedürfnissen entspricht.

Für den Deutschunterricht heißt dies, dass hier die Fähigkeiten der Schüler im mündlichen wie schriftlichen Sprachgebrauch sowie ihre Kenntnisse, Fertigkeiten und Lernschwierigkeiten aufgrund des vorausgegangenen Unterrichts in Bezug auf die geplante Stunde dargestellt werden müssen. Hinzu kommt eine Einschätzung zur Unterrichtskommunikation, die zwar für jeglichen Unterricht wichtig ist, aber im Deutschunterricht besondere Aufmerksamkeit bekommen sollte.

Mit der Analyse der Unterrichtskommunikation wird deutlich, dass der Lehrer Teil des kommunikativen Geschehens ist und so auch zur Lerngruppe gehört. Aus konstruktivistischer und phänomenologischer Sicht kann der Lehrer seine Schüler nicht als Objekte aus einer objektiven Beobachterperspektive beschreiben, sondern ist immer Teil eines situierten Prozesses. Einem hospitierenden Beobachter wird sofort auffallen, dass zwischen Lehrer und Schülern eine spezifische Beziehungsstruktur besteht, die dem Lehrer aber möglicherweise nicht bewusst ist oder die er nicht offen legen möchte. Animositäten oder Vorlieben, die sein Verhältnis zu einzelnen Schülern prägen, beeinflussen die Unterrichtskommunikation deutlich, aber im Unterrichtsentwurf möchte man sich hier – aus Sorge um eine negative Beurteilung – keine Blöße geben und lässt deshalb meist seine Person außen vor.

Die sprachlichen Voraussetzungen und Fähigkeiten, die zum Erreichen bestimmter Lernziele notwendig sind, sollten bedacht werden – sowohl in Hinblick auf das generelle Niveau der Klasse als auch auf einzelne Schüler, die nach unten oder oben vom Durchschnitt abweichen. Steht beispielsweise Schreiben im Zentrum einer Stunde, dann beschreibt man den Stand der Schreibentwicklung anhand von älteren oder kürzlich geschriebenen Schülertexten, die einem zur Verfügung stehen. Die Fähigkeiten anderssprachiger Schüler sind dabei besonders zu beachten.

Ein weiterer Punkt ist die Frage, wie sehr die Schüler mit Voraussetzungen und Verfahren, die in einer Stunde benötigt werden, vertraut sind. Zu denken ist hier an fachspezifische Voraussetzungen wie Methoden der Textanalyse, Schreibkonferenzen oder Podiumsdebatten sowie an generelle methodische Verfahren wie Lernzirkel, Lerntheken oder Projektarbeit. Praktikanten und Referendare sollten hier auch anführen, welche Erfahrung sie selbst mit den geplanten Verfahren gemacht haben.

Hinzu kommen schließlich psychologische und pädagogische Einschätzungen und Beobachtungen zur kognitiven Entwicklung, zur Motivation, zur Fähigkeit in Sozialformen wie Partner- oder Gruppenarbeit kooperativ und selbstständig zu arbeiten, zu Interessen und Begabungen sowie zu Schwächen und Verhaltensauffälligkeiten der Schüler. Diese Aspekte sollten aber nur angesprochen werden, wenn ein unmittelbarer Bezug zu der vorbereiteten Stunde hergestellt werden kann, beispielsweise dann, wenn aufgrund von Konzentrationsproblemen einiger Schüler die Unterrichtsphasen relativ kurz sein sollen und ein häufiger Methodenwechsel geplant ist.

Einordnung der Stunde in den Unterrichtszusammenhang

Normalerweise ist eine Stunde nicht singulär, sondern Teil einer längeren oder kürzeren Unterrichtseinheit, deren inhaltliche und didaktische Konzeption erläutert werden muss. Der Stellenwert einer Vorführstunde wird erst deutlich, wenn man weiß, ob sie am Anfang, in der Mitte oder am Ende einer Reihe steht, welche Stunden der geplanten Stunde unmittelbar voraus gegangen sind und welche noch folgen soll(en).

Während zu einer einführenden Stunde umfangreichere didaktische Überlegungen notwendig sind, kommt man bei einer Stunde, die irgendwo in der Mitte einer Unterrichtsreihe steht – etwa einer Übungsstunde –, mit vergleichsweise wenigen didaktischen Hinweisen aus. In diesem Fall wird man als Leser stärker nach den fachdidaktischen Begründungen für die Unterrichtseinheit als Ganzes fragen und sie unter diesem Punkt finden können.

Hier werden auch Hinweise auf Vorgaben des Lehrplans gegeben oder Anregungen aus fachdidaktischer Literatur, Lehrerhandbüchern oder des Seminarleiters bzw. Mentors aufgeführt. Gegenüber diesen Vorgaben und Rahmenbedingungen sollte aber immer die eigene Handschrift der Planung deutlich werden.

Überlegungen zum Unterrichtsgegenstand

Unstrittig ist: Je gründlicher ein Unterrichtsgegenstand – im Deutschunterricht oft ein Text, einzelne Sätze, Wörter oder eine Sprachverwendungsaufgabe – analysiert und erörtert wird, desto besser lässt er sich für den Unterricht didaktisch modellieren. Uneinigkeit besteht dagegen bei der Frage, ob der Gegenstand rein textlinguistisch, grammatikalisch oder mit anderen fachwissenschaftlichen Methoden unabhängig von fachdidaktischen Entscheidungen und Problemen analysiert werden kann.

Erkenntnistheoretisch muss die Antwort 'nein' lauten, denn eine interessenfreie, objektive wissenschaftliche Analyse eines Gegenstandes kann es nicht geben. Bei der Vorbereitung von Unterricht sind die didaktischen Interessen derartig stark, dass es Augenwischerei wäre, wenn man sie leugnen würde. Bereits die Auswahl eines Textes oder eines anderen Gegenstandes stellt eine zentrale didaktische Entscheidung dar. Die fachwissenschaftliche Beschäftigung mit dem Gegenstand ist dieser ersten didaktischen Entscheidung nachgeordnet und beeinflusst die Analyse, deren Ziel es ist, die im Gegenstand liegenden Bezüge für mögliche Lern- und Erkenntnisprozesse aufzudecken. Die Ergebnisse der fachlichen Analyse beeinflussen und modifizieren also wiederum didaktische Entscheidungen. Dieser spiralförmige Prozess ist im Kern didaktisch, da fachwissenschaftliche Befunde letztlich immer didaktischen Entscheidungen dienen: Man wird sich bei der Analyse nicht auf fachliche Details kaprizieren, die für die Stundenplanung abwegig wären. Dennoch schlagen wir vor, eine sog. 'Sachanalyse' in einem eigenen Abschnitt durchzuführen, da es großer Erfahrung bedarf, diesen spiralförmigen Prozess angemessen und ausgewogen darzustellen. So kann man auch der Gefahr begegnen, dass sich Anfänger nicht eingehend genug mit dem Gegenstand der geplanten Stunde beschäftigen.

Erörterung des sprachlichen Produkts und/oder Prozesses (Sachanalyse)

Im Deutschunterricht geht es immer um sprachliche Produkte oder Prozesse. Sprachliche Produkte sind in der Regel Texte, es können aber auch einzelne Sätze, Äußerungen oder Wörter, ja, sogar einzelne Phoneme oder Grapheme sein. Wenn es um Texte geht, sind sie entweder fiktional oder expositorisch. Fiktionale Texte wie Gedichte, Kurzgeschichten oder Fabeln stammen in der Regel von Schriftstellern, können aber auch – im Rahmen des kreativen Schreibens – von Schülern verfasst worden sein. Expositorische Texte wie Zeitungsartikel, Betriebsanleitungen, Werbeanzeigen oder politische Reden lassen sich als Produkte professioneller Texter in der Öffentlichkeit finden, aber auch als Texte von Schülern, beispielsweise als Berichte oder Erörterungen – auch als Werbeanzeigen oder andere Textsorten. All diese Texte gilt es in diesem Kapitel zu analysieren, sofern sie als Unterrichtsgegenstand behandelt werden sollen: Fiktionale Texte mit literaturwissenschaftlichen Methoden und expositorische Texte mit Mitteln der Textanalyse. Dabei muss deutlich werden, was für die jeweilige Textsorte kennzeichnend ist und wodurch sich der ausgewählte Text auszeichnet. Oder anders: Was macht ihn exemplarisch für die Textsorte und was macht ihn einzigartig?[2]

Wenn die Grammatikalität von Wörtern und Sätzen im Mittelpunkt des Deutschunterrichts stehen soll, wird man eine grammatische Analyse durchführen. Geht es um Äußerungen in Gesprächen, greift man auf Methoden der Sprechakt- oder Gesprächsanalyse zurück. Die Arbeit mit Wortfeldern oder Redewendungen macht eine semantische Analyse erforderlich, und wenn es um Rechtschreibung geht, müssen die entsprechenden Phonem-/Graphembeziehungen analysiert werden.

Nicht immer stehen sprachliche Produkte im Zentrum des Deutschunterrichts. Häufig müssen die 'Gegenstände' erst noch während des Unterrichts geschaffen werden: Texte, die von den Schülern geschrieben, oder Reden bzw. Ge-

---

2 Die Frage nach der Einzigartigkeit von Schülertexten kann jedoch nicht im Rahmen eines Unterrichtsentwurfs beantwortet werden: Dies würde den Rahmen sprengen.

spräche, die mündlich produziert werden. Deutschunterricht ist also produkt- als auch prozessorientiert; und dementsprechend müssen sprachlichen Prozesse ebenfalls im Unterrichtsentwurf analysiert und erörtert werden.

Wenn in der geplanten Stunde geschrieben werden soll, dann können zur Erörterung dieses Prozesses zwei Forschungsrichtungen dienen: Die Schriftspracherwerbsforschung für den Schreibbeginn in den ersten beiden Schuljahren und die Schreibprozessforschung für die nachfolgenden Klassen. Geht es um mündliche Kommunikation, kann auf Gesprächsanalyse, Erzählforschung oder Argumentationsforschung zurückgegriffen werden.

Der wissenschaftliche Hintergrund, auf den man sich bei seiner Analyse bezieht, wird kurz dargestellt und mit Quellenangaben im Text oder als Fußnote sowie im Literaturverzeichnis kenntlich gemacht. Mit den Basisartikeln der Zeitschrift *Praxis Deutsch* findet man beispielsweise meist rasch einen aktuellen und fundierten Zugang. Im Zentrum der Analyse steht jedoch immer das, was ganz konkret für die geplante Stunde zentral ist: ein oder mehrere sprachliche Produkte oder Prozesse.

Didaktische Überlegungen

Welchen Gegenstand wählt man für eine Stunde aus? Welchen thematischen Schwerpunkt erhält er? Worin liegt der bildende Wert des Themas? Wie können die Schüler einen Zugang bekommen? Dies sind die zentralen didaktischen Fragen, die man selbst beantworten muss. Der Lehrplan nimmt einem diese Verantwortung nicht ab. Er gibt zwar einen Rahmen vor, lässt aber immer genügend Raum für eigene didaktische Entscheidungen – und ein Mentor oder Dozent sollte einem Anfänger diesen Freiraum lassen, denn nur so kann er lernen, eigenverantwortlich und professionell zu handeln. Aber selbst dann, wenn man einen vorgegebenen Text im Unterricht 'behandeln' soll, bleibt einem immer noch die Freiheit, welche inhaltlichen Aspekte man herausgreifen und nach welcher didaktischen Konzeption man ihn bearbeiten möchte. Man kann und darf der didaktischen Frage nicht ausweichen:

> *Warum* sollen *diese* Schülerinnen und Schüler mit *diesen* vermuteten Interessen, Erfahrungen und Handlungszielen ausgerechnet an *diesem* Unterrichtsinhalt und mit *diesen* Methoden zu den angestrebten Lernergebnissen kommen? (Meyer 1980, S. 312)

Die Aufgabe der Allgemeinen Didaktik besteht darin, den Fachdidaktikern und Lehrern Fragen zu ihren Unterrichtsgegenständen zu stellen und Begründungen zu fordern. Dies zwingt sie dazu, immer wieder neu darüber nachzudenken, warum es ein bestimmter Gegenstand verdient, im Unterricht behandelt zu werden, warum er eine Bildungsaufgabe erfüllt oder ob er nicht längst in die didaktische Abstellkammer verbannt werden sollte. Die unangenehmen Fragen der Allgemeinen Didaktik können – wenn man sie ernst nimmt – verhindern, dass etwas unterrichtet wird, „weil es immer so war“ und zur schulischen Tradition gehört. Besonders die bildungstheoretische Didaktik mit Wolfgang Klafki als ihrem bedeutendsten Vertreter hat am radikalsten nach der Legitimation von Inhalten gefragt. Klafki formulierte 1964 didaktische Leitfragen, die bis heute als Richtschnur für die didaktische Analyse als zentralem Teil eines Unterrichtentwurfs dienen:

> I. Welchen größeren bzw. welchen allgemeinen Sinn- oder Sachzusammenhang vertritt oder erschließt dieser Inhalt? Welches Urphänomen oder Grundprinzip, welches Gesetz, Kriterium, Problem, welche Methode, Technik oder Haltung lässt sich in der Auseinandersetzung mit ihm „exemplarisch“ erfassen? [...]
> II. Welche Bedeutung hat der betreffende Inhalt bzw. die an diesem Thema zu gewinnende Erfahrung, Erkenntnis, Fähigkeit oder Fertigkeit bereits im geistigen Leben der Kinder meiner Klasse, welche Bedeutung sollte er – vom pädagogischen Gesichtspunkt aus gesehen – darin haben? [...]
> III. Worin liegt die Bedeutung des Themas für die Zukunft der Kinder? [...]
> IV. Welches ist die Struktur des (durch die Fragen I und II und III in spezifisch pädagogische Sicht gerückten) Inhaltes? [...]
> V. Welches sind die besonderen Fälle, Phänomene, Situationen, Versuche, in oder an denen die Struktur des jeweiligen Inhaltes den Kindern dieser Bildungsstufe, dieser Klasse interessant, frag-würdig, zugänglich, begreiflich, „anschaulich“ werden kann? (Klafki 1964, S. 15-20)

In der Lehrerausbildung werden heute vielerorts diese Fragen auf zwei Kapitel als Teil der ‘didaktischen Analyse’ eingeschränkt: eines zur ‘exemplarischen Bedeutung’ und ein weiteres zur ‘Gegenwarts- und Zukunftsbedeutung’. Das ist zum einen weniger, als Klafki intendiert hat, aber zum anderen mehr, als zu bestimmten Unterrichtsgegenständen geschrieben werden kann. Die wichtige zweite Frage Klafkis nach dem ‘fruchtbaren Moment’ (vgl. auch Copei 1950), nach den Aspekten eines sprachlichen Gegenstandes, der für die Schüler besonders interessant, spannend und erhellend sein könnte, wird dagegen häufig übergangen.

In einer Übungsstunde, in der es um ein bestimmtes Rechtschreibproblem geht, beispielsweise die s-Schreibung, wäre es unsinnig, etwas über die gegenwärtige, zukünftige oder exemplarische Bedeutung zu formulieren. Dass die Rechtschreibung generell eine hohe Bedeutung für die Gegenwart wie Zukunft der Schüler hat, steht außer Frage, aber wofür wäre sie exemplarisch? Wenn man versuchen wollte, darüber etwas auf einer halben Seite zu formulieren, könnte dies nur zu Allgemeinplätzen und Banalitäten führen, und für das Stundenthema wären diese Informationen von marginaler Bedeutung.

Es kommt also immer auf das jeweilige Thema an, welche der Fragen zu seinem Bildungsgehalt sinnvoll beantwortet werden können. Bei der Auswahl eines Berichts ist die Frage nach der exemplarischen Bedeutung beispielsweise sinnvoll: Ein Polizeibericht repräsentiert die Merkmale dieser Textsorte sicherlich exemplarischer als ein Bericht aus der Bild-Zeitung, der aber wiederum exemplarisch für Texte aus der Boulevard-Presse mit ihren informierenden und unterhaltenden Anteilen wäre.

Didaktische Überlegungen zu einem Thema sollten nicht zu dem Zwang führen, ein vorgegebenes Schema mit einzelnen Unterkapiteln abarbeiten zu müssen. Hier geht es vielmehr darum, alle für eine Stunde relevanten Aspekte in einer Weise miteinander zu verknüpfen, dass eine eigenständige Stundenkonzeption deutlich wird.

Die Wahl des Themas wird mit der altersspezifischen Interessenlage, der kognitiven Entwicklung sowie dem Vorwissen der Schüler begründet. Es muss deutlich werden, wie das Thema der Stunde mit dem Wissen, den Vorstellungen, den Erwartungen und den Vorlieben, aber auch mit möglichen Widerständen und Lernproblemen der Schüler in Beziehung steht.

Da alle Aspekte, die ein Unterrichtsgegenstand enthält, weder in einer Stunde noch in einer Unterrichtseinheit bearbeitet werden können und ein enzyklopädischer Anspruch auch unsinnig wäre, beschränkt man sich auf einen Teilbereich, den man didaktisch verantworten kann. Diese 'didaktische Reduktion' wird ebenfalls begründet.

Schließlich geht es um eine fachdidaktische Begründung. Hier gilt es, aktuelle fachdidaktische Konzeptionen aufzugreifen und produktiv umzusetzen. Es reicht dabei nicht, auf allgemeine didaktische Entwicklungen wie handlungs- und produktionsorientierte Verfahren, entdeckendes Lernen oder Projektunterricht hinzuweisen, sondern man muss dies vielmehr an fachdidaktischen Veröffentlichungen zu dem entsprechenden Arbeitsbereich des Deutschunterrichts konkretisieren. In einer Stunde zur Grammatik kann man beispielsweise auf einen Bezug zur *Grammatik-Werkstatt* von Wolfgang Menzel (1999) hinweisen, wenn man diese Konzeption für sinnvoll hält.

Lernziele

Unter diesem Kapitel werden alle Lernziele, die sich aus den didaktischen Überlegungen ergeben haben, möglichst knapp und präzise aufgelistet. Gliederungsprinzipien können dabei sein:

- Die zeitliche Abfolge der Ziele im Unterrichtsverlauf,
- eine Anordnung nach dem Komplexitätsgrad,
- eine Unterscheidung der Lernziele nach den Dimensionen 'kognitiv', 'affektiv', 'sozial' und 'psychomotorisch'.

Hier werden nur Ziele aufgeführt, die in der geplanten Stunde tatsächlich bewältigt werden können. Selten ist es möglich, mehr als drei zu erreichen. Beurteiler überprüfen während der Hospitation meist genau, ob jedes Ziel erreicht wurde – nicht nur bei wenigen guten Schülern, sondern bei möglichst allen.

In jeder Stunde wird man zumindest ein kognitives Lernziel erreichen wollen. Da unser Schulunterricht aber nach wie vor einseitig auf kognitive Lernziele setzt, sollte man versuchen, mit affektiven, sozialen oder psychomotorischen Lernzielen einen Ausgleich zu schaffen – allerdings nur dann, wenn sie konzeptionell für ein Thema begründet werden können. Im Umgang mit Dichtung ist dies leichter zu verwirklichen als etwa im Rechtschreibunterricht.

Methodische Überlegungen

In einer gut geplanten Stunde werden mehrere Methoden zum Einsatz kommen. 'Methodenwechsel' ist eine sinnvolle Forderung, da durch Abwechslung die Konzentration besser erhalten bleibt. Dies bedeutet aber nicht, dass von einem Anfänger ein 'methodisches Feuerwerk' erwartet wird. Entscheidend ist auch hier die Begründung jedes einzelnen methodischen Schritts. Ein aufwändiges methodisches Arrangement, beispielsweise ein Lernzirkel mit vielfältigen, selbst gestalteten Materialien, steht nicht immer in einem günstigen Verhältnis zum Lernertrag.

Mit dem Bemühen, lehrerzentrierte mit schülerzentrierten Phasen abwechseln zu lassen, hat sich ein dreiphasiger Ablauf als methodisches Muster als günstig erwiesen. Die Einstiegsphase wird normalerweise vom Lehrer geleitet, anschließend folgen dann ein oder mehrere schülerorientierte Phasen, in denen die Schüler möglichst aktiv und selbstgesteuert Lernerfahrungen machen können. Den Abschluss bildet meist wieder eine eher lehrerzentrierte Phase, in der die Ergebnisse der Stunde zusammengefasst, gesichert, problematisiert und auf andere Bereiche übertragen sowie Hausaufgaben gestellt werden können.

Problematisch an Vorführstunden ist, dass man in einem modernen Unterricht die Schüler möglichst lange und intensiv selbstgesteuert lernen lassen möchte, vorzugsweise in Einzel-, Partner-, Gruppen- oder Freiarbeit, Beurteiler aber eine Lehrperson immer noch am besten danach beurteilen können, wie sie das Unterrichtsgespräch führt.[3] Die methodische Kompetenz eines Lehrers wird in einem schülerzentrierten Unterricht vor allem zu Beginn und am Ende einer Stunde sowie an den Nahtstellen und Übergängen zwischen den Unterrichtsphasen deutlich.

Bei der Planung einzelner Methoden ist zu berücksichtigen, wie vertraut Schüler damit sind und wie gut sie die ihnen zugebilligte Autonomie produktiv nutzen können. Da die Fähigkeit zum selbstständigen Arbeiten nicht bei allen Schülern gleich entwickelt ist, kann mit arbeitsteiliger Gruppenarbeit und differenzierten Angeboten diesen Unterschieden entsprochen werden.

---

[3] In Partnerarbeitsphasen ist es nicht sinnvoll, wenn man von Gruppe zu Gruppe geht, um zu erfahren, über was dort gesprochen und gearbeitet wird. Jeder 'Lehrerbesuch' stört die Kommunikation in einer Gruppe, der Lehrer steht sofort im Fokus der Aufmerksamkeit, und wenn er die Gruppe wieder verlassen hat, finden die Schüler nicht mehr ohne weiteres ihren Gesprächfaden und können die Orientierung verlieren (vgl. Ensberg/Diegritz/Hübner 2000).

Ziele und Methoden sind durch Affinitäten miteinander verbunden. Für bestimmte Ziele sind bestimmte Methoden besser geeignet als andere. Es gibt aber immer auch Alternativen. Man ist beispielsweise nicht gezwungen, eine Stunde zum mündlichen Erzählen unbedingt mit einem Stuhl- bzw. Sitzkreis beginnen zu lassen. Alternativen sollten deshalb im Entwurf auch immer diskutiert werden. Dies hat zudem eine immunisierende Funktion: Wenn ein Beurteiler einen Praktikanten oder Referendar nach einer Vorführstunde mit belehrendem Unterton fragt, warum er in einer bestimmten Phase nicht methodisch anders vorgegangen sei, kann er darauf verweisen, dass er daran oder an andere Alternativen durchaus gedacht, sie aber aus bestimmten Gründen verworfen habe. Diese Argumentation lässt seine methodische Kompetenz deutlich werden.

Zur Methodik gehört auch der Medieneinsatz, der ebenfalls begründet werden muss, beispielsweise eine Entscheidung für die Tafel und gegen eine OH-Folie oder umgekehrt. Wichtig ist auch die Frage, ob man sich auf vorgefertigte Materialien wie Sprachbücher oder Arbeitshefte von Verlagen stützen möchte oder Texte und Übungen selbst zusammenstellt und eigene Arbeitsblätter entwirft. Den spezifischen Bedürfnissen seiner Lerngruppe kann man so meist besser gerecht werden. Der Arbeitsaufwand ist zwar höher, man identifiziert sich jedoch stärker mit dem, was man selbst in den Unterricht einbringt. Auch die Schüler sollte man immer wieder dazu auffordern, eigene Bücher oder Texte, beispielsweise Anzeigen aus Zeitschriften, die ihnen aufgefallen sind, mitzubringen. So kann man sie zu aktiven Beobachtern ihrer literat geprägten Lebenswelt erziehen.

Verlaufsplanung in einer Strukturskizze

Mit einer Verlaufsplanung wird in knapper Form (auf einer Seite) in einem Schema die geplante Stunde mit ihren Phasen zusammengestellt. Fünf Spalten sind dazu ausreichend:

1. *Zeitleiste*
2. *Phasen* mit ihren Funktionen: Einstieg, Erarbeitung, Vertiefung, Reflexion, Analyse, Zusammenfassung, Ergebnissicherung o.ä.
3. *Unterrichtsschritte*: stichwortartige Hinweise zu den Intentionen und Handlungen von Lehrer und Schülern
4. *Unterrichtsformen:* Unterrichtsgespräch, Lehrervortrag, Schülervortrag, Gruppenarbeit, Partnerarbeit, Einzelarbeit, Lernzirkel, Lerntheke, szenisches Spiel o.ä.
5. *Medien*

Weitere Differenzierungen erscheinen nicht sinnvoll, beispielsweise eine Trennung des geplanten und erwarteten Lehrer- und Schülerverhaltens oder die Formulierung von einzelnen Lernzielen. Dies kann den Unterrichtenden unnötig einschränken, ihn zu sehr auf seine minutiöse Planung verpflichten, spontane Schüleräußerungen, die von der Planung abweichen, als dysfunktional erscheinen lassen und dem Beurteiler die Möglichkeit bieten, jede Aktion des Unterrichtenden anhand der Skizze zu kontrollieren.

Anhang

Alle ausgeteilten Materialien, Texte, Arbeitsblätter, Seiten aus einem Sprach- oder Lesebuch sowie der geplante Tafelanschrieb oder eine OH-Folie gehören in den Anhang. Texte bekommen eine Zeilenzählung in 5er-Schritten, damit man einzelne Textstellen rascher finden kann. Hinzu kommt ein Literaturverzeichnis mit Angaben, die dem wissenschaftlichen Standard entsprechen. Neben linguistischen und sprachdidaktischen Einführungen, Monographien und Grammatiken sollten vor allem Aufsätze neueren Datums aus deutschdidaktischen Zeitschriften berücksichtigt werden. Lehrerhandbücher, graue Materialien oder eher zufällige Auszüge aus dem Internet reichen nicht aus.

Lektürehinweise

Martial/Bennack (^{3}1996) bereiten Studierende wie Referendare umfassend und praxisnah auf ihre schulpraktischen Studien vor. Der *Leitfaden zur Unterrichtsvorbereitung* von Meyer (^{12}1996) ist ein seit langem bewährtes Standardwerk. In einer schmalen Broschur gibt Schramke (1995) zahlreiche nützliche Erläuterungen und Tipps zur Anfertigung von Stundenentwürfen im Fach Deutsch. Besonders aufschlussreich sind die abgedruckten authentischen Entwürfe, die eingehend kommentiert werden. Meyer (^{2}1988) bietet in einem Theorie- und einem Praxisband einen umfassenden, gut lesbaren und mit Zeichnungen aufgelockerten kritischen Überblick über Unterrichtsmethoden. Jank/Meyer (1991) informieren in ähnlicher Weise über didaktische Modelle. Plöger (1999) zeigt in einer gut lesbaren Erörterung, welche Funktionen die bildungstheoretische, die lerntheoretische und die kybernetisch-informationstheoretische Didaktik als wichtigste Richtungen der Allgemeinen Didaktik für die Fachdidaktiken erfüllen können und plädiert für einen fruchtbaren Dialog zwischen diesen Disziplinen.

Arbeitsmittel zur Sprachdidaktik und zum Sprachunterricht

In dieser Zusammenstellung werden ausgewählte Arbeitsmittel zur Sprachdidaktik aufgeführt, die die selbstständige Unterrichtsplanung unterstützen können. Auf unmittelbare Unterrichtshilfen wird deshalb verzichtet; wer sich hierzu orientieren möchte, sei auf das Angebot der Fachverlage verwiesen. Leseempfehlungen zur umfassenderen fachdidaktischen Information finden sich in den Lektürehinweisen im Anschluss an die jeweiligen Kapitel der vorliegenden Einführung.

1. Nachschlagewerke

Glück, Helmut (Hg.) ([2]2000): Metzler Lexikon Sprache. Stuttgart, Weimar.

Nündel, Ernst (Hg.) ([3]1992): Lexikon zum Deutschunterricht. München u.a.

Stocker, Karl (Hg.) ([2]1987): Taschenlexikon der Literatur- und Sprachdidaktik. Frankfurt/M.

2. Handbücher

Baurmann, Jürgen (Hg.): Handbuch für Deutschlehrer. Stuttgart 1984.

Haarmann, Dieter (Hg.) ([3]1997): Handbuch Grundschule. Band 2: Fachdidaktik: Inhalte und Bereiche grundlegender Bildung. Weinheim, Basel. (S. 48–210: Lernbereich Sprache).

Hopster, Norbert (Hg.) (1985): Handbuch Deutsch für Schule und Hochschule. Sekundarstufe I. Paderborn.

Lange, Günter; Neumann, Karl; Ziesenis, Werner (Hgg.) (^{6}1998): Taschenbuch des Deutschunterrichts. Grundfragen und Praxis der Sprach- und Literaturdidaktik. Band 1: Grundlagen, Sprachdidaktik, Mediendidaktik. Band 2: Literaturdidaktik: Klassische Form, Trivialliteratur, Gebrauchstexte.

Steger, Hugo; Wiegand, Herbert Ernst (Hgg.) (1982ff.): Handbücher zur Sprach- und Kommunikationswissenschaft. Handbooks of Linguistics and Communication Science. Manuels de linguistique et des sciences de communication. Berlin, New York. (=HSK).

Besch, Werner u.a. (Hgg.) (1982 und 1983): Dialektologie. Ein Handbuch zur deutschen und allgemeinen Dialektforschung. Zwei Halbbände. (=HSK 1.1 und 1.2).

Besch, Werner u.a. (Hgg.) (^{2}1998, ^{2}2000 und 2002): Sprachgeschichte. Ein Handbuch zur Geschichte der deutschen Sprache und ihrer Erforschung. 3 Halbbände. (=HSK 2.1., 2.2, 2.3).

Ammon, Ulrich; Dittmar, Norbert; Mattheier, Klaus J. (Hgg.) (1987 und 1988): Soziolinguistik. Ein internationales Handbuch zur Wissenschaft von Sprache und Gesellschaft. 2 Halbbände. (=HSK 3.1. und 3.2).

Hausmann, Franz J. u.a. (Hgg.) (1989 und 1990): Wörterbücher. Ein internationales Handbuch zur Lexikographie. 2 Halbbände (=HSK 5.1 und 5.2).

Stechow, Arnim v.; Wunderlich, Dieter (Hgg.) (1991): Semantik. Ein internationales Handbuch zeitgenössischer Forschung. (=HSK 6).

Jacobs, Joachim u.a. (Hgg.) (1993 und 1995): Syntax. Ein internationales Handbuch zeitgenössischer Forschung. 2 Halbbände. (=HSK 9.1 und 9.2).

Günther, Hartmut; Ludwig, Otto (Hgg.) (1994 und 1996): Schrift und Schriftlichkeit. Ein internationales Handbuch zeitgenössischer Forschung. 2 Halbbände. (=HSK 10.1 und 10.2).

Hoffmann, Lothar u.a. (Hgg.) (1998 und 1999): Fachsprachen. Ein internationales Handbuch zur Fachsprachenforschung und Terminologiewissenschaft. 2 Halbbände. (=HSK 14.1 und 14.2).

Leonhardt, Joachim-Felix; Ludwig, Hans-Werner; Schwarze, Dietrich (Hgg.) (1999): Medienwissenschaft. 3 Teilbände, Band 1 erschienen. (=HSK 15.1)

Brinker, Klaus u.a. (Hgg.) (2000): Text- und Gesprächslinguistik. Ein internationales Handbuch zeitgenössischer Forschung. 2 Halbbände, Band 1 erschienen. (=HSK 16.1).

Booij, Geert E. v. u.a. (Hgg.) (2000): Morphologie. Ein internationales Handbuch zur Flexion und Wortbildung. 2 Halbbände, Band 1 erschienen. (=HSK 17.1).

Helbig, Gerhard u.a. (Hgg.) (2001): Deutsch als Fremdsprache. Ein internationales Handbuch. 2 Halbbände, Band 1 erschienen. (=HSK 19.1).

3. Bibliografien

Boueke, Dietrich u.a. (Hgg.) (^{3}1978): Bibliographie Deutschunterricht. Ein Auswahlverzeichnis. Paderborn.

Boueke, Dietrich u.a. (Hgg.) (1984): Bibliographie Deutschunterricht. Ergänzungsband 1977–1984. Ein Auswahlverzeichnis. Paderborn.

Eisenberg, Peter; Wiese, Bernd (1995): Bibliographie zur deutschen Grammatik: 1984–1994. Tübingen. (=Studien zur deutschen Grammatik 26).

Giese, Heinz W. (1991): Analphabetismus, Alphabetisierung, Schriftkultur. Eine Auswahlbibliographie. Berlin.

Huneke, Hans-Werner (1995ff.): Auswahlbibliografie zum Schriftspracherwerb. http://www.ph-heidelberg.de/wp/huneke/hils/sse/framest1.htm (gesehen am 1. 6. 2001).

Janshoff, Friedrich (1994): Nachdenken über Sprache. Auswahlbibliographie mit Hinweisen für den Deutschunterricht. In: ide 4. S. 119–129.

Janshoff, Friedrich (1997): Varietäten im Deutschunterricht. Auswahlbibliographie mit kritisch-empfehlenden Hinweisen. In: ide 3. S. 112–124.

Schulte-Bunert, Ellen (^{2}1999): Alphabetisierung in Deutsch als Zweitsprache für Kinder. Eine kommentierte Bibliographie. Flensburg. (=Flensburger Papiere zur Mehrsprachigkeit und Kulturvielfalt).

Schuster, Karl (1999): Auswahlbibliographie. In: Ders.: Einführung in die Fachdidaktik Deutsch. Baltmannsweiler. S. 218–239.

Studienbibliographien Sprachwissenschaft. Im Auftrag des Instituts für deutsche Sprache Mannheim hg. v. Ludger Hoffmann. Heidelberg.
- Biere, Bernd Ulrich (1991): Textverstehen und Textverständlichkeit. Band 2.
- Dieckmann, Walter (1992): Sprachkritik. Bd. 3.
- Nerius, Dieter; Rahnenführer, Ilse (1993): Orthographie. Band 6.
- Eichinger, Ludwig M. (1994): Deutsche Wortbildung. Band 10.
- Antos, Gerd; Pogner, Karl-Heinz (1995): Schreiben. Band 14.
- Dittmar, Norbert (1996): Soziolinguistik. Band 16.
- Ammon, Ulrich (1997): Nationale Varietäten des Deutschen. Band 19.
- Honnef-Becker, Irmgard; Kühn, Peter (1998): Deutsch als Fremdsprache. Band 24.
- Hoffmann, Ludger (1998): Grammatik der gesprochenen Sprache. Band 25.
- Fluck, Hans-Rüdiger (1998): Fachsprachen und Fachkommunikation. Band 26.
- Thomé, Günther; Thomé, Dorothea (1999): Schriftspracherwerb. Band 28.
- Neuland, Eva (1999): Jugendsprache. Band 29.
- Ammon, Ulrich (1999): Deutsche Sprache international. Band 30.
- Biere, Ulrich; Diekmannshenke, Hajo (2000): Sprachdidaktik Deutsch. Band 33.

Wagner, Roland W. (1995ff.): Die Sprechen-Bibliographie. Interdisziplinäre Zusammenstellung aktueller Bücher und Aufsätze zur mündlichen Kommunikation. Diskettenversion. Regensburg.

4. Fachzeitschriften

Bildungsarbeit in der Zweitsprache Deutsch. Konzepte und Materialien. Hg. v. Sprachverband Deutsch für ausländischer Arbeitnehmer e.V., Mainz. Baltmannsweiler.

Computer und Unterricht. Anregungen und Materialien für das Lernen in der Informationsgesellschaft. Velber.

Der Deutschunterricht. Beiträge zu seiner Praxis und wissenschaftlichen Grundlegung. Velber. (Seit 1996 vereinigt mit Diskussion Deutsch).

Deutsch lernen. Zeitschrift für den Unterricht mit ausländischen Arbeitnehmern. Hg. v. Sprachverband Deutsch für ausländische Arbeitnehmer e.V., Mainz. Baltmannsweiler.

Deutsche Sprache. Zeitschrift für Theorie, Praxis, Dokumentation. Berlin.

Deutschunterricht. Braunschweig.
Didaktik Deutsch. Halbjahresschrift für die Didaktik der deutschen Sprache und Literatur. Baltmannsweiler.
Diskussion Deutsch. Zeitschrift für Deutschlehrerinnen und Deutschlehrer in Ausbildung und Praxis. Frankfurt; M. (Seit 1996 eingestellt; vereinigt mit *Der Deutschunterricht*).
Grundschule Sprachen. Velber.
ide. Informationen zur Deutschdidaktik. Zeitschrift für den Deutschunterricht in Wissenschaft und Schule. Hg. v. Arbeitsgemeinschaft für Deutschdidaktik am Institut für Germanistik der Universität Klagenfurt.
Lernen in Deutschland. Zeitschrift für interkulturelle Erziehung. Journal of Intercultural Education. Baltmannsweiler. (Erscheinen 1997 eingestellt).
Mitteilungen des Deutschen Germanistenverbandes. Bielefeld. (Mit Nachweis aktueller deutschdidaktischer Zeitschriftenaufsätze).
OBST. Osnabrücker Beiträge zur Sprachtheorie. Oldenburg.
Praxis Deutsch. Zeitschrift für den Deutschunterricht. Velber.
Sprechen. Zeitschrift für Sprechwissenschaft, Sprechpädagogik, Sprechtherapie, Sprechkunst. Regensburg.

5. Einführungen

Bartnitzky, Horst (2000): Sprachunterricht heute. Sprachdidaktik, Unterrichtsbeispiele, Planungsmodelle. Frankfurt/M.
Beisbart, Ortwin; Marenbach, Dieter (^{6}1994): Einführung in die Didaktik der deutschen Sprache und Literatur. Donauwörth.
Huneke, Hans-Werner; Steinig, Wolfgang (^{2}2000): Deutsch als Fremdsprache. Eine Einführung. Berlin.
Melzer, Helmut; Seifert, Walter (1976): Theorie des Deutschunterrichts. München.
Ossner, Jakob (1994): Deutschunterricht für Kinder in der Grundschule. Frankfurt/M.
Schuster, Karl (^{8}1999): Einführung in die Fachdidaktik Deutsch. Baltmannsweiler.

6. Geschichte der Sprachdidaktik und des Sprachunterrichts

Frank, Horst Joachim (1973): Geschichte des Deutschunterrichts. Von den Anfängen bis 1945. München.
Gogolin, Ingrid (Hg.) (1994): Das nationale Selbstverständnis der Bildung. Münster, New York.
Müller-Michaels, Harro (1980): Positionen der Deutschdidaktik seit 1949. Königstein/Ts.

7. Einzeldarstellungen und Grundlagen

Abraham, Ulf u.a. (1998): Praxis des Deutschunterrichts. Arbeitsfelder, Tätigkeiten, Methoden. Donauwörth.
Besch, Werner; Löffler, Heinrich; Reich, Hans H. (Hg.): Dialekt/Hochsprache – kontrastiv. Sprachhefte für den Deutschunterricht. Düsseldorf: Schwann.

Heft1: Hasselberg, Joachim; Wegera, Klaus-Peter: Hessisch. 1976.
Heft 2: Zehetner, Ludwig G.: Bairisch. 1977.
Heft 3: Besch, Werner; Löffler, Heinrich: Alemannisch. 1977.
Heft 4: Ammon, Ulrich; Loewer, Uwe: Schwäbisch. 1977.
Heft 5: Niebaum, Hermann: Westfälisch. 1977.
Heft 6: Klein, Eva; Mattheier, Klaus J.; Mickartz, Heinz: Rheinisch. 1978.
Heft 7: Henn, Beate: Pfälzisch. 1980.
Heft 8: Stellmacher, Dieter: Niedersächsisch. 1981.

Brenner, Gerd (Hg.) (1995): Die Fundgrube für den Deutsch-Unterricht ab Klasse 5. Frankfurt/M.

Brinker, Klaus; Sager, Sven F. (^{3}2001): Linguistische Gesprächsanalyse. Eine Einführung. Berlin.

Brinker, Klaus (^{5}2001): Linguistische Textanalyse. Eine Einführung in Grundbegriffe und Methoden. Berlin.

Frederking, Volker (Hg.) (1998): Verbessern heißt Verändern. Neue Wege, Inhalte und Ziele in der Ausbildung von Deutschlehrer(inne)n in Studium und Referendariat. Baltmannsweiler.

Fritz, Gerd; Hundsnurscher, Franz (1994): Handbuch der Dialoganalyse. Tübingen.

Fritzsche, Joachim (1994): Zur Didaktik und Methodik des Deutschunterrichts. Band 1: Grundlagen. Band 2: Schriftliches Arbeiten. Band 3: Umgang mit Literatur. Stuttgart u.a.

Fritzsche, Joachim u.a. (1996): Projekte im Deutschunterricht. Stuttgart u.a.

Löffler, Heinrich (^{2}1994): Germanistische Soziolinguistik. Berlin.

Heidemann, Rudolf (^{6}1999): Körpersprache im Unterricht. Ein praxisorientierter Ratgeber. Wiebelsheim.

Helmers, Hermann (1997): Didaktik der deutschen Sprache. Einführung in die muttersprachliche und literarische Bildung. Dokumentation und Neuausgabe. Hg. v. Juliana Eckhardt. Darmstadt. (Erstausgabe 1966).

Ingendahl, Werner (1991): Sprachliche Bildung im kulturellen Kontext. Einführung in die kulturwissenschaftliche Germanistik. Opladen.

Ivo, Hubert (1999): Deutschdidaktik. Die Sprachlichkeit des Menschen als Bildungsaufgabe in der Zeit. Baltmannsweiler.

Klotz, Peter; Sieber, Peter (Hgg.) (1994): Vielerlei Deutsch. Umgang mit Sprachvarietäten in der Schule. Stuttgart.

Kohler, Ewald; Schuster, Jürgen (^{4}1997): Tafelbilder im Deutschunterricht. Aufsatz, Rechtschreibung, Grammatik, Literatur in allen Schularten. Donauwörth.

Müller, Doris (1994): Phantasiereisen im Unterricht. Braunschweig.

Lange, Günther (1999): Lust am Projekt. Chancen kulturellen Lernens im Deutschunterricht. Baltmannsweiler.

Rank, Bernhard (1995): Wege zur Grammatik und zum Erzählen. Baltmannsweiler.

Schoenke, Eva (1991): Didaktik sprachlichen Handelns. Überlegungen zum Sprachunterricht in der Sekundarstufe I. Tübingen.

Roelcke, Thorsten (1999): Fachsprachen. Berlin.

Schober, Otto (Hg.) (1998): Deutschunterricht für die Grundschule. Bad Heilbrunn.

Schuster, Karl (^{8}1999): Das personal-kreative Schreiben im Deutschunterricht. Baltmannsweiler.

Schwitalla, Johannes (1997): Gesprochenes Deutsch. Eine Einführung. Berlin.

Ulrich, Winfried (2001): Didaktik der deutschen Sprache. Ein Arbeits- und Studienbuch in drei Bänden. Texte, Materialien, Reflexionen. Band 1: Fachdidaktik, Schriftspracherwerb, mündlicher Sprachgebrauch. Band 2: Schriftlicher Sprachgebrauch, Rechtschreibung und Zeichensetzung. Band 3: Grammatikunterricht, Wortschatzarbeit, Unterrichtsmittel. Stuttgart.

8. Spracherwerb

Bruner, Jerome (1987): Wie das Kind sprechen lernt. Mit einem Geleitwort zur deutschsprachigen Ausgabe von Theo Herrmann. Aus dem Englischen übersetzt von Urs Aeschbacher. Bern u.a.

Ehlich, Konrad (Hg.) (1996): Kindliche Sprachentwicklung. Konzepte und Empirie. Opladen.

Butzkamm, Wolfgang; Butzkamm, Jürgen (1999): Wie Kinder sprechen lernen. Kindliche Entwicklung und die Sprachlichkeit des Menschen. Tübingen.

Kegel, Gerd (^{3}1997): Sprache und Sprechen des Kindes. Opladen.

Oksaar, Els (^{2}1987): Spracherwerb im Vorschulalter. Einführung in die Pädolinguistik. Stuttgart.

Szagun, Gisela (^{6}1996): Sprachentwicklung beim Kind. Eine Einführung. Weinheim.

9. Sprechen

Belke, Gerlind (^{2}2001): Mehrsprachigkeit im Deutschunterricht: Sprachspiele, Spracherwerb und Sprachvermittlung. Baltmannsweiler.

Beck, Martin (Hg.) (1995): Klären und Streiten. Gesprächserziehung in Schule und außerschulischer Bildung. St. Ingbert.

Berthold, Siegwart (1997): Reden lernen im Deutschunterricht. Übungen für die Sekundarstufe I und II. Frankfurt/M.

Kaiser, Astrid (2000): 1000 Rituale für die Grundschule. Baltmannsweiler.

Klippert, Heinz (^{2}1996): Kommunikations-Training. Übungsbausteine für den Unterricht II. Weinheim, Basel.

Neuland, Eva (1995): Mündliche Kommunikation: Gesprächsforschung – Gesprächsförderung. Entwicklungen, Tendenzen und Perspektiven. In: Der Deutschunterricht 47. Heft 1. S. 3–15.

Ockel, Eberhard (2000): Vorlesen als Aufgabe und Gegenstand des Deutschunterrichts. Baltmannsweiler.

Pabst-Weinschenk, Marita; Wagner, Roland W.; Naumann, Carl L. (Hg.) (1997): Sprecherziehung im Unterricht. München, Basel.

Schuster, Karl (1998): Mündlicher Sprachgebrauch im Deutschunterricht. Denken, Sprechen, handeln. Theorie und Praxis. Baltmannsweiler.

Trautmann, Thomas (2001): Sprechen im Unterricht. Überlegungen und Anregungen. Baltmannsweiler.

Wagner, Roland W. (^{8}1999): Grundlagen der mündlichen Kommunikation. Sprechpädagogische Informationsbausteine für alle, die viel und gut reden müssen. Regensburg.

10. Anfangsunterricht im Lesen und Schreiben

Brügelmann, Hans ([6]1997): Kinder auf dem Weg zur Schrift. Eine Fibel für Lehrer und Laien. Lengwil.
Brügelmann, Hans; Brinkmann, Erika (1998): Die Schrift erfinden. Beobachtungshilfen und methodische Ideen für einen offenen Anfangsunterricht im Lesen und Schreiben. Lengwil.
Eichler, Wolfgang (1992): Schreibenlernen. Schreiben, Rechtschreiben, Texte-Verfassen. Bochum.
Hasler, Herbert (1991): Lehren und Lernen der geschriebenen Sprache. Darmstadt.
Kustner, Angela (1995): Die Schuldruckerei. Anregungen und Hilfen für eine lebendige Schreibpraxis. Donauwörth.
Huber, Ludowika; Kegel, Gerd; Speck-Hamdan, Angelika (Hgg.) (1999): Schriftspracherwerb: Neue Medien – Neues Lernen? Braunschweig.
Richter, Sigrun; Brügelmann, Hans (Hgg.) (1994): Mädchen lernen anders lernen Jungen. Geschlechtsspezifische Unterschiede beim Schriftspracherwerb. Konstanz.
Spitta, Gudrun ([7]1996): Kinder schreiben eigene Texte: Klasse 1 und 2. Lesen und Schreiben im Zusammenhang, Spontanes Schreiben, Schreibprojekte. Frankfurt/M.
Weingarten, Rüdiger; Günther, Hartmut (Hgg.) (1998): Schriftspracherwerb. Baltmannsweiler.

11. Schreibdidaktik

Feilke, Helmuth (Hg.) (1996): Schreiben im Umbruch. Schreibforschung und schulisches Schreiben. Stuttgart u.a.
Fritzsche, Joachim (1994): Zur Didaktik und Methodik des Deutschunterrichts. Band 2: Schriftliches Arbeiten. Stuttgart u.a.
Ivo, Hubert (1982): Lehrer korrigieren Aufsätze. Beschreibung eines Zustandes und Überlegungen zu Alternativen. Frankfurt/M.
Jechle, Thomas (1992): Kommunikatives Schreiben. Prozeß und Entwicklung aus der Sicht kognitiver Schreibforschung. Tübingen.
Ludwig, Otto (1988): Der Schulaufsatz. Seine Geschichte in Deutschland. Berlin, New York.
Merkelbach, Valentin (1982): Studienbuch Aufsatzunterricht. Paderborn.

Grundschule

Altenburg, Erika (1996): Offene Schreibanlässe. Jedes Kind findet sein Thema. Donauwörth.
Beck, Oswald; Hofen, Nikolaus (Hgg.) ([2]1999): Aufsatzunterricht Grundschule: konkret. Unterrichtshilfen für die Praxis. Baltmannsweiler.
Blumenstock, Leonhard; Renner, Erich (Hgg.) ([4]1996): Freies und angeleitetes Schreiben. Beispiele aus dem Vor- und Grundschulalter. Weinheim, Basel.
Payrhuber, Franz J ([2]2000): Schreiben lernen. Aufsatzunterricht in der Grundschule. Baltmannsweiler.
Spitta, Gudrun ([3]1995): Schreibkonferenzen in Klasse 3 und 4. Ein Weg vom spontanen Schreiben zum bewussten Verfassen von Texten. Frankfurt/M.
Spitta, Gudrun (1998): Freies Schreiben – eigene Wege gehen. Lengwil.

Sekundarstufe

Brenner, Gerd (²1994): Kreatives Schreiben. Ein Leitfaden für die Praxis. Mit Texten Jugendlicher. Frankfurt/M.

Fritzsche, Joachim (1989): Schreibwerkstatt. Geschichten und Gedichte: Schreibaufgaben, -übungen, -spiele. Stuttgart u.a.

Merkelbach, Valentin (Hg.) (1993): Kreatives Schreiben. Braunschweig.

Thalheim, Peter (1998): Unterrichtspraxis Aufsatz. Handbuch für die Sekundarstufe I. München.

12. Weiterführendes Lesen und Textarbeit

Brand, Eva; Brand, Peter; Schulze, Volker (Hgg.) (⁵1996): Medienkundliches Handbuch. Band 1: Die Zeitung im Unterricht. Aachen.

Conrady, Peter (1996): Aspekte und Probleme des Leseunterrichts: Weiterführendes Lesen. In: H. Günther, O. Ludwig (Hgg.): Schrift und Schriftlichkeit. Ein internationales Handbuch zeitgenössischer Forschung. 2. Halbband. (=HSK 10.2). S. 1225–1230.

Franzmann, Bodo u.a. (Hgg.) (1999): Handbuch Lesen. München.

Hussong, Martin/Schütt, Artur/Stuflesser, Brigitte (⁴1981): Textanalyse optisch. Textanalyse im Deutschunterricht mit gezeichneten Modellen. Düsseldorf.

13. Rechtschreibunterricht

Adrion, Dieter (²1981): Praxis des Rechtschreibunterrichts. Didaktische Reaktionen auf mißliche Gegebenheiten. Freiburg i. Br.

Augst, Gerhard; Dehn, Mechthild (1998): Rechtschreiben und Rechtschreibunterricht. Können, Lehren, Lernen. Eine Einführung für Studierende und Lehrende aller Schulformen.

Gallmann, Peter; Sitta, Horst (³1996): Handbuch Rechtschreiben. Zürich.

Eroms, Hans-Werner; Munske, Horst Haider (Hgg.) (1997): Die Rechtschreibreform. Pro und Kontra. Berlin.

Hinney, Gabriele (1997): Neubestimmung von Lerninhalten für den Rechtschreibunterricht. Frankfurt/M. u.a.

Huneke, Hans-Werner (2000): Rechtschreiben. Konzeptionen des Rechtschreibunterrichts. http://www.vib-bw.de/tp6 (gesehen am 1. 6. 2001).

Maas, Utz (1992): Grundzüge der deutschen Orthographie. Tübingen.

Menzel, Wolfgang (Hg.) (1998): Richtig schreiben lernen. Sammelband Deutsch in der Grundschule. Seelze.

Naumann, Carl Ludwig (1999): Orientierungwortschatz. Die wichtigsten Wörter und Regeln für die Rechtschreibung. Klasse 1–6.

Plickat, Hans-Heinrich (1980): Deutscher Grundwortschatz. Wortlisten und Wortgruppen für Rechtschreibunterricht und Förderkurse. Weinheim, Basel.

Risel, Heinz (1997): Bestandsaufnahme: Rechtschreibdidaktik. Bühl.

Röber-Siekmeyer, Christa (⁴1997): Selbstbestimmtes Rechtschreiblernen. Rechtschreibunterricht als Strategievermittlung. Weinheim, Basel.

14. Reflexion über Sprache, Grammatikunterricht

Boettcher, Wolfgang; Sitta, Horst (^{2}1981): Der andere Grammatikunterricht. München.
Diegritz, Theodor (1996): Wohin steuert die Grammatikdidaktik? „Diskussion Grammatikunterricht" um 1980 und zu Beginn der 90er Jahre im Vergleich. In: Der Deutschunterricht 48. Heft 4. S. 87–95.
Eisenberg, Peter; Klotz, Peter (Hgg.) (1993): Sprache gebrauchen, Sprachwissen erwerben. Stuttgart u.a.
Giese, Heinz; Ossner, Jakob (Hgg.) (1998): Sprache thematisieren. Fachdidaktische und unterrichtswissenschaftliche Aspekte. Freiburg i. Br.
Köller, Wilhelm (1997): Funktionaler Grammatikunterricht: Tempus, Genus, Modus: wozu wurde das erfunden? Baltmannsweiler.
Menzel, Wolfgang (1999): Grammatik-Werkstatt. Theorie und Praxis eines prozessorientierten Grammatikunterrichts für die Primar- und Sekundarstufe. Seelze-Velber.

15. Lernspiele

Böseke, Harry (1999): Spiele mit Worten. Seelze.
Mertens, Eva; Potthoff, Ulrike (2000): Lern- und Sprachspiele im Deutschunterricht. Zusammenwirken von Lernen und Spielen. Frankfurt/M.
Mosler, Bettina; Herholz, Gerd (^{2}1992): Die Musenkussmischmaschine. 128 Schreibspiele für Schulen und Schreibwerkstätten. Essen.
Regelein, Silvia (^{5}1995): Lernspiele im Deutschunterricht. Neue Lernspiele für die Grundschule. München.
Steffens, Wilhelm (1998): Spielen mit Sprache im ersten bis sechsten Schuljahr. Baltmannsweiler.
Trautmann, Thomas (2001): Mit Sprache spielen: Angebote für den Deutschunterricht von A–Z. Donauwörth.
Walker, Jamie (1998): Gewaltfreier Umgang mit Konflikten in der Grundschule: Grundlagen und didaktisches Konzept; Spiele und Übungen für die Klassen 1–4. Frankfurt/M.
Weller, Reiner (Hg.) (1995): Sprachspiele. Für die Sekundarstufe. Stuttgart.

16. Szenisches Spielen

Belgrad, Jürgen (Hg.) (1997): TheaterSpiel: Ästhetik des Schul- und Amateurtheaters. Baltmannsweiler.
Cohen, Philip (1994): Verbotene Spiele. Theorie und Praxis antirassistischer Erziehung. Hamburg.
Gudjons, Herbert (^{6}1997): Spielbuch Interaktionserziehung. 185 Spiele und Übungen zum Gruppentraining in Schule, Jugendarbeit und Erwachsenenbildung. Bad Heilbrunn.
Kreuzer, Karl Josef (1983/84): Handbuch der Spielpädagogik. 4 Bände. Düsseldorf.
Ments, Morry van (^{3}1998): Rollenspiel effektiv. Ein Leitfaden für Lehrer, Erzieher, Ausbilder und Gruppenleiter. München.
Schäfer, Gerd E. (1989): Spielphantasie und Spielumwelt. Spielen, Bilden und Gestalten als Rrozesse zwischen Innen und Außen. Weinheim, München.

Schuster, Karl (^{2}1996): Das Spiel und die dramatischen Formen im Deutschunterricht. Theorie und Praxis. Baltmannsweiler.

Spinner, Kaspar H. (2001): Spielszenen im Deutschunterricht. Basisartikel. In: Praxis Deutsch 28. Heft 166. S. 4–9.

17. Deutsch als Zweitsprache, Mehrsprachigkeit

Belke, Gerlind (^{2}2001): Mehrsprachigkeit im Deutschunterricht: Sprachspiele, Spracherwerb und Sprachvermittlung. Baltmannsweiler.

Huneke, Hans-Werner; Steinig, Wolfgang (^{2}2000): Deutsch als Fremdsprache. Eine Einführung. Berlin.

Huth, Manfred (Hg.) (1994): Hits für den Unterricht. Deutsch als Zweitsprache (DaZ). Deutsch als Fremdsprache (DaF). Baltmannsweiler.

Huth, Manfred (Hg.) (1997): Hits für den Unterricht. Bildung und Erziehung interkulturell/antirassistisch. Projekte, Materialien, Spiele, Medien, Adressen. Baltmannsweiler.

Kuhs, Katharina; Steinig, Wolfgang (Hgg.) (1998): Pfade durch Babylon. Konzepte und Beispiele für den Umgang mit sprachlicher Vielfalt in Schule und Gesellschaft. Freiburg i. Br.

Oomen-Welke, Ingelore (Hg.) (1994): Brückenschlag. Von anderen lernen, miteinander handeln. Stuttgart u.a.

Pommerin, Gabriele u.a. (1996): Kreatives Schreiben. Handbuch für den deutschen und interkulturellen Sprachunterricht in den Klassen 1–10. Weinheim, Basel.

Schulte-Bunert, Ellen (2000): Alles noch einmal von vorn? Zweitschrifterwerb für Seiteneinsteiger in der Sekundarstufe I. Baltmannsweiler.

18. Sprachbücher

Sprachbücher sind wie alle Schulbücher für den Gebrauch an Schulen genehmigungspflichtig. Die Kultusministerien der Länder geben Listen zugelassener Schulbücher heraus, z.B.:

Kultus und Unterricht. Amtsblatt des Ministeriums für Kultus und Sport Baden-Württemberg. Ausgabe A. 6/1999.

19. Medien, neue Medien

Baacke, Dieter u.a. (Hgg.) (1999): Handbuch Medien: Medienkompetenz. Modelle und Projekte. Bonn.

Medienpädagogik 2000. CD-Rom. Hg. v. Südwest-Rundfunk Baden-Baden u. Landesanstalt für Kommunikation Baden-Württemberg, Stuttgart. 2000. (Bezug über die Bundeszentrale für politische Bildung).

Cölfen, Elisabeth; Cölfen, Hermann; Schmitz, Ulrich (1997): Linguistik im Internet. Das Buch zum Netz. Opladen. (vgl. auch http://www.linse.uni-essen.de, gesehen am 1. 6. 2001).

Gutheil, Georg; Mügge, Norbert (2000): Lernort Neue Medien. Baltmannsweiler.

Thomé, Dorothea; Thomé, Günther (2000): Computer im Deutschunterricht der Sekundarstufe. Multimediale Anwendungsgebiete im Rechtschreib-, Grammatik- und Literaturunterricht, zum Texte verfassen, Publizieren und Kommunizieren. Aachen.

Tulodziecki, Gerhard ([3]1997): Medien in Erziehung und Bildung. Grundlagen und Beispiele einer handlungs- und entwicklungsorientierten Medienpädagogik. Bad Heilbrunn.

Runkehl, Jens; Schlobinski, Peter; Siever, Torsten (2000): Sprache und Kommunikation im Internet. Überblick und Analysen. Opladen.

Strittmatter, Peter; Niegemann, Helmut (2000): Lehren und Lernen mit Medien. Eine Einführung. Darmstadt.

20. Referenzwerke zur Grammatik

Dudenredaktion (Hg.) ([6]1998): Duden Grammatik der deutschen Gegenwartssprache. Mannheim.

Eisenberg, Peter (1998 und 1999): Grundriß der deutschen Grammatik. Band 1: Das Wort. Band 2: Der Satz. Stuttgart.

Engel, Ulrich ([3]1996): Deutsche Grammatik. Heidelberg.

Helbig, Gerhard ; Buscha, Joachim ([15]1993): Deutsche Grammatik. Ein Handbuch für den Ausländerunterricht. Leipzig, Berlin, München.

Hentschel, Elke Weydt, Harald ([2]1994): Handbuch der deutschen Grammatik. Berlin, New York.

Kürschner, Wilfried ([3]1997): Grammatisches Kompendium. Systematisches Verzeichnis grammatischer Grundbegriffe. Tübingen, Basel.

Gallmann, Peter; Sitta, Horst ([4]1998): Schülerduden Grammatik. Eine Sprachlehre mit Übungen und Lösungen. Mannheim, Wien, Zürich.

Weinrich, Harald (1993): Textgrammatik der deutschen Sprache. Mannheim u.a.

Zifonun, Gisela; Hoffmann, Ludger; Strecker, Bruno (1997): Grammatik der deutschen Sprache. 3 Bände. Berlin, New York.

21. Wörterbücher

Das große Wörterbuch der deutschen Sprache in zehn Bänden. Hg. u. bearbeitet vom Wissenschaftlichen Rat und den Mitarbeitern der Dudenredaktion. Mannheim [3]1999.

Deutsches Universalwörterbuch. Hg. v. Wissenschaftlichen Rat der Dudenredaktion. Mannheim u.a. [4]2001.

Götz, Dieter; Haensch, Günther; Wellmann, Hans (Hg.) (1993): Langenscheidts Großwörterbuch Deutsch als Fremdsprache. Berlin, München: Langenscheidt.

Grimm, Jacob und Wilhelm (1854-1971): Deutsches Wörterbuch. 33 Bände. Leipzig. (Nachdruck: München 1984).

Kluge, Friedrich ([23]1999): Etymologisches Wörterbuch der deutschen Sprache. Berlin.

Paul, Hermann ([9]1992): Deutsches Wörterbuch. Bearbeitet von Helmut Henne und Georg Objartel unter Mitarbeit von Heidrun Kämper-Jensen. Tübingen.

Wahrig, Gerhard ([7]2000): Deutsches Wörterbuch. Neu hg. v. Renate Wahrig-Burfeind. Gütersloh.

Wahrig, Gerhard; Krämer, Hildegard; Zimmermann, Harald (Hgg.) (1980-1984): Brockhaus-Wahrig. Deutsches Wörterbuch in sechs Bänden. Wiesbaden, Stuttgart.
Augst, Gerhard (Hg.) (1991): Rechtschreibwörterbücher in der Diskussion: Geschichte, Analyse, Perspektiven. Frankfurt/M.
Balhorn, Heiko (1993): Grundwortschatz. Das Wörterbuch für die Grundschule. Hamburg.
Greil, Josef (^{2}1996): Wortprofi. Schulwörterbuch Deutsch. München.
Kühn, Peter (^{2}1995): Mein Schulwörterbuch. Zur Sprachbildung, Sprachbetrachtung, Sprachgestaltung. Bonn.

22. Fachverbände

Deutsche Gesellschaft für Lesen und Schreiben e. V., Sektion der International Reading Association (http://www.dgls.de, gesehen am 1. 6. 2001).
Deutscher Germanistenverband (http://www.germanistenverband.de, gesehen am 1. 6. 2001) mit dem Hochschulverband (Gesellschaft für Hochschulgermanistik) und dem Fachverband Deutsch (Fachgruppe der Deutschlehrerinnen und Deutschlehrer).
Fachverband Deutsch als Fremdsprache (http://www.fadaf.de, gesehen am 1. 6. 2001).
Gesellschaft für Angewandte Linguistik (http://www.germanistik.uni.halle.de/gal, gesehen am 1. 6. 2001).
Symposion Deutschdidaktik (http://www.ph-freiburg.de/sdd2000, gesehen am 1. 6. 2001) mit den Arbeitsgemeinschaften „Sprachbewusstheit“, „Medien“ und „Literaturdidaktik“.

Literaturverzeichnis

Abalı, Ünal (1998): Deutschunterricht mit Migrantenkindern. Baltmannsweiler.

Abraham, Ulf; Beisbart, Ortwin; Koß, Gerhard; Marenbach, Dieter (1998): Praxis des Deutschunterrichts. Arbeitsfelder, Tätigkeiten, Methoden. Donauwörth.

Adrion, Dieter (^{2}1981): Praxis des Rechtschreibunterrichts. Didaktische Reaktionen auf mißliche Gegebenheiten. Freiburg.

Aitchison, Jean (1996): The seeds of speech. Language origin and evolution. Cambridge.

Ammon, Ulrich (1998): Ist Deutsch noch eine internationale Wissenschaftssprache? Berlin, New York.

Andresen, Helga (1985): Schriftspracherwerb und Entstehung von Sprachbewußtheit. Opladen.

Antos, Gerd (1982): Grundlagen einer Theorie des Formulierens. Tübingen.

Antos, Gerd; Krings, Hans P. (Hgg.) (1989): Textproduktion. Ein interdisziplinärer Forschungsüberblick. Tübingen.

Apel, Hartmut (1980): Die Gesellschaftstheorie der Frankfurter Schule. Materialien zur Kritischen Theorie von Adorno, Horkheimer, Marcuse. Frankfurt/M., Berlin, München.

Arnet, Jürgen u.a. (1996): Das Hirschgraben Sprachbuch. Grundausgabe für Baden-Württemberg. 8. Schuljahr. Berlin.

Arnold, August; Derleth, Kurt; Glinz, Hans (1966 ff.): Deutscher Sprachspiegel. Düsseldorf.

Assmann, Jan (1992): Das kulturelle Gedächtnis. Schrift, Erinnerung und politische Identität in frühen Hochkulturen. München.

Augst, Gerhard (1983): Welchen Sinn hat der Grammatikunterricht in der Schule? In: Peter Braun, Dieter Krallmann (Hgg.): Handbuch Deutschunterricht, Bd.1: Sprachdidaktik. Düsseldorf, S. 329–346.

Augst, Gerhard (Hg.) (1992): Rechtschreibliteratur. Bibliographie zur wissenschaftlichen Literatur über die Rechtschreibung und Rechtschreibreform der neuhochdeutschen Standardsprache, erschienen von 1900–1990. Unter Mitarbeit von Andrea Höppner. Frankfurt/M.

Augst, Gerhard (1993): Grammatische, lexikographische und didaktische Überlegungen zur Kommasetzung. In: Sprache und Literatur in Wissenschaft und Unterricht, 71, S. 13–25.

Augst, Gerhard; Dehn, Mechthild (1998): Rechtschreibung und Rechtschreibunterricht. Können, lehren, lernen. Eine Einführung für Studierende und Lehrende aller Schulformen. Stuttgart, Düsseldorf, Leipzig.

Augst, Gerhard; Faigel, Peter (1986): Von der Reihung zur Gestaltung. Untersuchungen zur Ontogenese der schriftsprachlichen Fähigkeiten von 13–23 Jahren. Frankfurt/M, Bern, New York.

Ausländische Schüler und Schulabsolventen 1987–1996. Bonn 1997. (Statistische Veröffentlichungen der Kultusministerkonferenz. Dokumentation Nr. 143).

Aust, Hugo (1996): Die Entfaltung der Fähigkeit des Lesens. In: Günther; Ludwig (1996), S. 1169–1178.

Austin, John L. (1972): Zur Theorie der Sprechakte. Stuttgart. (engl. Original: How to do things with words. Cambridge/Mass., 1962).

Baacke, Dieter (^{3}1980): Kommunikation und Kompetenz. Grundlegung einer Didaktik der Kommunikation und ihrer Medien. München.

Baacke, Dieter u.a. (Hgg.) (1999): Handbuch Medien: Medienkompetenz. Modelle und Projekte. Bonn: Bundeszentrale für politische Bildung.

Baacke, Dieter (1999a): Medienkompetenz als zentrales Operationsfeld von Projekten. In: Baacke u.a. (Hgg.) (1999), S. 31–35.

Baacke, Dieter (1999b): Projekte als Formen der Medienarbeit. In: Baacke u.a. (Hgg.) (1999), S. 86–93.

Bahner, Werner; Neumann, Werner (1985): Sprachwissenschaftliche Germanistik. Ihre Herausbildung und Begründung. Berlin: Akademie-Verlag.

Baker, Collin (^{2}1996): Foundations of Bilingual Education and Bilingualism. Clevedon, Philadelphia, Adelaide.

Balhorn, Heiko (o.J.): Wortlisten Trainingsprogramm mit Wörtern und Texten. WLT 1–6. Hamburg.

Balhorn, Heiko; Giese, Heinz; Osburg, Claudia (Hgg.) (2000): Betrachtungen über Sprachbetrachtungen. Grammatik und Unterricht. Seelze.

Bantel, Gertraud u.a. (1997): Bausteine Sprachbuch 4. Neubearbeitung. Schreibtexte in unverbundener Schrift. Frankfurt/M.

Bartnitzky, Horst (^{2}2000): Sprachunterricht heute. Sprachdidaktik, Unterrichtsbeispiele, Planungsmodelle. Berlin.

Barton, David (1994): Literacy. An Introduction to the Ecology of Written Language. Oxford, Cambridge.

Baur, Rupprecht S.; Meder, Gregor (1992): Zur Interdependenz von Muttersprache und Zweitsprache bei jugoslawischen Migrantenkindern. In: Rupprecht S. Baur u.a. (Hgg.): Interkulturelle Erziehung und Zweisprachigkeit. Baltmannsweiler, S. 109–140.

Baurmann, Jürgen; Cherubim, Dieter; Rehbock, Helmut (Hgg.) (1981): Neben-Kommunikationen. Braunschweig.

Baurmann, Jürgen; Günther, Hartmut; Knoop, Ulrich (Hgg.) (1993): homo scribens. Perspektiven der Schriftlichkeitsforschung. Tübingen.

Baurmann, Jürgen; Ludwig, Otto (1990): Die Erörterung – oder: ein Problem schreibend erörtern? In: Praxis Deutsch 17-99, S.16–25.

Baurmann, Jürgen; Weingarten, Rüdiger (Hgg.) (1995): Schreiben. Prozesse, Prozeduren und Produkte. Opladen.

Beauftragte der Bundesregierung für Ausländerfragen ([19]2000): Daten und Fakten zur Ausländersituation. Berlin.
Beck, Oswald; Hofen, Nikolaus ([2]1993): Aufsatzunterricht Grundschule. Handbuch für Lehrende und Studierende. Baltmannsweiler.
Becker-Mrotzek, Michael (2000): Schreibkonferenzen. Eine diskursive Form der Textbearbeitung. In: Grundschule 32-12, S. 49–53.
Becker-Mrotzek, Michael; Brünner, Gisela (1997): Gesprächsanalyse und Gesprächsführung. RAAbits Deutsch/Sprache. Stuttgart.
Beisbart, Ortwin; Marenbach, Dieter ([7]1997): Einführung in die Didaktik der deutschen Sprache und Literatur. Donauwörth.
Bereiter, Carl (1980): Development in Writing. In: Lee W. Gregg, Erwin R. Steinberg (Hgg.): Cognitive Processes in Writing. Hillsdale N.J., S. 73–95.
Berghoff, Matthias; Frederking, Volker; Steinig, Wolfgang (1998): Produktiv-kreative Verfahren im 'Didaktischen Chat-Raum' (DCR). Vorschläge zu einem (multi)medial unterstützten Deutschunterricht. In: Didaktik Deutsch, 3(5), S. 36–59.
Bergk, Marion ([5]1996): Rechtschreibenlernen von Anfang an. Frankfurt/M.
Bergk, Marion; Meiers, Kurt (Hgg.) (1985): Schulerfolg ohne Fibeltrott. Überlegungen und Praxisvorschläge zur schülerbezogenen Arbeit mit ersten Texten. Bad Heilbrunn.
Berne, Eric (1961): Transactional Analysis and Psychotherapy. New York.
Bernstein, Basil (1972): Studien zur sprachlichen Sozialisation. Düsseldorf.
Berthold, Siegwart (1993): Reden lernen. Übungen für die Sekundarstufe I und II. Frankfurt/M.
Besch, Werner; Löffler, Heinrich; Reich, Hans H. (1976ff.): Dialekt/Hochsprache – kontrastiv. Sprachhefte für den Deutschunterricht. Düsseldorf.
Betz, Dieter; Breuninger, Helga ([4]1996): Teufelskreis Lernstörungen. Theoretische Grundlegung und Standardprogramm. Weinheim.
Biere, Bernd U. (1991): Textverstehen und Textverständlichkeit. Heidelberg. (=Studienbibliographien Sprachwissenschaft 2).
Bildungsplan für die Grundschule. Amtsblatt des Ministeriums für Kultus und Sport Baden-Württemberg. Lehrplanheft 1/1994.
Blattmann, Ekkehard; Kottke, Edith (2001): Der Satzfächer im Grammatikunterricht der Grundschule. In: Ekkehard Blattmann, Volker Frederking (Hgg.): Deutschunterricht konkret. Baltmannsweiler, (i. Dr.).
Böck, Margit (2000): Lesen in der neuen Medienlandschaft. Ergebnisse einer Befragung von 8- bis 14-Jährigen in Österreich. In: ide 24-2, S. 73–83.
Bock, Michael (1990): Zur Funktion der deutschen Groß- und Kleinschreibung. Einflüsse von Wortform, Muttersprache, Lesealter, Legasthenie und lautem versus leisem Lesen. In: Christian Stetter (Hg.): Zu einer Theorie der Orthographie. Interdisziplinäre Aspekte gegenwärtiger Schrift- und Orthographieforschung. Tübingen, S. 1–33.
Bodenheimer, Aron Ronald ([2]1985): Warum? Von der Obszönität des Fragens. Stuttgart.

Boettcher, Wolfgang; Firges, Jean; Sitta, Horst; Tymister, Hans Josef (1973): Schulaufsätze – Texte für Leser. Düsseldorf.

Boettcher, Wolfgang; Otto, Sitta, Horst; Tymister, Franz Josef (1976): Lehrer und Schüler machen Unterricht. München.

Boettcher, Wolfgang; Sitta, Horst (1978): Der andere Grammatikunterricht. München.

Bohn, Edgar (1982): „Wir sind auf dem Weg." Ein Schuljahr mit ausländischen Grundschulkindern. München.

du Bois-Reymond, Manuela (1971): Strategien kompensatorischer Erziehung. Frankfurt/M.

Bonfadelli, Heinz (1999): Leser und Leseverhalten heute – sozialwissenschaftliche Buchlese(r)forschung. In: Franzmann u.a. (1999), S. 86–144.

Bonfadelli, Heinz; Fritz, Angela (1993): Lesen im Alltag von Jugendlichen. In: Bonfadelli; Fritz; Köcher (1993), S. 7–213.

Bonfadelli, Heinz; Fritz, Angela; Köcher, Renate (Hgg.) (1993): Lesesozialisation. Band 2: Leseerfahrung und Lesekarrieren. Gütersloh.

Boueke, Dietrich; Schülein, Frieder (1985): Personales Schreiben. In: Dietrich Boueke, Norbert Hopster (Hgg.): Schreiben – schreiben lernen. Tübingen, S. 277–301.

Boueke, Dietrich; Schülein, Frieder; Büscher, Hartmut; Terhosrt, Evamaria; Wolf, Dagmar (1995): Wie Kinder erzählen. Untersuchungen zur Erzähltheorie und zur Entwicklung narrativer Fähigkeiten. München.

Bräuer, Gerd (1998): Schreibend lernen. Grundlagen einer theoretischen und praktischen Schreibpädagogik. Innsbruck.

Bremer Kollektiv (1974): Grundriß einer Didaktik und Methodik des Deutschunterrichts in der Sekundarstufe I und II. Stuttgart.

Bremerich-Vos, Albert (1991): Populäre rhetorische Ratgeber. Historisch-systematische Untersuchungen. Tübingen.

Bremerich-Vos, Albert (1993): Grammatikunterricht – ein Plädoyer für das Backen kleinerer Brötchen. In: Albert Bremerich-Vos (Hg.): Handlungsfeld Deutschunterricht im Kontext. Frankfurt/M., S. 102–129.

Brinker, Klaus u.a. (Hg.) (2000): Text- und Gesprächslinguistik. Linguistics of Text and Conversation. Ein internationales Handbuch zeitgenössischer Forschung. An International Handbook of Contemporary Research. 1. Halbband. Berlin, New York. (=Handbücher zur Sprach- und Kommunikationswissenschaft 16.1).

Brinker, Klaus (^{5}2001): Linguistische Textanalyse. Eine Einführung in Grundbegriffe und Methoden. Berlin.

Brinker, Klaus; Sager, Sven (^{3}2001): Linguistische Gesprächsanalyse. Eine Einführung. Berlin.

Brinkmann, Hennig (1962): Die deutsche Sprache. Gestalt und Leistung. Düsseldorf, (2. Aufl. 1971).

Brockhaus-Enzyklopädie in vierundzwanzig Bänden (1986 ff.), Mannheim. (19. Aufl.)

Brügelmann, Hans (1994): Warum haben Jungen mehr Schwierigkeiten beim Lesen- und Schreibenlernen als Mädchen? Theoretische Erklärungsversuche und ihre Probleme. In: Sigrun Richter, Hans Brügelmann (Hgg.): Mädchen lernen anders lernen Jungen. Bottighofen, S. 27–34.
Brügelmann, Hans; Brinkmann, Erika (1995): Stufen des Schriftspracherwerbs und Ansätze zu seiner Förderung. In: Hans Brügelmann, Sigrun Richter (Hgg.): Wie wir recht schreiben lernen. Lengwil, S. 44–52.
Brügelmann, Hans; Brinkmann, Erika (1998): Die Schrift erfinden. Beobachtungshilfen und methodische Ideen für einen offenen Anfangsunterricht im Lesen und Schreiben. Langwil. (Neubearbeitung des Buches 'Die Schrift entdecken', zuerst 1984).
Bruner, Jerome (1987): Wie das Kind sprechen lernt. Bern u.a.
Buchmann, Jürgen (1993): Warum türkische Schülerinnen und Schüler den deutschen Satzbau nicht verständlich finden. In: Diskussion Deutsch 24-134, S. 472–476.
Bühler, Karl (1982): Sprachtheorie. Die Darstellungsfunktion der Sprache. Stuttgart, New York, (Erstveröffentlichung 1934).
Bürger, Christa (1970): Deutschunterricht – Ideologie oder Aufklärung? Frankfurt.
Butzkamm, Wolfgang; Butzkamm, Jürgen (1999): Wie Kinder sprechen lernen. Kindliche Entwicklung und die Sprachlichkeit des Menschen. Tübingen, Basel.
Canetti, Elias (1977): Die gerettete Zunge. Geschichte einer Jugend. München, Wien.
Chomsky, Noam (1957): Syntactic structures. Den Haag.
Chomsky, Noam (1969): Aspekte der Syntax-Theorie. Frankfurt/M. (am. Original 1965)
Christ, Hannelore; Fischer, Eva; Fuchs, Claudia; Merkelbach, Valentin; Reuschling, Gisela (1996): 'Ja aber es kann doch sein ...'. In der Schule literarische Gespräche führen. Frankfurt/M. u.a.
Christmann, Ursula; Groeben, Norbert (1999): Psychologie des Lesens. In: Franzmann u.a. (1999), S. 145–223.
Cohn, Ruth C. (1975): Von der Psychoanalyse zur themenzentrierten Interaktion. Stuttgart, (13. Aufl. 1997).
Comenius, Johann Amos (1658): Orbis sensualium pictus. Oder Die sichtbare Welt. Dortmund, (Nachdruck 1979).
Copei, Friedrich (^{2}1950): Der fruchtbare Moment im Bildungsprozess. Heidelberg.
Coulmas, Florian (1989): The Writing Systems of the World. Oxford, Cambridge/Mass.
Crystal, David (1998): Die Cambridge-Enzyklopädie der Sprache. Köln.
Cummins, Jim (1979): Linguistic Interdependence and the Educational Development of Bilingual children. In: Review of Educational Research 49-2, S. 222–251.

Dehn, Mechthild (1991): Bilderbuch, Zeitung und Autoatlas. Zur Entwicklung eines Begriffs vom Lesen. In: Die Grundschulzeitschrift 31-5, S. 3.
Dehn, Mechthild ([4]1994a): Zeit für die Schrift. Lesenlernen und Schreibenkönnen. Bochum.
Dehn, Mechthild (1994b): Schlüsselszenen zum Schrifterwerb. Arbeitsbuch zum Lese- und Schreibunterricht in der Grundschule. Weinheim, Basel.
Dehn, Mechthild; Sjölin, Amelie (1996): Frühes Lesen und Schreiben. In: Günther; Ludwig (1996), S. 1141–1153.
Deutsche Unesco-Kommission (Hgg.) (1997): Lernfähigkeit: Unser verborgener Reichtum. UNESCO-Bericht zur Bildung für das 21. Jahrhundert. Neuwied, Kriftel, Berlin.
Dieckmann, Walter (1992): Sprachkritik. Heidelberg.
Diegritz, Theodor (1996): Wohin steuert die Grammatikdidaktik? „Diskussion Grammatikunterricht" um 1980 und zu Beginn der 90er Jahre im Vergleich. In: Der Deutschunterricht, 48(4), S. 87–95.
Diehl, Erika; Christen, Helen; Leuenberger, Sandra; Pelvat, Isabelle; Studer, Thérèse (2000): Grammatikunterricht: Alles für die Katz? Untersuchungen zum Zweitsprachenerwerb Deutsch. Tübingen.
Diesterweg, Adolph (1836): Über die Methodik des Sprachunterrichts. In: Eduard Langenberg (Hg.): Adolph Diesterwegs Ausgewählte Schriften, 1. Bd., Frankfurt/M.
Dolch, Josef ([2]1965): Lehrplan des Abendlandes. Zweieinhalb Jahrtausende seiner Geschichte. Ratingen.
Döring, Nicola (1999): Sozialpsychologie des Internet. Die Bedeutung des Internet für Kommunikationsprozesse, Identitäten, soziale Beziehungen und Gruppen. Göttingen u.a.
Drach, Erich (1922): Sprecherziehung. Frankfurt/M. (12. Aufl. 1953).
Duden Grammatik der deutschen Gegenwartssprache ([6]1998), hg. v. der Dudenredaktion. Mannheim u.a.
Dunbar, Robin (1996): Grooming, gossip and the evolution of language. London, Boston.
Dyck, Joachim (Hg.) (1974): Rhetorik in der Schule. Kronberg/Ts.
Eckermann, Regina (1995): Muttersprachliche und fremdsprachliche Bildung. Grundlagen und Entwicklungen in der Reformpädagogik. München, Wien.
Eckhardt, Juliane; Helmers, Hermann (1980): Theorien des Deutschunterrichts. Darmstadt.
Ehlich, Konrad (1994): Funktion und Struktur schriftlicher Kommunikation. In: Günther; Ludwig (1996), S. 18–41.
Ehlich, Konrad (1994a): Handbuch zum HIAT-DOS Textverarbeitungsprogramm für Transkriptionstexte. HIAT-DOS Programmversion 2.2. Ludwig-Maximilians-Universität München.
Ehlich, Konrad; Rehbein, Jochen (1976): Halbinterpretative Arbeitstranskriptionen (HIAT). In: Linguistische Berichte 45, S. 21–42.
Ehlich, Konrad; Rehbein, Jochen (1986): Muster und Institution. Untersuchungen zur schulischen Kommunikation. Tübingen.

Eichler, Wolfgang (1974): Sprachdidaktik Deutsch. Ein kommunikationswissenschaftliches und linguistisches Konzept. München.

Eichler, Wolfgang (1992): Schreibenlernen. Schreiben – Rechtschreiben – Texte-Verfassen. Bochum.

Eichler, Wolfgang ([6]1998): Grammatikunterricht. In: Günter Lange, Karl Neumann, Werner Ziesenis (Hgg.): Taschenbuch des Deutschunterrichts. Hohengehren, S. 226–257.

Eisenberg, Peter (1988): Die Grapheme des Deutschen und ihre Beziehung zu den Phonemen. In: Jürgern Baurmann, Klaus B. Günther (Hgg.): Aspekte von Schrift und Schriftlichkeit. Hildesheim, Zürich, New York. (Germanistische Linguistik 93-94), S. 139–154.

Eisenberg, Peter (1998): Grundriss der deutschen Grammatik. Bd. 1: Das Wort, Stuttgart.

Eisenberg, Peter (1998a): Der Buchstabe und die Schriftstruktur des Wortes. In: Dudenredaktion (Hg.): Grammatik der deutschen Gegenwartssprache. 6., neu bearbeitete Auflage. Mannheim u.a, S. 54–84.

Eisenberg, Peter (1998b): Grundriß der deutschen Grammatik. Band 1: Das Wort. Stuttgart, Weimar.

Eisenberg, Peter (1999): Grundriss der deutschen Grammatik. Bd. 2: Der Satz, Stuttgart, Weimar.

Eisenberg, Peter; Menzel, Wolfgang (1995): Gammatik-Werkstatt. In: Praxis Deutsch 22-129, S. 14–26.

Elias, Norbert ([2]1969): Über den Prozess der Zivilisation. 2. Bd. Frankfurt/M., (18. Aufl. 1994).

Endell, Angelika u.a. (1997): geradeaus. Sprachbuch 5. Stuttgart.

Engel, Ulrich (1988): Deutsche Grammatik. Heidelberg.

Ensberg, Claus; Diegritz, Theodor; Hübner, Marlies (Hgg.) (2000): Deutschunterricht: Zugang zu den Lernenden finden. (Lernmaterialien). Braunschweig.

Erlinger, Hans Dieter (1988): Studienbuch: Grammatikunterricht. Paderborn u.a.

Erlinger, Hans Dieter; Knobloch, Clemens; Meyer, Hartmut (Hgg.) (1989): Satzlehre – Denkschulung – Nationalsprache. Deutsche Schulgrammatik zwischen 1800 und 1850. Münster.

Ertmer, Cornelia (1996): Gestaltendes Sprechen in der Schule. Münster.

Essen, Erika (1956): Methodik des Deutschunterrichts. Heidelberg, (9. Aufl. 1972).

Fanselow, Gisbert; Felix, Sascha W. ([2]1990): Sprachtheorie. Band 1: Grundlagen und Zielsetzungen. Tübingen.

Feilke, Helmut (1988): Ordnung und Unordnung in argumentativen Texten. Zur Entwicklung der Fähigkeit, Texte zu strukturieren. In: Der Deutschunterricht 40-3, S. 65–81.

Feilke, Helmut (1993): Schreibentwicklungsforschung. In: Diskussion Deutsch, 24-129, S. 17–34.

Feilke, Helmut; Portmann, Paul R. (Hgg.) (1996): Schreiben im Umbruch. Stuttgart u.a.

Felix, Sascha W. (1982): Psycholinguistische Aspekte des Zweitsprachenerwerbs. Tübingen.

Ferdinand, Willi (1970): Über die Erfolge des ganzheitlichen und des synthetischen Lese-(Schreib-)Unterrichts in der Grundschule. Essen.

Ferreiro, Emilia; Teberosky, Ana (1982/1983): Literacy before Schooling. Exeter, London. (Spanisches Original 1979: Los sistemas de escritura en el desarollo del niño).

Fikkert, Paula (1994): On the Acquisition of Prosodic Structure. Leiden.

Fink, Hans (1987): Heitere Grammatik. Wie man mit Wörtern spielen kann. Bukarest.

Fleischer, Wolfgang; Michel, Georg; Starke, Günter (1996): Stilistik der deutschen Gegenwartssprache. Frankfurt/M.

Frank, Horst Joachim (1973): Geschichte des Deutschunterrichts. Von den Anfängen bis 1945. München.

Franzmann, Bodo u.a. (Hgg.) (1999): Handbuch Lesen. München.

Frederking, Volker; Steinig, Wolfgang (1999): „Mit dem Computer geht's viel leichter als mit der Hand". Berichte über E-Mail und Chat-Kontakte zwischen zwei Grundschulklassen des ersten Schuljahrs. In: E. Blattmann, V. Frederking (Hgg.): Deutschunterricht konkret. Baltmannsweiler, S. 166–205.

Freitas, Maria João (1997): Aquisição da Estrutura Silábica do Português Europeu. Dissertação de Doutoramento em Linguística Portuguesa apresentada à Universidade de Lisboa, Faculdade de Letras. Lisboa.

Freundner-Huneke, Imme; Huneke, Hans-Werner; Lenter, Hubert (2000): 120 neue Diktate für Klasse 7/8. Stuttgart.

Frey, Karl (^{4}1991): Die Projektmethode. Weinheim, Basel.

Friedrich, Bodo (1996): Aspekte und Probleme des Schreibunterrichts: Rechtschreiben. In: Günther; Ludwig (1996), S. 1249–1260.

Fritzsche, Joachim (1994): Zur Didaktik und Methodik des Deutschunterrichts, Bd. 2: Schriftliches Arbeiten. Stuttgart.

Frommer, Harald (1992): Erzählen. Eine Didaktik für die Sekundarstufe I und II. Frankfurt/M.

Fthenakis, Wassilios E. u.a. (1985): Bilingual-bikulturelle Entwicklung des Kindes. München.

Gansberg, Fritz (1914): Der freie Aufsatz. Seine Grundlagen und seine Möglichkeiten. Ein fröhliches Lehr- und Lesebuch. Leipzig.

Gauger, Hans-Martin (1995): Über Sprache und Stil. München.

Geißner, Hellmut (1995): Perspektiven rhetorischer Kommunikation. In: M. Beck (Hg.): Klären und streiten. Gesprächserziehung in Schule und außerschulischer Bildung. St. Ingbert, S. 261–265.

Gfroerer, Stefan; Günther, Hartmut; Bock, Michael (1989): Augenbewegungen und Substantivgroßschreibung. Eine Pilotstudie. In: Peter Eisenberg, Hartmut Günther (Hgg.): Schriftsystem und Orthographie. Tübingen, S. 111–135.

Giese, Heinz W. (1991): Analphabetismus, Alphabetisierung, Schriftkultur. Eine Auswahlbibliographie. Berlin: Deutsches Bibliotheksinstitut.

Giesecke, Michael (1991): Der Buchdruck der frühen Neuzeit. Eine historische Fallstudie über die Durchsetzung neuer Informations- und Kommunikationstechnologien. Frankfurt/M.

Giles, Howard u.a. (1987): Research on Language Attitudes. In: Ulrich Ammon, Norbert Dittmar, Klaus J. Mattheier (Hgg.): Sociolinguistics – Soziolinguistik. Berlin, New York, S. 585–597.

Girgensohn-Marchand, Bettina (^{3}1996): Der Mythos Watzlawick und die Folgen. Eine Streitschrift gegen systemisches und konstruktivistisches Denken in pädagogischen Zusammenhängen. Weinheim.

Girschner-Woldt, Ingrid (1972): Gesellschaft und Macht. In: Heinz Ide (Hg.): Projekt Deutschunterricht. Stuttgart, S. 101–133.

Glinz, Hans (1952): Die innere Form des Deutschen. Eine neue deutsche Grammatik. Bern, München.

Glinz, Hans (1996): Grammatikunterricht – Grundlagen und Aufbau. In: Grundschule 28-1, S. 28–31.

Glumpler, Edith (1996): Mehrsprachigkeit und Kulturenvielfalt in der deutschen Grundschule. In: Haarmann (1996), S. 65–75.

Glumpler, Edith (1997): Sprachlicher Anfangsunterricht für ausländische und deutsche Kinder – Grundlage interkultureller Kommunikation. In: Haarmann (1997), S. 176–183.

Glumpler, Edith; Apeltauer, Ernst (1997): Ausländische Kinder lernen Deutsch. Berlin.

Gogolin, Ingrid (1994): Der monolinguale Habitus der multilingualen Schule. Münster, New York.

Goldman-Eisler, Frieda (1954): On the variability of the speed of talking and on its relation to the length of utterances in conversation. In: British Journal of Psychology 45, S. 94-107.

Gornik, Hildegard (1989): Metasprachliche Entwicklung bei Kindern. Definitionsprobleme und Forschungsergebnisse – ein Überblick. In: Eduard Haueis (Hg.): Sprachbewußtheit und Schulgrammatik, (OBST 40), S. 115–131.

Gramsamer, Günter; Holzner, Franz (1985): Sicher zum Grundwortschatz. Ein Lehrgang in Nachschriften. Arbeitsheft 3. 3. Schuljahr. Stuttgart.

Groeben, Norbert (1982): Leserpsychologie: Textverständnis – Textverständlichkeit. Münster.

Groeben, Norbert u.a. (1988): Forschungsprogramm Subjektive Theorien. Eine Einführung in die Psychologie des reflexiven Subjekts. Tübingen.

Groeben, Norbert; Christmann, Ursula; Mischo, Christoph (Hgg.) (1997 & 1998): Die Entwicklung eines Trainings zum Umgang mit unintegrem Argumentieren. In: Sprechen 15-2, S. 59–76 & 16–1, S. 19–31.

Groeben, Norbert; Vorderer, Peter (1988): Leserpsychologie: Lesemotivation – Lektürewirkung. Münster.

Grünwald, Hans Joachim (1984): Mündliche Kommunikationsübungen. Methodische Handreichungen für die Unterrichtspraxis. Frankfurt/M., Berlin, München.

Grzesik, Jürgen; Fischer, Michael (1992): Was leisten Kriterien für die Aufsatzbeurteilung? Theoretische, empirische und praktische Aspekte des Gebrauchs von Kriterien und der Mehrfachbeurteilung nach globalem Ersteindruck. Opladen.

Günther, Hartmut (1988): Schriftliche Sprache. Strukturen geschriebener Wörter und ihre Verarbeitung beim Lesen. Tübingen.

Günther, Hartmut (1995): Die Schrift als Modell der Lautsprache. In: Jakob Ossner (Hg.): Schriftaneignung und Schreiben, (OBST 51), S. 15–32.

Günther, Hartmut; Ludwig, Otto (Hgg.) (1994, 1996): Schrift und Schriftlichkeit. Writing and its Use. Ein interdisziplinäres Handbuch internationaler Forschung. Erster Halbband: 1994, Zweiter Halbband: 1996. Berlin; New York. (=HSK 10.1, 10.2)

Günther, Klaus B. (1986): Ein Stufenmodell der Entwicklung kindlicher Lese- und Schreibstrategien. In: Brügelmann, Hans (Hg.): ABC und Schriftsprache. Rätsel für Kinder, Lehrer und Forscher, S. 32–54. Konstanz.

Haarmann, Dieter (Hg., [3]1996): Handbuch Grundschule. Band 1: Allgemeine Didaktik. Voraussetzungen und Formen grundlegender Bildung. 3. Auflage. Weinheim, Basel: Beltz.

Haarmann, Dieter (Hg.) ([3]1997): Handbuch Grundschule. Band 2: Fachdidaktik. Inhalte und Bereiche grundlegender Bildung. Weinheim.

Haarmann, Harald (1990): Universalgeschichte der Schrift. Frankfurt/M., New York.

Haas, Anton (1998): Unterrichtsplanung im Alltag. Eine empirische Untersuchung zum Planungshandeln von Gymnasiallehrern. Regensburg.

Haas, Gerhard (1997): Handlungs- und produktionsorientierter Literaturunterricht. Seelze.

Habermas, Jürgen (1968): Erkenntnis und Interesse. Frankfurt/M.

Hager, Frithjof; Haberland, Hartmut; Paris, Rainer (1973): Soziologie und Linguistik. Die schlechte Aufhebung sozialer Ungleichheit durch Sprache. Stuttgart.

Harnisch, Ulrike; Nehr, Monika (1998): Zweisprachige Alphabetisierung und Erziehung in Berlin. In: Katharina Kuhs, Wolfgang Steinig (Hgg): Pfade durch Babylon. Konzepte und Beispiele für den Umgang mit sprachlicher Vielfalt in Schule und Gesellschaft. Freiburg, S. 103–114.

Harris, Judith Rich (1998): The Nurture Assumption. Why Children Turn Out the Way They Do. New York.

Haueis, Eduard (1971): Die theoretische Grundlegung des gegenwärtigen Aufsatzunterrichts. Essen.

Haueis, Eduard (1981): Grammatik entdecken. Paderborn.

Hausendorf, Heiko; Quasthoff, Uta M. (1996): Sprachentwicklung und Interaktion. Eine linguistische Studie zum Erwerb von Diskursfähigkeiten. Opladen.

Hayes, John R.; Flower, Linda (1981): Plans that guide the composing process. In: C.H. Frederiksen, J.F. Dominic (Hgg.): Writing: The nature, development and communication. Bd. 2: Writing: Process, Development and Communication. Hillsdale, N.J., S. 39–58.

Hegele, Irmintraut; Pommerin, Gabriele (1983): Gemeinsam Deutsch lernen. Interkulturelle Spracharbeit mit ausländischen und mit deutschen Kindern. Heidelberg.

Heimann, Paul; Otto, Gunter; Schulz, Wolfgang (1965): Unterricht. Analyse und Planung. Hannover u.a..

Helmers, Hermann (1997): Didaktik der deutschen Sprache. Einführung in die muttersprachliche und literarische Bildung. Dokumentation und Neuausgabe von J. Eckhardt unter Mitwirkung von J. Diekneite. Darmstadt. (Erstausgabe 1966).

Hentschel, Elke; Weydt, Harald (^{2}1994): Handbuch der deutschen Grammatik. Berlin, New York.

Hepsöyler, Ender; Liebe-Harkort, Klaus (1991): Muttersprache und Zweitsprache. Frankfurt/M. u.a.

Herder, Johann Gottfried (1772): Über den Ursprung der Sprache. In: Herders Werke in fünf Bänden. Zweiter Band. Berlin. (6. Auflage 1982), S. 89–200.

Herder, Johann Gottfried (1780): Von der verbesserten Lehrmethode unsrer Zeit. In: Herders Sämmtliche Werke. Hg. v. Bernhard Suphan. 30. Band. Berlin, 1889, S. 52–60.

Heringer, Hans Jürgen (1989): Gammatik und Stil. Praktische Grammatik des Deutschen. Frankfurt/M.

Herrmann, Theo; Grabowski, Joachim (1994): Sprechen. Psychologie der Sprachproduktion. Heidelberg, Berlin, Oxford.

Hessische Rahmenrichtlinien (1972): Rahmenrichtlinien Sekundarstufe I Deutsch des Hessischen Kultusministers.

Hess-Lüttich, Ernest; Steinig, Wolfgang (1973): Differenz oder Defizit? Überlegungen zu kontroversen sprachlichen Sozialisationshypothesen. In: Wirkendes Wort 23-5, S. 327–342.

Heuer, Hans-Dieter (1997): Sprachbetrachtung in der gymnasialen Oberstufe. Unterrichtsvorschlag zur sprachlichen Sensibilisierung. In: Deutschunterricht 50-2, S. 81–84.

Hiecke, Robert Heinrich (1842): Der deutsche Unterricht auf deutschen Gymnasien. Leipzig.

Hildebrand, Rudolf (1867): Vom deutschen Sprachunterricht und von deutscher Erziehung und Bildung überhaupt. Leipzig. (Zitiert nach der 2. Aufl. 1879; Neuausgabe: Bad Heilbrunn, 1962).

Hiller, Gotthilf Gerhard (^{4}1997): Ausbruch aus dem Bildungskeller. Pädagogische Provokationen. Langenau-Ulm.

Hinney, Gabriele (1997): Neubestimmung von Lerninhalten für den Rechtschreibunterricht. Ein fachdidaktischer Beitrag zur Schriftaneignung als Problemlöseprozess. Frankfurt/M. u.a.

Hinnrichs, Jens (1996): Fara und Fu. Lesen- und Schreibenlernen mit dem Schlüsselwortverfahren. Hannover.

Hirt, Dieter (1980): Unterrichtseinrichtungen für ausländische Schüler in Bayern. In: Alfons Otto Schorb, Gertrud Simmerding (Hgg.): Ausländische Schüler in der Schule. München, S. 19–26.

Hoberg, Rudolf (1970): Die Lehre vom sprachlichen Feld. Düsseldorf.

Hobusch, Jörg (1989): Der Deutschunterricht in den Anfängen der bürgerlichen Reformpädagogik. Frankfurt u.a.

Hofer, Madeleine (1995): „Argumentieren in der Schule. In: Martin Beck (Hg.): Klären und streiten. Gesprächserziehung in Schule und ausserschulischer Bildung. St. Ingbert, S. 113–172.
Hohmann, Joachim S.; Langer, Hermann (Hg.) (1995): „Stolz, ein Deutscher zu sein..." Nationales Selbstverständnis in Schulaufsätzen 1914–1945. Frankfurt/M. u. a.
Horn, Dieter; Tumat, Alfred J. (^{6}1998): Deutsch als Zweitsprache für nichtmuttersprachliche Lerner. In: Günter Lange, Karl Neumann, Werner Ziesenis (Hgg.): Taschenbuch des Deutschunterrichts. Baltmannsweiler, S. 337–357.
Hosseinpour, Boris (1998): Gescheit oder zum Scheitern verurteilt? Anmerkungen zur Vermittlung der Kommasetzung in der Hauptschule. In: Heinz Giese, Jakob Ossner (Hgg.): Sprache thematisieren. Freiburg i.Br., S. 105–119.
Hühold, Hildegard (1978): Grundkriterien zur Beurteilung von Schüleraufsätzen. In: Kurt Abels, Karl Otto Frank (Hgg.): Sprachunterricht. Bad Heilbrunn, S. 174–189.
Humboldt, Wilhelm von (1795/96): Über Denken und Sprechen. In: Wilhelm von Humboldts Werke. Hg. v. A. Leitzmann. Siebenter Band. Zweite Hälfte. Paralipomena. Berlin 1908. S. 581-583.
Humboldt, Wilhelm von (1827–1829): Über die Verschiedenheiten des menschlichen Sprachbaues. Werke in fünf Bänden hrsg. von Andreas Flitner, Klaus Giel, Bd. 3, Schriften zur Sprachphilosophie, Darmstadt, 1963, S. 144-367.
Humboldt, Wilhelm von (1830–1835): Über die Verschiedenheit des menschlichen Sprachbaues und ihren Einfluß auf die geistige Entwicklung des Menschengeschlechts. Hg. v. Donatella di Cesare. Paderborn 1998.
Huneke, Hans-Werner (2000a): Orthographie. Strukturmerkmale der deutschen Orthographie. Webarea. gesehen am 2. 3. 01.
Huneke, Hans-Werner (2000b): Intuitiver Zugang von Vorschulkindern zum Silbengelenk. In: Didaktik Deutsch 5-8, S. 4–17.
Huneke, Hans-Werner (2000c): Rechtschreibung. Konzeptionen des Rechtschreibunterrichts. Webarea, gesehen am 2. 3. 01.
Huneke, Hans-Werner; Steinig, Wolfgang (^{2}2000): Deutsch als Fremdsprache. Eine Einführung. Berlin.
Hurrelmann, Bettina; Hammer, Michael; Nieß, Ferdinand (Hgg.) (1993): Lesesozialisation. Band 1: Leseklima in der Familie. Gütersloh.
Ide, Heinz (1970 ff.): Projekt Deutschunterricht. 10 Bände. Stuttgart.
Ide, Heinz (Hg.) (^{4}1970): Bestandsaufnahme Deutschunterricht. Ein Fach in der Krise. Stuttgart.
Ingendahl, Werner (1972): Aufsatzerziehung als Hilfe zur Emanzipation. Düsseldorf.
Ingendahl, Werner (1994): Was wird aus der 'Sprachreflexion', wenn wir die Erkenntnisse der Hirnforschung ernstnehmen? In: Wirkendes Wort 44-3, S. 513–536.
Ingendahl, Werner (1999): Sprachreflexion statt Grammatik. Ein didaktisches Konzept für alle Schulstufen. Tübingen.

Isgören-Engin, Havva (1993): Deutsch als Zweitsprache: DaF-Lehrwerke für Migrantenkinder. In: Ulrich Steinmüller (Hg.): Deutsch international und interkulturell. Frankfurt/M, S. 39–56.

Ivo, Hubert (1982): Lehrer korrigieren Aufsätze. Beschreibung eines Zustands und Überlegungen zu Alternativen. Frankfurt/M., Berlin, München.

Ivo, Hubert (1999): Deutschdidaktik. Die Sprachlichkeit des Menschen als Bildungsaufgabe in der Zeit. Baltmannsweiler.

Ivo, Hubert; Neuland, Eva (1991): Grammatisches Wissen. Skizze einer empirischen Untersuchung über Art, Umfang und Verteilung grammatischen Wissens (in der Bundesrepublik). In: Diskussion Deutsch 22-121, S.437–493.

Jank, Werner; Meyer, Hilbert ([3]1997): Didaktische Modelle. Berlin.

Jensen, Adolf; Lamszus, Wilhelm (1910): Unser Schulaufsatz ein verkappter Schundliterat. Hamburg.

JIM 99/2000. Jugend, Information, (Multi-)Media. Basisuntersuchung zum Medienumgang 12- bis 19-jähriger in Deutschland. Medienpädagogischer Forschungsverbund Südwest. Baden-Baden.

Kehr, Carl ([10]1898): Theoretisch-praktische Anweisung zur Behandlung deutscher Lesestücke. Gotha.

Keller, Rudi (1980): Zum Begriff des Fehlers im muttersprachlichen Unterricht. In: Dieter Cherubim (Hg.): Fehlerlinguistik. Tübingen.

Kern, Artur (1932): Ist unsere Lesemethode richtig? Eine kritische psychologisch-didaktische Darstellung. Freiburg.

Kern, Artur (1962): Wer liest mit? Ein Bilderbuch zum Lesenlernen. Freiburg.

Kern, Artur; Kern, Erwin (1935/[8]1961): Der neue Weg im Rechtschreiben. Für den Praktiker dargestellt und wissenschaftlich begründet. Freiburg.

Kern, Artur; Kern, Erwin ([6]1953): Praxis des ganzheitlichen Lesenlernens. Freiburg.

KIM 99. Kinder und Medien. Basisuntersuchung zum Medienumgang 6- bis 13jähriger in Deutschland. Medienpädagogischer Forschungsverbund Südwest. Baden-Baden.

Klafki, Wolfgang (1963): Das Problem der Didaktik. In: Wolfgang Klafki (Hg.): Studien zur Bildungstheorie und Didaktik. Weinheim, S. 72–125.

Klafki, Wolfgang (1985): Neue Studien zur Bildungstheorie und Didaktik. Beiträge zur kritisch-konstruktiven Didaktik. Weinheim.

Klafki, Wolfgang u.a. ([10]1969): Didaktische Analyse als Kern der Unterrichtsvorbereitung. In: Heinrich Roth, Alfred Blumenthal (Hgg.): Grundlegende Aufsätze aus der Zeitschrift 'Die Deutsche Schule'. Hannover, S. 5–34.

Klicpera, Christian; Gasteiger-Klicpera, Barbara (1995): Psychologie der Lese- und Schreibschwierigkeiten. Entwicklung, Ursachen, Förderung. Weinheim.

Klippert, Heinz (31996): Kommunikationstraining. Weinheim, Basel.

Klotz, Peter (1996): Grammatische Wege zur Textgestaltungskompetenz. Tübingen.

Klotz, Peter (2000): Noch ein paar Grammatiknotizen. In: Heiko Balhorn, Heinz Giese, Claudia Osburg, (Hgg.): Betrachtungen über Sprachbetrachtungen. Grammatik und Unterricht. Seelze, S. 250–253.

Klotz, Peter; Peyer, Ann (Hgg.) (1999): Wege und Irrwege sprachlich-grammatischer Sozialisation. Baltmannsweiler.

Knapp, Werner (1997): Schriftliches Erzählen in der Zweitsprache. Tübingen.

Knapp, Werner (1998): Lässt sich der gordische Knoten lösen? Analysen von Erzähltexten von Kindern aus Sprachminderheiten und Folgerungen für die Praxis des Texte Verfassens. In: Katharina Kuhs, Wolfgang Steinig (Hgg.): Pfade durch Babylon. Freiburg i.Br., S. 225–244.

Knoop, Ulrich (1994): Entwicklung von Literalität und Alphabetisierung in Deutschland. In: Günther; Ludwig (1994), S. 859–872.

Koch, Peter; Oesterreicher, Wulf (1986): Sprache der Nähe – Sprache der Distanz. Mündlichkeit und Schriftlichkeit im Spannungsfeld von Sprachtheorie und Sprachgeschichte. In: Romanistisches Jahrbuch, 36, S. 15–43.

Koch, Ruth (1989): Sprachwissen oder Sprachbewusstheit? In: Eduard Haueis (Hg.): Sprachbewußtheit und Schulgrammatik, (OBST 40), S. 115–131.

Kochan, Detlef C. (1974): Sprache als soziales Handeln. In: Praxis Deutsch, 2-3, S. 17–21.

Köcher, Renate (1993): Lesekarrieren – Kontinuität und Brüche. In: Bonfadelli; Fritz; Köcher (1993), S. 215–310.

Kordes, Uwe (1999): Wolfgang Ratke (Ratichius, 1571–1635). Gesellschaft, Religiosität und Gelehrsamkeit im frühen 17. Jahrhundert. Heidelberg.

Korn, Christiane (1985): Schülerhilfe für bessere Aufsätze für die Klassen 4-6. Köln.

Krings, Hans P.; Antos, G. (Hgg.) (1992): Textproduktion. Trier.

Kruse, Otto (^{7}1999): Keine Angst vor dem leeren Blatt. Ohne Schreibblockaden durchs Studium. Frankfurt/M., New York.

Kuhn, Barbara (1996): Mnemotechnik und Schriftzeichenerwerb. Untersuchungen zur Struktur und Didaktik der chinesischen Schrift. Heidelberg.

Kupfer-Schreiner, Claudia (1994): Sprachdidaktik und Sprachentwicklung im Rahmen interkultureller Erziehung. Das Nürnberger Modell. Weinheim.

Labov, William (1966): The Social Stratification of English in New York City. Washington D.C.

Labov, William (1971): Die Logik des Nonstandard English. In: Wolfgang Klein, Dieter Wunderlich (Hg.): Aspekte der Soziolinguistik. Frankfurt/M., S. 80–98.

Landesinstitut für Schule und Weiterbildung (Hg.) (1995): Lernen für Europa. Abschlussbericht eines Modellversuchs. Bönen.

Lange, Günter; Neumann, Karl; Ziesenis, Werner (Hgg.) (^{6}1998): Taschenbuch des Deutschunterrichts. Grundfragen der Sprach- und Literaturdidaktik. Band 1: Grundlagen, Sprachdidaktik, Mediendidaktik. Baltmannsweiler.

Lawton, Denis (1970): Soziale Klasse, Sprache und Erziehung. Düsseldorf. (engl. Original 1968).

Lepschy, Annette (1997): Ein analytisches und didaktisches Modell für die Situations- und Prozesssteuerung in Gesprächen. In: Marita Pabst-Weinschenk, Roland W. Wagner, Carl Ludwig Naumann (Hgg.): Sprecherziehung im Unterricht. München, Basel.

Lesen im internationalen Vergleich. Ein Forschungsgutachten der Stiftung Lesen für das Bundesministerium für Bildung und Wissenschaft. Teil I (1990): Bundesrepublik Deutschland, Deutsche Demokratische Republik, Schweiz, Österreich, Großbritannien, Frankreich, USA. Teil II (1994): Dänemark, Finland, Israel, Japan, Kanada, Niederlande, Rußland, Schweden, Spanien, USA. Mainz.

Lewandowski, Theodor (1991): Deutsch als Zweit- und Zielsprache. Handbuch zur Sprachförderung. Trier.

Linke, Angelika; Nussbaumer, Markus; Portmann, Paul R. ([2]1994): Studienbuch Linguistik. Tübingen.

Linnig, Franz (1871): Der deutsche Aufsatz in Lehre und Beispiel für mittlere und obere Klassen höherer Lehranstalten. Paderborn.

List, Gudula (1992): Zur Entwicklung metasprachlicher Fähigkeiten. Aus der Sicht der Sprachpsychologie. In: Der Deutschunterricht 44-4, S. 15–23

Loska, Rainer (1995): Lehren ohne Belehrung. Leonard Nelsons neosokratische Methode der Gesprächsführung. Bad Heilbrunn.

Ludwig, Otto (1988): Der Schulaufsatz. Seine Geschichte in Deutschland. Berlin, New York.

Lyon, Otto (1893): Der deutsche Unterricht auf dem Realgymnasium. In: Zeitschrift für den deutschen Unterricht 7, S. 705–734.

Maas, Utz (1991): Grundzüge der deutschen Orthographie. Tübingen.

Maas, Utz; Wunderlich, Dieter (1972): Pragmatik und sprachliches Handeln. Mit einer Kritik am Funkkolleg 'Sprache'. Frankfurt/M.

Macheiner, Judith (1998): Das grammatische Varieté oder Die Kunst und das Vergnügen, deutsche Sätze zu bilden. Frankfurt/M.

Mackowiak, Klaus; Steffen, Karin (1991): Statistische Auswertung der Anfragen an das Grammatische Telefon. In: Diskussion Deutsch 22-121, S. 518–535.

Mahler, Gerhart ([2]1975): Zweitsprache Deutsch – Die Schulbildung ausländischer Arbeitnehmer. Donauwörth.

Manguel, Alberto (2000): Eine Geschichte des Lesens. Reinbek. (Kanadisches Original 1996).

Martial, Ingbert v.; Bennack, Jürgen ([3]1996): Einführung in schulpraktische Studien. Vorbereitung auf Schule und Unterricht. Baltmannsweiler.

Martin, Jean-Pol (1985): Zum Aufbau didaktischer Teilkompetenzen beim Schüler. Tübingen.

Martin, Jean-Pol (1994): Vorschlag eines anthropologisch begründeten Curriculums für den Fremdsprachenunterricht. Tübingen.

Maturana, Humbert R.; Varela, Francisco J. (1990): Der Baum der Erkenntnis. Die biologischen Wurzeln des menschlichen Erkennens. München.

May, Peter (1994): Jungen und Mädchen schreiben 'ihre' Wörter. Zur Rolle der persönlichen Bedeutung beim Lernen. In: Sigrun Richter, Hans Brügelmann (Hgg.): Mädchen lernen anders lernen Jungen. Bottighofen, S. 110–120.

McLuhan, Marshall (1968): Die Gutenberg Galaxis. Das Ende des Buchzeitalters. Düsseldorf.

Memorandum zum Muttersprachlichen Unterricht (1983): Deutsch lernen 8-1, S. 75–97

Meng, Katharina (1991): Erzählen und Zuhören bei Drei- und Sechsjährigen. In: Katharina Meng, Barbara Kraft, Ulla Nitsche (Hgg.): Kommunikation im Kindergarten. Studien zur Aneignung der kommunikativen Kompetenz. Berlin, S. 20–131.

Menzel, Wolfgang (1985): Rechtschreibunterricht. Praxis und Theorie. Aus Fehlern lernen. Seelze.

Menzel, Wolfgang (1998): Didaktik des Rechtschreibens. In: Lange; Neumann; Ziesenis (1998), S. 285–309.

Menzel, Wolfgang (1995): Grammatik-Werkstatt. Ein Schülerarbeitsheft zu Wortarten und Zeitformen. In: Praxis Deutsch 22-129, S. 27–42.

Menzel, Wolfgang (1999): Grammatik-Werkstatt. Theorie und Praxis eines prozessorientierten Grammatikunterrichts für die Primar- und Sekundarstufe. Seelze-Velber.

Merkelbach, Valentin (1989): Korrektur und Benotung im Aufsatzunterricht. Frankfurt/M.

Methodik Deutschunterricht Muttersprache (1977). Ausgearbeitet von einem Autorenkollektiv unter Leitung von Wilfried Bütow und Anneliese Claus-Schulze. Berlin.

Mettenberger, Wolfgang (1993): Tatort Theater. Ein praktischer Leitfaden für die Schulbühne und Amateurbühne. Offenbach.

Meyer, Hilbert (^{12}1996): Leitfaden zur Unterrichtsvorbereitung. (Lernmaterialien), Berlin.

Meyer, Hilbert (^{6}1997): UnterrichtsMethoden. Bd. 1: Theorieband, Bd. 2: Praxisband. Berlin.

Meyer-Ingwersen, Johannes; Neumann, Rosemarie; Kummer, Matthias (1977): Zur Sprachentwicklung türkischer Schüler in der Bundesrepublik. 2 Bd., Kronberg/Ts.

Mieth, Annemarie (1994): Literatur und Sprache im Deutschunterricht der Reformpädagogik. Eine problemgeschichtliche Untersuchung. Frankfurt/M. u.a.

Mörchen, Helmut (1985): Übersetzung im Lesebuch. Heidelberg.

Müller-Michaels, Harro (1980): Positionen der Deutschdidaktik seit 1949. Königstein/Ts.

Müller-Michaels, Harro (1990): Deutschunterricht. In: Vergleich von Bildung und Erziehung in der Bundesrepublik Deutschland und in der Deutschen Demokratischen Republik. Hg. v. Bundesministerium für innerdeutsche Beziehungen. Köln, S. 233–251.

Müller-Michaels, Harro (1994): Konzepte des Deutschunterrichts nach 1968. In: Joachim S. Hohmann (Hg.): Deutschunterricht zwischen Reform und Modernismus. Blicke auf die Zeit 1968 bis heute. Frankfurt/M. u.a.

Münch, Paul Georg (1909): Rund ums rote Tintenfaß. Essays über den Schüleraufsatz. Leipzig.

Naegele, Ingrid (Hg.) ([4]1997 & 2000): LRS in den Klassen 1–10. Handbuch der Lese- und Rechtschreibschwierigkeiten. Band 1: Grundlagen und Grundsätze der Lese-Rechtschreib-Förderung. Mit Hinweisen auf die Neuregelung der Rechtschreibung. Band 2: Schulische Förderung und außerschulische Therapien. Weinheim, Basel.

Naegele, Ingrid M. (2001): Lese-Rechtschreibschwierigkeiten, LRS, Legasthenie. Was Lehrerinnen und Lehrer wissen sollten. In: Praxis Deutsch 28-166, S. 52–55.

Naegele, Ingrid; Valtin, Renate (1997): Hürden beim Schriftspracherwerb. Von der Legasthenie zur LRS. In: Haarmann (1997), S. 151–163.

Naumann, Carl Ludwig (1999): Orientierungswortschatz. Die wichtigsten Wörter für die Rechtschreibung. Klassen 1 – 6. Weinheim, Basel.

Nehr, Monika u.a.(1988): In zwei Sprachen lesen lernen – geht denn das? Erfahrungsbericht über die zweisprachige koordinierte Alphabetisierung. Weinheim, Basel.

Neisser, U (1976): Cognition and reality. San Francisco.

Nelson, Leonhard (1922): Die sokratische Methode. Kassel, Nachdruck 1996.

Nerius, Dieter; Rahnenführer, Ilse (1993): Orthographie. Heidelberg. (=Studienbibliographien Sprachwissenschaft 6).

Neuhaus-Siemon, Elisabeth (1991): Frühleser. Ergebnisse einer Fragebogenerhebung in den Regierungsbezirken Unterfranken und Köln. In: Zeitschrift für Pädagogik 37-2, S. 285–308.

Neuhaus-Siemon, Elisabeth (1993): Frühleser in der Grundschule. Leseleistung, Lesegewohnheiten und Schulerfolg. Bad Heilbrunn.

Neuland, Eva (1995): Mündliche Kommunikation: Gesprächsforschung –Gesprächsförderung. In: Der Deutschunterricht 47, S. 3–15.

Nissen, Hans J.; Damerow, Peter; Englund, Roberg ([2]1991): Frühe Schrift und Techniken der Wirtschaftsverwaltung im alten Vorderen Orient. Informationsspeicherung und -verarbeitung vor 5000 Jahren. Berlin.

Nothdurft, Werner (Hg.) (1995): Streit schlichten. Gesprächsanalytische Untersuchungen zu institutionellen Formen konsensueller Konfliktregelung. Berlin, New York.

Nürnberger Projektgruppe (2001): Erfolgreicher Gruppenunterricht. Praktische Anregungen für den Schulalltag. Stuttgart, Düsseldorf, Leipzig.

Nussbaumer, Markus (1991): Was Texte sind und wie sie sein sollen. Ansätze zu einer sprachwissenschaftlichen Begründung eines Kriterienrasters zur Beurteilung von schriftlichen Schülertexten. Tübingen.

Oehlmann, Christel Gisela (1995): Garantiert erzählen lernen. Ein Übungsbuch. Reinbek.

Oerter, Rolf (1999): Theorien der Lesesozialisation. Zur Ontogenese des Lesens. In: Norbert Groeben (Hg.): Lesesozialisation in der Mediengesellschaft. Ein Schwerpunktprogramm. 10. Sonderheft Internationales Archiv für Sozialgeschichte der deutschen Literatur. Tübingen, S. 27–55.

Oevermann, Ullrich (1968): Schichtenspezifische Formen des Sprachverhaltens und ihr Einfluss auf die kognitiven Prozesse. In: Heinrich Roth (Hg.): Begabung und Lernen. (Deutscher Bildungsrat. Gutachten und Studien der Bildungskommission, Bd. 4), Stuttgart, S. 297–356. (6. Aufl. 1971).

Oevermann, Ulrich (1972): Sprache und soziale Herkunft. Ein Beitrag zur Analyse schichtenspezifischer Sozialisationsprozesse und ihrer Bedeutung für den Schulerfolg. Frankfurt/M.

Ong, Walter (1987): Oralität und Literalität. Die Technologisierung des Wortes. Opladen. (Amerikan. Original 1982).

Oomen-Welke, Ingelore (1998): Schüler und Schülerinnen als ExpertInnen im mehrsprachigen Deutschunterricht. In: Ingelore Oomen-Welke (Hg.): „... ich kann da nix!“ Mehr zutrauen im Deutschunterricht. Freiburg i. Br, S. 198–215.

Ortner, H. (1993): Die Entwicklung der Schreibfähigkeit. In: Informationen zur Deutschdidaktik 3, S. 94–125.

Ossner, Jakob (1991): Wozu Diktate? In: Diskussion Deutsch 22-117, S. 45–56.

Ossner, Jakob (2000): Die nächsten Aufgaben lösen, ohne „kleine Brötchen zu backen“. Anmerkungen zu Bernd Switalla: Grammatik-Notizen. In: Heiko Balhorn, Heinz Giese, Claudia Osburg, (Hgg.): Betrachtungen über Sprachbetrachtungen. Grammatik und Unterricht. Seelze, S. 232–241.

Ossner, Jakob u.a. (1994): Deutschunterricht für Kinder in der Grundschule. Frankfurt/M.

Papst-Weinschenk, Marita (1994): Zum Verständnis der Sprecherziehung heute: Didaktik der mündlichen Kommunikation. In: Wirkendes Wort 44-3, S. 498–512.

Payrhuber, Franz-Josef (1998): Schreiben lernen. Aufsatzunterricht in der Grundschule. Baltmannsweiler.

Pinker, Steven (1996): Der Sprachinstinkt. Wie der Geist die Sprache bildet. München. (amerik. Original: 1994).

Plickat, Hans-Heinrich (1980): Deutscher Grundwortschatz. Wortlisten und Wortgruppen für Rechtschreibunterricht und Förderkurse. Weinheim, Basel.

Pommerin, Gabriele (1977): Deutschunterricht mit ausländischen und deutschen Kindern. Bochum.

Pommerin, Gabriele u.a. (1996): Kreatives Schreiben. Handbuch für den deutschen und interkulturellen Sprachunterricht in den Klassen 1-10. Weinheim, Basel.

Pörksen, Uwe (^{4}1992): Plastikwörter. Die Sprache einer internationalen Diktatur. Stuttgart.

Quasthoff, Uta M. (2000): Wie werden mündliche Kommunikationsfähigkeiten erworben? In: Grundschule 32-12, S. 38–40.

Raible, Wolfgang (1991): Zur Entwicklung von Alphabetschrift-Systemen. Is fecit cui prodest. Vorgetragen am 21. April 1990. Heidelberg. (Abhandlungen der Heidelberger Akademie der Wissenschaften. Philosophisch-historische Klasse. Jahrgang 1991. Bericht 1).

Raible, Wolfgang (1991): Zur Entwicklung von Alphabetschrift-Systemen. In: Sitzungsberichte der Heidelberger Akademie der Wissenschaften, Heidelberg, S. 5–42.

Raible, Wolfgang (1994): Orality and Literacy. In: Günther; Ludwig (1994), S. 1–17.
Raible, Wolfgang (1998): Medienwechsel. Erträge aus zwölf Jahren Forschung zum Thema 'Mündlichkeit und Schriftlichkeit'. Tübingen.
Rall, Marlene; Engel, Ulrich; Rall, Dietrich ([2]1985): DVG für DaF. Dependenz-Verb-Grammatik für Deutsch als Fremdsprache. Heidelberg.
Rank, Bernhard (1994): Wege zur Grammatik und zum Erzählen. Grundlagen einer spracherwerbsorientierten Deutschdidaktik. Baltmannsweiler.
Ratke, Wolfgang (1612): Kleine pädagogische Schriften. Hrsg. von Karl Seiler. Bad Heilbrunn, 1967.
Ratke, Wolfgang (1612): Memorial, welches zu Frankfurt auf dem Wahltag Ao. 1612 den 7. Mai dem deutschen Reich übergeben. In: Wolfgang Ratke: Die neue Lehrart. Berlin, 1957, S. 49–51.
Reich, Hans H.; Hienz de Albentiis, Milena (1998): Der Herkunftssprachenunterricht. In: Deutsch lernen 23-1, S. 3–45.
Reich, Hans H. (2000): Deutsch: Sprache. In: Hans H. Reich, Alfred Holzbrecher, Hans-Joachim Roth (Hgg.): Fachdidaktik interkulturell. Ein Handbuch. Opladen, S. 235–256.
Reichen, Jürgen ([5]1991): Lesen durch Schreiben. Hefte 1–8. Hamburg.
Reiners, Ludwig (1991): Stilkunst. Ein Lehrbuch deutscher Prosa. München. (1. Aufl. 1943).
Richter, Sigrun; Brügelmann, Hans (Hgg., 1994): Mädchen lernen anders lernen Jungen. Bottighofen.
Rico, Gabriele L. (1984): Garantiert schreiben lernen. Reinbek.
Riesel, Elise (1970): Der Stil der deutschen Alltagsrede. Leipzig.
Riffaterre, Michael (1973): Strukturale Stilistik. München.
Risel, Heinz (1997): Bestandsaufnahme: Rechtschreibdidaktik. Bühl.
Röber-Siekmeyer, Christa (1999): Ein anderer Weg zur Groß- und Kleinschreibung. Leipzig.
Röber-Siekmeyer, Christa ([3]1997): Die Schriftsprache entdecken. Rechtschreiben im offenen Unterricht. Weinheim, Basel.
Roß, Klaus (1994): Sprecherziehung statt Rhetorik. Der Weg zur rhetorischen Kommunikation. Opladen.
Roth, Heinrich (Hg.) (1968): Begabung und Lernen. Stuttgart. (Deutscher Bildungsrat. Gutachten und Studien der Bildungskommission, Bd. 4).
Rouet, Jean-François, Levonen, Jarmo J. (1996): Studying and learning with hypertext: Empirical studies and their implications. In: Jean-François Rouet, Andrew Dillon, R. J. Spiro (Hgg.): Hypertext and Cognition. Mahwah, N.J.
Ruf, Urs; Gallin, Peter (1998): Sprache und Mathematik. Auf eigenen Wegen zur Fachkompetenz. Seelze.
Runkehl, Jens; Schlobinski, Peter; Siever, Torsten (1998): Sprache und Kommunikation im Internet. Überblick und Analysen. Opladen/Wiesbaden.
Sager, Sven F. (2000): Hypertext und Hypermedia. In: Brinker u.a, S. 587–603.
Samel, Ingrid ([2]2000): Einführung in die feministische Sprachwissenschaft. Berlin.
Sanders, Barry (1995): Der Verlust der Sprachkultur. Frankfurt/M. (amerik. Original 1994).

Sanner, Rolf (1975): Aufsatzunterricht. Theoretische Grundlegung – Hinweise für die Praxis. München.
Saussure, Ferdinand de (1967): Grundfragen der Allgemeinen Sprachwissenschaft. Berlin u.a. (franz. Original 1915).
Schader, Basil (2000): Sprachenvielfalt als Chance. Handbuch für den Unterricht mit mehrsprachigen Klassen. Hintergründe und 95 Unterrichtsvorschläge für Kindergarten und Sekundarstufe I. Zürich.
Scharrelmann, Heinrich (1910): Herzhafter Unterricht. Gedanken und Proben aus einer unmodernen Pädagogik. Hamburg.
Scheerer, Eckart (1993): Mündlichkeit und Schriftlichkeit. Implikationen für die Modellierung kognitiver Prozesse. In: Baurmann; Günther; Knoop (1993), S. 141–176.
Scheerer-Neumann, Gerheid (1986): Wortspezifisch: Ja – Wortbild: Nein. Ein letztes Lebewohl an die Wortbildtheorie. Teil 1: Rechtschreiben. In: Hans Brügelmann (Hg.): ABC und Schriftsprache: Rätsel für Kinder, Lehrer und Forscher. Konstanz, S. 171–185.
Scheerer-Neumann, Gerheid (1987): Wortspezifisch: Ja – Wortbild: Nein. Ein letztes Lebewohl an die Wortbildtheorie. Teil 2: Lesen. In: Heiko Ballhorn, Hans Brügelmann (Hgg.): Welten der Schrift in der Erfahrung der Kinder. Konstanz, S. 219–242.
Scheerer-Neumann, Gerheid (1990): Lesestrategien und ihre Entwicklung im 1. Schuljahr. Zwei Fallbeispiele. In: Grundschule 22-10, S. 20–24.
Schneider, Silvia (1995): Entwicklungsbedingungen sozialer Handlungsfähigkeit. Formen der Interaktionsstrukturierung beim gemeinsamen Bilderbuchlesen von Eltern und Kind. Frankfurt/M.
Schneider, Wolf (1994): Deutsch fürs Leben. Was die Schule zu lehren vergaß. Reinbek.
Schnotz, Wolfgang (2000): Das Verstehen schriftlicher Texte als Prozess. In: Brinker u.a, S. 497–506.
Schön, Erich (1989): Leseerfahrungen in Kindheit und Jugend. In: Lehren und Lernen 15-6, S. 21–44.
Schramke, Wolfgang (1995): Der schriftliche Unterrichtsentwurf. Ein Leitfaden mit Lehrproben-Beispielen, Deutsch. Hannover.
Schulte-Bunert, Ellen (2000): Alles noch einmal von vorn? Zweitschrifterwerb für Seiteneinsteiger in der Sekundarstufe I. Baltmannsweiler.
Schulz von Thun, Friedemann (1989): Miteinander reden: Störungen und Klärungen. Psychologie der zwischenmenschlichen Kommunikation. Reinbek.
Schuster, Karl (1998): Mündlicher Sprachgebrauch im Deutschunterricht. Baltmannsweiler.
Schuster, Karl ([2]1997): Das personal-kreative Schreiben im Deutschunterricht. Baltmannsweiler.
Schuster, Karl ([8]1999): Einführung in die Fachdidaktik Deutsch. Baltmannsweiler.
Schwarz, Monika (1992): Einführung in die Kognitive Linguistik. Tübingen.

Schwenk, Helga (1983): Grammatikunterricht in der Schule? In: Peter Braun, Dieter Krallmann (Hgg.): Handbuch Deutschunterricht, Bd.1: Sprachdidaktik. Düsseldorf, S. 309–328.

Schwitalla, Johannes (1997): Gesprochenes Deutsch. Eine Einführung. Berlin.

Searle, John R. (1974): Sprechakte. Ein philosophischer Essay. Frankfurt/M., (engl. Original 1969).

Seidemann, Walter (1927): Deutschunterricht als innere Sprachbildung. Heidelberg.(2. Aufl. 1952).

Sennlaub, Gerhard (1980): Spaß beim Schreiben oder Aufsatzerziehung? Stuttgart, Berlin, Köln. (6. Aufl. 1994).

Skutnabb-Kangas, Tove; Toukomaa, Pertti (1976): Teaching Migrant Children's Mother Tongue and Learning the Language of the Host Country in the Context of the Sociocultural Situation of the Migrant Family. Helsinki.

Spinner, Kaspar H. (1992): Sokratisches Lehren und die Dialektik der Aufklärung. In: Diskussion Deutsch 23-126, S. 309–321.

Spinner, Kaspar H. (1993): Kreatives Schreiben. In: Praxis Deutsch 20-119, S. 17–23.

Spinner, Kaspar H. (1997): Reden lernen. In: Praxis Deutsch 24-144, S.16–22.

Spitta, Gudrun (1992): Schreibkonferenzen in Klasse 3 und 4. Ein Weg vom spontanen Schreiben zum selbstbewussten Verfassen von Texten. Frankfurt/M.

Spitta, Gudrun (^{6}1994): Kinder schreiben eigene Texte: Klasse 1 und 2. Lesen und Schreiben im Zusammenhang, spontanes Schreiben, Schreibprojekte. Frankfurt/M.

Spitta, Gudrun (Hg., 1998): Freies Schreiben – eigene Wege gehen. Lengwil.

Sprache und Sprechen (1971ff.), hrsg. von Detlef C. Kochan u.a., Hannover.

Steinig, Wolfgang (1980): Zur sozialen Bewertung sprachlicher Variation. In: Dieter Cherubim (Hg.): Fehlerlinguistik. Tübingen, S. 106–123.

Steinig, Wolfgang (1995): Experten im Unterricht. In: Pädagogik 47-1, S. 41–45.

Steinig, Wolfgang (1995): Ritualisierte Kommunikation im Unterricht. In: Neue Sammlung 35-1, S. 19–34.

Steinig, Wolfgang (1998): Situiertes Lernen an der Hochschule für einen veränderten Deutschunterricht. In: Volker Frederking (Hg.): Verbessern heißt verändern. Neue Wege, Inhalte und Ziele der Ausbildung von Deutschlehrer(inne)n in Studium und Referendariat. Baltmannsweiler, S. 26-49.

Steinig, Wolfgang (1998): Von Babylon zum Internet – Sprachliche Bildung zwischen Oralität und Literalität. In: Katharina Kuhs, Wolfgang Steinig (Hgs): Pfade durch Babylon. Konzepte und Beispiele für den Umgang mit sprachlicher Vielfalt. Freiburg i. Br., S. 13–33.

Steinig, Wolfgang (^{2}1986): Soziolekt und soziale Rolle. Tostedt.

Steinig, Wolfgang u.a. (2000): Partnerschaftliches Lernen. In: Grundschule 32-12, S. 10–11.

Stiefenhöfer, Helmut (1986): Lesen als Handlung. Didaktisch-methodische Überlegungen und unterrichtspraktische Versuche zur fremdsprachlichen Lesefähigkeit. Weinheim, Basel.

Stoll, Clifford (2001): LogOut. Warum Computer nichts im Klassenzimmer zu suchen haben und andere High-Tech-Ketzereien. Frankfurt/M.

Storrer, Angelika (2000): Was ist „hyper" am Hypertext? In: Werner Kallmeyer (Hg.): Sprache und neue Medien. Jahrbuch 1999 des Instituts für Deutsche Sprache. S. 222–249.

Strassner, Erich (1977): Aufgabenfeld Sprache im Deutschunterricht. Zur Wandlung sprachdidaktischer Konzepte zwischen 1945 und 1975. Tübingen.

Strotzka, Wilfried (1998): Staatliche Europa-Schule Berlin – bilinguales Lernen vom Vorschulalter an. In: Katharina Kuhs, Wolfgang Steinig (Hgg.): Pfade durch Babylon. Konzepte und Beispiele für den Umgang mit sprachlicher Vielfalt. Freiburg i. Br., S. 87–101.

Switalla, Bernd (2000): Grammatik-Notizen. In: Heiko Balhorn, Heinz Giese, Claudia Osburg, (Hgg.): Betrachtungen über Sprachbetrachtungen. Grammatik und Unterricht. Seelze, S. 212–231.

Tannen, Deborah (1991): Du kannst mich einfach nicht verstehen. Warum Männer und Frauen aneinander vorbeireden. Hamburg.

Tesnière, Lucien (1965): Éléments de syntaxe structurale. Paris.

Thomé, Günther (1987) Rechtschreibfehler türkischer und deutscher Schüler. Heidelberg.

Thomé, Günther; Thomé, Dorothea (1999): Schriftspracherwerb. Heidelberg. (=Studienbibliographien Sprachwissenschaft 28).

Thon, Birgit (1998): Kommentierte Auswahlbiographie und Arbeitshilfen für den DaZ-Unterricht in der Schule. In: Gerhard Neuner, Stefan Glienicke, Wolfgang Schmitt (Hgg.): Deutsch als Zweitsprache in der Schule. Berlin u.a, S. 215–240.

Trier, Jost (1931): Der deutsche Wortschatz im Sinnbezirk des Verstandes. Die Geschichte eines sprachlichen Feldes. Heidelberg.

Turkle, Sherry (1999): Leben im Netz. Identität in Zeiten des Internet. Reinbek. (Amerikan. Original 1995).

Ueding, Gert ([4]1996): Rhetorik des Schreibens. Eine Einführung. Weinheim.

Ulrich, Winfried (2001): Didaktik der deutschen Sprache. Ein Arbeits- und Studienbuch in drei Bänden. Stuttgart.

Ulshöfer, Robert (1974): Methodik des Deutschunterrichts 3, Mittelstufe II. Stuttgart.

Valtin, Renate (1997): Stufen des Lesen- und Schreibenlernens. Schriftspracherwerb als Entwicklungsprozeß. In: Haarmann (1997), S. 76–88.

Varela, Francisco (1990): Kognitionswissenschaft – Kognitionstechnik. Frankfurt/M.

Vogt, Rüdiger (1997): Zum Verhältnis von Gesprächsanalyse und Gesprächsdidaktik. In: Marita Pabst-Weinschenk, Roland W. Wagner, Carl Ludwig Naumann (Hgg.): Sprecherziehung im Unterricht, S.138–158.

Volmert, Johannes (Hg.) (1995): Grundkurs Sprachwissenschaft. Eine Einführung in die Sprachwissenscahft für Lehramtsstudiengänge. München.

Waas, Margit; Waas, Emil (Hgg.) ([32]1996): Es fängt damit an, daß am Ende der Punkt fehlt. Stilblüten aus amtlichen und privaten Schreiben. München.

Wagner, Roland ([8]1999): Grundlagen der mündlichen Kommunikation. Regensburg.

Watzlawick, Paul; Beavin, Janet H.; Jackson, Don D. (1969): Menschliche Kommunikation. Formen, Störungen, Paradoxien. Bern, Stuttgart, Toronto. (8. Aufl. 1990).

Weber, Albrecht (1973): Dialektik der Aufsatzbeurteilung. Donauwörth.

Weber, Hugo (1872): Die Pflege nationaler Bildung durch den Unterricht in der Muttersprache. Zugleich eine Darstellung der Grundsätze und der Einrichtung dieses Unterrichts. Leipzig: Klinkhardt. (Zitiert nach der 2. Auflage 1891).

Weigl, Egon (1979): Lehren aus der Schriftgeschichte für den Erwerb der Schriftsprache. In: Helga Andresen (Hg.): Schriftspracherwerb 1, (OBST 11), S. 10–25.

Weisgerber, Leo (1950): Das Tor zur Muttersprache. Düsseldorf.

Weisgerber, Leo (1962): Grundzüge der inhaltsbezogenen Grammatik. Düsseldorf.

Weisgerber, Leo (1966): Vorteile und Gefahren der Zweisprachigkeit. In: Wirkendes Wort 16-2, S. 73–89.

Wermke, Jutta (1997): Integrierte Medienerziehung im Fachunterricht. München.

Wessels, Klaus (1999): Schreib, was du erfahren hast. Ein Arbeitsprojekt zur Entwicklung der schriftlichen Ausdrucksfähigkeit. In: Deutschunterricht 52-3, S. 205–212.

Widmann, Horst (1992): „Hürmet" und „Selbstverwirklichung" – gegensätzliche Leitvorstellungen in der deutschen und türkischen Pädagogik und ihre Bedeutung für die Reintegration türkischer Migrantenkinder. In: Max Matter (Hg.): Fremde Nachbarn. Aspekte türkischer Kultur in der Türkei und in der BRD. Marburg, S. 189–196.

Wieland, Regina; Huneke, Hans-Werner (1998): Warum Deutschlehrer/innen nicht nur Deutsch können sollten. Eine Rückbesinnung auf die polyglotten Wurzeln des eigensprachlichen Unterrichts. In: Volker Frederking (Hg.): Verbessern heißt verändern. Neue Wege, Inhalte und Ziele der Ausbildung von Deutschlehrer(inne)n in Studium und Referendariat, S. 125–150.

Wieler, Petra (1995): Vorlesegespräche mit Kindern im Vorschulalter. Beobachtungen zur Bilderbuch-Rezeption mit Vierjährigen in der Familie. In: Cornelia Rosebrock (Hg.): Lesen im Medienzeitalter. Biographische und historische Aspekte literarischer Sozialisation. München, S. 45–64.

Wieler, Petra (1997): Vorlesen in der Familie. Fallstudien zur literarisch-kulturellen Sozialisation von Vierjährigen. Weinheim.

Wille, Hartmut (1988): Das Offenhalten der Schere. Deutschunterricht und soziale Differenzierung der Allgemeinbildung im 19. Jahrhundert. In: Diskussion Deutsch 19-99, S. 21–42.

Willenberg, Heiner (1999): Lesen und Lernen. Eine Einführung in die Neuropsychologie des Textverstehens. Heidelberg, Berlin.

Wode, Henning (1993): Erziehung zur Mehrsprachigkeit: Pro und Contra. In: Lernen in Deutschland 13-2, S. 106–122.

Wode, Henning (1995): Lernen in der Fremdsprache. Grundzüge von Immersion und bilingualem Unterricht. Ismaning.

Wygotski, Lew S. (1971): Denken und Sprechen. Frankfurt/M. (russ. Originial 1934).

Glossar

analytische vs. **synthetische Methode** – historische Methodenkonzeptionen zum Lesen- und Schreibenlehren. Analytische (ganzheitliche) Methoden begannen mit ausgewählten ganzen Wörtern oder sogar Sätzen, die gelesen und geschrieben wurden. Erst zu einem späteren Zeitpunkt erarbeiteten die Kinder die Lautebene und die Entsprechung zu den Buchstabenzeichen. Synthetische Methoden gingen von den einzelnen Buchstabenzeichen bzw. der Lautebene aus. Heute haben sich im deutschen Sprachraum weitgehend methodenintegrierende Verfahren durchgesetzt.

Argumentieren – eine spezifische Abfolge von Sprachhandlungen, mit denen zwei oder mehrere Sprecher den Status von strittigem Wissen untereinander zu klären und sich gegenseitig zu überzeugen versuchen. Die Argumentationsfoschung bezieht sich einerseits auf normative Vorgaben, vor allem der Rhetorik, andererseits versucht sie empirisch zu ermitteln, wie Menschen tatsächlich miteinander argumentieren, wobei Alter, Geschlecht, soziale Situation und Thema als Einflussgrößen zentral sind. Von didaktischer Relevanz ist die Frage, wie sich Argumentieren innerhalb und außerhalb des Unterrichts voneinander unterscheiden.

Erörterung – Eine schulische Textsorte, deren Wurzeln in die antike griechische Rhetorik zurückreichen. Sie entsprach dort der *thesis*, die den Zweck hatte, ein allgemeines Problem in mündlicher Rede zu untersuchen. Die ursprüngliche Gliederung – (1) einleitende Darstellung des Problems, (2) Formulierung der Lösung, (3) Beweise für die Richtigkeit der These und (4) der Unrichtigkeit der Gegenthese sowie (5) ein Fazit, die *conclusio* – hat sich bis heute im Kern erhalten. Während man aber beim Übergang zur schriftlichen Form in der frühen Neuzeit noch versuchte, Adressaten von seiner These zu überzeugen, steht seit Ende des 19. Jahrhunderts die Darstellung der Sache im Vordergrund, wobei auch subjektive Einschätzungen, vor allem in Einleitung und Schluss, formuliert werden dürfen.

Erstsprache – (Muttersprache, L 1) Die erste Sprache, die ein Kind erwirbt. Zweisprachig aufwachsende Kinder erwerben u.U. zwei 'erste' Sprachen parallel. Der Terminus E. ist neutraler als das alltagsweltlich vielfach konnotierte 'Muttersprache'.

Erwerb – Oft spricht man von E., wenn von sprachbezogenem Lernen die Rede ist. Dann wird betont, dass für sprachliches Lernen die eigenaktive Aneignung von deklarativen ('Wissen') und prozeduralen ('Können') Komponenten der sprachlichen Kompetenzen zentral ist: Die Lernenden verarbeiten sprachbezogene Erfahrungen, konstruieren hypothetische Wissensbestände und testen diese Hypothesen. Dabei kommt es zu charakteristischen Fehlern: Es wird übergeneralisiert (z.B. Sprechfehler eines Kleinkindes *„er sprechte“, Schreibfehler eines Erstklässlers *„meine Omer“). Die Lernenden modifizieren ihre Hypothesen und differenzieren sie zunehmend aus.

Erzählen – ein tendenziell monologisches Handlungsmuster, das aufgrund einer erzählwürdigen Begebenheit im Kontext einer dialogischen Situation ausgelöst wird, wobei sich die Zuhörer mehr oder weniger am Erzählen beteiligen. Beim Erzählerwerb übernimmt der erwachsene Zuhörer die Funktion, Teilhandlungen der Erzählung zu initiieren und kommunikativ zu unterstützen. Dadurch entwickelt sich über mehrere Stufen eine narrative Kompetenz bis hin zu einem vollständigen Muster, das textlinguistisch wie kognitionspsychologisch beschrieben und modelliert werden kann. **Schriftliches Erzählen**, traditionell in

Form von Erlebniserzählungen, erfordert eine konzeptionell schriftliche Erzählhaltung, die vom Schreiber verlangt, von der flüchtigen, situativ eingebundenen Erzählung zu abstrahieren und ein Geschehen so zu vertexten, dass es in einem situativ entbundenen, verdauerten Text von einem generalisierten (unbekannten) Leser verstanden wird. Die Transposition vom mündlichen zum schriftlichen Erzählen erfordert umfangreiche didaktische Anstrengungen.

Fehler – Verstöße gegen sprachliche Konventionen werden als Fehler empfunden. Vor allem die erwerbsorientierte Sprachdidaktik fragt nach den systematischen Anteilen bei Fehlern, nach ihrer 'Logik', die häufig Auskunft über gedankliche Prozesse beim Lösen von Sprachverwendungsaufgaben geben. Besonders deutlich kann dies z.B. an den Schreibungen von Schreibanfängern oder an Verlesungen werden. Für die Aufsatzkorrektur wurden verschiedene Verfahren vorgeschlagen, z.B. die kriterienorientierte Korrektur, die Mehrfachkorrektur durch mehrere Korrektoren, die mäeutische Korrektur (H. Ivo; der Schwerpunkt liegt auf der Funktion der Korrektur als Lernhilfe statt auf der Beurteilungsfunktion), die Schreibkonferenz.

Grundwortschatz – Ergebnisse der Sprachfrequenzforschung wonach relativ wenige, häufig gebrauchte Wörter einen hohen Anteil aller Wörter in den analysierten Textcorpora haben, führten zu der didaktischen Forderung, diese Wörter intensiv (in der Grundschule) zu üben, um die Rechtschreibung zu verbessern. Problematisch ist jedoch die Textbasis dieser Häufigkeitszählungen: Je nach Textsorte, Thema und Alter der Sprecher und Schreiber werden unterschiedliche Wörter erfasst. Es kommt hinzu, dass ein imitatives Üben einzelner Wörter nicht unbedingt zum anzustrebenden orthographischen Regelbewusstsein führt.

Handlung – eine Kette von Tätigkeiten, die auf das Erreichen eines Handlungszieles abgestimmt ist. Handelndes Lernen impliziert das Setzen oder Vereinbaren eines Handlungsziels, das Planen und Durchführen von Teilhandlungen zum Erreichen dieses Ziels sowie das Bewerten und Revidieren. Es wird angenommen, dass im Vollzug von Handlungen zugleich die notwendigen Kompetenzen erworben werden.

Korrektur – Korrekturen von Äußerungen treten als Selbstkorrektur und als Fremdkorrektur (Korrektur eines anderen) auf. Sie sind Bestandteil des natürlichen Sprachverhaltens. Im Unterrichtszusammenhang können vor allem Selbstkorrekturen, aber auch Fremdkorrekturen eine Funktion als Lernhilfe haben. Nicht selten wird sie von der Beurteilungsfunktion überlagert.

Kreatives Schreiben – einerseits assoziatives Schreiben, das sich weitgehend unbeeinflusst von Regeln und Textschemata in einer sinnlich expressiven und personalen Schreibhaltung entfalten soll, andererseits ein Schreiben, das sich an literarischen Mustern wie Gedicht- oder Erzählformen (Elfchen, autobiographisches Erzählen, Sciencefiction) orientiert und dementsprechend auch bewertet werden kann. Um eine kreative Schreibhaltung entwickeln zu können, werden die Schreiber oft synästhetisch über Phantasiereisen, Musik, Bilder oder Gerüche eingestimmt. Beim **freien Schreiben** wird dagegen auf eine lenkende Einstimmung verzichtet: Zeit, Ort, Inhalt und Form können frei gewählt werden.

Mündlichkeit vs. **Schriftlichkeit** – (Oralität, Literalität) Schreiben bedeutet nicht einfach das schriftliche Festhalten von Gesprochenem. Die prototypische Schreibsituation unterscheidet sich deutlich von der Sprechsituation: Es steht mehr Zeit zu Verfügung (Überarbeitungen sind möglich), der unmittelbare Handlungsdruck ist geringer, die festgehaltenen gedanklichen Inhalte müssen dekontextualisiert, d.h. für abwesende Adressaten verständlich dargestellt werden, die Erwartungen der Rezipienten an Geschriebenes sind ganz anders als die an Gesprochenes (z.B. Grad der Verbindlichkeit, Normgemäßheit) usw. Entsprechendes gilt für das Zuhören/Lesen. Die sprachlichen und gedanklichen Tätigkeiten im schriftlichen und mündlichen Medium unterscheiden sich deutlich und dementsprechend auch die zu erwerbenden Kompetenzen. Diese konzeptionelle Mündlichkeit/Schriftlichkeit muss nicht identisch sein mit medialer Mündlichkeit/Schriftlichkeit: Eine vorbereitete Rede z.B. ist medial mündlich, trägt aber viele Merkmale von konzeptioneller Schriftlichkeit, E-Mails und vor allem Chats sind medial schriftlich, tragen aber Merkmale konzeptioneller Mündlichkeit.

Revidieren – Für geübte, besonders für professionelle Schreiber ist das Überarbeiten ein integraler Bestandteil des Schreibprozesses. In der älteren Schreibdidaktik wurde diese Erkenntnis nicht beachtet, da das Schreibprodukt, der fertige Text, im Zentrum des Interesses stand. In der neueren prozessorientierten Schreibdidaktik wird dagegen versucht, das Revidieren eigener Texte gezielt zu üben. Zumindest jüngere Schüler nehmen jedoch meist nur kleinere Korrekturen an ihren Texten vor; größere Verbesserungen und ein Redigieren, das den Schreibplan und die Struktur des gesamten Textes betrifft, sind dagegen seltener zu beobachten.

Rollenspiel – Als Methode, problemhaltige alltägliche Situationen möglichst realistisch zu simulieren bietet das R. die Möglichkeit, Einsichten zu vermitteln, Handlungsalternativen zu erproben, sprachliche Register zu entwickeln und in einer anschließenden Analyse (Videoaufzeichnung) kritisch zu reflektieren. Die **Simulation** bzw. das **Planspiel** fokussiert weniger die Handlungsmöglichkeiten einzelner Figuren, sondern Konflikte zwischen Gruppen und Institutionen, die in einem komplexen vorstrukturierten Handlungsrahmen mit unterschiedlichen Zielen mit- und gegeneinander agieren. Im **literarischen Rollenspiel** können Lernende erfahren, welche Perspektiven literarische Figuren einnehmen und so andere Zugänge zu fiktionalen Texten gewinnen. Mit der inszenierten szenischen Gestaltung werden Spielern wie Zuschauern innere Prozesse der Figuren deutlich.

Schreibdidaktik, prozessorientierte – Schreiben ist eine Handlung, bei der zahlreiche Teiltätigkeiten zusammenwirken. Sie wurden z.B. unter Begriffen wie Planen, Versprachlichen und Revidieren zusammengefasst. Der p. S. geht es darum, alle Komponenten des Schreibens auch im Unterricht beisammen zu lassen, vom Entwickeln einer Schreibintention über das Linearisieren von Gedanken, das Formulieren, das Aufschreiben und das Revidieren bis zur kommunikativen Verwendung von Texten.

Schriftspracherwerb – Die Aufgabe, Lesen und Schreiben zu lernen, erfordert weit mehr als Buchstabenkenntnis, Lautanalyse und Feinmotorik. Die eigentlichen kognitiven Leistungen liegen z.B. darin, von der Inhaltsseite der sprachlichen Zeichen (Wörter) absehen zu können und ihre 'formale' Seite (Lautgestalt, silbische und morphologische Gliederung der Wörter usw.) zu analysieren. Dabei ist auch eine andere Sprachform, die geschriebene Sprache, zu erwerben. Kinder erwerben die dazu notwendigen Kompetenzen z.B. nicht durch Imitation eines (LehrerInnen-) Vorbildes, sondern durch Konstruktion und Testen von hypothetischem Wissen. Dafür brauchen sie geeignete sprachliche Erfahrungen in ihrer Umgebung.

Schriftsysteme – Die Aufgabe, die flüchtige gesprochene Sprache schriftlich festzuhalten, wurde von Schrifterfindern unterschiedlich gelöst. Bei ideographischen Schriften verweisen die einzelnen Schriftzeichen direkt auf das Gemeinte, sie sind deshalb unabhängig von der jeweiligen Sprache verständlich (Ideogramme, Piktogramme). Bei logographischen Schriften verweisen die Zeichen auf komplette Einzelwörter, bei phonographischen Schriften auf die Lautgestalt der Wörter. Hier unterscheidet man Silbenschriften (die einzelnen Zeichen stehen jeweils für eine Silbe) und Alphabetschriften (Verweis auf die phonologische Ebene, die Einzellaute). Manche Alphabetschriften sind phonologisch flach (die Schreibung ist nahe bei einer 1:1-Zuordnung Lautebene/Buchstabenebene, z.B. Spanisch), andere phonologisch tief (mehr oder weniger systematische Abweichungen von der Lauttreue, die sich im Laufe der Schriftgeschichte ergeben haben, z.B. Französisch). Deutsch nimmt hier eine Mittelstellung ein.

Sprachbewusstheit – Sprache wird spontan als Werkzeug, als Mittel benutzt, um außersprachliche Ziele zu erreichen. Schon bei Vorschulkindern finden sich aber auch viele Hinweise darauf, dass die Sprache selbst zum Gegenstand der Neugier, des Interesses, der Analyse und auch der spielerischen Freude wird (Fragen nach Wortbedeutungen, kindliche Etymologien wie *„Umfall", Spaß an Reimen, Korrekturen bei Versprechern usw.). Dieses metasprachliche Verhalten zeugt von S. Situationen, die das Entstehen von S. fördern (und z. T. erfordern) können, sind vor allem der Schriftspracherwerb und die Begegnung mit anderen Sprachen, aber auch die mit Gehörlosen.

Spracherwerb – Wenn man von besonderen Situationen einmal absieht, lernen alle Menschen scheinbar mühelos sprechen. Die frühe Kindheit ist eine Phase besonderer sprachlicher Lernfähigkeit (frühkindlicher Spracherwerb), der Spracherwerb wird aber während der Grundschulzeit fortgesetzt (z.B. Erwerb des Passivs) und ist ein lebenslanger Prozess. Es finden sich die Annahmen, dass genetisch festgelegte Faktoren, die allgemeine kognitive Entwicklung, Interaktionsprozesse und das hypothesengenerierende und -testende Konstruieren von sprachbezogenen Wissensbeständen die zentrale Rolle beim frühkindlichen S. spielen. Kinder erwerben typischerweise zunächst eine gesprochene „Sprache der Nähe" und auf dieser Grundlage dann auch die geschriebene Sprache. Gegenstand des S. ist der Grammatikerwerb, der Bedeutungserwerb und der Erwerb von kommunikativ-pragmatischen Fertigkeiten wie der Gesprächsfähigkeit. Man unterscheidet zwischen dem Erwerb der Erstsprache und dem Zweitspracherwerb.

Sprachspiel – Ein lustvolles, regelhaft organisiertes Umgehen mit Sprache auf paradigmatischer oder syntagmatischer Ebene mit Lauten, Buchstaben, Silben, Morphemen, Wörtern, Sätzen oder Texen, mit bedeutungshaltigen wie bedeutungslosen Elementen, wobei komische und überraschende Wirkungen erzielt und Sprachreflexion angeregt werden können. Sprachspiele nutzen die Kombinationsmöglichkeiten der Sprachstruktur und loten ihr Potenzial aus. Beim Spracherwerb scheinen sie eine wichtige Funktion zu haben, da Kinder bestimmte Muster, etwa die Ablautreihen von unregelmäßigen Verben, unbewusst einüben (vgl. Bi-Ba-Butzemann – singen, sang, gesungen).

Zweitspracherwerb – (L2-Erwerb) Der Erwerb einer zweiten oder weiteren Sprache nach der Erstsprache. Man unterscheidet gesteuerten Z. (Fremdsprachenlernen in einem institutionellen Rahmen, z.B. im Unterricht) und ungesteuerten Z. (Sprachlernen in lebensweltlichen Alltagssituationen in einem Land der Zielsprache).

Verzeichnis der Abbildungen